河北省高等学校人文社会科学重点研究基地资助

本书是国家社会科学重大课题
"明清华北地区府县历史文化研究与专题数据库建设"的有机组成部分

华北府县历史文化研究丛书

戴建兵 主编

河北县城城墙史料集

戴建兵 胡景敏 编

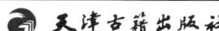

天津出版传媒集团
天津古籍出版社

图书在版编目（CIP）数据

河北县城城墙史料集 / 戴建兵，胡景敏编. -- 天津：天津古籍出版社，2021.7
（华北府县历史文化研究丛书 / 戴建兵主编）
ISBN 978-7-5528-1114-8

Ⅰ. ①河… Ⅱ. ①戴… ②胡… Ⅲ. ①县—城墙—史料—河北 Ⅳ. ①K928.77

中国版本图书馆CIP数据核字（2021）第103856号

河北县城城墙史料集
HEBEI XIANCHENG CHENGQIANG SHILIAOJI

戴建兵 胡景敏 / 编

出　　版	天津古籍出版社
出 版 人	张　玮
地　　址	天津市和平区西康路35号康岳大厦
邮政编码	300051
邮购电话	（022）23517902
责任编辑	王海燕
装帧设计	鞠佳美
印　　刷	天津新华印务有限公司
经　　销	全国新华书店
开　　本	700毫米×1000毫米 1/16
印　　张	25
字　　数	375千字
版次印次	2021年7月第1版 2021年7月第1次印刷
定　　价	98.00元

版权所有 侵权必究
图书如出现印装质量问题，请致电联系调换（022-23517902）

华北府县历史文化研究丛书编委会

主 任
戴建兵

编 委

徐建平	武吉庆	赵书良	朱　爱	谷更有
杨　瑞	秦进才	王俊才	陈　丽	赵生泉
申玉山	张少鹏	许　可	李红梅	习永凯
赵志伟	唐丽萍	郭晓丽	孙文阁	线　琦

序 言

　　以往的历史研究往往陷于三个逻辑体系之中,一是人民群众创造历史的宏大叙事,二是皇帝英雄才子佳人式的传统史学模式,三是目前史学研究的个人兴趣及碎片化。我们尝试在中观史学理论的视域下,开展以府县为基本叙事单元的历史文化研究,深入挖掘和系统阐释府县历史文化的内涵和外延,并充分利用日新月异的数字与信息技术手段,积极探索文化脉动及遗产保护的新思路和新方法。易而言之,试图以国家与社会互动理论为指导,从府县这一中间层次切入整体历史,以"小地方大历史、小人物大事件"为研究路径,以当代数字与信息技术为研究手段,以基层民众生活和文化事项为研究内容,努力挖掘府县层面丰富而宝贵的历史文化资源,从府县看朝廷、政府,从府县看乡里百姓,通过系列的创新性研究成果,深刻揭示绵延不绝的中华文化的内在规律,阐明中华民族精神的渊源与特质,从而重新建构和解释宏观层面上的历史文化。

　　府县级政权是历史上变动最小的基层政权,它与下层百姓的联系甚为紧密。其政令运作、官民互动、社会结构、文教状况、宗教信仰、民风民俗以及境内的音乐、美术和古代建筑等,无一不与民众的日常生活和精神世界息息相关。所以,府县承载了中华历史文化的具体事项,保留了基层民众的生活场景,积淀了各具特色的大众智慧,传承了因地而异的民风与民俗,能够具体而生动地呈现郡县制确立以来丰富多彩的中华文明。

府县历史文化包含政治运行、经济活动、社会生活、文学艺术、价值观念和民俗信仰等诸多方面的丰富内涵,作为中观层面的文化形态,它在中国文化的链条中承上启下,无以替代。通过研究视角和研究手段的创新,深入而系统地开展府县层面的历史文化研究,或可对当今的研究范式、文化传承和文化建设具有一定的示范和启示意义。

一、以府县为叙事单元的中观史学理论考量

在很长的一段时期内,史学研究一定程度上存有游移于宏观的宏大叙事和微观的细碎饾饤之间的偏颇。前者机械地呼应和诠释意识形态,选题流于空泛,论证失之疏阔,往往以玄想空谈代替切实印证;后者虽有视角向下和关注民间社会的正确指向,但因其较少有整体与全局之观照,每每纠缠于细枝末节,以至同样疏离于历史的真相和常态。我们认为,新的史学观念和史学理论的引入,或可有助于这种偏弊的矫治。20世纪中期,美国社会学家罗伯特·默顿在社会学研究领域提出了"中层理论"(Middle Range Theory)概念。历史学者杨念群在把这一理论引入历史研究方面进行了筚路蓝缕的探索。他认为:"通过庙宇、宗族、一个具体的村庄来解剖中国历史上的所有变迁,这是很重要的转折,也为中层理论进入提供更多的可能性。"他将采用空间理论的落点放在两个方面:一是对叙事的空间化过程,二是对某个传统空间的挖掘。[①]其《中层理论——东西方思想会通下的中国史研究》和《儒学地域化的近代形态——三大知识群体互动的比较研究》等,就是这种可贵探索的见证。受其启发,我们尝试开展中观史

---

① 杨念群:《当代中国历史学何以引入中层理论》,《社会观察》2004年第7期。

学理论视域下的府县历史文化研究,这种尝试主要出于如下几个方面的考量:

一是从方法论的视角而言,是试图在国家与社会之间寻找一个中间层面的切入点。视角向上的国家层面的历史文化研究,在理论上经常陷于机械诠释和简单对应意识形态之窠臼,在对象上过于关注重大事项而抽掉了一些不该忽略的具体问题,在操作上因问题过于宏大而难免顾此失彼。而视角向下的社会层面的历史文化研究,又往往缺乏对历史文化的整体把握和宏观统筹,每每忽略具体问题之间及具体问题与重大问题之间的内在关联。选取府县这样一个适中层面进行历史文化研究,一定程度上有助于上述问题的解决。

二是从社会运行机制的视角而言,是把致思之焦聚于中间行政机构和行政力量作用于文化活动的具体方式。府县是介于国家和社会之间的中间行政机构和行政力量,它在国家主流文化和主导价值的生成及其作用方式方面起着十分重要的整合与引导作用。通过考察府县行政力量对民间文化的干预和作用方式,可以深入了解主流文化在民间发生作用的机制,从而更为准确地把握中华文化的特质及其发展变化规律。

三是从文化纵向构成和互动路径而言,是把府县文化视为国家主流文化、社会民间文化和边缘支系文化的中间环节和调适力量。在文化构成的纵向链条上,府县层级的文化上承国家主流文化,下启下层大众文化,在上下两个层级的文化之间起着融通和调适作用。所以,通过府县文化研究来认识和把握中华整体文化,是一条值得探索的研究路径。

四是从地域文化覆盖的特定空间范围而言,是把不同府县辖区内的文化,视为相对独立的、中等规模的、更易操作的研究样本。以往的区域文化研究,一般沿用传统的区域文化概念,如燕赵文化、齐鲁文化、湖湘文化和岭南文化等,以这一层级规模的空间范围来界定具有一定共同特征的区域文化,并将其作为相对独立的研究样本,其意义是不言而喻的。然而,它也存在着可以进一步完善的空间:一是这些较为广袤的区域内部的文化差异难以呈现;二是在对这些区域文化进行具体的研究时,尚需从具有典型意义的较小区域文化单元切入。因此,开展府县层级规模的文化研究,有望找到一系列更能充分呈现文化特征和意义的空间范围和叙事单元,使今后的区域文化研究具有更强的可操作性,从而更易于趋向深化,并取得更为实质性的进展。

二、府县视角下国家治理透视

所谓中观史观视角下的明清国家治理研究,概而言之就是试图在府县层级的低层视角下,具象观察当时中央和地方互动层面的行政运作实态,从而呈现和构架更为立体、更为活化、更为真实,乃至全息综合的历史进程。

习近平总书记在参加河南省兰考县委常委班子专题民主生活时谈道:"县一级治理在国家治理中居于重要地位。郡县治,天下安。我国自秦汉确立郡县制后,无论行政区划怎么调整,县一级都是最稳定的,历朝历代都高度重视县级官员选拔任用。清代,县令由吏部直接任命,是古代的'中管干部',而且赴任前必须到朝廷报到,皇帝亲自看,如发现有不合适或出格之人立即更换。"应该说,这一观察是建立在深入了解中国历史文化演进实际的基础之上的。以府县视角透视国家治理,无疑可对当下史学研究有所助益。

一是深刻理解历史上的国家治理。国家治理是指一个政权通过多种途径和形式,对一个国家的政治、经济、文化和社会等事务所实施的实际管理。国家治理所构架的治理体系,首先包括一整套紧密相连、相互协调的国家制度。一个国家的治理能力,或曰制度执行力,正是通过这个体系体现出来的。国家治理体系和治理能力是一个相辅相成的有机整体。一般而言,中国前近代时期国家治理的实现,主要依赖于君权神授、精神控制、官僚体系、宗法体系、乡约礼俗等。而从中观史观的视角观之,府县历史文化研究则恰恰是具体而深入地把握和理解当时国家治理链条的重要环节。

二是理清中央与地方之间的互动关系,重构当时的国家治理观念、设置和运作过程。在中观史观和区域研究视域下,明清时期的府县既是国家治理的对象,也是整个国家治理体系中的有机构成。国家治理体系和治理能力是国家制度及其执行能力的集中体现。从这一体系的纵向结构看,中央通过对地方官员的任命、稽核以及舆情监测等一系列的手段,实现对府县层级地方政权的有效掌控;而从横向的府县层级的治理实态看,各地基层政权通过司法、教谕、乡贤、礼俗等国家意志或社会文化的有形与无形设施,实施对社会基层"软硬兼施"的治理。在国家治理的垂直链条中,府县无疑承载着无可替代的承上启下功能,既上承政令,又下驭黎庶。其思维与运作方式,既不可能完全上同于中央政权,又不可能完全下化于民间社会。以高度意识形态化的儒学为例,它在本质上应该属于适应农业社会生产和生活的理论观念或官方意识形态。从某种意义上讲,其功能或许有类于宗教,而它所塑造的"朝廷的选民",在通过科场进入官场之后,以合于其学说理论的社会行为治理某一行政区域。中国传统的"知行合一",在很大程度上应该缘此而言。从思想层面看,一定意义上也可以说,正是因为有了基于正统儒学的"诚意、正心、修身、齐家、治国、平天下"的

"内圣外王"期许，才使因应于此的对个人、家庭和国家等不同主体的制度强制和道德约束逐步完善。对于升斗小民而言，如果说这种思想构架显得过于阳春白雪而曲高和寡，那么府县为因应于此而普遍设立的城隍土地，则无疑显得更为平易或更接地气。从行政运作层面看，诸如皇帝春日躬耕之类的象征性行为，以及各县沿袭的所谓打"土牛"、促春耕等民俗，若能加以系统研究，亦能体味出个中深意。

三是试图在国家治理与社会维系之间寻找中间层面的切入点。如前所述，传统的视角向上的国家层面的历史研究和视角向下的社会史语境下的历史文化研究均存在一些难以解决的问题，选取中观史观下的府县视角，一定程度上有助于上述问题的解决。

四是通过研究对应于国家治理的社会运行机制，探索中层行政机构作用于文化、社会活动的具体方式。府县是介于国家和社会之间的中间行政机构和行政力量，从国家治理的角度而言，其在国家主流文化和主导价值的生成及其作用方式方面起着十分重要的整合与引导作用。通过考察府县行政力量对民间文化的干预和作用方式，可以深入了解主流文化在民间发生作用的机制，从而更为准确地把握中华文化的特质及其发展变化规律。

五是探索不同层级社会历史文化的纵向构成和互动路径。府县文化位于中华文化纵向结构的中间层次，对国家主流文化、社会民间文化和边缘支系文化起着至关重要的调适作用。府县文化本身及其运行机制，就是国家治理的重要组成部分。在文化构成的纵向链条上，府县层级的文化上承国家主流文化，下启下层大众文化，发挥着上下融通、居间调适的重要作用。

六是从经济运行的视角而言，在中国前近代经济进程以及近代经济转轨，乃至今天的社会主义市场经济运行中，县域经济都在宏观经济发展中占有十分重要的地位。在前近代社会,小区域经济是最能反映其社会形态经济属性的研究领域。然而,关于近代经济转轨历程中的区域差别及其对整个社会的多元影响,始终未能引起学人的足够关注。毋庸置疑,小区域内的经济发展对社会生活和环境变迁的影响是复杂而多面的,而在中观史观的视域内,这种影响可以更为充分地显现出来。明清府县经济相对良性的运行,正是前近代国家经济稳定和社会有序的物质基础,彰显了前近代经济所独有的国家经济管理理念和管理模式。

七是通过对知府和县官历史的深入考察,勾勒出较为完整的中央与地方治理的历史轨迹。习近平总书记曾言:"历史上许多名人志士为官从政也是从县一级起步的。我一直讲'宰相必起于州部,猛将必发于卒伍'。"他还引经据典并列举实例指出,举凡北宋政治家王安石、明代文学家冯梦龙、清代画家和文学家郑板桥,以及陶渊明、狄仁杰、包拯、海瑞等历史名人,都曾充任过为官一任、造福一方的知县。

综上所述,中观史观视角下基于府县层级的明清国家治理研究,或可在历史研究理论、方法、范式的探索,历史研究的广度拓展和深度掘进,以及传统文化传承和现代文化建设等方面,展现出一派令人憧憬的利好前景。

三、府县历史文化研究的愿景

以中观层级规模的府县行政区域作为叙事单元来开展历史文化研究,可以充分借鉴区域社会史与历史人类学领域的理论、方法和经验,既符合史学理论、方法演进的内在逻辑,又可以为历史文化的实证研究提供一系列的具体研究样本,其可预期的学术价值主要表现在以下几个方面:

(一)促进不同学科专业学术群体间的深度合作

杨念群在论及其提出中层理论的初衷时说:"我在史学界提出中层理论,就是为了呼唤在国内应不断出现一些这样的概念,这些概念是对某种集团性或者地区性事物的描述。而且这种可操作性概念具有一种'一般性'。在不同的现象、维度里面,其解释的范围既可能是经济史现象,也可能是社会史现象,或者是文化史现象。它可能是一个地区的,一个社团的,也可能是一个人群的。总之是某种集束类型的现象。"①所谓"对某种集团性或者地区性事物的描述",所谓解释一定空间范围内的"集束类型的现象",如果在学科交叉融合的平台上来实现,无疑会大大提高研究工作的效率,解决分科治学背景下许多难以解决的问题,取得事半功倍的功效。中观历史理论视域下的府县历史文化研究,在府县这样一个空间范围内,把不同时期的历史文化作为一个整体来研究,广泛涉及历史学、考古学、经济学、政治学、建筑学、数学、艺术、宗教学、民俗学等诸多学科。所以,具有不同学科专业知识背景的研究人员的协同攻关,是顺利开展课题研究的必要条件。这种探索,可以激发不同学科专业学术群体间深度合作的自觉,一定程度上消除分科治学所造成的弊端,有可能将历史文化的特质和演进规律更为准确地呈现出来。

(二)带动新材料和新问题的发现

陈寅恪先生曾如此论述学术趋向:"一时代之学术,必有其新材料与新问题。取用此材料,以研求问题,则为此时代学术之新潮流。治学之士,得预于此潮流者,谓之预流(借用佛教初果之名)。其未得预者,谓之未入流。此古今学术史之通义,非彼闭门造车之

---

① 杨念群:《中层理论与新社会史观的兴起》,《开放时代》2002年第2期。

徒,所能同喻者也。"①我们虽不敢妄言该项探索即可收到"预流"之效,但我们期望在这一探索过程中发现一些新材料和新问题。由于学界对府县层面的历史文化研究的学术与社会价值未予足够的重视,致使很多相关资料被视为难登大雅之堂的无用或辅助材料,未被纳入搜集、整理和使用的范围。在进行中观史学理论视域下的府县历史文化研究过程中,随着研究视角的转换,以往那些被视而不见或鲜为人知的历史文化资料将会日益引起研究人员的高度关注,得到全新阐释。与之相应,一些历史文化现象之间的关联性就可以被建立起来,传统视域和方法之下的一些悬而未决的问题就可能迎刃而解,而随着新材料的使用,新的问题意识就可能不断涌现,新的研究领域就可能被相继开拓。

(三)益于比较研究法的充分使用

历史比较研究法是历史文化研究过程中常用且行之有效的研究方法,晚近以来,它得到了愈益广泛的运用。中观史学视域下的府县历史文化研究,可以为历史比较研究方法的运用提供更为广阔的空间:从时间角度看,历时与共时之间可以进行比较;从空间角度而言,不同府县之间可以进行比较。府县这一层级规模的设定,可以为历史文化现象的比较研究提供一系列理想的比较对象。将不同区域内的不同府县的历史文化事项进行比较研究,必将有益于准确阐释一定区域内历史文化的本质特征。

(四)直接助力地方社会文化、经济发展

目前我国经济社会发展的重要问题之一在于经济发展与社会发展不平衡,而真正的社会进步既要有经济发展的支持,更需要社会文化的全面进步。中观视角下的府县文化研究对于目前社

---

① 《陈垣敦煌劫余录序》,见《金明馆丛稿二编》,上海古籍出版社,1980年,第236页。

会对文化发展的需求恰是对症良药。首先,中观的视角摆脱了过去文化研究大而空、无抓手、远离实际的弊端。其次,中观层面的府县文化其数量本身就是文化创新的基础。再次,府县文化研究对于地方经济文化发展可有直接的助力,如非物质文化遗产的保护、地方文化旅游资源的深度挖掘、当地文化产品的设计与开发等等。

总之,中观史学理论视域下的府县历史文化研究,或可在一定程度上矫治历史文化研究领域存在的偏失,为充满变革张力的人文社会科学研究领域开辟出新的学术境界。

为此河北师范大学成立了县域历史文化中心,进行学术研究。

戴建兵　武吉庆

编纂例言

一、本书辑录的是河北省所辖县级行政单位(包括地级市辖区、县级市、县)古代城墙相关史料,内容涵盖古城墙及池壕的规模、构造、修缮等,有些史料也述及官署、街道、坊市等。河北乃至全国的古县城城池如今多已无存,辑录这一专题的史料,意在使后人粗略了解其在历史上某一时段的存在情形、沿革轨迹及最后消失的情况。

二、本书史料以地级市为单元辑录(雄安新区亦单列),市下列县级行政区。据《中华人民共和国行政区划简册(2019)》统计,河北省下辖11个地级市,全省有47个市辖区、21个县级市、94个县、6个自治县,计168个县级行政区。其中有些县级行政区建置较早,沿革至今,城墙相关史料丰富;有些县级行政区则在民国或中华人民共和国成立后才设置,没有修建城墙。另有为数不少的市辖区,是近些年城市发展过程中新设置的,与古城池没有历史关联。基于此,本书遵循有史料必辑录的原则,共辑录了129个县级行政区的城墙相关史料,包括石家庄市17个、保定市20个、沧州市11个、承德市6个、邯郸市15个、衡水市11个、廊坊市8个、秦皇岛市4个、唐山市7个、邢台市16个、张家口市11个以及雄安新区3个。

三、本书目录及正文标题所用县名均采用上述《简册》所录今名,在目录和标题中以括号注其旧称,以便于以今溯古,查询史料。旧称一般为近代以来一度使用,但现已改易废止的县名。县名仅是在州、市、区、县等行政区称谓上有变化的,不再标注。因县级行政区的合并与析置,有些县份并入某县,其城墙史料亦附其后,并在目录及标题中注明。

四、本书目录顺序除石家庄、雄安新区依次前列外,其他地级市按名称音序排列。地级市内部,县级行政区先以市辖区、县级市、县依次分类,再以名称音序排列。省直管定州市、辛集市并入2013年直管前所属之保定市和石家庄市。

五、本书史料主要来自地方志书及民国经济社会调查资料。于洪儒主编的《河北省方志概要》（吉林省地方志编纂委员会、吉林省图书馆学会，1988年）收录河北省地方志345种。河北大学地方史研究室《河北历代地方志总目》（河北人民出版社，1989年）著录河北现存志书617种、志略206种、方志佚书481种。来新夏主编的《河北方志提要》（天津大学出版社，1992年）收录河北省现存方志563种。这些地方志，以明清两朝和民国的数量最多。20世纪90年代，经济繁荣，在"中华人民共和国地方志丛书"总名目下，几乎每个县都编纂了地方新志，由众多出版社刊行。20世纪20年代末至30年代抗战前，在政府组织下，开展了系统的经济社会调查，形成了数量可观的调查报告。日本的"东亚同文会"，自1900年始，先后组织4000人编为700个小组对中国进行实地调查，以为侵华战争作准备，于1917—1920年编辑出版《中国省别全志》十八卷，其中第十八卷为"直隶省"志。本书史料的文本主要来自《中国地方志集成·河北府县志辑》（上海书店、巴蜀书社、江苏古籍出版社）、"中国数字方志库"、《中国省别全志·直隶省》、"中华人民共和国地方志丛书"，以及《河北省国货陈列馆月刊》《冀察调查统计丛刊》等。所采文本基本依原文献录入，仅作体例上的调整。

六、地方志的纂修有较强的继承性，后出转精，纠谬勘误，补苴缺漏，日臻完善。但是，也应该看到，不同的历史时期、不同的纂修者，对志书所述内容的侧重和偏好各有不同，这就造成了志书在某些内容上有无和详略的差别。本书史料在文本选择上坚持：相似内容，一般辑录在时间上距今较近者；同类内容，不同文本，如果能互相补充或形成前后联络，则一并收录。

七、地方志书在卷次、类目设置上差别较大，本书为城墙相关史料的专题辑录，故将原志书中城池、堡塞、公署、官舍、官廨、街巷、坊市、坛庙等类目均整合到城池（堡）、县治（城）等类目之下。新中国成立后的地方新志，本书主要选取了建置区划、城乡建设等类目下的相关内容。

八、本书依据《通用规范汉字表》和《现代汉语规范词典》（第三版），使用简体字，并加标点。古代的刻本、抄本，民国时期的铅印本，其中的通假字一仍其旧，唯对异体字如廻、囬、砲、遶、罋、濬、㘫等做了处理。原文中的避讳字,如宏治、崇正等,统一为通用写法。原文中的明显错字,以"( )"形式标注正确字形;缺字,以"〔〕"补出。

九、地方志史料浩如烟海,本书实则于沧海取其一粟,试图用笨办法实现材料的新角度聚合。但因各种原因,在材料取舍及录入史料丰简把握上或有不均衡处,在编校中于句子点读、文字转化上或有失当处。此外,即使是如此小角度专题史料的辑录,也仍有未及遍览的遗珠之憾。这些都敬请读者诸君不吝赐教,俟日后补充修订。

编 者

2020 年 5 月

目　录

第一章　石家庄市各县城城墙资料　1

　　一、藁城区　1

　　二、鹿泉区（获鹿县）　3

　　三、栾城区　6

　　四、晋州市　9

　　五、辛集市（束鹿县）　11

　　六、新乐市　15

　　七、高邑县　19

　　八、井陉县　23

　　九、灵寿县　25

　　十、平山县　27

　　十一、深泽县　29

　　十二、无极县　30

　　十三、行唐县　32

　　十四、元氏县　35

　　十五、赞皇县　38

　　十六、赵　县　40

　　十七、正定县　42

第二章　雄安新区各县城城墙资料　48

　　一、雄　县　48

二、安新县（安县、新安县） 51

三、容　　城 55

第三章　保定市各县城城墙资料 58

一、竞秀区、莲池区（保定府） 58

二、满城区 61

三、清苑区 63

四、徐水区（安肃县） 64

五、安国市（祁州） 66

六、定州市 68

七、高碑店市（新城县） 71

八、涿州市 74

九、博野县 76

十、定兴县 79

十一、阜平县 81

十二、高阳县 84

十三、涞水县 86

十四、涞源县（广昌县） 88

十五、蠡　　县 91

十六、曲阳县 94

十七、顺平县（完县） 96

十八、唐　　县 99

十九、望都县 102

二十、易　　县 104

第四章　沧州市各县城城墙资料 107

一、泊头市（交河县） 107

二、河间市 109

三、任丘市　110

　　四、沧县附兴济县　113

　　五、东光县　115

　　六、南皮县　118

　　七、青　县　120

　　八、肃宁县　122

　　九、吴桥县　124

　　十、献　县　125

　　十一、盐山县　127

第五章　承德市各县城城墙资料　129

　　一、平泉市　129

　　二、承德县　131

　　三、丰宁满族自治县　133

　　四、隆化县　134

　　五、滦平县　137

　　六、围场满族蒙古族自治县　137

第六章　邯郸市各县城城墙资料　139

　　一、丛台区、邯山区（邯郸县）　139

　　二、肥乡区　145

　　三、永年区　147

　　四、武安市　153

　　五、磁　县　155

　　六、成安县　158

　　七、大名县　160

　　八、馆陶县　162

　　九、广平县　163

十、鸡泽县　165

十一、临漳县　167

十二、邱县（丘县）　169

十三、曲周县　171

十四、涉　县　171

十五、魏　县　173

第七章　衡水市各县城城墙资料　176

一、冀州区　176

二、桃城区（衡水县）　179

三、深州市　181

四、安平县　183

五、阜城县　185

六、故城县　187

七、景　县　190

八、饶阳县　192

九、枣强县　194

十、武强县　196

十一、武邑县　198

第八章　廊坊市各县城城墙资料　203

一、安次区（东安县）　203

二、霸州市　204

三、三河市　207

四、大城县　209

五、固安县　211

六、文安县附新镇县　214

七、香河县　220

八、永清县 224

第九章 秦皇岛市各县城城墙资料 226
　　一、抚宁区 226
　　二、山海关区（临榆县）229
　　三、昌黎县 240
　　四、卢龙县 242

第十章 唐山市各县城城墙资料 245
　　一、丰润区 245
　　二、开平区 246
　　三、滦州市 249
　　四、迁安市 251
　　五、遵化市 252
　　六、乐亭县 257
　　七、玉田县 261

第十一章 邢台市各县城城墙资料 265
　　一、南宫市 265
　　二、沙河市 267
　　三、柏乡县 269
　　四、广宗县 272
　　五、巨鹿县（钜鹿县）274
　　六、临城县 275
　　七、隆尧县［隆平县、尧（唐）山县］278
　　八、南和县 283
　　九、内丘县（内邱县）285
　　十、宁晋县 287

十一、平乡县 289

十二、清河县 293

十三、任　县 297

十四、威　县 300

十五、新河县 302

十六、邢台县 305

第十二章　张家口市各县城城墙资料 310

一、万全区 310

二、宣化区 313

三、赤城县附龙关县 321

四、沽源县（独石县） 326

五、怀安县 328

六、怀来县 334

七、康保县 340

八、阳原县（西宁县） 341

九、蔚　县 346

十、张北县 350

十一、涿鹿县（保安县） 353

拆城（代后记） 358

第一章　石家庄市各县城城墙资料

一、藁城区

（一）城池一

县城自康熙五十七年知县阎尧熙重修后，岁久失修，仅存基址，以故，咸丰三年九月，粤匪长驰而入。同治二年，知县詹作周劝捐，会同绅董修筑，未竣，去任知县陈金式接修。周七里八十六步，高三丈，宽一丈五尺。五门皆甃以砖，名仍如旧。楼五，西北隅八十丈，旧基没于河，借民田筑之。北城之上，有真武庙一区，俗称城头庙，亦重修。

县境多沙，护城壕大半淤平。同治二年，知县詹作周因马贼张锡珠作乱难以守御，借书院生息成本制钱二千缗，雇夫挑挖，宽四丈，深八尺。同治六年，知县陈金式劝捐，依壕栽柳八百余株，借以御水，立禁约毋得剪伐，责成于乡长并绅士稽查。①

（二）城池二

县城自同治二年重修后，数十年来风雨剥削，雉堞圮毁，墙垣塌陷，难以守卫。民国十九年晋军师长周原建率部驻境，挑民夫万余人大为葺补，并挖浚城壕，形势顿呈险峻。②

---

① （清）朱绍毂修，（清）张毓温纂：《光绪藁城县志续补》卷二，营建志，城池，《中国地方志集成·河北府县志辑》第6册，上海书店，2006年，第170页。本书所引《中国地方志集成·河北府县志辑》均为此版本，下不注。

② 王柄熙、任传藻修，于箴等纂：《民国续修藁城县志》卷二，营建志，城池，《中国地方志集成·河北府县志辑》第6册，第217页。

（三）堡　寨

按：坚壁清野，防乱善策也。军兴以来，县境屡被贼蹂，民间多筑堡自卫，承平之后，规制犹有存者，附著其目，俾后之人有所考焉。

赵庄堡在河北赵庄，距城四十里，周一千二十步。

两河堡在河北两河村，距城二十五里，周一千二百余步。

美化堡在河南美化村，距城四十里，周一千余步。

贾市堡在河南贾市庄，距城五十里，周一千四十步。

崇义堡在河南崇义村，距城三十五里，周一千余步。

南固庄堡在河南南固庄，距城四十五里，周一千二百余步。

按：以上各堡均同治六七年间民捐民修。[①]

（四）县　城

县城古老而形胜，为历代郡、州、县治所。隋初曾置廉州于此，宋人乐史撰《太平寰宇记》载："隋大业二年（606）废廉州，移藁城入废州城。"明嘉靖《藁城县志》载：藁城旧城，周回仅3里，辟东西二门。明正德九年（1514），知县陈素以城卑狭难为守御，乃越旧制而拓修，城墙高3丈，厚2丈，增以瓮城，二门皆为砖石。东西建重楼三楹，左曰"东祚"（旧志城区图误作"东成"），右曰"西成"。正德十五年，西关居民繁庶，知县陈素请命衔旧城向西建新城，高3丈，厚1丈。新旧城周回7里86步，城周凿护城河，阔3丈、深1丈5尺，继立四门：东曰"岱瞻门"，西曰"太宁门"，南曰"嵩寿门"，北曰"恒镇门"。崇祯六年（1633），又于旧城南城墙（今县委党校西侧）辟南门，名曰"重光门"。时藁城县城，门五桥四。后经清康熙三十六年（1697）、康熙五十七年（1718）、同治二年（1863）、民国十九年（1930）多次重修，加固城墙、城门，增设雉堞，挖浚城壕，栽柳植藕，宏丽而壮观。

城区自东祚抵西成、岱瞻抵太宁、嵩寿抵恒镇，通衢3条，巷6条。城内

---

① （清）朱绍榖修，（清）张毓温纂：《光绪藁城县志续补》卷二，营建志，城池，《中国地方志集成·河北府县志辑》第6册，第170页。

公署、神祠、梵宇、民宅,鳞栉相属,无其隙地。旧城西北隅为县署所在,东北隅为滹阳书院,县署东为社学,南为儒学。古建筑有尊经亭、万柳亭、钟英楼、望远楼、四明楼、文昌阁、社稷坛、邑厉坛、风云雷雨山川坛、城隍庙、先师庙、大禹庙、河神庙、马神庙、八蜡庙、玉皇庙、莱山庙、王滹南祠、安熙祠、兴国寺、普济庵、观音堂、育英坊、廉宪坊、太宗伯坊、察院、棂星门、明伦堂、演武厅、修业斋等。今皆无存。

20世纪40年代,县城及东关厢、南关厢,总共面积不过2.8平方公里。其建筑除公署、神祠、庙宇、地主豪绅庄园外,多为土木结构的旧式平房。土路街道,弯曲而狭窄。城内分一、二、三、四、五、六、七铺街,居民约千余户。署前三铺街为繁华中心,逢四、九集日,商贾云集,上市商品主要是日用杂货和土特产品。①

二、鹿泉区(获鹿县)

(一)城 池

城:旧有土城,明成化十六年增筑,甃以砖,省志与旧志周围里数不符,今丈量周围三里六分零一步,高三丈一二尺不等,宽一丈五六尺不等。正德九年,知县刘钛重修。十六年,知县柴士元建东西南三面城门,东曰迎恩,西曰威远,南曰和熏,并有楼三间。嘉靖二十年,知县刘坤用石包北面。嘉靖三十一年,兵宪宋公征增修敌台五座。三十四年知县赵惟勤用石包砌东西二瓮城。

国朝雍正十二年,秋雨连绵,北城外石砌塌坏五丈余,城内东西两面共塌八处,知县韩国瓒捐俸增修。乾隆三十年,发帑重修,估计兴工。三十一年十月,知县谢清问督工修理,三十四年八月完工。五十五年,西北隅倾塌十数丈,知县钟式钦补修。嘉庆二十年,城东北倾塌,知县王业懋请帑重修。咸丰三年,东北隅倾塌,知县程家骏补葺。

池:旧志云,嘉靖志向载,深一丈三尺,阔一丈五尺,议者欲浚庇水于其

---

① 藁城市地方志编纂委员会编:《藁城县志》,中国大百科全书出版社,1994年,第48~49页。

内,以为防御计,俟柄政者为之。今南北东三面俱系屋舍民房,西南筑石堤以护城。

论曰:王公恃险以守其国,此城池之设所以固吾圉也。然子舆氏云,城郭不完非国之灾,岂不谓地利不如人和哉?我获邑诚能众志成城,则无形之壁垒,固于有象之金汤,为司牧者勿令民力疲于土木也可。①

(二) 县 治

城垣建筑:旧有土城,明成化十六年增筑瓮圈,以砖筑成。周围三里六分零一步,高三丈一二尺不等,宽一丈五六尺不等。正德十六年建东西南三面城门,并有楼三间。嘉靖二十年用石包北面,三十一年增修敌台五座,三十四年用石包砌东西二瓮城,俟后代有修葺。现在尚称完整。

县署建筑:始建年代失考。元至元乙巳重建,明崇祯戊寅城陷灰烬,倾圮二十二年之久。清顺治十六年重修。

市街建设:东西南三城门均用青石铺路,各街市宽约二丈余,交通便利。每日由各街镇长督同各住户及商号负责洒扫,尚称整洁。关于卫生事项,由卫生事务所协同公安局办理,于城内东南隅设公共体育场,由城内赴车站路旁新栽杨柳等树,街市房屋,如有破坏,督催所有人随时修葺,以壮观瞻。②

(三) 县 城

解放前的获鹿县城,街道均较窄,且不平坦,城圈外道路也不宽敞。中间的太平河,一到汛期,河水猛涨,漫水桥均被淹入水中,出入甚不方便。北去被城墙所阻,只能向东或向西,间接北去。③

解放前县城的公建,大都是庵、观、寺、庙。县署东街有常平仓,县署南大街有城隍庙、文庙、文昌阁,县署北有元武庙、镇宁营、本院寺、书院、镇宁

---

① (清)俞锡纲等修,(清)曹铎纂:《光绪获鹿县志》卷三,建置志,城池,《中国地方志集成·河北府县志辑》第4册,第88~89页。
② 《河北省获鹿县地方实际情况调查报告》,《冀察调查统计丛刊》第一卷第二期,第128页。
③ 鹿泉市史志编纂委员会编:《获鹿县志》,中国档案出版社,1998年,第219页。

驿,县署西街有关帝庙、马王庙、韩信庙。城外有东会馆、西会馆、十方院、邛相庙、准堤庵等等。

解放后,县政府积极进行旧城改造,发展建设,使县城的公共建筑发生了巨大的变化。①

解放后,县党政机关进入县城,机关驻地为接管旧政权的公产,县政府驻旧县衙东邻,县委驻在南面,与县政府有一路之隔。大院原为地主宅院,大门以内多层套院,中间为一四合院,东西有跨院,后有后楼。县委院原也是地主宅院,1947年,解放军攻城撤出后,国民党飞机轰炸县城,该院建筑被毁。县委大院房舍为解放后新建。②

新中国成立后,获鹿县城街道逐渐发生变化。1966年,"文革"开始后,南门内崔氏"恩荣牌坊"被拆,1968年南城门被拆,南大街(今向阳大街中段)拓宽改建。1971年修建跨太平河的人民大桥,翌年道路延伸550米,至石太铁路。1972年拆除北城残垣,建起北斗路跨西沟的军民(立交)桥,改善了县城向北的交通状况。1974年由十字街向北拓宽,城内向阳大街基本成型,为拓宽该街共拆迁房舍900余间,到1990年,该街建成水泥路面,全长2400米,红线宽24米,车行道12米,人行道各6米。③

解放后,政府进行了改河造田,引水上山,对县城进行了规划和改造。1968年"文化大革命"期间,把旧东、南门瓮城拆掉。1982年规划实施期间,把西门旧址保留下来,重新修复了城上的古建筑和周围仿古建筑群,还修建了广场和露天大型剧舞台,栽植了花草树木,把西门外改建成人民游乐场所,占地6.5亩。④

---

① 鹿泉市史志编纂委员编:《获鹿县志》,中国档案出版社,1998年,第227页。
② 鹿泉市史志编纂委员编:《获鹿县志》,中国档案出版社,1998年,第219页。
③ 鹿泉市史志编纂委员编:《获鹿县志》,中国档案出版社,1998年,第221页。
④ 鹿泉市史志编纂委员编:《获鹿县志》,中国档案出版社,1998年,第225页。

三、栾城区

(一) 城 池

晋大夫栾宾受封,栾枝、栾书世食采于此,故名栾城。旧城元末毁于兵。明洪武十年,知县沈贞因旧址修筑门四。景泰元年,知县米进、成化七年知县李文、弘治十一年知县郭宾相继增修。嘉靖二十五年,知县杜潮砌砖垛,外引冶河水浚池。后知县赵文奎、周文化、耿继武种莲畜鱼,后先称胜。城周三里余,高二丈八尺,广二丈。池深一丈八尺,阔三丈。崇祯九年,知县陈心镜改营砖城,工未竣,陷。崇祯十五年,知县柯士芳踵治,北偏设栈板。国朝康熙八年知县赵炳、康熙四十二年知县张孝时、雍正六年知县徐绥、乾隆十二年知县罗如伦陆续葺之。二十二年,知县顾之麟复浚濠。后城垣渐敝。三十年,知县李方茂重修之。

陈九德《重修栾城城垣记》

栾之先晋大夫栾武子封邑。城基建置志不载年代,甚卑薄,至不并容二三人。而西面尤狭,女墙亦以土筑,屡修屡颓。霖雨之秋,民多患之。况频岁山西屡有兵警,栾实密迩,尤所宜虑。嘉靖乙巳,杜侯宰栾城,下车阅视,慨然曰:"以佚道使民,虽劳不怨;吾任一时之怨,使民受有限之劳,而享无穷之佚,奚不可哉!"以询父老,以闻抚按,咸可其议。量丁力以计工,均劳役也。约地亩以输砖,差贫富也。悬赏罚以示劝惩,别勤惰也。视事之暇,躬为督率。筑之日,庶民子来欢声鼓动,好义之家争出米粟,具壶饷以助焉。经始于八月下旬,越四十日落成。计高三丈二尺,基阔四丈,上阔二丈。女墙皆易以砖,四门城楼、魁楼、南北罗城旧所有者,恢而新之。四角有楼,敌台有铺,县治北有北岳庙,南罗城移建关帝、龙王二庙,北罗城创建三官、真武二庙。旧所无者,增而置之。栾之城焕然新矣。士民请镌石以垂不朽,属余记。余惟古者城不逾制,役不违时。故《春秋》书城者二十有九,书筑者七,书新作者无几。取其不戾于义,不轻用民力而已。今城修,民不告劳,财不告匮,侯其知《春秋》者哉!侯讳潮,甲午科乡贡,山西阳曲人。襄斯举者,主簿樊鉴、典史张璞,诸有劳者勒于阴。①

(二)县 治

栾城县署在城内东北,元末废。明洪武十年,知县沈贞创建。成化中,知县李文重修。崇祯十一年,又毁于兵,知县刘三元改建。国朝康熙九年,知县赵炳增修,规制始备。乾隆二十五年,知县梁肯堂补修。道光二十六年,李钤重修忠爱堂。教谕廨在学庙前。道光十六年,教谕殷秉钦重修。训导廨在学庙东,明末毁于兵。顺治三年,训导王梦旭创建,历任葺补。道光十九年,训导高继珩重修。典史廨旧在县堂西,明末毁于兵。顺治十六年,典史李文灿因主簿宅旧址建房数十楹,今在县治东。道光十五年,典史刘辉斗重修。把总廨在城东南隅。署东谯楼,明嘉靖间知县王汝衡重修,国朝康熙十年知县赵炳增葺。②

(三)县 城

栾城的县城,从始建至今,位置发生了三次变化:西汉初于栾邑故地建关县(在今城北北十里铺一带),东汉章帝时废关县,徙置栾城县,县城故址在今赵县县城西北15里的轮城村;魏、晋省栾城县,划归平棘县;北魏太和十一年(487),复置栾城县,县城迁至焦家庄村东;元朝末年,县城毁于战火;明洪武十年(1377)移迁今址。

县城自明洪武十年至清末的530多年里,经过历代修建,逐渐臻于完备,成为一个城坚池深的经济、政治、文化中心,又成为南北交通的要冲。明洪武十年(1377)知县沈贞于旧城东约2里处创建土城,筑四门。景泰元年(1450)知县米进,成化七年(1471),知县李文,弘治十一年(1498),知县郭宾相继增修。嘉靖二十五年(1546)知县杜潮砖砌雉堞,外引河水浚池。后知县赵文奎、周文化、耿继武种莲养鱼。至此,城墙周长3余里、高2丈8尺、宽

---

① (清)桂超万、(清)李钤修,(清)高继珩纂:《栾城县志》卷一,舆地志,城池,公署,清道光二十六年(1846)刻本。

② (清)桂超万、(清)李钤修,(清)高继珩纂:《栾城县志》卷一,舆地志,城池,公署,清道光二十六年(1846)刻本。

2丈,城池深1丈8尺、宽3丈。崇祯九年(1636),知县陈心镜开始改营砖城,未竣工,于崇祯十一年(1638)被清兵攻陷,城内部分建筑物被毁。崇祯十五年(1642),知县柯士芳继续完成改营砖城任务,续治北偏,设栈板。清康熙八年(1669)知县赵炳、四十二年(1703)知县张孝时,清雍正六年(1728)知县徐绶、乾隆十三年(1748)知县罗如伦陆续修葺。二十二年(1757),知县顾之麟疏浚城池。三十年(1765),知县李方茂重修城垣,通整以砖,共计雉堞900多个。4座城门:北门名拱极、南门称迎熏、东门曰眺旭、西门为映霞。重建四门城楼、南北月城。浚池引水。道光十七年(1837),知县桂超万募夫浚池。咸丰十一年(1861),知县马河图募捐修补城东北隅30余丈、西南隅70余丈、西门左偏50余丈。同治元年(1862),知县杜恩录增修3处雉堞。三年(1864)五月,知县马河图挑浚城壕,宽3丈,深2丈。八年(1869),知县吴士铨补修东城内面数十丈。四门城楼由旧有两层改建为一层。四门、雉堞及楼橹焕然一新。

旧城四周有护城河围绕,与冶河相通。护城河上跨有五座石桥:北门外为会省桥,东门外为凌空桥,西门外为升平桥,南门外为朝阳桥,城东南角外为四济桥。

旧城主要街道有2条:自鼓楼前往南至南门为东大街,自北门至西南城根为西大街,均以青石铺路。县署于明初建于城内东北隅,明崇祯十一年(1638)毁于兵,随后改建于今大桥路路北(今招待所处)。直到民国未改址。明清时县署有大门、仪门、大堂、二堂。大堂东有萧曹庙,二堂东有花厅、思补斋、古槐书屋、监狱。其它机构还有典史署、教谕署、把总署、递运所大使署、关城驿。东大街有文庙,建于明洪武十年(1377),明崇祯十一年(1638)毁于兵,十六年(1643)重建,经历代增修,逐渐完备。主体为大成殿、大成门、泮池、棂星门,门两侧有德配天地坊和道冠古今坊。附属建筑有两庑、崇圣祠、名宦祠、乡贤祠、忠义祠、节孝祠。庙内古柏森然,文庙门口路南西侧有"黉壁湖山",文庙左为文昌祠,右侧为明伦堂。明伦堂内有敬敷五教坊、二贤祠。东街路西有龙冈书院,知县王玑创建于清康熙二十二年(1683),有大门、二门、照壁、鹿洞遗风坊、惜字炉、学道堂等建筑。大门右侧有明代范志完书"眉山发迹"碑。光绪二十六年(1900)光绪帝与慈禧太后等因八国联军之役,仓惶(皇)西逃,光绪二十七年(1901)十一月回北京,路经栾城,曾驻跸于此,因而俗称"行宫"。

东大街两旁铺户林立。旧城内还有城隍庙、极果寺、关帝庙、子龙庙、魁星楼、戏楼、鼓楼、孝义坊等明清古典建筑。①

四、晋州市

(一)城 池

《汉书》:"神农之教:石城十仞,汤池百步。"盖城池之制防此且易称设险守国。《诗》咏"大师维垣",城池之有关于地方,彰彰矣。晋城本土垣耳,御巨寇则不足,御小盗则有余。果能修筑坚完防捍特易,是在守土者加之意耳。

元知州葛天民筑城,周围约四里,共六百八十二丈八尺,阔二丈三尺,池深一丈余,阔一丈余。

明景泰间,知州靳祺修扁东西二门,曰东作,曰西成。

成化间,知州沈林构东西二楼。

弘治己卯,知州孙玘重修城楼。

正德辛未,知州王用贤筑护城堤,周围七里有奇。

正德庚辰,知州张士隆创开南门,扁曰迎光,取向离之意,上建楼一座,北城虚设一楼与南相对,四角各置楼一座,各穿井一眼,重筑瓮城,三面各置楼,东曰迎晖,西曰迎恩,南曰迎秀,沿城栽柳万余株,以防水患,至今号曰万柳城。

隆庆丁卯,知州叶臣重修城池,增女墙,砌水道。

万历癸酉,知州赵翰易门扁,东曰迎旭,西曰仰恒,南曰朝宗,北曰拱极。

崇祯乙亥,知州顾伯骐建瓮城楼三座。

崇祯壬午,知州王皋重修城垛口四角楼,北城建玄武台。

清顺治壬辰,知州李佐圣增修城水道。

---

① 河北省栾城县地方志编纂委员会编:《栾城县志》,新华出版社,1995年,第122~124页。

康熙己酉,知州许嗣华重修西城楼。

康熙甲寅,知州郭建章因前人废毁重建东城楼,壮丽伟观,雅堪登眺,士民镌碑以纪其盛,且修葺城垣,深浚池隍,城头置铺二十座,称永赖焉。

康熙丙寅,知州孟之尧因前两经地震,又连雨四旬,以致垣垛倒塌,因捐赀劝助,于九月间开工,周围垛口尽行拆修。官绅分督:东城,州判唐扬、乡绅韩境;西城,训导侯名世、乡绅高元弼;南城,孟之尧、乡绅张云程;北城,学正郑惟一、吏目郑祖仪。又重修北城大楼一座,祖仪云程专督。

咸丰三年,知州上官懋本改修旧城,工未竣而发逆至,旋止。

同治二年,知州朱宝林浚池隍,重修东城门暨门楼。

同治七年,知州陆邦烽重浚池隍,修女墙。

光绪十一年,知州胡振书重修东南隅魁星楼,玲珑高耸,壮丽可观。

光绪二十六年,知州刘璠重修城浚池。①

(二)县　城

"元代知州葛天民筑城,周围约四里,共六百八十二丈八尺,阔二丈三尺;池深一丈余,阔一丈余。"是时仅留东西二城门。嗣后,屡有扩建、重修。"明景泰间知州靳祺修,匾东西二门:曰东作,曰西城(成)。"成化间构筑两城门楼。正德辛未(1511)知州王用贤筑护城堤七里有奇。正德庚辰(1520)知州张世隆开创南城门,门匾曰"迎光"。上建门楼一座,北城无门,虚设一楼,与之对应;四角各置一楼,穿井一眼。重筑瓮城,三面各置楼,东曰迎晖,西曰迎恩,南曰迎秀。沿城栽柳万余株,以防水患,号曰"万柳城"。

自元朝筑城墙、浚城池,到开创三城门,外城与城厢、城内与"三关"明显分开,始称"城关"之名。之后,历任知州、知县多次重建重修城池。明崇祯间重修城垛口、四角楼,北城建玄武台。清代康熙间城头置铺20座。民国二十七年(1938)6月,为阻止日军盘踞,县委领导县民拆除城墙。翌年1月16日日军侵占县城后,重修城池。解放后,逐步拆城填池,"城内"与"三关"的

---

① 孟昭章修,李翰如纂:《民国晋县志》卷一,地理门,城池,《中国地方志集成·河北府县志辑》第5册,第382页。

分界,已不明显。①

(三)县城街市

由城内以及东关西关两关构成,城墙呈长方形,四周十八町多,有东西二门。城内有人家的地方只不过占面积的六分之五,四个角落是空地,连接东西两门的东街、西街以及与之并行的北街、南街等四街是主要道路,棉花商等众多商贾集中于此地,其中东西大街是最繁盛的地方。主要建筑有县署、巡警局、邮局、劝学所、高等小学校、天主堂等。

东关、西关共长约二三町②,宽约一二町,人口比较多。③

(四)县　治

城垣建筑:县城筑于元时,为知州葛天民所建,周围八百零三丈,城高二丈,顶宽一丈,设有东西南三门,无角楼,除城门以砖瓦筑成外,城墙均系土质,间有冲刷坍塌处,现已计划修筑。

县署建筑:县署位于县城中央,略北,多系瓦房,间有平房。

市街建筑:城内重要街道为东西大街,宽一丈八尺,先时通行大车,今已建筑弧形土路,两旁设泄水沟,间有树株。商店门口设太平水缸,并择适宜地点设垃圾箱及路灯。公共体育场设于文庙前院。市房均系旧式建筑,几经整理,市容已见改进。④

五、辛集市(束鹿县)

(一)城池一

城周六里一百四十步⑤,高二丈,广一丈六尺。门四,东曰善长,西曰义

---

① 张喜聚主编,河北省晋州市地方志编纂委员会编纂:《晋县志》,新华出版社,1995年,第55页。
② 町为日本长度单位,1町约109米。
③ 《中国省别全志》卷十八,日本大正九年(1920)版,线装书局,2015年,第35册,第272~273页。下引同名书均为此版本,不注。
④ 《河北省晋县地方实际情况调查报告》,《冀察调查统计丛刊》1936年第一卷第三期,第105页。
⑤ 一步约等于五尺。

和,南曰嘉会,北曰宝成。池阔五丈,深二丈。旧城二,至正十八年筑,周五里三百一十九步,高二丈八尺。明天启二年,滹沱河溢没废,巡抚张凤翔于旧城南三十五里新圈头市徙置。四年,知县张履端创建土城,即今治。崇祯九年知县杨琦筑四门,瓮城外筑夹墙,高七尺,宽三尺;池阔五丈,深二丈;复开重池,阔二丈二尺,深一丈五尺。

国朝康熙八年,知县刘昆补葺。三十九年,知县高茂选重修。乾隆时,知县王天庆、陈合、李文耀详请修葺。三十三年,知县蔡廷斗请帑大修,通甃以砖,浚池,阔深有加。[①]

(二)城池二

邑城建于明天启四年,知县张履端创筑,垣墉皆土为之,周六里一百四十步,高连垛口不及二丈,底厚二丈余,顶宽仅数尺。门四,角楼四,垛口八百六十,炮台二十座,窝铺三十二,池深阔皆二丈。崇祯九年,知县杨琦重修,增高加厚,高连垛口三丈一尺,底厚三丈,顶宽一丈六尺。城外夹墙一道,高七尺,宽三尺。池阔五丈,深二丈。重池一道,阔二丈二尺,深一丈五尺。瓮城四座,又楼四座,城上魁星楼一座。东门曰启明,瓮城曰眺瀛;西门曰城宝,瓮城曰瞻恒;南门曰咸亨,瓮城曰文明;北门曰胥宇,瓮城曰拱辰。

国朝康熙七年,大雨坍塌。八年,知县刘昆捐俸补修。至三十九年,城渐圮,知县高茂选重修。旧设门官一名,门兵四名。每铺垛夫四名,昼夜巡查,随时葺补。至雍正五年,知县乔傲俱裁去,守护无人,日就倾颓。乾隆三年,知县王天庆于钦奉上谕事案内估计详报,以邑处偏僻,列入缓修。十三年,知县陈文合于遵旨议覆事案内会委员料估核定工程银两造册汇档,未及举行。二十七年,知县李文耀详请兴工重修,亦未果。至三十三年,河流激荡,剥削愈甚。知县蔡廷斗请帑大修。外易以砖,周五里三百一十九步,高二丈三尺,底厚二丈八尺,顶宽一丈六尺。城上垛口一道,高五尺六寸,厚一丈五寸。女墙一道,高一尺四寸,厚一尺。门四,东曰善长,西曰义和,南曰

[①] (清)李培祜、(清)朱靖旬修,(清)张豫垲等纂:《光绪保定府志》第三十五卷,工政略一,城池,《中国地方志集成·河北府县志辑》第31册,第541~542页。

嘉会,北曰宝成。瓮城四座,角台四座,魁星楼一座,炮台十六座。内外门台八座,城楼四座。池阔五丈,深二丈。共用银七万一千一百五十八两一钱八分九厘,三年蒇工。自是雉堞崇隆,屹屹然称坚城焉。

按:束鹿唐以前县名屡易,在汉魏则有安定、鄡、贳、西梁、乐信之名,北齐改为安国,隋仍置安定,又置晏城、鹿城,唐则改鹿城为束鹿,其城池亦因之,递有更置。杜佑《通典》:"鹿城有汉贳县故城,在西南;又有鄡城,在东。"《汉书》注:"鄡故城在冀州鹿城县东,鄡即鄡,又与鄡同,是贳城、鄡城,一在旧治西南,一在旧治东,无疑也。"安国故城即今之安国城庄,在今县治西二十五里。《通志》:"安国故城即安定故城,汉之安定,北齐之安国,隋之安定,殆同一治。"《太平寰宇记》:"束鹿县南六十里有西梁故城尚存,城有二重。"今县治西南车城村即其地。《水经注》:"斯洨水东迳西梁城南,又东北迳乐信县故城南。"是乐信城,在西梁城之东北。旧志云:"在西,南误矣。"《晏城通志》云:"在束鹿县西。"鹿城后改为束鹿,今旧城是也。《五代史》:"周显德二年,韩通城束鹿。"即筑旧城。明欧阳晚《修城记》称:"为元至正间总兵八旦所筑。"殆即近者而纪之乎?其后明知县黄子嘉、胡海、周钥、薛朝俱尝增置。岁久倾圮,嘉靖间知县李华鲁重修。至天启二年,滹沱异涨,旧城为河水冲没。巡抚棠邑张凤翔相新圈头市而城之,始建今治焉。①

(三) 修城记

束鹿县城,前明惟用土筑。我朝康熙年间,曾再修补。乾隆三十三年,始外甃以砖,然后修城楼、魁楼、角台、炮台诸制。今既百年,又屡遭滹沱涨浸,殆不成城。于是,吴县陶君云锦为之宰,乃捐廉以倡,合力兴修。经始于同治四年八月,以六年十月讫功。一律完美,顿还旧观。糜银三万二千四百两,悉出于捐。会枭捻相继窜扰,围城者三,卒以无害,民咸安堵。督办者前教谕王富春,教谕郭金城,训导高廷莲,典史杜承需,外委吴广运,董理绅耆贺元发、李全有、任英魁、李梦沆、尚清浚、史炯、高武堂、高喜堂、庞清泰、冯

---

① (清)李符清修,(清)裴显相、(清)沈乐善纂:《嘉庆束鹿县志》卷三,谢道安辑:《束鹿五志合刊》,辛集市档案局影印,2000年,第197页。

丹桂等十有五人。既成,陶君奉移治邢台之檄。因民间砻石待记,濒行,乃属余为之记。余知君初不欲以是役见功也,遂质言以告来者。①

(四)县城街市一

城池略呈四边形,周长约有二十七町多,四个方向设有大门,东西两门外各有小的街市,城内各处有很多池沼,房屋多建在丘陵的平地上,人口稠密,道路经常修整,宽约有五间房子左右,两侧挖有小沟以备排水,街衢有北门大街、西门大街、南门大街、东门大街四条主要街道,但是与众多富商、富农的住宅相比,作为商户的房屋极少,普通房屋的规模宏大,外墙以砖石砌成,屋顶是用瓦片,而且可以看到县署、驻屯军兵营、高等小学、模范国民学校、鼓楼、商会等建筑。②

(五)县城街市二

同治四年(1865)八月至六年(1867)十月,知县陶云锦"劝捐兴修,一仍旧制。周围六里,底宽二丈八尺,顶宽一丈六尺,内高二丈二尺,外高二丈三尺。外垛口排墙高五尺六寸,内女墙一道,高一尺四寸。瓮城四座。城楼四座。内外城门八座。马道门四座。东南角魁星楼一座。角台四座。炮台十六座。垛口一千四百二十七个。……共费银三万二千四百两"。

新城城墙建筑平面为长方形。城墙顶部内为女墙,外为垛口。四面各开城门一座,城门上建城楼,城门外建瓮城。四座城楼均为重檐歇山顶。

新城城池年久倾圮,今仅存东西两城门,其它构筑物均已无存。1989年,辛集市人民政府将新城东、西两城门列为市级文物加以保护。③

(六)县 治

城垣建筑:县治城垣向为土围,于清乾隆年仿保定城建筑。建筑材料为

---

① (清)李嘉瑞:《束鹿修城记》,《同治束鹿县志》卷八,谢道安辑:《束鹿五志合刊》,辛集市档案局影印,2000年,第324页。
② 《中国省别全志》卷十八,河北,第35册,第176~177页。
③ 郑萍信、刘进田主编:《辛集市城乡建设志》,中国建筑工业出版社,1994年,第159页。

砖灰及三合土。周围约七里,城垣高三丈,宽一丈五尺。城门共四个,俱系万字门,各城门上建有城楼一座,城东南隅有奎星楼一座,四角无楼。现在城垣尚称完整。

县署建筑:以新圈头村改设县时(在明末)即有房二十余间,后屡加建筑,至民国十四年又建官宅,二十一年改建司法科,二十二年建筑合署办公室及传达室、法警室、守卫室,整理及改建监所,二十四年又改建法庭,现县共有房一百六十余间。

市街建设:本县城内重要街道宽二丈余,在二十三年十二月间,将本城重要街道征夫修治,业已完整。道之两旁,设有排水沟,泄水于城内旧有穿城河及城外护城河中。县城设卫生警察及清道夫,使每日按照十家联络办法,负责清洁。至娱乐场所,除教育馆设有公共体育场,游艺部供民众娱乐外,又由县府组一励群社俱乐部,以供公务人员及众之娱乐。又于本年春季督饬本城各街在道之两旁补栽树株,业已齐楚,市容为之一整。他如尘芥箱、太平水缸、垃圾车、路灯,曾于去年设置齐全,惜以限于维持费之支绌,业已残缺不整矣。①

六、新乐市

(一) 城 池

唐至德元年,始建土城。明景泰元年,知县崔献重葺。天顺八年,知县韩文修筑,周三里,高三丈,厚二丈,东南二门,池深八尺阔一丈,又于两关外置台为楼,门于其下。弘治十七年,知县杨浚增筑围墙,高一丈者五百余堵。嘉靖二十五年,知县侯仁、典史李凤易土垛以砖,三十五年知县王言大续修,匾其门,东曰望尧,南曰景义。隆庆三年,知县刘凤朝增筑城垣,四面高厚各四尺许,水沟二十四道。万历十七年,知县李克恭两门外更建崇垣栅栏;二十五年,知县赵璇重修。崇祯九年,知县刘湄创建砖城楼,瓮城南曰来熏,东曰迎旭。

---

① 《河北省束鹿县地方实际情况调查报告》,《冀察调查统计丛刊》1937年第二卷第四期,第103~104页。

国朝康熙十年重修。按旧志,城周围三里(零五十二步)。①

(二)县城一

县城在站西约二里许,周环约三里,有门二,境内多沙河。每值狂风,则吹沙屯于城下,久之积沙与雉堞齐,行人每藉沙冈为入城之间捷径焉。②

(三)县城二

唐至德元年(756)郭子仪、李光弼与史思明战于九门,乡民屯结为营而筑土城(今承安铺),迄1958年,承安铺一直是新乐县的政治、经济、文化、交通中心。

…………

康熙十年(1672)重修,周围3里零52步。民国三十六年(1947)新乐县解放时古城池被拆除。

县治居城内西北,南向。宋元时建,其始规模浅狭。明成化十一年(1475)知县张静恢扩增修。嘉靖四十一年(1562)知县汪鉴重修。万历七年(1579)知县郑札因鼓楼卑矮,重修增高。十二年(1584)知县赵一经以戒石亭滞塞影响交通,易以牌坊,凡6房。二十四年(1596)知县赵璇接堂檐为卷厦三楹,益之匾联。清光绪十三年(1887)知县雷鹤鸣重修穿堂,十四年重修大堂公署。日本侵华时期大堂焚毁。1947年本县解放后,县人民政府驻城隍庙。1951年一区人民政府驻城关新街铺。1958年建城关人民公社。1961年改为工委,1962年建人民公社。1985年建承安镇。③

(四)堡 寨

[万历本]县,土城,方三里五十一步(光绪本为三里),高二丈二尺(光

---

① (清)雷鹤鸣修,(清)赵文濂纂:《光绪重修新乐县志》卷一,城池,《中国地方志集成·河北府县志辑》第8册,第146页。
② 张魁鹏:《京汉铁路旅行纪略》,《地学杂志》1922年第十三卷第三期。
③ 韩书林主编,新乐县志编纂委员会编:《新乐县志》,中国对外翻译出版公司,1997年,第57页。

绪本为三丈),根阔二丈,上广一丈,濠深八尺。为门二,上有楼橹(古时军中用以侦察防御或攻城的高台),角楼(建在城角上用以守望的楼)四,腰铺三。按《通鉴纲目》,唐至德元年(756)郭子仪、李光弼与史思明战于九门,乡民屯结为营而筑。

皇明景泰元年(1450),知县崔献重葺。天顺八年(1464),知县韩文修筑,又于两关外置台为楼,立门于下。弘治十七年(1504)知县杨浚于城四面外增筑围墙,高一丈者五百余堵。嘉靖二十五年(1546),知县侯仁、典史李风重加修葺,易土垛以砖。三十五年(1556),知县王言大继修,匾其东门曰望尧,南门曰景羲。隆庆三年(1569),知县刘凤朝增筑城垣,四面各厚四尺许,水沟二十四道。万历十七年(1589),知县吕克恭两门外更建崇垣栅栏。万历二十五年(1597),知县赵璇重修。崇祯九年(1636),知县刘湄创建砖城楼、瓮城(城门外的月城,作掩护城门加强防御之用)各二座,南曰来熏、东曰宾旭(光绪本为迎旭),大为鼎新,足称保障云。光绪本又云,国朝康熙十年重修,按旧志,城周围三里零五十二步。①

(五)县　治

[万历本]在城内西北南向。

鼓楼三间,仪门三间,东西角门各一间,戒门牌坊三楹,正堂三间(匾曰亲民),川堂五间,后堂五间,库房四间(在正堂左右),库楼一座(在正堂东),幕厅三间(在正堂西,匾曰赞政),吏、户、礼房六间,马政科一间,承发房一间(俱列墀东),兵、刑、工房六间,架阁库一间,铺长司一间(俱列墀西),公宴厨二间(在仪门东)(光绪本:在仪门西,又移川堂西),銮驾库二间(在仪门西)(光绪本:在仪门东),县丞宅一所(在库东南,今废),典史宅一所(在堂西南),吏廨一所(在典史宅前,主簿宅改此),狱在仪门内西,榜房六间(在鼓楼左右),土地祠(在仪门外东),迎宾馆(在土地祠内),旌善亭(在鼓楼外西向),申明亭(在鼓楼外东向)。

---

① 新乐县志办公室:《新乐县旧志汇编》卷四,建置志,河北新乐县志办公室,1987年,第59~60页。

按：县治宋元时建，其始规模浅狭。皇明成化十一年知县张静恢扩增修。嘉靖四十一年知县汪鉴重修（光绪本为汪镒重修）。万历七年，知县郑札因鼓楼卑矮，撤其旧而高之；十二年，知县赵一经以戒石亭滞塞，易以牌坊，凡六房，坍阶更加修砌；二十四年，知县赵璇接堂檐为卷厦三楹，益之匾联，始成具瞻焉。

光绪本续云：光绪十三年，知县雷鹤鸣重修穿堂，十四年重修大堂旧公署。

西察院

［万历本］在县治西，嘉靖十七年知县朱希晦建。

大门三间，东西角门各一间，仪门三间，东西皂隶房共八间，正堂三间（匾曰激扬），川堂三间，后堂三间，本房二间（在后堂西），监书吏房三间，厨房二间（在川堂东），监书厨房一间（在监书房南）（光绪本：二间，在川堂西），邮亭一座（在后堂后），候官亭二所（在大门外）。

东察院

［万历本］在县治东、文庙左（光绪本：废）。

大门三间，仪门三间，东西角门各一间，正堂三间（匾曰风纪），川堂三间，东西皂隶房共六间，后堂三间，监生书吏房三间（在川堂西），厨房三间（在川堂东）（光绪本：在川堂西），邮亭一座（在后堂后），监书厨房二间（在川堂西）（光绪本：在川堂后），候官亭一处（在大门外）。

太仆寺

［万历本］在西府馆右。正统间县丞吴宪建，体制与东察院同，但规模稍隘，复缺邮亭耳。今裁。

南察院

［万历本］在城外东南河岸，隆庆三年（光绪本为二年）知县刘凤朝建，规制与太仆寺同，今废。

府馆

［万历本］一在东察院大门外东隅，一在西察院太仆寺中，前后左右厢房俱备。

阴阳学

［万历本］在县前,废。

医学

［万历本］在县前,废。

药局

［万历本］在县治前,万历二十四年知县赵璇创建,有坊、有铺、有室,捐资命医治办药饵,邑人赖之。尝咏诗明意,见《艺文》,又于东廊外、东岳庙西隅筑场,冬月煮粥以哺饥塞(寒),此亦特典,因附录焉。

僧会司

在圣寿寺内后。

演武场

［万历本］在县城外西,旧在南关街孝感坊内。嘉靖二十五年知县王言大移于城东。隆庆三年知县刘凤朝移于此,有亭、有将台、有门。万历丙戌知县赵璇重修,选择操官训练维殷。今废。

接官亭

［万历本］一在城南河岸西;一在城东里许。

长亭

［万历本］在城南十余里。多植榆柳,屯云蔽日,丛茂可爱。当盛夏之时,熏风南来,青荫载道,往来休息其下,甚为方便。①

七、高邑县

(一) 城 池

城周围四里五分。旧志不详所自起。嘉靖十四年,邑令周至德增修,高二丈余,宽一丈五尺。门四,南曰承薰,北曰拱宸,东曰迎旭,西曰留晖。上为谯楼,四角如之。万历三十九年,知县晋承命于南门创立重关,建关帝庙。崇祯间,知县薛向阳于旧敌楼外复增一重,四门皆然。〔国〕朝康熙二十一年,知县刘瑜筑雉堞,增宿铺,新谯楼。雍正十三年,邑人曹有亮等复于北门

---

① 新乐县志办公室:《新乐县旧志汇编》卷四,建置志,河北新乐县志办公室,1987年,第60~62页。

倡立重关,建文昌阁其上。池即沣水环城。旧志云,阔三丈,深十丈余。今以城圮而复沙土壅淤,深者不过一丈余云。①

(二)县城街市

城墙长东西五町,南北五町半,城内人家不太稠密,南关比较发达,街道较窄,雨天时泥泞没膝,通行十分困难,与西边的停车场之间并行通有宽约三间左右的木道。②

(三)县城一

郡故城在今县西南十七里,后废。隋于今治彭水之阳复置,是柏乡之不得蒙古鄗旧名明甚,邑乘之臆揣果足胜信史乎?

县城在河北省治天津西南六百里,居平汉路线,北至北平六百五十四里,南至汉口一千七百六十二里。城不详所自起,规制无可复考。明洪武初,因旧址修筑。嘉靖十四年,知县周至德又增筑之。周围四里五十六步,高二丈三尺,广一丈五尺。池深一丈,阔三丈,引沣水环城。门四,南曰承薰,北曰拱宸,东曰迎旭,西曰留晖。上为谯楼,四角如之。万历三十九年,知县晋承命于南门外增设重关,上建关帝庙。崇祯间,知县薛向阳于四门敌楼外均加筑一重。清康熙二十一年,知县刘瑜筑雉堞,增宿铺,新谯楼。雍正十三年,邑人曹有亮等复于北门外倡立重关。同治二年,知县李振林禀请修理城垣,未及举办。继任卢天泽始终其事。

按,县城自明清以来代有修缮,近则城垣日就颓圮,池水时致壅涸,亦以攻守之备今昔不同,其所以固吾圉而卫斯民者,既不徒恃乎高垒深沟,而凿池筑城遂为不急之务矣。③

---

① (清)陈元芳修,(清)沈云尊纂:《嘉庆高邑县志》卷一,城池,清嘉庆十六年(1811)刻本。
② 《中国省别全志》卷十八,河北,第35册,第169页。
③ 王天杰、徐景章修,宋文华纂:《民国高邑县志》卷一,疆域志,民国二十二年(1933)铅印本,第33页。

（四）县城二

县政府居城中间，为北齐移置旧址。明以前建筑无考，洪武十五年县丞武进昌、成化间知事蔡庆先后重修。万历中，知县安远、金四科增筑楼宇。清康熙间知县牟嘉荫、刘瑜，乾隆间知事江启澄、王凤鸣，道光间知县吴丞祖，光绪间知事唐则瑀、黄国瑄，宣统初知县倪鉴，相继修建。民国三年，知县苏毓琦重修东书房三间，又扩充常平仓、东社仓房舍为县署办公室。民国十八年，县长杨及龙重修三堂五间，内书房二间，南书房三间。

财务局，在县治东，就典史废署改设。教育局，在县治西南，就训导废署改设。建设局，在县治西南忠义节孝祠内。公安局，在西门里关帝庙内。监狱在县政府西南，清乾隆四十年知县江启澄修。嘉庆二年重修，光绪间知县黄国瑄、吴调鼎先后修葺。民国六年，知县朱传恒又重修。县党部，在县治南毕公祠与启圣祠内，旧为县议会与参事会占用。农会，附设县党部。工会，附设县党部。妇女职业促进会，附设县党部。商会，在南门里路西。救济院，在大街路东。红十字会高邑县分会，在大街路东。商场，在西门里路北，就城隍庙址改建。第一工厂，在西门外龙王庙内。礼宾馆，在二门东，后废为仓厫，今县政府办公室。草厂，在二门内西，后废，今为平民公园。公廨，在二门内东，后废，今为平民运动场。预备仓，在县治左右，今废。东社仓，在县治东，仓房十一间，清光绪十九年知县谭福泉重修，今为县政府办公室。常平仓，在东社仓西，仓房九间，清光绪二十年知县赵鸿钧建，今为县政府办公室。典史署，在正堂东，后为管狱员署，今改为财务局。申明、旌善二亭，在大门外，明万历中知县金四科建，今俱废。太仆寺，在县治西，久废。察院，在县治东南，明万历中知县金四科、清康熙中知县牟嘉荫相继重修，后废，为民居。清光绪二十五年，知县高文才移建千秋书院于此，今为高级小学校。台垣行署，在儒学西南，旋废，为乾明寺僧菜圃，今建设局拓为苗圃。僧会司，在乾明寺，久废，今为公安局地址。医学，在县治东，旧典史署前空地即其故址。阴阳学，在县治南，久废。演武教场，在西门外，地十八亩，今建赵忠毅公祠。儒学，在县治西南，宋庆中建，崇宁中知县李佽增修。元至元间知县宋明善，明洪武间知县王藻，永乐初知县罗克昌、县丞沈义，成化间知县李本芳、蔡庆,弘治间知县谭绥,嘉靖间知县郑天行,隆庆间知县刘邦彦,万历间知县金四科、晋承命,清康熙间知县薛所本、刘瑜,雍正间知县钟梦麟,乾隆间知县江启澄,先后重修。大成殿五楹,前修月桥,甃以砖石。启圣祠二楹,在尊经东南,前作县议会议场,今为县党部。东西庑各七间。戟门三楹,前马泮池中间架以石桥。棂星门三楹,门左右为名宦乡贤祠。坊二座,东曰德配天地,西曰道冠古今,坊外下马牌各一。明伦堂,在大成殿后东北隅,壁函卧碑,其上有科目题名匾,庭前有太湖石一座,苍秀玲珑,颇含古意。博文约礼斋,在堂之东西两厢,其前为仪门,门之外左为聚奎门,今废。敬一亭,旧在明伦堂前,明隆庆间知县刘邦彦迁于西南隅,今碑刻仅存。尊经阁三楹,在明伦堂后,乾隆五十九年重修,今改作女校斋舍。教谕署,在明伦堂西,今作女学校园。训导署,在大成殿东,今作教育局。①

(五)县城三

高邑县城历史悠久,自北齐天宝七年(556)县治迁此至今,一直系高邑县治所的驻地,已有1400多年的历史。

据民国《高邑县志》载,高邑县城于明洪武初年因旧址修筑。明嘉靖十四年(1534)知县周至德又增筑之,周四里五十六步。门四,南曰承熏,北曰拱宸,东曰迎旭,西曰留晖。上为谯楼,四角如之。万历三十年知县晋承命于南门外增设重关,上设天(关)帝庙。崇祯年间知县薛向阳于四门敌楼外均加筑一重。清康熙二十一年(1682),知县刘瑜筑雉堞,增宿舍,新谯楼。雍正十三年,邑人曹有亮等复于北门外倡立重关。同治二年,知县李振林禀请修理城垣,未及举办,维(继)任芦天泽始终其事。现在城墙大部分已拆毁,城西北尚残留部分城墙。②

---

① 王天杰、徐景章修,宋文华纂:《民国高邑县志》卷一,疆域志,位置、区域,民国二十二年(1933)铅印本,第34~38页。
② 赵连印、崔占吉主编,河北省高邑县地方志编纂委员会编:《高邑县志》,新华出版社,1993年,第58页。

八、井陉县

(一) 城　池

井邑城池,绵水从西来,绕南而东而北,故西南屡被水患,自砌为石城,而水患可避矣。雍正五年,知县钟交英重新修补,后略有损塌,亦随时修之。南为会源门,上建览秀楼(今名为敞豁亭),绵河绕其前,览西南一带秀气。咸丰四年重修。城东角建魁星楼,为文明之地,道光年间重修。[1]

(二) 县城街市

城市的北方直接与山相连,东南西三方以城墙包围,建有三个大门。街道以连接东西两门的道路以及从南门直通北方的大路最为繁华,东西两门外也有小街市。停车场在桃河的更南边,主要建筑有县署、警察署、邮局、县立小学校、城隍庙等。有四百余户数,二千二百口人。[2]

(三) 县　治

天护。旧县治天护,位于县城西北12公里处,今隶属于石市矿区。雍正县志载:"横州城在县北二十五里天户村,遗迹尚存。"据民国志料载,天户村东北西北两隅,旧有土阜,系旧县城东北西北两城墙角。天护城旧东禅院"陀罗尼幢"内,有"大唐国镇州井陉县天护城"等字。近年来在此地发现战汉时代的砖瓦残片,可推测天户为秦至唐代的县治。

威州。据民国志料推断:威州系晚唐及五代时井陉县治,位于县城东北8公里处。金天会七年(1131),升井陉县为威州,州治当于今威州。威州附近各村,皆冠有"威"字,俗名"九疃威州"。威州城故址——"城里地"在威东头村正西,威北岸村正北,威坡头村南偏东。城里地东有"东城地",西有"西城地",南偏东有"城壕地"。"城里地"背倚簸箕山,面临绵蔓河,可谓"山明

---

[1] (清)常善修,(清)赵文濂纂:《光绪续修井陉县志》卷四,城池,《中国地方志集成·河北府县志辑》第7册,第247页。

[2] 《中国省别全志》卷十八,河北,第35册,第270页。

水秀,古号形盛"。元宪宗二年(1352),徙威州治于洺水。威州古城遂废。

城关。旧县治城关,位于新县治西15公里处。《金史》:"威州领县——井陉。"州治系原县治改置。州治于天会七年确定后,县治似即移至天长镇即今城关。元大德十年(1306),县尹张璘令前威州吏赵文督工迁修文庙。刘源撰记云:"昔城之坎,有大成殿。自天会以来再经缮完,碑石具(俱)在。"据此,似于天会中,天长镇已改为县治,故重视文化。明初,县治"周围凡三里二十步,高三丈五尺,厚半之"。隆庆三年(1569),于南、西二门外增建瓮城(大城门外的月城)各一座,弩台19座。天启元年(1621),因南城地形狭隘,屡被水患,移水门于正门之前,上建"览秀楼"。崇祯八年(1635),西城增高五尺。清康熙、雍正年间,东、西、南城楼皆复修。民国志料载:城虽狭小,而地势北高南低,形如簸箕倚立,北岭据于后,绵河潆于前,雪花山凌霄塔对峙于西南、东南两角,足称天然之形胜。城有东西南三门,无北门,东门之位置,已属南偏,而西门偏南尤甚。故东门至西门之街道,虽系一线,却斜曲而不正直。街之东端为东大街,西端为西大街,由东西两大街之交点至南门,为南大街。

县署(即县衙)为明初建,历代皆有重修。"在城内偏东石山下,大堂三间,堂东为库楼,二堂五间,东西为书房,后楼五间,大堂前东西科房二十间,直前为戒石亭,亭前为仪门,仪门内西北为监,又北为驿马厂。仪门外东为萧曹祠,为福德祠,再东为典史宅,仪门西为旧典史宅,为迎宾馆。仪门直前为大门,大门上为钟鼓楼,大门外东为旌善亭,西为申明亭,旌善亭东为敬事坊,申明亭西为宁民坊。"

城关内系金、元、明、清、民国历代县治之所。建筑物甚多,有社稷坛、风云坛、雷雨坛、山川坛、城隍坛、先农坛、城隍庙、八蜡庙、马王庙、东岳庙、后土祠、武庙、土地祠、萧曹祠、龙王庙、崔府尹庙、明灵王庙、文昌祠、节义祠、忠孝祠、察院、大石桥、凌霄塔、下寺塔、演武厅等,但今多无存。1947年4月城关解放,1948年春井陉路南、路北两县合并,县机关设于城关,历时10年之久。现今城关为镇建制,文化昌盛,交通便利,经济繁荣。①

---

① 《井陉县志》编纂委员会:《井陉县志》,河北人民出版社,1986年,第94~95页。

九、灵寿县

（一）县城一

土城，周三里，高二丈余，东、西、南三门，不详其创始。明正统十四年，知县茹公用完其圮坏。成化十八年，知县尚濂始改砖堞，各建小房于门之上。弘治二年，知县张黻重修。嘉靖五年，知县李廷璋重修。二十二年，知县罗章重修。隆庆二年，知县张宗信重修。万历三年，知县张照每门建层楼三间，东曰聚星，南曰解阜，西曰观成，北曰拱辰。崇祯十二年，知县曹良直建瓮城重门三座。国朝康熙七年，霖雨兼旬，堞垣俱坏，当事者重用民力，久未修治。康熙二十四年，奉诏命天下有司设法修理城垣，见在议修，工大费烦，未能告竣。

环城为池，明成化十八年，知县尚濂始深阔之，东、西、南三面皆种莲，内生鱼，或长至五尺者。康熙七年，城坏，下覆于隍，迄今泉壅水涸，疏浚颇艰。

县署在城内西北隅，元至元二十三年，达鲁花赤聂古伯建。明永乐元年，知县王盛重修。成化七年，知县冀贵建鼓楼三间。万历四年，知县张照立县令题名碑于堂左。崇祯十一年，毁于火。十二年，知县曹良直重建。十五年，知县王正儒改建鼓楼，加高大铸钟。正堂三楹，退思堂在正堂后，知县宅在退思堂东，库楼在正堂东，幕厅在正堂西，久废。正堂之前为露台，碑亭在其南，吏户礼房、架阁库、承发司在露台东。兵刑工招房、马政科在露台西。仪门在露台之南。监在仪门内之西，土地祠在仪门外之东。銮驾库在土地祠之东，久废。万岁牌及仪仗服饰俱封贮圣众寺正殿，不可为常。修废举坠，盖有待焉。迎宾馆在土地祠南，俸米仓在迎宾馆之东，久废。总铺在仪门外之西，久废。公廨在总铺之西北，久废。鼓楼在仪门之南，其下为大门。申明亭在大门外之东，旌善亭在大门外之西，二亭俱久废。县丞、主簿二衙，俱万历中裁革，久废。典史衙在正衙之东，巡检司在叉头镇，衙宇久废，今移署慈峪镇。阴阳学、医学俱在县治东，久废。僧会司在西关圣众寺，道会司在南合村，久废。[①]

---

① （清）刘赓年修，（清）王槐龄等纂：《同治灵寿县志》卷之二，建置志，城池、公署，清同治十三年（1874）刻本。

（二）县城二

县城始设于今治所西北 7.5 公里的故城村，规制不详，西晋初废弃，迁于今治，一直未曾变动。其规模为：城墙周长 1.5 公里，高两丈余，均为土筑，设有四门，唯北门塞而不通。历代对城墙都有修葺，明成化十八年（1482），知县尚濂始改为砖堞，并建小房于各门之上。崇祯十二年（1639），知县曹良直增建瓮城，重门三座，以为屏蔽。康熙七年（1668），霖雨兼旬，堞垣俱坏，因民力劳弊，久未修复。至民国二十四年（1935），北关乡绅傅昆山倡议募款，开通并修缮北城门，架石桥于护城河上，城北始为通衢。民国二十七年（1938），日军侵占灵寿，役百姓修城浚壕，堵塞缺口，加厚城墙，将护城壕深挖 6 尺。民国三十四年（1945），县城解放，铲除四门，夷平城垣及护城壕，现仅剩西北隅城址一段。1985 年县委会维修围墙，以石加固，保护了这段遗迹。

城内有"十"字大街将城池划作"田"字形，东西大街中部建跨街牌楼三座，一为石筑，二为木构，均系明代所修。西端街北（今县委大院）为县衙，以此向东排列为：陆公祠及书院（今公安局）、城隍庙（今人民礼堂）、旧松阳书院（明代已毁废）。西门内南侧为预备仓（常平仓），再南为草厂。南门内西侧为学宫，东侧为马氏忠节祠，明崇祯十五年（1642），为城内马愍公（马从聘）所敕建。整个城内民户稀落，解放初尚不及百户。

城外原有东、西、南、北四关，多为民居。清乾隆五十四年（1789）六月二日，松阳河暴溢，南关淹没，其民户及马神庙、演武厅、曹候（侯）遗爱祠、风云雷雨山川城隍坛等建筑随之荡然无存。从此至今只剩三关。西关：南临松阳河，西倚赤岸岭，北接北关民舍，东西一条大街，户口多于城内，逢三为集。并建有义学、校场、养济院、圣众寺（内设僧会祠）及龙王、八腊（蜡）、三皇诸庙宇。北关：民多聚居西北隅，无整齐街道，户数较少，每逢六日为集。建有历坛、烽台、关帝庙、真武庙。明末敕建傅氏牌坊矗立于众民户中央。东关：民户最多，八日为集市，东西一条大街，商铺鳞次栉比。近城池东南角建三重叠架文昌阁；靠城墙东北隅建有前后两座尼姑庵。卧龙岗雄居关外，气势壮阔。淤泥河纵贯中间，文兴桥横跨其上。此桥雕栏圆拱，构筑精严，号称"一邑朝天路"。"文革"时拆毁文兴桥,重建水泥桥代之。桥与东门之间有干石桥一座,已深埋地下二丈余。桥东侧有邳侯灵王庙、耿氏忠节祠,再东有义学、医学、阴阳学、府馆、小行台、广祠宫、先农坛、东岳庙及接官厅等建筑。①

十、平山县

(一)城 池

县治土城一座,周围四里零一百二十步,旧高二丈八尺,阔一丈五尺。金大定二年,知县贾彦修,有记。明成化间,知县董玺重修城门,用砖石,上建门楼四座,每座三间,角铺四座,每座三间,铺八座,每座一间,铁裹门四合。嘉靖三年,知县李应奎重修,高阔增三尺许。嘉靖十二年,知县王贞吉重修,置窗楣、铺板于门楼,扁其额,曰东作、南熏、西成、北拱。嘉靖三十年,知县李从今重修,创置砖垛口一千八百四十一个,城上砌水沟七十一条,吊桥四座,城上东北隅筑墩台一座,城外浚濠池各一道,深一丈五尺,阔一丈二尺,池外护城堤各一道,高一丈五尺,根阔一丈二尺,顶阔五尺,堤外拦马墙一道,高一丈,阔四尺。隆庆四年,知县李迟春创建魁星楼一座,在文庙前南城上,楼下置铁裹门一合,门前建三汲桥。万历二十一年,知县李天宁重修南门,用石砌,上建大楼一座,角楼四座,匾曰永禧,有碑记。万历三十七年,知县王宇清重修北城门,用石砌,又修东城楼并四城墙垣。东关瓮门旧有小楼,万历四十二年,知县陈楹改建龙吟楼一座,有碑记。崇祯间巡按卫贞固用砖石砌四城角,建谯楼二座,一曰山环,一曰水带,道修一座,府修一座,有碑记。知县陈调元创修砖城,未完破坏。

国朝康熙七年秋七月,大雨弥月,五台太行水流入滹沱为患,水入城,四角楼门楼尽倾圮,城垛墙垣倒塌,城邑邱墟四围皆可驰骤,城仅土梗。康熙九年春,知县汤聘详请上宪,蒙允兴修,酌估修城工料银一千五百两,得以粗就。道光十七年,知县周荣鼎劝捐补修,二十二年知县万起鸿、二十七年知县张梦麟均经劝捐粘补缺口。咸丰三年,知县王涤心劝捐补修。

---

① 牛玉珂主编,灵寿县地方志编纂委员会编纂:《灵寿县志》,新华出版社,1993年,第71页。

论曰:城池之设,所以捍外侮也。然孟子有言,城郭不完非国之灾,又曰地利不如人和,岂不以慎固封守,全在于人欤!平邑城池之恶甚于渠丘,虽屡有补筑而巩固实难,所赖守土者聊四境为一体,俾众志成城,庶几无形之城池更胜于金汤之固矣。①

(二)县　城

平山初为蒲邑,西汉置县,治所蒲吾,位于今县城东南8公里处的蒲吾原村址(原址已被黄壁庄水库淹没,今址为迁移后的新址),经东汉,至魏、晋。隋开皇十六年,析蒲吾县置房山县,其治所设于今县城旧址。唐贞观元年,蒲吾县并入井陉县。唐至德元年,改房山县为平山县,历经宋、元、明、清至民国,县城所在地均未变更。

…………

平山县城为金大定二年(1162)县令贾彦创建。初为土城,明弘治年间知县董玺增建砖石城楼;明万历三十七年(1609)知县杨调元重建砖城,工未竣。清康熙九年(1670)至咸丰三年(1853)又先后补修,城周长四里一百二十步,高三丈一尺,宽二丈,有四门。现原城已毁。

县署(即县衙),在城东北隅,为明洪武初县丞叶禹建,永乐以后历任知县均有增修。清顺治元年(1644),井陉土民破城,官衙民舍皆为灰烬,知县裴承荣重修。康熙七年(1668)大雨,县宅尽圮。康熙九年(1670)知县汤聘重修,后任知县相继补修。原建筑有大堂、戒石亭、保赤坊、仪门、谯楼、思补堂、书房、库楼、花厅、仪仗库等。民国十七年(1928)县长王静波将大堂改为中山俱乐部,大门改修为县公署,原县衙建筑局式大变。

城内建筑甚多,有社稷坛、风云雷雨坛、先农坛、邑历坛、城隍庙、八蜡庙、关圣庙、龙王庙、马王庙、火神庙、土地祠、福圣寺、崇安寺、节烈祠、文庙、儒学、天桂书院等。今多无存。②

---

① (清)郭奇中、(清)唐世禄修,(清)鲁述文、(清)毕晋纂:《光绪续修平山县志》卷二,建置志,城池,《中国地方志集成·河北府县志辑》第10册,第33~35页。

② 平山县地方志编纂委员会编:《平山县志》,中国书籍出版社,1996年,第80~81页。

十一、深泽县

(一) 城 池

县城未详创建何年。周四里一百六十七步,高二丈五尺,上阔一丈,下阔两丈一尺。池阔一十二步,深一丈。角楼四。门三,东曰广阳,南曰怀德,西曰安远。明正统中知县高文修筑,未久倾圮。景泰中知县陆通、成化中知县梁骥、正德中知县李文绣、嘉靖中知县李承式、隆庆中知县宋之范,各增修。万历间知县陈来朝增置瓮城,改东门曰受生、外曰崇仁,南门曰畅明、外曰顺化,西门曰悦物、外曰尚义。

国朝康熙十三年东门楼坍塌,知县许来音重修。又以城濠淤塞,于十四年募工开疏,一如旧制。三十年知县陈弈禧重修。四十五年知县蒋洪澍大加修筑,先是修筑率多简略,甚或铲厚就薄,以取平直,名曰增修,实损其旧。是役,因濠取土,且筑下增厚五尺,上增厚二尺,筑成堆堞,焕然改观。而皆按社拨夫,官捐日食,故工成而民不扰。及工竣后,濠内忽遍生蒲草,弥望青葱,众咸异之。

按:邑有城池,民之保障,所系甚重。县城在康熙二十年以前制度仍为完备,城上有门楼、有埤墙、有更铺、有守具,城外堤上有更铺,城内大小巷口皆有栅栏。修城则本县十五社民春月分界补葺,其后渐不如旧,遂至睥睨一空,蒋令一修之后,竟难其继近者,坍塌日甚。畚插无闻,雨水冲啮,如悬崖断岸,至不可往来。总缘怵于劳民不敢擅动,人虽羽檄飞催,今设法捐修,亦仅抱空言,诚守土者之深忧也。①

(二) 县 城

清朝至民国时期,深泽县城东西长 515 米,南北长 500 米,城区面积 0.26 平方公里。

城墙为青砖垒成,高 8.3 米,上宽 3.3 米,下宽 7 米,护城壕宽 20 米。

---

① (清)王肇晋修辑:《中国方志丛书·深泽县志》卷三,台北成文出版社,1976 年,第 59~60 页。

……………

1939年抗日政府撤出县城时,拆毁了城墙。日军侵占后,强迫城内和三关居民又把城墙修复。1945年县城解放后,抗日政府发动群众,第二次拆毁城墙。①

十二、无极县

(一)城 池

无极县见《汉书·地理志》,晋省县城废,北魏复置,改建今城,唐至德间重筑,元末复废。洪武二年,知县张凯重建,周围五里一百四十步,高三丈五尺,池深一丈五尺,阔一丈。东西南三门,天顺七年,知县石伦重修。正德二年,知县于训增北楼一座,以应三门,名曰四望。嘉靖元年,知县郭允礼重修。嘉靖三十年,知县张鹤构三门、吊桥,筑周城敌台十二座。嘉靖三十八年,知县张新又有增修。万历元年,知县吕士伟于三门加高数尺,敌台垛口易以砖石,广城一丈二尺,浚池二丈余,有翰林张书作记。天启三年五月,知县王家征于城东南角增修文峰塔一座,高三丈许,内祀文昌圣像以应簨宫。(县志)清康熙七年复修。(雍正《畿辅通志》)乾隆十一年,知县黄可润环植以柳,蔚然可观,后为人所干没。同治九年,知县丁文浚复植并修城楼,今则绿杨,城俨然图画。(续县志)自木道沟改道,护城河终年无水。民国十三年(1924),劝业所将城北环城空地自城东门至西门改为模范桑园。民国二十年(1931),县长耿之光以东西南三门城楼行将圮坏,完全拆毁。独北城楼(旧名天花楼),坚固如常,改名为革新阁,以示诸事革新之意。民国二十五年(1936),县长王桂照奉令将城垣损坏处尽行修补,于是城垣复完整如初。②

(二)县 城

民国十三年(1924)县长郭嘉运令劝业所将城北环城空地自东门至西门

---

① 延连喜主编,深泽县地方志编纂委员会编:《深泽县志》,方志出版社,1997年,第310~311页。
② 耿之光、王桂照修,王重民等纂:《民国重修无极县志》卷二,建置志,城池,《中国地方志集成·河北府县志辑》第8册,第364页。

种植桑树,改为模范桑园。

1931年县长耿之光以东南西3门城楼行将圮坏,完全拆除,独留北城楼(天花楼)坚固如常,更名为革新阁,以示诸事革新之意。并将阁前隙地十余亩辟为公园,栽植花果,任人游览,开本邑未有之奇局。

1936年县长王桂照奉令将城垣损坏处尽行修补,完整如初。

县城呈正方形,东、西、北三面城墙各成直线,唯南面向外弧形凸出,称作凤凰城。四个城角与城门之间筑有墩台(俗称城腰子)8个。城墙周长2.2公里,共有垛口1115个,每个垛口长1.5米,垛口间相隔0.5米。城高9米,城门高10米。城基全部用三合土夯实,外部表面用35×16.5×7厘米大砖砌成梅花顶形,每砌高一层,砖向内收1.67厘米,墙表斜面与垂直线的夹角15度,顶部用双层砖平铺。城墙里部表面为0.5米厚的三合土,中间全部用黄土夯实。垛口中间的方孔曰"箭眼",垛口下面的方孔曰"水道"。

旧城狭小,中部高,四周低。东门至西门街道0.5公里,虽系一线,却狭窄斜曲高低不平。街道中点以东为东大街,以西为西大街,东西大街交接点至南门,为南大街。其他主要街道有北后街、三义街、黄家街、岳家街、牛市街、柴市街、南小街、刘家胡同等。县城内和东关、西关建筑物甚多,主要有社稷坛、风云雷雨山川坛、先农坛、厉坛、文庙、城隍庙、兴国寺、护国寺、北岳庙、多贤祠、启圣祠、文昌祠、文昌阁、北岳行祠、刘公祠、两部名臣坊、节孝坊、马神祠、天王寺、三官庙、八蜡祠、西坛、南坛、北坛、寿亭祠、包公祠、龙母庙、察院、预备仓、养济院、演武场等。今皆无存。

日军占领期间,曾在3个城门和北城楼驻扎部队。1938年复在4个城角、8个墩台盖上房屋、修建碉堡驻扎伪军,日夜守护。1943年将革新阁拆除,用作新兵学习山炮射击的炮台。此外,曾在城内营建一批岗楼、碉堡等军事设施,原有大片古建筑和不少商号民宅多遭洗劫。1945年10月,人民政府发动民众10万人次拆除敌伪工事和残破城墙。至1988年底,经40多年演进,县城已建起一座座机关、学校、工商企业、职工宿舍、居民住宅,城容城貌焕然一新。[①]

---

① 刘宗诚主编,无极县地方志编纂委员会编:《无极县志》,人民出版社,1993年,第68~69页。

十三、行唐县

(一)城 池

城始筑于唐天宝间,肃宗命郭子仪留边将李光弼与史思明战九门。时周五里七十五步,高二丈,阔三丈五尺。池深八尺,阔二丈。外有堤池,内城下有夹墙。明景泰元年,因本境兵变,知县王晢重修。世号行唐为罐城,以西为口,南北为耳,东为底,城形似罐,故名之。正德元年,知县贾忠奏请开东门。三年,知县赵絜督工落成。六年,县丞邵胪、陶杰相继增修。十二年,知县袁庆复建四门层楼,嗣则东门开闭相寻(循)。崇祯九年,知县陈治纪以罐字之义为实塞之。十一年,遭兵火,城垣毁坏。十四年,知县陈其诚修补三门,俱增月城,以砖为之。国朝康熙十一年,天雨淋漓,雉堞倾塌。知县何琛捐俸重修,增设窝铺。十二年间,大炮台四座,小炮台八座,城下巡更窝铺十二处,不动费民间一钱而巩固愈于前时矣。

门四(今三),东曰寅宾,明正德元年知县贾忠开,崇祯九年知县陈治纪闭,不失古人罐形建城之义,自此不复议开矣。南曰俯郜,以郜水绕其南也。崇祯十四年,知县陈其诚改为文明门。西曰晚照,爱夕阴也,改为瑶圃门。北曰平恒,以恒山之下至此甫平,如平芜之义,改为拱辰门。

县治在城内西南隅。元以前无可考,已建盖于明洪武七年。正统十年重修,及崇祯十一年火焚碑志,故无可考。崇祯十四年,知县陈其诚重修。国朝因之。大堂五楹,堂后旧有退思堂三楹,左右幕亭,东西吏房,经焚毁后未能修盖,今阙。堂前有戒石碑亭、仪门三楹。仪门外东有民壮巡风班房三间,久废。又东有寅宾馆门一楹、厅三楹,久废。又东有土地祠门一楹、祠一楹。仪门正南为大门,上有谯楼,悬钟鼓。大门外之西有快手房三间。

公堂之前东西向者为吏书房。焚后仅存东吏书房五间,西阙。康熙拾柒年,知县王鹤捐资复建西吏书房五间。乾隆六年,知县张振义捐资,督率各吏书协力修造办事房,东西共十一间。

公堂之东有库楼一座,下有兵仗房三间,久废。公堂之后有钱库房二间,供招房一间,久废。看库房三间、后宅门一楹、后堂三楹、后穿廊三间,久废。内堂三间,堂东有北房三间、西房二间,为退食读书处。堂后有北房三间、西小房二间,为庖厨。堂东有楼三间,日久颓圮。康熙十八年,知县王鹤捐资修焉。其下有北房五间、西房二间,皆知县何琛修,后西房倾坍。乾隆四年,知县张振义改修。旧又有南房五间,知县王鹤捐资创建,久废。迤西有隙地,为县官蔬圃。堂之东北旧为主簿宅,今仅存遗址。西为马厩。

典史宅,在县堂东南隅。有厅三楹、书办门子房三间、二堂三间、东小房二间、西小房一间、宅内房三间、厨房二间、书房三间。大门之前旧东为旌善亭,西为申明亭,火焚之后,俱废。今门东快手房,即旌善亭旧址也。大门外东偏彰善坊,乾隆八年,知县张振义奉文建立。察院公署,在县署之东,街北南向,大门三楹、二门三楹、堂三楹,东西有皂隶房各三间,堂后穿廊三间、二堂三间、东有北房三间、东房三间,俱书吏房,南小房三间,备庖厨,久废。穷民寄居其地。西察院,旧名府馆,在县署之东察院之西,大门三楹、二门三楹、堂三楹,堂前东西有皂隶房三间,堂后穿廊三间、内堂三楹。东有北房三间,东房三间为书吏房。堂西有小房三间,备庖厨。明崇祯五年,知县陈治纪修应门作山,台上有栏,庭前修花竹,会书生读书为之供给,久废。仅存门一楹、堂三楹、内堂三楹,东西房各二间,训导居焉。

巡检司,在县治之西北七十里两岭口,明洪武七年建。山僻荒村,民人星散,厅垣圮败,其官皆于别庄借住民房。国朝康熙六年,巡检王自立自捐俸金,仍于旧司故址修衙宇三间。寻又圮,今徙住上碑村民房。阴阳学,在县署之东、察院之前,小门一间、房三间,久废。医学,在县署之东,门一间、房三间,久废。僧会司,在县北街封崇寺,久废。道会司,在县十字街东太清观,久废。中火亭,在县治南十里半壁店大士庵。按,行唐南距府城七十里,中介新乐半壁店,即其分界也。中火铺,在县治北二十里龙岗村。按,行唐距曲阳四十里,此其分界也。演武场,在县北关外,厅三间,地广二百步,袤三百步。明崇祯六年,知县陈治纪建,又有旧教场在北关西街之北,因其狭,故移之今地。①

---

① (清)吴高增纂修:《乾隆行唐县志》卷七,建置志,城池、公署,清乾隆三十七年(1772)刻本。

（二）城　垣

城垣系土筑，然颇高峻，且新修不久，垛堞整饬可观，城隅又建角楼，境内以产棉花、土布著称，故市面较新城稍佳，殊出意外。[①]

（三）县　城

古县城。

南桥镇故郡村，原名南行唐，系行唐故治，北魏时曾置唐郡，因名。

据清康熙十九年《行唐县新志》载："初，帝尧封于唐（今定州北唐城村）。后，诸侯来归，诣平阳即帝位，南行历其地，行唐之名由此始也。"其地，即今故郡。

赵惠文王八年（前291），赵于此建南行唐城邑。

秦始皇二十六年（前221）分天下为三十六郡，割真定地置南行唐县，此地为县治。

北魏去"南"字为行唐县。太和十四年（490）于此置唐郡，县治移至夫人城，二十一年郡废，仍为县治。熙平中（约517）移治犊乾城，即今行唐城。从秦建县至北魏移治，故郡作为县治长达700多年。

故郡城历史上又称"误军城"。《行唐县新志》载："古洑州以此城聚军为应援而失误，故也。""旧传城下有石狮、石牛作妖，掘城之半将狮、牛碎之，今有城基存焉。"故城遗址现仍依稀可辨。今日故郡，拥有人口3000余人，傍临沙河，五业兴旺，人民生活富裕，正向小康奋进。

行唐城。

行唐镇原名犊乾城，是历史古城，自北魏熙平中（约517）移治于此，已有1473年的历史。唐天宝年间始建城池，为土城，周长五里七十五步，高二丈，阔三丈五尺。池深八尺，阔二丈。外有堤池，内城下有夹墙。其形似罐，西门为口，南、北门为耳，东无门为底，世号罐城。南曰俯部门，以部水绕其前；

---

① 刘敦桢：《河北河南山东古建筑调查日记》，《刘敦桢文集》（三），中国建筑工业出版社，1987年，第95页。

西曰晚照门,爱夕阴也;北曰平恒门,以恒山之下也。城外有护城河环绕,常年水流不息。闭起南北门,非经西关升仙桥莫能入城。今已平,四方皆通。

唐大历三年(769)行唐置泒州,州、县同治,九年州废,仍为县治至今。

古文物有孔庙、封崇寺、城隍庙、升仙桥等,升仙桥系唐代建造,造型结构与赵州安济桥相同,被誉为赵州桥的姊妹桥。①

十四、元氏县

(一)城 池

旧城去县治西北二十五里,故垒仅存,自隋开皇迁县于槐水北,即今城。明景泰间知县杜确,成化间知县王鉴之,正德间知县姚文明,嘉靖间知县沈鉴、周居鲁俱重修。原系土城,周围五里许,高二丈五尺。万历三十年,知县卢永改作石城,工未竣,卒于任。知县刘泽深续其功,周围计一千零二十四丈,高三丈,顶阔二丈,根阔三丈,砖垛口一千九百九十五个,有修石城记。万历四十一年,知县王途改砌砖,水口四十三道,计土功三百丈有奇。崇祯间,知县阎嗣科将原垛减塞一半。康熙间,知县吴之谦营治内城。嘉庆间,知县郭甘亦相继重修。咸丰三年八月初粤军入直隶,知县郭珍捐俸金,将西南隅城垣坍塌、雉堞残缺处重修补葺,有碑记。同治二年,知县王启俊补修垛堞,周围完固。

门,旧无北门,知县刘泽深因改石城,仍建东西南三门,洞高一丈六尺五寸,阔一丈三尺五寸。知县阎嗣科复于门外洞口用砖平铺,安一重门,高八丈,阔五尺七寸,重门外各设吊桥一座,重修门楼三座,各三间,有重檐。知县刘泽深于楼中各设大鼓一面,晨昏伐之,一准悬门。知县阎嗣科因寇警,各于楼中悬钟一口,击以立号。今钟鼓楼圮。咸丰三年,知县郭珍重修。同治四年,知县王启俊按旧制添造东西南重门各一,整修门洞,有碑。

角楼,城东北、西南、西北各角楼一座,各三间,有重檐,四面皆通。出入东南角,以魁星楼当之,三楼圮,惟魁星楼存。

---

① 王永德主编,行唐县地方志编纂委员会编:《行唐县志》,中国对外翻译出版公司,1998年,第52页。

四角炮楼，旧无，崇祯十三年，知县张慎学于城外四角建重檐炮楼一座，缀附城角，墙甃以砖，空其中，以梯上下，于两面顺城处，各就地留炮门一个，置大炮于门内，又用木为箭帘，计九百八十一副，有事悬挂，无事收藏。俱废，惟东南角墙垣仅存。

更铺，旧修石城，设更铺一十六间，门皆内向。知县阎嗣科添设更铺一百八十一间，门皆外向。今圮。

郭，旧无。万历间知县王途于城外二丈许周围筑土墙，一千零九堵，并建栅栏门六座。顺治六年，知县祖永杰照旧修筑，复设栅栏。同治二年，知县王启俊仍旧制，各设木栅栏三座，以闭内外。今圮。

关，三门俱有，旧于关头各设栅栏一座，可当月城。顺治十五年，知县王坤新建三关楼，有碑记。康熙十一年，知县吴之谦重修南关阁，有碑记。俱圮。

池，旧阔二丈五尺，深一丈七尺。原无水。崇祯六年，知县阎嗣科浚一次，复从西南城角楼就故道向南开渠引槐水入池，天旱河涸，功不就。崇祯十二年，知县张慎学复浚之，四围岸阔三丈，底阔一丈五尺，深至见水。顺治六年，知县祖永杰又疏浚之。查现在槐水断流，难引入城河，限于地势也。同治六年，护城濠沟淤塞已久，知县王启俊按社派夫，工价食用俱系各村供办，周围挑挖共一千四百八十四丈，面宽三丈，底宽一丈，深一丈五尺，人心踊跃，不日遂告竣焉。以上旧志。

现在石城垣尚完固，近年屡次修补，女墙半毁，郭已无存，东南角魁星楼亦将圮。池濠淤塞已久，民国十七年，晋军驻元，征民夫浚一次，然亦不及从前深阔。①

（二）县城一

县城周环约五里，共三门，车站在城东约五里许。②

---

① 王自尊修，李林奎、武儒衡等纂：《民国元氏县志》卷一，疆域，城池，《中国地方志集成·河北府县志辑》第9册，第280~281页。

② 张魁鹏：《京汉铁路旅行纪略》，《地学杂志》1922年第十三卷第三期。

（三）县城二

县城位于元氏县东南部，北距石家庄35千米。西汉初汉高祖三年（前204）元氏置县，县治在今故城村。隋大业末年，县治迁槐河之阳，故俗称"槐阳"。城垣原系土壁，元至正二十七年（1367）被毁。明景泰年间重修。城周2500米，高8.33米。万历三十年（1602），知县卢永主持构筑石城。工未竣，卒于任所。知县刘泽深续其功。石城周长3413.33米，高10米，顶阔6.67米，根阔10米，甃石成壁。砖垛口1995个。万历四十一年（1613），改砌砖水口43道。崇祯间原垛口减塞一半。清咸丰三年（1853）八月、同治二年（1863）均修葺城垣，周围完固。民国初，女墙半毁，又经重修。

城池原无北门，改砌石城时仍建东、西、南三门（称长春、太和、嘉惠三门）。门高55米、阔4.5米。后于门外洞口用砖平铺，设重门，高2.67米，阔1.9米。重门之外又各设吊塔一座。三门之上均建有门楼三间，有重檐，楼中置大鼓，晨昏伐之，为悬门号。后复于楼中置钟一口，击之为号。清同光间圮。

城东北、西南、西北各建有角楼一座，均三间，有重檐。东南角建有魁星楼，雕梁画栋，气势恢宏。清同光间角楼俱圮，唯存魁星楼，民国初残坍。

明崇祯十三年（1640）于城之四角各建重檐炮楼1座，缀付城角，墙壁甃以砖石，中空，以梯上下。置大炮于其中。清同光间圮。

明万历间，于城外二丈许周围筑土墙1009堵，并有栅栏门6座。县城自此有郭，清顺治六年（1649）圮，后照旧制重建。同治二年（1863），仍照旧制各设栅栏3座以闭内外。民国初郭圮。

石城周围有城壕，旧阔8.33米，深5.67米。原无水，崇祯六年（1633）引槐水入城壕。因天旱河涸无水，十二年复疏之。岸阔10米，底阔5米，深至见水。顺治年间又两次重修。民国初，城壕淤塞。民国十七年（1928），晋军驻元氏，征民夫疏浚。解放前夕，城壕已淤塞。民国三十六年（1947）后，随城垣废圮，城壕已不复存。

县城内有四街（东、西、中、南街）。街衢纵横，巷里交错。城外有东、西、南三关，城内外原有古建筑多处，开化寺、开化寺塔、城隍庙、关帝庙、文庙等。气势宏伟,各具特色。至今,除开化寺塔仍巍然挺立外,余无存。

民国三十六年(1947),解放元氏之役,城垣之东门北、南门、东南角、西门南、东北角均被炸开豁口。1955 年,开始拆除城垣甃石。至 20 世纪 60 年代末,城垣土壁已荡然无存。①

十五、赞皇县

(一)城 池

隋开皇六年置土城,槐水环绕为池。历唐及宋,几经废坏。明景泰元年,重修三门,南曰太平,东曰延康,西曰永丰。中建樵(谯)楼,会河水泛溢,迤南决为深沟,遂以樵(谯)楼为南门,名上城,迤南废为关厢。正德元年,知县张璞重修。越嘉靖十一年,知县何镔奉文于南关筑城、凿池,名下城。立三门,曰南讹,曰东作,曰西成。嘉靖二十七年,知县弋正复修之,高阔增于旧制。隆庆二年,知县熊杰益以墩台九、角楼四,南讹改曰向明。崇祯七年,知县夏咏重建楼南门。及入本朝,又无复有存。乾隆十一年,知县黄岗竹见南门倾圮,重修之。复楼其上。后二年,以次捐修东作、西成二门。然土城周三里余,高逾二丈,例劝民随时补葺,民每岁疲于力作,而一劳永逸之计,又长民者所当为民一筹及焉。民国二十八年大雨,城垣尽圮。邑令汤玉瑞重修,并于城东、西、北三面添掘城壕,城防益固矣。②

(二)县治一

县署在城之北,创自隋开皇六年。历明季,毁于兵火,官斯土者至僦民居。顺治年间,知县祖龙始重修之。前建鼓楼,铸钟。正堂三楹,进而三堂,最后为内宅。幕厅在三堂东,库楼在正堂东,另有内库,在内宅东隅。正堂前为露台,吏户礼三房在露台东,兵刑工三房并架阁库在露台西。前为仪门,鼓楼在仪门外,楼之下即为头门。察院行台,旧在县署之左,今废。县

---

① 元氏县地方志编纂委员会编:《元氏县志》,河北人民出版社,2015 年,第 35 页。
② 汤玉瑞修,闪国策纂:《民国赞皇县志》卷一,建置志,城池、公署,民国二十九年(1940)铅印本。

丞,顺治年间奉裁,署今无考。典史衙宇,旧在县署西,今废。衙移于县署之东,即察院行台旧地。巡检司,在城西四十里,久废,而巡检司今为村名。城守汛,在城内东南隅,设千总一员、马兵三名、步兵四十名。①

(三)县治二

城垣建筑:城垣建筑时期无可考,以石土筑成,周围约四里许,高二丈,宽二尺,城门五个。角楼及城墙现均颓废,经前年秋修补一次,较前稍显整齐,但无角楼。今春建筑炮楼十六处,现复修筑城垣,增高加厚,尚未完工。

县署建筑:查本县县署创自隋开皇六年,明洪武成化年间重修两次,清顺治乾隆时重修两次,至嘉庆道光间又重修四次。民国六年七月间,淫雨兼旬,县署房屋倒塌净尽,呈请拨发正款重修瓦房共二十余间,平房共四十余间。

市街建设:南北大街及东街,宽约五公尺,以土筑成,所有沟渠、娱乐场所,及道旁植树,均以无款,尚未举办,只有太平水缸及清道夫公共厕所各种卫生设置。②

(四)县 城

古县城旧称城厢镇,晚清时期的城厢,以城墙为界。在城墙以内南北向大街(北大街、南大街)为中心线。县衙在城内北端,中心线以西有街道九条,分别是城隍庙街、上三官庙巷、中三官庙巷、三官庙巷、胡家宅巷、西大街、小西街、忠义巷、韩家巷,中心线以东街道11条,分别是奎星阁街、孔子庙巷、干草市街、拜谒巷、东大街、关帝巷、后东街、王家巷、赵家巷、牲口市街、牛市巷,另有东关街和南关街分别在城厢以外的东、南两侧。县城建筑有县衙、学宫(文庙)、关帝庙、文昌阁、奎星阁、社稷坛、先农坛、城隍庙、三官庙、马神庙、三皇庙等,有牌坊四座,其中以北大街的"荣沐恩纶"和南大街的"龙章锡宠"规模最大,工艺也最精湛。城内划为东街、西街、南街和北街,城墙

---

① 汤玉瑞修,闪国策纂:《民国赞皇县志》卷一,建置志,城池、公署,民国二十九年(1940)铅印本。

② 《河北省赞皇县地方实际情况调查报告》,《冀察调查统计丛刊》1937年第二卷第六期,第125页。

以外划东关、南关和西关。集市主要分布在南大街、北大街、东关街、后东街、东大街、牲口市街和关帝庙巷。商号、店铺和手工业作坊主要分布在南大街、西大街、东大街、北大街和后东街。清光绪二年(1876),县城四街共431户,2315人。

建国后,县城不断改造,今日,古代县城的痕迹已经不多。①

十六、赵　县

(一)城　池

《易》曰:"王公设险,以守其国。"《诗》曰:"实墉实壑。"此谈守御者所以有取于城池之高深也。赵地虽广衍平旷,无险可据,然河朔为天下之根本,赵即为河朔之咽喉。自唐宋后,或为郡或为府或为州,沧桑屡易。入我皇朝,规制崇闳,屹然为畿南屏翰。守土者览兹形胜,加以抚绥之政,则众志成城,金汤永固矣。

州城土筑,建置莫考,基博二丈五尺,垣崇三丈二尺,周环十三里有奇,炮台六十有二,女墙崇五尺,加堞二千八百八十有一。东垣七百四十八丈,自艮隅迤逦,外跨当卯位,内折直引至南门,居乙辰之间巽隅起,魁楼今移置巳位。南垣绳直四百九十六丈,门居丁未之间。西垣七百四十九丈,自坤隅直引抵酉辛间,折而东郭门在焉,循郭右偏东行百丈再折而北,百数十丈乃为乾隅。北垣四百一十九丈自乾历亥皆直引当壬位,外跨斜指,门居癸丑之间,东抵艮隅止。门凡四重关双阁,东曰升华,南曰临洨,西曰澄波,北曰拱辰。

按,垣墉郭郛,岁久倾圮,人人可越。咸丰三年九月,粤逆北犯,飘忽驰突,防御不及,城遂陷。同治七年,知州刘公锡縠兴工缮治,用亩捐法。九年,知州高公维翰以亩捐不时集,改劝富民出资,迁延畏缩至十年乃蒇事。惟起东楼时义民杨新春出制钱一千六百贯佐役,事属罕觏,故附记之。

濠阔十丈深十尺,绕城四周,匝水汪洋间,旧时遍种红莲,垂柳翳之,夏日荷香拂拂,游鳞喋唼,胜概也。厥后清水河来源既竭,濠亦旋涸,居民犁为

---

① 甄民一主编,河北省赞皇县地方志编纂委员会编:《赞皇县志》,方志出版社,1998年,第76页。

平田,租入充书院诸生之用。同治四年,知州段公广瀛倡议加浚,宽三丈,深一丈三尺半,境毕赴工,将讫,秋霖群注而止,然需民力已不资矣。①

(二)县城街市

城墙呈不规则形状,周长全长42町,建有东西南北四门,从南门到巡警总局之间的街道最长也最繁盛,次之是西门内的街市,道路较窄,宽约一间半到两间,高低不平,下雨时形成水洼,通行困难。县署、巡警总局等是其主要建筑,城内东南角有两个宝塔,耸立于枣木槐树之间,带有中国特有的情调,引起旅游者无限的怀古之情。②

1935年夏,知县苗作新奉尧山专员张清圆命,县内村民分段补修城墙残处,清淤加浚护城河。1942年日军实施"强化治安",强令百姓补残加固城墙。1945年9月、1946年10月为解放赵县城,城门拆砖、城垣几处挖洞。至1949年城墙旧基保护完好。1963年8月,特大洪水冲击西门城墙,塌陷严重,经全城干部、工人、农民等打桩抢险囤土加固城墙,免遭洪水灌城,保全了城内人身生命财产的安全。1966年后,机关单位、村民不断拆毁四门挖砖,破坏城墙。至1986年,除北、西城墙和南城墙西段原貌可见,保护较好,东城墙和南城墙东段基本被起土挖平,用于建房。根据上级指示,县政府已公布古城墙为县级重点文物保护单位。

州署前有望汉云台,毁于1968年"文化大革命"。东门内路北有柏林寺,"文化大革命"期间被毁,仅存柏林寺塔(真际禅师塔),为河北省重点文物保护单位。西门内清水河上有永通桥,建于唐永泰元年(765),城中赵州陀罗尼经幢,建于北宋景佑五年(1038)为全国重点文物保护单位。另有北宋大观二年(1108)八月二十九日建成的大观圣作之碑,系河北省重点文物保护单位。是文物荟萃的古城,蔚为大观。

---

① (清)孙传栻修,(清)王景美等纂:《光绪直隶赵州志》卷三,建置志,城池,《中国地方志集成·河北府县志辑》第6册,第349页。
② 《中国省别全志》卷十八,河北,第35册,第279页。

县城经济,自隋朝开皇年间赵州安济桥建成,经济振兴,唐至清战火频仍,经济起伏不定。至民国初,商号店铺有40多家,人民生活安定,经济有所发展。1937年日军占领赵县城,庙宇、殿堂、学校不断被毁,商店倒闭,代之而起的是明碉暗堡,经济萧条冷落。1945年9月赵县城解放时,城内仅存仁和裕、大有斋、大有恒等十几家药店、杂货店、粮店、花店等。①

(三) 县 治

城垣建筑:建置年月无考,系土质,周围十三里有奇,高三丈二尺,厚二丈五尺,门洞四,角楼无。城垣因历年已久,风雨摧残,迭有颓倒,虽经补修,仍不如往昔之完整。

县署建筑:咸丰三年间粤逆北犯,城陷,州署悉被焚。至光绪二十年七月间,知州孙传栻捐廉建筑,即今之县政府。

市街建筑:重要街市,如南大街、东大街、西大街,道宽约二丈,系用土质修筑,街市无沟渠,建有公共男女厕所,并指定倾倒污秽处所,道旁均已栽植树木,市房多系平顶,间有瓦房者。②

十七、正定县

(一) 城 池

汉建为国,晋移为郡,唐改为军,明升为省,规模阔大,壁垒森严,恃为重镇,西南两面滹水环流,足资控制。本朝移省会于保定,而此城横亘南北,居畿辅之中,形势尤争奇扼要,则所以建威消萌者,宜思患预防也。城附郭本府汉东垣故城在县南八里。汉武帝始建正定国,晋移常山郡城于此,后魏迁郡治安乐垒,后周复治正定,俱建石城。唐宝应中成德军节度使李实臣因滹水灌城,复拓大之,宋元并依旧城修葺,然非石垣。

明正统己巳,都御史陆钜会、御史陈金增筑城址,浚治濠隍,为固守计,周围二十四里,高三丈余,上宽二丈。隆庆五年,知县顾绶始易以砖石,至知

---
① 河北省赵县地方志编纂委员会编纂:《赵县志》,中国城市出版社,1993年,第53~54页。
② 《河北省赵县地方实际情况调查报告》,《冀察调查统计丛刊》1937年第二卷第二期,第96页。

县周应中申动府库银六万余两,于万历四年落成。崇祯十二年补修西南隅。本朝雍正六年奉敕修理,嘉庆十六年、同治七年随时补修。门四,各有月城,建楼,东曰迎旭,今改环翠,南曰长乐,西曰镇远,北曰永乐。四隅仍各建楼,南城外楼曰看花,额曰襟山带河。明万历十八年重修,本朝康熙二十五年重修。垛口旧五千五十有奇,崇祯十二年,太监陈镇彝并为二千五百四十八。门,月城旧各有甬道,与里城不属,崇祯十年巡按御史李模废甬道,接筑为一。崇祯二年知府侯应琛增建小楼于北月城上,今圮。池阔十余丈,深二丈许,堤高丈余,厚如之,万历以后淤废。崇祯四年,知府侯应琛集僚属丁夫挑浚。泉发西北,大小五十余穴,绿水环流,芰荷弥望,堤柳掩映,鸥鹭回翔,可以泛舟擅河北胜览。今泉淤壅,池亦淤平。护城河,乾隆十年挑,旧有河漕,西韩河旧由柏棠村南流入滹沱。乾隆初,次水利图说,弃有用之水助滹沱之势,甚为非计,挑河一千六百一十四丈转输城濠,由城东南隅响水闸东流为东大道河。①

(二)县 城

正定县城周环二十四里,共四门。②

(三)县城街市

户数约四千,人口两万左右,以广大的城墙所环绕,略呈正方形,周长约二十四里,高五间,宽五间,建有四门,城内人家稀疏,多田地,虽已无昔日的感觉,但是街道井然,房屋比较壮丽,连通东西两门和南北两门的道路交叉点附近最为繁华,道路宽大概有两间到三间,比房屋的地基低二三尺,下雨的时候泥泞没膝。市内有很多有名的寺院古塔,县衙门、警察署、邮局、商会、教堂以及分布于城内各处的兵营是其主要建筑。③

---

① (清)贾孝彰修,(清)赵文濂等纂:《光绪正定县志》卷九,城池,《中国地方志集成·河北府县志辑》第3册,第155~156页。
② 张魁鹏:《京汉铁路旅行纪略》,《地学杂志》1922年第十三卷第三期。
③ 《中国省别全志》卷十八,第35册,第263页。

（四）县　治

城垣建筑：明正统年间，改筑砖城，周围二十四里，高三丈余，上宽二丈；城门原为四，民国十年又辟小北门一处，通车站。角楼均已破坏。

县署建筑：原为府署，屋宇宏敞，地面广阔。

市街建筑：街道最宽者三丈余，普通宽度为一丈五尺，路面平整，有泄水沟，自车站至县署，筑有马路，宽为二丈，路旁植有树株。①

（五）调研纪事

车快到涿州已经缓行，在铁路的西边五六十公尺，忽见一堆惹人注目的小建筑物。围墙之内在主要中线上，前面有耸起的塔，后面有高起的台基，上有出檐深远歇山的正殿，两山没有清式通用的山花板，而有悬鱼，塔之前有发券的三座门。我正在看得高兴，车已开过了这一堆可爱的小建筑，而在远处突然显出涿州的城墙，不到一分钟，车已进站停住，窗前只是停在那里的货车和车上的军需品。回程未得在此停留，回来后在《畿辅通志》卷一七九翻得"普寿寺在州东三里，浮图高十丈，石台高二丈……"，又曰"一名清凉寺，在城东北三里，地名北台，浮图石台俱存……中有万历时碑记，传为宋太祖毓灵之所云"。

…………

下午五时到正定，我和那位同座的军官告别下车。为工作便利计，我们雇了车直接向东门内的大佛寺去。离开了车站两三里，穿过站前的村落，又走过田野，我们已来到小北门外，洋车拉下了干枯的护城河，又复拉上，然后入门。进城之后，依然是一样的田野，并没有丝毫都市模样。车在不平的路上，穿过青绿的菜田，渐渐地走近人烟比较稠密的部分。过些时左边已渐繁华，右边仍是菜圃。在东（左）边我们能看见远处高大的绿色琉璃庑殿顶，东南极远处有似瞭望台的高建筑物。顺着地平由左向右看（由东而南而西）更

---

① 《河北省正定县地方实际情况调查报告书》，《冀察调查统计丛刊》1937年第二卷第二期，第82页。

有教堂的塔尖、八角形的塔（那是在照片里已瞻仰过的天宁寺木塔）、绿色琉璃屋顶和四方形的开元寺砖塔，由其他较低的屋顶上耸出。这是我所要研究的正定及其主要建筑物的全景。我因在进城后几分钟内所得到的印象，才恍然大悟正定城之大出乎意料之外。但是当时我却不知在我眼里这一大片连接栉比屋舍之中，还蕴藏着许多宝贝。

在正定的街市上穿过时，最惹我注目的有三样东西：一，每个大门内照壁上的小神龛，白灰的照壁，青砖的小龛，左右还有不到一尺长的红纸对联，壁前一株夹竹桃或杨柳，将清凉的疏影斜晒到壁上，家家如此，好似在表明家家照壁后都有无限清幽的境界；二，鼓镜特高的柱础，沿街两旁都有走廊，廊柱下石础上有八九寸高的鼓镜，高略如柱径，沿街铺廊的柱础都是如此，显然是当地的特征；三，在铺廊或住宅大门檐下，檐檩与檐枋之间，都不用北平所常见的垫板，而用三朵荷叶或荷花垫托，非常可爱。此外在东西大街两旁的屋顶上，用砖砌成小墩，上面有遮过全街宽的凉棚架，令我想到他们夏天街上的清凉。

…………

我们看完这三座塔后，便向南大街走。沿南大街北行不久，便被一座高大的建筑物拦住去路。很高的砖台，山有七楹殿，额曰"阳和楼"，下有两门洞，将街分左右，由台下穿过。全部的结构就像一座缩小的天安门。这就是县志里有多少篇重修记的名胜阳和楼，砖台之前有小小的关帝庙，庙前有台基和牌楼。阳和楼的斗拱，自下仰视，虽不如隆兴寺的伟大，却比明清式样雄壮得多，虽然多少次重修，但仍得幸存原构，这是何等侥幸。我私下里自语："它是金元间的作品，殆无可疑。"但是这样重要的作品，东西学者到过正定的全未提到，我又觉得奇怪。门是锁着的，不得而入，看楼人也寻不到，徘徊瞻仰了些时，已近日中时分，我们只得向北回大佛寺去。在南大街上有好几道石牌楼，都是纪念明太子太保梁梦龙的，中途在一个石牌楼下的茶馆里，竟打听到看楼人的住处。

…………

离开开元寺，我们还向阳和楼去，在楼下路东一个民家里，寻到管理人。沿砖台东边拾级而登，台上可以瞭望全城。台上有殿七楹，东西碑亭各一。

殿身的梁枋斗拱,使我们心花怒放,知道这木构是宋式与明清式间紧要的过渡作品,这一下午的工作,就完全在平面和斗拱之测绘。

…………

由府文庙出来,我们来到县政府——从前的正定府衙门。府衙门的大堂是一座庞大而无斗拱的古构,由规模上看来,或许也是明构。府衙门和文庙前的牌楼,都用一种类似"偷心"华拱的板块代替斗拱,这个结构还是初次见到。府衙门之外,还有一座楼,现在改为民众图书馆,形式颇为丑怪。在回寺途中,路过镇台衙门,现在的七师附小,在门内得见一对精美绝伦的铁狮,座上有元至正二十八年年号和铸铁匠人的名姓。[①]

(六) 城　垣

清朝末期至解放初,随着国力的衰败,战争的频繁及人为破坏,正定城墙逐渐失去了昔日的雄姿。

清光绪二十六年(1900),京汉铁路通车后,在正定设立火车站,上下火车的人需绕道七八里路,从西门或北门出入,实在不便。于是在民国九年(1920),县知事华汉章经上级批准,在北门西距西北角楼不远处开辟了一个小北门,并修筑土马路一条,直通火车站。为纪念这位华县长的功德,又因大北门名为"永安门",所以,小北门被命名为"华安门"。在城门上写有"华安"两个大字。现在华安门虽然已经不复存在,但"华安路""华安商场"等均依此命名。

在抗日战争和解放战争时期,日军和国民党在城墙中用混凝土修筑了工事。正定城墙已成为战争的工具和炮火轰击的目标。1947 年,第一次解放正定后,为防驻石门市的国民党军队的突袭,人民政府发动群众将城墙的东、北两面拆了一些豁口。

1958 年"大炼钢铁"时,有些单位拆城墙砖修高炉,后来,又陆续有部分群众拆砖修房盖屋,久而久之,一座气势恢宏的砖城变成了残垣断壁。

1966 年,东城门修筑了战备防御工事,三道城门被掩于工事之下。1975

---

① 梁思成:《正定调查纪略》,《中国营造学社汇刊》1933 年 4 月,第四卷第二期,第 3~11 页。

年,从西门北边将城墙拆一豁口修通了常山路。此后,水利局、外贸加工厂、汽车修理厂、正定第一中学等单位先后摊平部分城墙,建了办公楼、厂房、教室、宿舍。至此,正定城的城门楼、角楼、垛口均不存,城墙砖也所剩无几,土筑规模尚可见到。城垣断断续续,残存8106米。四城门现状为:南城门存里城门和瓮城门,里城门外券脸上仍嵌有"三关雄镇"的石匾额,瓮城留有较完整的城垣,月城仅存部分残垣;西城门存里城门和瓮城门;北城门存里城门和月城门;东门已不可见。另外,西城门、北城门、西南角楼尚存马道。东城墙留有较完整的排水道。

进入90年代以后,随着正定旅游业的发展和人们文物保护意识的增强,正定县委、县政府不断加大对古城墙的保护力度,出台了一系列保护古城的措施和办法。正定古城于1994年被国务院批准为国家历史文化名城,作为其标志性建筑之一的正定古城墙也于1993年审批为省级重点文物保护单位。

2000年,正定县委、县政府为保护文物,发展旅游,号召全县百姓积极捐献旧城砖,并投资399万元修复了南城门城楼及两侧城墙各50米。这次对南城门的修复,主要是依据对现存南、西二城门的勘察、测量和对当地老辈人及古建专家的访问,同时又到北京清华大学建筑学院查找相关的图文资料,并结合梁思成先生30年代拍摄的古城照片进行设计的。施工时,对遗址进行了科学发掘,对保存较完整的部分墙体实行了剔补的维修办法,切实遵循了"修旧如旧"的修缮原则,为后人留下了真实的考古依据。

修复后的城门楼是一座歇山顶二层楼阁式建筑,通高10.5米,面阔24.1米,进深11.5米,总面积277.15平方米。分上下两层,明间辟门,次间置窗。檐下均置明、清式斗拱,屋顶为青瓦中心、绿琉璃瓦剪边。上层檐下"长乐门"匾额为著名书法家启功所书。[①]

[①] 于平兰、杨双秋:《正定古城墙的兴衰》,中国人民政治协商会议正定县委员会文史资料委员会编:《正定文史资料》第5辑,2003年,第290~292页。

第二章　雄安新区各县城城墙资料

一、雄　县

（一）城池一

城周九里三十步,南北长,东西狭,高三丈五尺,广一丈五尺。东南西三门,东曰永定,南曰瓦济,西曰易阳。西水门一。池深一丈,阔三丈。宋景德初,西上阁使李允则镇抚是州,防备水患,复筑外城,其宽阔各增旧制。明洪武初,知县程九鼎重修。弘治元年,知县王梦贤修垣浚池植柳。嘉靖三十年,知县胡政砖甓,垛口为数二千九百八十四、敌台二十四。隆庆中,知县王述筑堤捍水。崇祯二年,知县许台俊重修东门及城楼,又凿新濠于旧濠外,深广各二丈,于西面建水门。十一年,知县张秉礼、邑人马维城筹建敌台。国朝康熙七年知县戚崇进、八年知县姚文燮相继修,二十七年知县张重启补葺。①

（二）城池二

县治在高齐以前,曰易县,曰易城,其建置殆无可考。唐置归义,其县城又不在今县境,亦莫能详。自周世宗于归义县南之瓦桥关置雄州,其后乃颇可纪。明代迄清初,纪述尤详备。清末迄今,战乱频仍,物力凋敝,有其废之,莫能举也。兹分城池……目,或表或说如左:

---

① （清）李培祐、（清）朱靖旬修,（清）张豫垲等纂:《光绪保定府志》第三十五卷,工政略一,城池,《中国地方志集成·河北府县志辑》第30册,第540页。

城池表①

纪年	城池	高广
周显德六年	取瓦桥关置雄州，移归义县于州城。	周围九里三十步，高三丈五尺，广一丈五尺。东南西三门，东曰永定，南曰瓦济，西曰易易(阳)。门上皆有楼橹，南楼有钟，以节晨昏。池深一丈，阔三丈。东西吊桥二，东曰东作，西曰西成。
宋景德初年	李允则展筑北城，故南北长东西狭。又为防备水患，筑外罗城，浚濠引水，谓之雄河，其宽广皆倍旧制。	
仁宗康定年	北城上建真武阁，阁即允则所建之东岳祠，时北人胡知远来侵，夜半见真武现形，寻败遁，乃令祠真武。	
明洪武初年	知县程九鼎重修城浚池。	
弘治元年	知县王梦贤修城垣，开四街，券三门，浚池深阔，植柳三行，以固堤岸。	
正德末年	知县马纪重建二吊桥。	
嘉靖元年	知县王子麒重修城池。	
嘉靖三十年	知县胡政砖甃垛口二千九百八十四，建敌台二十四、吊桥二。	嘉靖中城濠水各于城东城西分流，南入瓦济河，故南门无吊桥。其后城濠上不通河，下亦不入河，盖绝其源流，而另开濠以抱南城，故南有吊桥。马之骦云：以东西之名例之，当曰南沦。
嘉靖末年	知县刘羽国同县丞刘天健建文楼于东城。	
隆庆中年	知县王述筑堤捍水。	
万历二年	县丞房选建西城龙门楼、东城文明楼。	龙门楼下为西水门，又名龙门，宾兴士子皆从此出，今名官沟，久淤。

① 秦廷芳、褚保熙修，刘宗本纂：《民国雄县新志》卷二，法制略二，建置篇五，城池，《中国地方志集成·河北府县志辑》第38册，第22~23页。

续表

纪年	城池	高广
崇祯十四年	知县曹良直用马维城议,补建八台,连前二台俱以砖灰甃固,令认垦荒地之户,计亩输砖灰,随给印票,俾为永业。又浚深池。	马之骕四修志云:张、曹先后建台,礼聘马维城,弥日坐守指示,规模眉目鼻颐,一如西制,且极坚实。迄今六十年,凝峙如故。又每台之上建将厅一间,火药库房一间。顺治中尽拆去他用。马之骕《西洋台诗》:明季增城垒,西洋锐角台。神威曾震叠,物望益崔嵬。创自先君子,贻诸久后来。将无忘缔造,特与记胚胎。
崇祯十五年	知县张京浚重池。	
清康熙七年	知县戚崇进重修城东南隅钟楼。	
康熙八年	知县姚文燮修南门西门二城楼,补周城倾颓。	
康熙十五年	知县谢檟龄修城池三门。	
	知县来淑洙修城池。	清代康熙年,雄县城设驻防营,防守尉负守城责任,城濠淤地悉为披甲旗兵屯种。入民国来,县议会议归县有,收城濠租京钱四十吊。民国十一年,旗兵将城濠地升科,遂为私有矣。
	知县王辅修城池,增垛口,翻盖三门楼。	
康熙二十七年	知县张重启买砖添补垛口五十六处。	
民国二年	县知事王瑚收回城壕地一顷三十二亩三分四厘九毫,环城栽柳。	
民国十年	县知事高茂枞以南门倾圮,拆砖修二铺堤坝,并于南门两侧修建官房各六间招租,津贴劝业所。又经县人某议,决拆西门砖及十台砖,修筑西关六铺砖坝。	

(三)县 城

自后周显德六年(959)收复瓦桥关(今雄县县城南关)置雄县,归义县治于州中,后经历归信县、雄州、雄县等行政区划的变动,但县治一直在雄州镇。宋辽时期,雄县为边关军事重镇,属兵家必争之地。北宋景德初年,为防辽兵侵入,李允则展筑北城。城周4525米,高11.7米,宽5米。城东、西、南三面分设永定、易阳、瓦桥3门,门上建有楼橹,南门有大钟用以报时。城外四周有城壕,深3米,宽9米,东西两门各有吊桥,分别称东作、西成。为防水患,筑有外罗城,设壕引水,称雄河。①

(四)雄州镇

雄州自置州至今,为8个朝代的州、县治所,已有1031年的历史。唐置瓦桥关,为军事重镇。五代周显德六年(959)于瓦桥关设置雄州。北宋景德初年,为防辽兵,展筑北城,所以城池东西短,南北长。城周4525米,高11.7米,宽5米。城的东、西、南三面分设永定、易阳、瓦济三门,门上建有楼橹,南门有大钟以报晨昏。城外四周有城壕,深3米,宽9米,东西两门各有吊桥。为防水患,筑有外罗城,浚壕引水,称雄河。明洪武初年,修城浚池。弘治元年(1488)修壕开宽加深,壕边植树三行,以固雄河岸。嘉靖三十年(1551)又建砖砌垛口、炮台,重修吊桥。隆庆年间,城壕淤塞,雄河东西分流。为保南城,南门外另开城壕,建一吊桥。万历二年(1574)西城建龙门楼,下设西水门,东城建文明楼。崇祯十四年(1641)初建炮台,砖炭结构,每台建有将厅和火药库。清康熙年间继续加固城墙,修城楼、整垛口、浚城壕,翻新三门。民国年间,年久失修,城楼、炮台塌陷,城墙屡遭破坏。新中国成立后,县人民政府虽一再强调保护土城,但从1958年起,尤其"文化大革命"期间,城墙大部被平毁建为民房,少量为公建所占。到1989年仅存北城墙一段,即温泉招待所沁春园北侧几千米城墙遗迹。②

二、安新县(安县、新安县)

(一)安州城池

城周五里三十步,高二丈五尺,广一丈。门四,东曰熙皞,又曰望瀛;西曰保釐,又曰耀武;南曰咸和,又曰迎秀;北曰永清,又曰太平。池深一丈五尺,阔一丈。旧土城,宋杨延朗筑。明景泰中知州陈纶、成化中知州王钦增修。弘治中,知州宋经增筑四门、瓮城。正德中知州李铉,嘉靖中知州樊鹏、张寅、程著、郑镐、李应春,相继修葺城楼、垛墙。万历中,知州王思睿、马鸣

---

① 保定千年古县编委会:《保定千年古县》,河北大学出版社,2008年,第385页。
② 李凤昆主编,雄县县志编纂委员会编:《雄县志》,中国社会科学出版社,1992年,第25页。

毂复修。

　　附：新安城在州东北二十里。城周七里十三步，高三丈，广一丈。门四，东曰景宁，西曰广德，南曰来远，北曰安仁。池深一丈，阔四丈。汉时旧城在今三台村，金章宗时，移筑土城于浑渥，周九里，即今地。元至元二十二年，没于水。明洪武中重修，即今制。成化四年知县赵俊、弘治十四年知县周伦、正德九年知县王举、嘉靖十七年知县张梅，相继增修。万历十五年，知县罗启先开通秀门于南门左，知县张廷玉修东、南、西三面，复筑垛墙，高八尺，重建西、南两城楼。崇祯中，知县危思谦增筑四门瓮城。知县王皋易土以砖。国朝康熙二十九年知县侯殿国、三十五年知县熊开梦，补葺城垣、垛墙。六十年，知县甘汝来重修城楼。乾隆三年，知县杨龙文请帑修葺。道光十二年，县裁，改为乡镇属安州。①

（二）新安县城池

　　考古列城数十，束壤制也。邑城宽不及丈，高则倍丈耳，池则浚而阔。遑不戒林啸郊烽。岂据十雉之雄，但恃一水之险？且筑土潟卤，字民吏非，劳割自下，时廑厚完惮人，宁云康乎？可曰城保于德也。志城池。

　　按，考新安城汉时在三台尚有衙门道、申明亭遗址。至金章宗，以元妃李氏家浑渥，遂移县于浑渥。缩公孙瓒易京而城之，周围九里，高三丈，阔九尺。池深一丈，阔四丈。门有四，东曰景宁，西曰广德，南曰来远，北曰安仁。且升县为新安州，又另置渥城为附郭。自卫王绍抄李氏至至元二年废新安州，至二十二年易水泛涨，城橹民舍漂没无遗。迨至明，城还新安州旧城也，周围则七里十三步。洪水来，城几覆者数数，而修筑者亦数数。成化四年，知县赵公俊修。弘治十四年，知县周公伦修。正德九年，知县王公举又大修，增高加厚，鼎建四门，重檐滴水，金碧辉映，匾东曰东旸，西曰西皋，南曰南薰，北曰北宸。嘉靖十七年，知县张公梅又修。万历丁亥，知县罗启先开通秀门。知县张公廷玉又大修，东、西、南三面，宽可旋舆，垛高八尺，灰石枪

---

① （清）李培祜等修，（清）张豫垲纂：《光绪保定府志》卷三十五，工政略一，城池，清光绪十二年（1886）刻本。

铳俱备。又撤西、南两城楼而宏拓之，额其上，东水乡花县，西望易临涞，南迎薰篙月，北瞻云拱极。置炮火捍御等具。有记见《艺文》。知县胡公士栋又大修完厚。知县危公思谦添四门瓮城，浚池使深阔。知县王公皋易坯垛而砖，置箭帘，更浚池，深而大阔，后开重池。后邑绅张汝桢、孝子仇云庆有缩城之议，以编户能几，而城以九里也。郓城县尹邑人王家祚《观城河》诗："曲绕青龙卧碧流，潺潺固保帝王州。休奇震捍石相斗，谩诩投鞭功可收。水国波光濯剑气，昆池雨吼动鲸秋。烟云荡漾连霄汉，借看蜃生海市楼。"

邑城池自明邑侯危公思谦添四门瓮城，浚池深阔，制造火器。邑侯王公皋易坯垛而砖，更开广重池，设险可恃。故清初土寇数次攻城，终获完整也。我朝圣圣相传，历有百年，文教兴而武备不讲，城渐以颓，池渐以淤，从前城守武备荡然无存。倘有小警，势恐不支，宁无杞忧乎？数十年来，亦时有修筑，但城四面临水，取土维艰。动帑则患其多，捐囊则怜其乏，经营筹画所望后之贤者。修筑书左。康熙二十九年，邑令侯公殿国倡修城垛口，完补如故。三十五年邑令熊公开楚重修城垛，已不全矣。六十年，邑令甘公汝来修四门城楼，匾联焕然一新。乾隆三年，邑令杨公龙文领帑修城之东、南两面，后停工。宪驳不许，增修事遂已，至今惜之。①

（三）安新县城池

宋杨延郎为团练使，始筑土城以防敌。明景泰中知州陈绐、成化中知州王钦增修，弘治中知州宋经增筑四门瓮城。正德中知州樊鹏、张寅、程筑、郑镐、李应相相继修葺城楼垛墙，万历中知州王思睿、马鸣毂复修，均以三合土大砖修筑。城周五里三十步，高二丈五尺，阔一丈。四门，东曰熙皋，又望瀛，西曰保厘，又曰西泰，又曰耀武，南曰咸和，曰迎秀，曰景阳，北曰永清，曰太平，池深一丈五。南门至北门长五百四十九步，东门至西门长四百七十四步，内土外砖。清康熙二十四年，修补完整。乾隆十二年，兵部尚书、郡人陈惠华落职回籍，自请修葺，直督方观承以临清大砖助之。十三年甫完一隅，

---

① （清）高景纂修，（清）孙孝芬续修，（清）张麟甲续纂：《乾隆新安县志》卷一，舆地志，城池，《中国地方志集成·河北府县志辑》第34册，第336页。

奉召为左都御史,因命其侄陈筠代修,四十六年发帑重修。候补知州郑之锦奉委承办,内土外砖,规模大备。嗣以连年患水,外郭冲刷,城基为之不固。民国以来乏人修补,相继塌圮。民国六年、十三年,南堤溃决,城不没者三版,自夏徂冬,浸淹平载,致西城塌毁,北门陷落,东南城墙均行倾圮,破落之象不堪言状。

新安镇城在县城东北十八里,城周七里十三步,高三丈,广一丈,四门,东曰景宁,西曰广德,南曰来远,北曰安仁。池深一丈,阔四丈。汉时旧城在三台村,金章宗时,移筑土城于浑渥,周九里,即今地。至元二十二年,没于水,明洪武时重修,即今治。成化时知县赵俊、弘治知县周伦、正德知县王举、嘉靖知县张梅,相继增修。万历知县罗启光开通秀门于南门左,知县张廷玉修东、南、西三门,复筑垛墙高八尺。重建西南两城楼。崇祯时知县危思谦增筑四门瓮城,知县王皋易土以砖。清康熙知县侯殿国、熊开梦修葺城垣垛墙。乾隆知县杨龙文请帑修葺。道光十二年裁县改乡,属安新县。①

(四)县　城

新安,位于保定市东偏北45公里处的白洋淀边,为安新县人民政府及安新镇政府驻地。

新安城历史悠久,战国时为燕之浑埿城。金泰和四年(1204)于浑埿城建渥城县,属安州。八年(1208)移州治于渥城,称新安州,渥城为附郭。元至元二年(1265)州县俱废,改为新安镇,入归信县,四年(1267)割入容城,九年(1272)置新安县。清道光十二年(1832)废新安县,并入安州。民国二年(1913)废州治,民国三年(1914)安州与新安合并称安新县。

新安城系金章宗所筑,周围九里,高三丈,上阔九尺,下阔二丈,壕深一丈,阔四丈,门有四:东曰景宁,西曰广德,南曰来远,北曰安仁。

元至元二十二年(1285)没于水。明洪武以来,多次修城。正德九年(1514)大修,城周围只有七里十三步,高三丈,阔一丈,增高加厚,鼎建四门:

---

① 冀察政务委员会秘书处第三调查组编:《河北安新县地方实际情况调查报告》县治,民国抄本。

东曰东旸,西曰西皋,南曰南薰,北曰北宸。万历十四年(1587)知县张廷玉又大修城墙城门,四门匾额题曰:东门水乡花县,西门望易临涞,南门迎薰篦月,北门瞻云拱极。

清康熙、乾隆年间,继续修城,匾牌楹联焕然一新。城门石额:东曰迎晖,西曰肃赢,南曰延薰,北曰拱宸。

民国二十七年(1938)因军事需要,拆去四门,降低城墙一丈左右,现以旧城墙为基础,向北扩展套堤修成环城柏油路,周长4.45公里。①

三、容城

(一)城池一

城周三里十五步,高二丈二尺,广一丈一尺。南西北三门,南曰景阳,西曰迎恩,北曰镇朔。池深一丈五尺,阔三丈五尺。旧土城。明景泰初,知县王豫重筑,高二丈广八尺,南北二门,池深六尺,阔一丈二尺。成化四年,知县林景增建西门。正德六年,知县刘相修葺。隆庆二年知县童思善重修,增高二尺厚三尺,浚池,深广俱加。万历三十年,知县蒋苹重修护城河桥。四十年,知县徐廷松撤旧重建,增高加厚。

国朝康熙十二年,知县赵士麟筑瓮城,建重门雉堞,悉甃以砖。乾隆五年,知县王之麟重修。②

(二)城池二

城周围三里一十五步,高二丈,下阔一丈六尺,上阔八尺。池深六尺,阔一丈二尺,岁久坍塌。明景泰初大尹王豫重修。成化四年大尹林景重修,名西门曰迎恩,北曰镇朔,南曰景阳。正德六年大尹刘相重修。有记载《艺文》。隆庆二年大尹童思善奉文增高二尺加厚三尺,壕池阔三丈五尺,深一丈五尺。三年大尹李蓁春三门外各置木桥一座,上用栏杆,两头置八字墙,

---

① 安新县地方志编纂委员会编:《安新县志》,新华出版社,2000年,第88~89页。
② (清)李培祜、(清)朱靖甸修,(清)张豫垲等纂:《光绪保定府志》第三十五卷,工政略一,城池,《中国地方志集成·河北府县志辑》第30册,第538页。

更城门名,北曰拱极,南曰朝阳,西曰饯日。万历三十年,大尹蒋如苹重修三外门桥梁,又建坊于西门外,题曰秀拥太行。万历壬子大尹徐廷松撤旧基重修,增高加厚,创添门楼。有记载《艺文》。

本朝康熙十二年,大尹赵士麟重修,额南楼曰南薰,北曰近宸,西曰揽秀。乾隆五年,大尹王之麟请帑重修。①

(三)县城街市

城郭呈南北走向,周长全长约二千一百八十米,拥有南、西、北三个大门,街市在城外四面发展,其面积大约是城内面积的两倍,其中北关最繁华,是商业的中心地带,城内面积的一半是田地,大的商家只有两家药铺和一家杂货店,街道宽约有两间,路面是黏土质的,因此一下雨就泥泞不堪,难以通行。城内有二百五十户人家,城外有三百户,共计五百五十户,城内人口一千二百,城外一千六百,共计二千八百口人。②

容城镇为县人民政府驻地。从明景泰二年(1451)至今,此镇已有近540年的历史。

…………

据民国二年记载:"城周围3里15步,高2丈,下阔1丈6尺,上阔8尺,地(池)深6尺,阔1丈2尺,城墙是三合土筑成的。"设有西、南、北三座城门,无东门。城门楼用砖砌成,比城墙厚,中间为瓮式门洞。安有两扇木制大门,有砖砌漫坡甬道,由地面通城楼。

城墙上的四角,有砖砌平台。城墙东南部,建有魁星阁。东面城墙中间偏北,对着薛家街,建有文昌阁。

主要街道是南北大街和西大街。两街相接处,有清初新建东西向木制牌楼一座,纪念明朝兵部员外郎(谏臣)杨继盛,牌楼雕梁画栋,横悬匾书"匡

---

① 王莲堂修,白葆端纂:《民国容城县志》卷之一,舆地志,城池,《中国地方志集成·河北府县志辑》第33册,第374页。

② 《中国省别全志》卷十八,第35册,第174页。

国之臣"。城内街道,都是土路,坎坷不平,垃圾成堆。真是无风三尺土,有雨满街泥。南北大街南头,铺面较多,也较整齐,有当铺、盐店、杂货铺、药铺、饭馆等。

  县府前清朝时叫衙门,民国初期叫公署。县府的建筑由来已久,占地面积很大,即现在县政府大院。民初,临街有一大照壁,一丈多高,两丈来宽,三尺来厚,砖砌。壁中白灰抹面,画一天狗,头西尾东,它前面画 10 个太阳,天狗仰着头,张着嘴,有一跃而把太阳吞下之气势。照壁北,三间高大房屋,正中一间是大门口,安着两扇木制大门,门前左右,有两石台,上蹲两尊青石狮子,头稍向里斜视,姿态雄猛,进大门为大片空地,顺中间甬道向北走,中间有一简易木制牌楼,上面写着"尔俸尔禄,民脂民膏;下民易虐,上天难欺"。再北一段,有较大的敞开面南的三间北房,中间一间,内有木制小阁子,略高于地,也敞南面,北面有门,正中设一长案,后设椅,这就是大堂。知县和帮审在此审理民刑诉讼案件,群众在大堂外旁听。再北是二门,院内也有敞开南面的三间北房,这叫二堂。在此审理较秘密案件,禁止旁听。再西去有一院,南北房各三间,叫花厅,是知县的办公室,也在此审理更秘密的案件。再西向北有屋数间,是知县等家属宿舍。二堂东,大堂前东两两厢都有房屋,行政、钱粮、税契、司法等科及公安分局设在此处,西南角是监狱。

  …………

  在抗日战争、解放战争期间,由于累遭战火,房屋大部毁损,满城一片瓦砾、断墙残壁。①

---

① 《容城县志》编辑委员会编:《容城县志》,方志出版社,1999 年,第 62~64 页。

第三章　保定市各县城城墙资料

一、竞秀区、莲池区(保定府)

(一)城　池

城周十二里三百三十步,高三丈五尺,上广一丈五尺。门四,东曰望瀛,南曰迎薰,西曰瞻岳,北曰拱极。水门四,池深一丈,阔三丈,引一亩泉水注之。旧土城,元大将军张柔重筑。明建文四年,都督孟善以砖石甃瓮城,增垛口。隆庆初,知府张烈文、贾淇章、时鸾相继改修砖城。

国朝顺治中,知府胡延年重加修葺。雍正七年,知县徐德泰葺城垣,筑四门马道。咸丰三年,总督讷尔经额复修浚池。同治十年,总督李鸿章重修,一律完整。①

(二)府　城

遥见雉堞崔巍者,即保定府,直隶省会在焉。车站在府城迤西。……府城周围十一里。共四门。明时建,清雍正时复经修补。名胜古迹甚多。②

(三)府城街市

保定城位于京汉铁路保定站以东约一里半的地方,城市被坚固的城墙所环绕,城周长十二里,设有东西南北四个大门。据说是明朝始建,清雍正年间重新修缮的。街市通过东西两门的东大街、西大街以及通向与南门内

---

① (清)李培祜、(清)朱靖旬修,(清)张豫垲等纂:《光绪保定府志》第三十五卷,工政略一,城池,《中国地方志集成·河北府县志辑》第30册,第533页。
② 张魁鹏:《京汉铁路旅行纪略》,《地学杂志》1922年第十三卷第三期。

大街并列的南关停车场的南关街等是最繁华的地方,各种商铺鳞次栉比。贡院街内有许多古董商。菜厂即指蔬菜市场。位于西大街的第一楼市场、天华市场,以及位于城隍庙街的振兴市场等是本市最有名的市场。通向停车场的西门外的西关街也是近代逐渐发展起来的,运送店等也不少。

主要建筑有督军公署、保定道台衙门、公巡总局、工艺局、清苑县署、军营师范学堂、巡警学堂、农学堂、陆军各种学堂、莲池书院、教会堂、商会等。①

(四)城 垣

光绪二十六年(1900)10月,英、法、德、意侵略军侵占保定,分别驻保四城门。次年(1901)清政府与八国联军签订《辛丑条约》后,当年8月四国联军撤离保定时烧毁四城门正楼、瓮城楼及角楼。光绪二十九年(1903),袁世凯为恭迎慈禧太后、光绪帝谒西陵来保,将永宁寺(即南大寺)改建为行宫,仿照原貌重修了南城门正楼,其他三城门正楼及四门瓮城楼均未重修,仅在东、西、北城门正楼的遗址处各建三大间带女儿墙的高大平房,形似城楼。

民国时期,在城内西南隅驻有河北省第四监狱,为防止犯人越墙逃跑,将南城墙坍塌的一段约200米重修,原城砖与现代砖接茬反差清晰可见。1935年,东北五十军万福麟部队驻保南门内慈禧行宫(今二中校址)时,为备战去城外小教(校)场练兵出入方便,在中山公园东大门北侧城墙墙体中间辟开一拱券式城门洞,名小南门。同时又对保定城墙进行了修缮,还在小南门西边城墙墙体内修建了两个较大的水泥防空洞(现遗址仍存)。

1937年9月侵华日军由北京向南推进,国民党守军利用城墙进行了保卫战,此时住在西南隅一带的部分群众躲入防空洞,虽经日军飞机轰炸,但西南隅死伤很少。9月24日,保定沦陷后,日伪当局在1940年开通从市内到火车站的道路,在"靴城"靴头尖端墙体处又辟开一小西门(形制同小南门)。1943年以来,日军在各条战线上节节失利,军需供给力量大为削弱,为紧缩兵力,又将小西门和小南门一同堵死。

1948年11月保定解放后,从1950年开始,为开拓市内交通而逐年拆除

---

① 《中国省别全志》卷十八,第35册,第169页。

了古城墙,到 1955 年基本拆完,现仅存南城墙一段 545 米断垣残壁,其中有一矩形墩台(即马面)坐落在原环城南路西段,从动物园北侧城墙可见。这段遗存的古城墙虽短,但它在 1000 多年的历史长河里,曾作为军事防御〔发挥〕保护城池安全的作用,如今其功能早已消失,但它还是原汁原味的历史名城见证,是先人为我们留下的文化遗产。

从 1984 年被列为市文保单位至今,未见有关部门对古城墙实施保护和维修。时间的推移,加速了城墙南北两面的墙体破损,特别是动物园北侧墙体坍塌下滑,墙土流失,几乎没有一点城墙的模样,就〔连〕唯一幸存的"墩台"也岌岌可危。希望有关部门在快速变化的今天对这段古城墙进行抢救性保护和维修,并合理利用。这不仅有利于传承保定的历史文脉,还能弘扬保定城市精神,唤起保定人民对这座城市的共同记忆。

相关链接:保定古城墙从明代至 1949 年保存基本完整,到 1950 年为了加快城市建设拓宽城市面积,逐年有步骤地拆除古城墙。

1950 年 1 月,拆除城垣四城之瓮城及永华路北口对着的城墙,拆了近百米的豁口,人们称之为"小北门"。

1950 年 3 月,为开辟裕华路,拆除原小西门一段城墙。

1952 年,开辟环城南路东段时,将南城楼及以东城墙拆除。

1953 年,拆除东城门及城墙,拓宽建环城东路。

1954 年,拆除北城门及城墙,辟通永华路至环城东路路基。

1955 年,拆除"小北门"以西城墙,并拆除大西门至环城北路一段的西城墙,仅留下南门以西一段城墙,作为二中操场的看台。小西门以南城墙,墙东侧作为体育场的看台,西侧作为游泳池的界墙。之后所有遗存的城墙,全部拆除,只留有西南城角至小南门一段城墙作为市动物园北边的天然墙界。①

---

① 郝毅生:《保定古城墙回眸》,张立辉主编:《保定府河》,河北大学出版社,2014 年,第 183~184 页。

二、满城区

(一)城池一

城周四里二百五十步,高二丈五尺,广一丈二尺。南北二门,南曰朝阳,北曰拱极。池深一丈,阔一丈五尺。旧土城,相传辽萧后所筑。明成化十一年,知县李思明易以砖石,高一丈五尺。正德十一年,知县张宪增高五尺,并建城楼四角楼。嘉靖二十九年,知县袁钦儒复修,加高五尺,并筑敌台。隆庆三年,知县周思大增修南北瓮城,建敌楼。国朝康熙十八年,知县裴国桢重葺完固。①

(二)城池二

县城周四里二百五十步,高二丈五尺,广一丈二尺。池深一丈,阔一丈五尺,旧土城,金大定二十八年析清苑为满城,因白塔院村筑置。元张柔尝徙治于此。明成化十一年知县李思明易以砖石,高一丈五尺,南北门上建楼各三间。成化二十年知县张浚复于四隅建角楼。正德十一年知县张宪增高五尺,为高二丈,上广六尺,下广一丈二尺,门上增修重檐楼各一,扁南门曰朝阳、北曰拱极。嘉靖六年知县段锌重加修葺。嘉靖二十九年知县袁钦儒复增高五尺,为高二丈五尺,上广一丈,下广二丈,筑敌台二十八,垛口九百。隆庆三年知县周思大增修南北二瓮城,建敌楼城铺二十八,东西中心楼二。

清康熙十八年,知县裴国桢以日久倾圮,捐募重修城楼二、瓮城敌楼二、角楼四、东西中心楼二、城铺二十六,扁南门楼曰迎恩、北曰拱极,并石额南门曰玉川古郡、北曰金汤重固。咸丰年间,东城坍裂,知县黄开泰劝募补修。光绪十年,北城坍裂,知县张主敬劝募补修,并葺新南北城楼。溯自金大定创筑以来,历六百余年。明成化、正德、嘉靖、隆庆代有增置,清康熙年间复加重葺,以故城垣坚固,迄今完整。然自咸丰而后,所称敌楼、角楼、守铺、中心楼无一存者,仅南北二城楼、东南一角楼巍然尚在,盖承平无事久倾圮矣。

---

① (清)李培祐、(清)朱靖旬修,(清)张豫垲等纂:《光绪保定府志》第三十五卷,工政略一,城池,《中国地方志集成·河北府县志辑》第30册,第533页。

黄公张公之因时补苴,虽未规复旧观,然崇墉屹屹,为万民保障,则二公之力也。

按,满城古城有三,一在县西二里眺山下,一在县西北鱼条山下,一在县东北十里即土满城也。土满城相传有嫂白画筑城,小姑夜即借土填满说,本无稽。鱼条山下为后魏永乐之城,后周时废,今已无遗迹可寻。惟眺山下遗迹,宛然相传为连环城,今讹名莲花池,田极肥沃,为县内膏腴。明景泰间设柴炭厂于此,天顺间迁于易州,城台遂废。附近一村今犹名曰北厂。旧志云县城相传为辽萧后所筑,或即此地。查《金史·地理志》"满城"注云,大定二十八年,以清苑县塔院村置。按,塔院村,今县城内应为东南半部。旧日大觉寺有金泰和四年碑,云大觉寺初为塔院村西北一小庵,僧圆宗养母所筑。此碑之立仅距大定置县时十六年,其非年远无征可比。大觉寺遗址今在城内西北隅,改建高小学校。又《保定府志》云,满城公署为塔院村故址。按,旧署圮废已久,遗址今在城内西偏,应为塔院村西,非塔院村故址也。近年旧署西北居民掘土犹时发现古瓦冥器,则亦为塔院村西之证据,此则今城为金置无疑矣。[①]

(三)县　城

西汉置北平县,县治在今县城北1公里眺山下。《太平寰宇记》引《城冢记》云:"赵简子筑北平城以拒燕,今满城县也。"

东魏兴和二年(540)析北平县西北境增置永乐县,永乐县治于县西北鱼条山下(今已无遗迹可寻)。北周时永乐县还旧治所(今县城北1公里眺山下),宛然相传为连环城,今讹为莲花池,因遗址仍存,又名古满城遗址。遗址东西、南北长约3华里,有10平方里。此地现仍存城基残垣一段,并散存大量遗物,以商周、汉代陶器和素纹布纹瓦等器形残片居多。

金大定二十八年(1188),由清苑县析置满城县,在白塔院村(今满城县城内)筑城为县治。(《金史·地理志》满城注云:"大定二十八年,以清苑县

[①] 陈宝生修,杨式震、陈昌源纂:《民国满城县志略》卷三,建置一,城池,《中国地方志集成·河北府县志辑》第40册,第425~426页。

塔院村置")。此后,县治无变动。明成化十一年(1475),城池始改建为砖石建筑。以后曾 7 次修辟。城围周长达 4 里余,高 2.5 丈,宽 1.2 丈,池深 1 丈,阔 1.5 丈。并附有敌台、垛口、敌楼、瓮城等建筑。南门匾曰"迎恩",额曰"五川古郡";北门匾曰"拱极",额曰"金汤重固。"1945 年 9 月 17 日,晋察冀军区新编第二团在地方武装配合下,奉命向驻守满城的日伪军发起进攻,部分城墙被炸毁。①

县城建设从赵简子筑北平城拒燕始,几经迁徙与改建。金大定二十八年,县城始定于今址。明成化十一年,始筑砖城墙,后曾 7 次修葺。城墙周长四里二百五十步,高二丈五尺,宽一丈二尺;护城河深一丈,宽一丈五尺。有瞭望台 28 个,垛口 900 个。1938 年,孟阁臣部七路军为破坏被日军作为防御工事的城墙及附属建筑,全部拆毁。②

三、清苑区

(一)城 池

县城周围四千八百五十步,计一十二里零三百三十三步,高三丈五尺,阔一丈五尺,下阔三丈五尺。濠阔三丈,深一丈五尺。四门,东曰望瀛,南曰迎薰,西曰瞻岳,北曰拱极。城楼四、角楼四、敌台八十有一,铺四十有九,东南西北水门四。城上东南隅有应奎楼一、碑亭一,现仅南城楼重修,应奎楼尚存,余均倾圮已。西水门在西门之南,有闸一,引吴家湾水入城,迤逦入莲花池,复由南街地沟通府学泮池,由南水门出归于河。北水门在北门之西,通北面城濠,凡城内居中并西北面夏秋积潦皆由此出。东水门在东门之北,东岳庙前,今废。南水门在南门之东,城南面之水俱由此出,达于城濠归大河。城垣于清咸丰三年,经总督讷尔经额修葺,城濠亦于是时挑挖。同治十一年,复经总督李公鸿章重修。

---

① 满城县地方志编纂委员会编:《满城县志》,中国建材出版社,1997 年,第 47 页。
② 满城县地方志编纂委员会编:《满城县志》,中国建材出版社,1997 年,第 444 页。

四关中东关长半里,南关长一里,西关长二里,北关长三里。①

(二)县 治

城垣建筑:查本县城垣建筑时期,始自元代守将张柔兵工修筑,其材料皆系土质。至隆庆初年,知府张烈文首建修砖城之议,基以坚石,包以方砖,创建城楼四、角楼四,城之周围四千八百五十步,高三丈五尺,上阔一丈五尺,下阔三丈五尺。城门四,东曰望瀛,南曰迎薰,西曰瞻岳,北曰拱极。现在城楼仅有南门一座,其余之城楼及角楼,皆坍塌无存。城垣虽属坚固,惟年久失修,西城外墙坍塌数十丈,北城及南城东城内墙均有坍塌。

县署建筑:本县县署原系保定府府衙,建筑时期在明代,迨至民国以来,迭经修补,现尚完整。旧县署于宣统年间坍塌殆尽,后经官产处拍卖,修筑民房。

市街建筑:本县南大街宽三丈,北街二丈,东西街一丈二尺,都署前街宽三丈,西门外大街宽三丈,均系石子路,两旁皆有水沟,尚称清洁。南关有公园,城内有莲花池,内有戏园,东街有第一舞台,城隍庙街有普育市场,新县街有济善商场、天华市场、第一楼、同义市场等处。西门外大街两旁业已栽种树株,城内则因道路窄狭未便植树。市容尚属整齐,市房均系砖瓦房间,自省府移保后,僻静街道,新旧房屋,修建甚多。②

四、徐水区(安肃县)

(一)城 池

城周五里三分,高二丈四尺,广一丈五尺。南北二门,南曰来远,北曰拱宸。池深一丈,广二丈。旧有南北二土城,相传五代晋李存审拒梁,夹瀑河筑,后南城毁。明景泰中,增修北城,即今治,周四里。隆庆中知县薛金、周

---

① 金良骥、刘云亭修,姚寿昌纂:《民国清苑县志》卷一,建置,城池,《中国地方志集成·河北府县志辑》第29册,第364页。
② 《河北省清苑县地方实际情况调查报告》,《冀察调查统计丛刊》1937年第二卷第一期,第133~134页。

以序,崇祯中知县安道各修。国朝顺治六年,知县俺一统重修门楼敌台。乾隆三十一年,知县陶翼改甓砌砖。四十二年,知县郭璞建南北二关,南曰铜梁峻垒,北曰铁雁遗封。①

(二)城 垣

徐水县城建自五代,周围四里,南北两门,惟门系砖甓,余皆土筑,高三丈,阔一丈五尺。护城池深一丈,阔二丈。城上垛口共计五百零九个,皆有箭眼。四角列置炮台门楼二座、外吊桥各一座,城外敌台一座。

清乾隆三十一年,经直隶总督方观承奏准改建,外砖内土,外高二丈四尺,里高二丈二尺,顶宽一丈三尺,底宽三丈。外面包砖,根六进,中层五进,顶四进。城身炮台、堞墙、角台凑长九百四十四丈四尺,高二丈四尺,厚一丈五尺。垛口一千一百八十个,每个长六尺三寸,高二尺八寸,厚一尺。城楼二座,每座面宽三丈四尺八寸,进深一丈七尺八寸。南门马道一条,长十一丈八尺,宽六尺,厚五寸。北门马道一条,长六丈,宽八尺,厚五寸。里面宇墙凑成八百六十丈三尺,高一尺四寸,厚一尺,周围五里三分零。

乾隆三十二年,城工告竣,知县陶奕曾共报销银四万二千二百六十九两九钱九分九厘。自乾隆迄今,历百数十年之久,城垣尚称坚固,间有残缺,随加修葺,惟限于款项拮据,恢复旧观殊不易耳。南关厢有铜梁旧垒门一座,北关厢有铁雁遗封门一座,久圮。

清乾隆四十一年,经知县郭守璞捐廉重建,南门易名铜梁峻垒,北门易名铁雁雄封,迄今迭加修补,完整如初。②

(三)县 治

城垣建筑:本县城垣建自五代,有南北两门,以前陈门系砖甓外,城皆土筑。至清乾隆三十一年,改建为外砖内土。高二丈四尺,宽一丈三尺,周围

---

① (清)李培祜、(清)朱靖旬修,(清)张豫垲等纂:《光绪保定府志》第三十五卷,工政略一,城池,《中国地方志集成·河北府县志辑》第30册,第535页。

② 刘延昌修,刘鸿书纂:《民国徐水县新志》卷四,建置记,城垣一,《中国地方志集成·河北府县志辑》第38册,第312~313页。

二方公里;南北城门二,角楼四。现在垣墙均倾圮不完。

县署建筑:本县县署创自明洪武己酉年间,历经重修,迄今计大门三间,仪门三间,大堂三间,暖阁一间,大堂东西两旁房屋十余间,二堂三间,东西两配房各三间,二堂迤西有南北厅三间,小北房三间,二堂后正院一所,计上房五间,东西两配房各三间,正院西偏有跨院一所,计南北房六间,东小屋两间,正院东偏有跨院一所北房五间。①

(四)县　城

徐水城(梁门口岩)建于五代,时为土城。宋太平兴国五年(980),幽州行营都部署刘遇护筑。元代几经修补。清乾隆三十一年(1760),改"城墙为外砖内土,外高2丈4尺,里高2丈2尺,顶宽1丈3尺,底宽3丈。外面包砖,根六进、中层五进、顶四进,城身炮台堞墙角台凑长944丈4尺,高2丈4尺,厚1丈5尺。垛口1180个,每个长6尺3寸、高2尺8寸、厚1尺。城楼2座,每座面宽3丈4尺8寸,进深1丈7尺8寸。南门马道1条,长11丈8尺,宽6尺、厚5寸;北门马道1条,长6火宽8尺,厚5寸。周围5里3分"。乾隆四十一年(1776)重修南北关厢,南关厢修建"铜梁峻垒"门一座、北关厢修建"铁雁雄封"门一座。民国初期城墙如前,城内面积0.25平方公里,居民约466户2955人。民国二十六年(1937)日军占领徐水县城后城区基本建设遭到破坏。

建国后,拆除旧城墙,兴建公共设施,市政建设逐步发展。②

五、安国市(祁州)

(一)城池一

城周四里三百三十九步,高三丈,广一丈五尺。东南西三门,东曰朝阳,改曰迎曦,南曰迎阳,改曰拱宸,西曰定武,改曰德星。池深一丈五尺,阔三

---

① 《河北省徐水县地方实际情况调查报告》,《冀察调查统计丛刊》1936年第一卷第一期,第96页。

② 王国祥主编,徐水县地方志编纂委员会编:《徐水县志》,新华出版社,1998年,第197页。

丈。旧土城,高二丈五尺,广七尺。明成化二十年,知州童潮重筑。正德十二年,知州韩士奇增广之。隆庆二年,知州周济用增筑敌台。天启六年,知州郭应响重建西门楼,砖甃南门瓮城。崇祯间易以砖石,并加高广。国朝康熙间,知州张祖训修葺完固。①

(二)城池二

州城之里数自元及明之沿革并屡次重修,旧志已载,自明崇祯间外甃以砖,始称壮丽。迄今历年既久,坍缺实多,门亦剥朽。同治三年,牧伯姜公筹款重修,内外六门宏敞坚固,并于各月城内添置门房两间,派人住(驻)守,以司启闭,四面城池亦即于是年挑浚深阔。②

(三)城池三

安国市区原名郑德堡,隋开皇六年(586)于原城堡基础上建义丰县城。唐宋时期均有增修。金代在城西侧筑西城,元代加修原东城,使东、西两城合为一体,建成周长6里的方形城。明成化二十年(1484),知州童潮重筑城墙,高5丈,下宽1丈,建东、西、南三道城门,城墙四角各建一角楼。后三门外均建外门,成瓮城。崇祯年间,将内外6座城门改以砖砌,清代又有加修。同治三年(1864),于各瓮城内建役室,住员司启闭城门。1938年6月,安国县抗日总动员会发动群众拆毁城墙。③

(四)县　治

城垣建筑:本县城垣系属土城,周约六里,高三丈,顶宽一丈,基宽一丈五尺;濠池深一丈五尺,阔四丈,周围与城称;城门三,东曰迎曦,西曰德星,南曰拱辰,并无角楼,城垣状况并不十分完整。

---

① (清)李培祜、(清)朱靖旬修,(清)张豫垲等纂:《光绪保定府志》第三十五卷,工政略一,城池,《中国地方志集成·河北府县志辑》第30册,第540页。
② (清)赵秉恒等修,(清)刘学海等纂:《光绪祁州续志》卷一,建置志,城池,《中国地方志集成·河北府县志辑》第39册,第183页。
③ 保定千年古县编委会:《保定千年古县》,河北大学出版社,2008年,第403页。

县署建筑：县署在城北隅，据旧志载，其面积约七十三亩有奇，今已不足。原有堂廨毁于兵燹，现存者乃清同治间知州赵公秉衡所建。现有大门砖牌坊一座，宜(仪)门三间，大堂三间，二堂三间，县长办公室三间，法庭三间，承审室三间，县长住室四间，会计处三间，书记办公室二十间，法警室缮状处合计共有房屋九间，外有大仙楼一座，屋宇三间，现尚完好。

市街建设：县治重要街道有三：县前直街正对南门，曰县政府大街，通至南门，县政府大街之东西各有南北街一道，东曰东大街，西曰西大街；十字横街正对东门曰建设街，县前横街正对西门，东段曰关岳庙街，西段曰棉花市街；南门外向南大街为南关大街，除正街外东西各有小街一道，东曰和平街，西曰奋斗街，俗称东后街西后街。其街道宽度为一丈八尺，路身高出平面一尺，两旁沟渠以砖筑之，并由各住户栽植槐树，以壮观瞻。卫生设施有清道夫六名，专事修理街道，清除污物，市容尚称整洁。至市房之修建，城内则皆新旧参半，惟南关大街商业较盛，建筑颇为整齐华丽。①

六、定州市

（一）城池一

明洪武初，都督平安展筑旧城，四门各建月城，城上楼门各有重门，四面异其制。城外围二十六里余一十三步，高三丈。月城周遭盘折，可容数千人。景泰二年，镇守都指挥吴玉修葺之。成化十九年，知州裴泰，守备胡英、张永忠、胡永昌重修城上冷铺百六十所，定州、腾骧、武功三卫屯军分守。嘉靖元年，州牧倪玑匾四门，东曰博陵，西曰平镇，南曰永安，北曰定武。万历四十四年，州牧宋子质修东、南、北三面城及四城楼。故事，州民应修者，止南一面，余三面卫应分任之。后定州卫以纳银折操之故，不肯受役。惟腾骧卫指挥胡进忠以折操为非，城守如故。至是，独奉西城之役，余三面皆宋牧任之。四十七年，知州沈廷英随处修补，雉堞完整，楼橹焕然。复匾其门，北曰瞻宸，南曰迎泰，西曰望恒，东曰观海。时以东防告警之故，清康熙甲子，

---

① 《河北省安国县地方实际情况调查报告》，《冀察调查统计丛刊》1936年第一卷第一期，第106页。

知州秦生镜修城垛一千五百余丈,补葺城楼三座,补建北城楼一座。环城为河,阔十丈,深二丈。时有设法捐修、毋扰民力之旨,因公议依万历年例,自南门西至西南角楼,忠顺营主之,余皆州官任之。雍正七年,知州王大年访求泉源,捐发三百余金,环城挑浚,溉田八十余顷。嘉庆十五年,知州薛学诗重修南北二门,时以驾幸五台回銮路出定州之故。道光初,知州袁俊复修东、西二门。光绪十年,知州陈庆滋重修东、南二门城楼,受罚之人民捐修。

按,前志云州城为汉旧基,北魏拓拔珪修建完固,至宋为重镇。此殆臆度之词。郦道元为北魏人,《水经注》所称不及拓拔珪,可证也。至郦氏云,城为管仲所筑,疑似之言,姑存其说。而所云中山王故宫处,在卢奴水东北,其制甚详。元魏时悉加以土,为利刹灵图石。赵建武七年,遣北中郎将始筑小城。后燕因其故宫建都,小城之南更筑隔城,兴复宫观。以今形度之,中山故宫似在今城之东北隅,而小城更在其南,隔城又在小城之南,大约今城徧(偏)东一带,南北之地皆在其中矣。此时定城之沿革不免漏略,为附记于此。①

(二)城池二

州城周环二十余里,共四门,城初以土筑,明洪武时易以砖。②

(三)县城街市

城墙虽然宏大,但久未重修。城内面积,东西约二十三町多,南北十九町多。与面积相比,人家较少。道路比房屋的地面低约三尺,雨天的时候到处都是水洼,通行不便。街市在北门及南门的附近比较发达,与此相连的十字路是商业最繁盛的地方。

城外西关停车场附近最为发达,旅宿、煤厂栈房等很多,南关不值一看。户数城内九百、城外六百,人口城内五千、城外三千,合计户数一千五百户、

---

① 何其章等修,贾恩绂纂:《民国定县志》卷三,政典志,建置篇上,城郭表,民国二十三年(1934)刻本。

② 张魁鹏:《京汉铁路旅行纪略》,《地学杂志》1922年第十三卷第三期。

人口八千左右。

著名的建筑有县署、邮局、商务分会、官钱局、省立中学校、天主堂、农事试验场、定武商场、社会教育办事处、实业学校、图书馆等。①

（四）县　城

定州古城为齐相管仲所建。周襄王郑四年（前648），戎、狄合谋伐周，齐桓公遣管仲平戎于周，管仲筑城以固之。汉景帝前元三年（前154），中山靖王刘胜以卢奴为国治，城内建台、殿、观、榭，皆上国之制。中山简王刘焉筑两宫，开四门，穿北城以石建暗渠，沟通唐河与卢奴水，建鱼池钓台戏马之观。后赵建武七年（341），北中郎将筑小城，立宫殿。后燕二年（385），燕王慕容垂定都中山，大造宫室，小城之南筑隔城，为太子宝建承华观。后燕建兴五年（390），魏王拓拔珪攻克中山，在汉旧基上将城池修建完固。

…………

民国时曾内整垛雉，加固城墙。1952年，定县专署批准定县人民政府拆除了东、西两城门。北城门于1958年拆毁。今仅存南城门，占地面积4.5万平方米，设有三层门洞，青砖砌壁，内填夯土，系明代建筑。1964年外层门上"迎泰"石匾掉落。现列为市古建筑保护单位。

北城墙东段现仍有部分残余，据对出土铭文砖考证，建于元代，内含大道，外含护城河，总宽150米，长300米。现列为市古建筑保护单位。1964年7月，为了防洪，定县人民委员会组织民工将城墙易进水处进行加高维修。

护城河，清康熙二十三年（1684）秦〔生〕镜主持疏浚护城河，宽10丈，深2丈。雍正七年（1729）知州王大年访寻泉源，捐俸300余两白银，环城挑浚，可溉田80顷。道光二十九年（1849）疏浚河道，长650丈，深6尺，宽5尺。民国二十四年（1935）在城西南角、西北角、北门、西门外掘得泉眼六七处，8月成立疏浚城河委员会，募捐2485元，11月24日开工，挑浚河道17里，宽2丈5尺，深1丈，修复北门外石桥一座，12月7日竣工。1964年7月，为便于泄洪，定县人民委员会组织民工对西门至南门、北门间护城河进行疏浚，达

---

① 《中国省别全志》卷十八，第35册，第286~287页。

到河底宽 6 米、深 2 米的目标。现护城河北段已填埋成为公路,西段辟为排水沟,东段与小清河沟通,南段成为沙河灌渠的一部分。

衙署,明洪武元年(1368)知州李拯在唐宋旧基上重建。洪武三十年、宣德九年(1434)王秀、常景先先后重修。弘治十二年(1499)众官绅重修。正德六年(1511)蒋瓒复修。

正德十六年知州倪玑增建吏舍并置四礼图于门外。万历三十六年(1608)刘悉建库房。万历四十三年宋子质于衙后建阅古堂,祀韩魏公(韩琦),匾曰先哲遗迹,堂东建瑞莲亭,在玉壶堂后建聚胜楼。清康熙三十年(1691)知州于廷在暖阁后建穿堂三楹。雍正八年(1730)州牧王大年于衙前建三坊,正中题曰三辅股肱,两旁题曰省刑罚、薄税敛。重修更楼,额题古中山国,建东西傍房共 14 间。嘉庆二十一年(1816)州牧袁俊创建西花厅,后州牧万鼎洋匾曰后圃。道光二十八年(1848)州牧宝琳改建东客厅为续阅古堂,自制记文勒石堂壁。衙署南为更楼,下为拱形大门,进为仪门,左右角门,西为监狱,东为同知公署,东傍吏、户、礼等房 15 间,西傍兵、刑、工等房 15 间,中为甬道,道上戒石亭,北为露台,为大堂暖阁,后穿堂三楹,东为库楼,西为吏目公署,入为宅门,为后堂三楹(即玉壶堂),东为客厅(即拜筵堂),西为花厅(又称后圃),后为聚胜楼,楼后为库房,东西屋为堂为房为廨为厢者近百楹。同知公署在更楼东,门南向,进为仪门,为堂、后堂,西北是客厅,东西侧分别为斋和吏目公署。今衙署已无余迹,其址为定州中学。[①]

七、高碑店市(新城县)

(一)城　池

城周四里,高三丈二尺,广八尺。南北二门,南曰景阳,北曰拱宸。池深一丈五尺,阔三丈,引紫泉河环注之。旧土城,辽萧后筑。明景泰三年,知县刘纯建城楼,成化中知县李循、正德中知县杨泽、嘉靖中知县陈玑、卫钿各补葺。隆庆二年,知县李志学浚池。万历三年,知县曹一豸建南北瓮城,五年

---

① 王福田主编,定州市地方志编纂委员会编纂:《定州市志》,中国城市出版社,1998 年,第 438~439 页。

知县张极、八年知县刘宗禹、十一年知县王好义相继修葺。崇祯中巡抚丁魁楚请甃以砖,增建南北重门,筑敌台,浚池。国朝康熙十四年,知县高基重修。①

(二)城 濠

县城在督亢亭南,先是旧城距亭近,唐文宗太和六年,迁置亭南半里,以土筑之。周一千三百六十八步,雉堞一千有奇,高二丈五尺,阔八尺。门二,南曰耀德,北曰拱辰。池阔二丈二尺,深八尺,引紫泉河环注。明景泰三年,知县刘纯修敌楼二座、角楼四座。成化元年,知县李循修补。正德六年,知县杨泽修补。嘉靖五年,知县陈玑增崇加厚。二十五年,知县张仁修补。二十九年,知县卫钿增修牙墙,筑重堤。隆庆二年,知县李志学修理濠堤。万历元年,知县戴兰重修。三年,知县曹一豸修南北瓮城,增城头铺舍。五年,知县张极修补。八年,知县刘宗禹修补。十一年,知县王好义平治马道,整饬女墙,坚厚阔大,视前有加。崇祯中,巡抚丁魁楚题请甃城以砖,围四里,高连垛口二丈二尺五寸,底阔二丈,顶面东阔一丈四尺,垛五百个,南北城楼四座,又建南北重门二座、玲珑炮台八座、大炮台四座,门二,南曰耀德,北曰拱辰,箭帘如垛口数,濠池二道,深一丈五尺,阔三丈。清康熙十四年,知县高基重修补。自兹以后二百四十余年,为有司者不复修理,城多坍塌之处,人民出入城上履如平地,濠亦淤塞不通矣。

谨案《一统志》,新城县城周三里有奇,门二,濠广三丈,明时因旧址增筑,康熙十四年重修,乾隆十九年复修。考明时县志俱佚失无存,仅据道光李志载其大略,而城池丈尺已与统志不符,窃谓李志所本当系康乾旧志也。②

(三)县城一

1936 年 10 月 20 日

---

① (清)李培祜、(清)朱靖旬修,(清)张豫垲等纂:《光绪保定府志》第三十五卷,工政略一,城池,《中国地方志集成·河北府县志辑》第 30 册,第 536 页。
② 张雨苍等修,王树楠等纂:《民国新城县志》卷五,地事篇,建置,城濠,《中国地方志集成·河北府县志辑》第 37 册,第 398 页。

新城县城,仅南北两门,市面萧条,似不及定兴。①

(四)县城二

康熙十八年(1679)知县高重基又进行了一次修建。

城内布局以南北大街为中心,分成东西两部分。南北大街又分为南关大街、北关大街和城内大街三段。县衙坐落在城西半部中心地带,院落呈长方形,长三十五丈,宽三十丈,建筑格局为:大门南开,上设钟鼓,进大门为仪门,左右各有角门,仪门后为影壁,过影壁即达节爱堂(亦称牧爱堂),系知县办公之处所,节爱堂后面为"思补堂",再后为内宅,系知县内眷之住宅,两堂左右分设厢房、库房、銮驾库等房屋。

清乾隆初年在南关建紫泉行宫。行宫是清皇帝南巡的驻跸之所。高宗在此驻跸十四次,并触景生情,挥毫写下《紫泉行宫杂咏十首》。仁宗驻跸二次。咸丰六年(1856)春,紫泉行宫改建为紫泉书院。

光绪十四年(1888)县令吴沂创立城关四义学,分设东大寺、二忠祠、南关、北关。至光绪二十一年(1895)历代修建的庙宇、寺祠,尚存的有开善寺、孔子庙、关帝庙、药王庙、真武庙、三官庙、吕祖祠、社稷坛、风云雷雨山川坛、清真观等。

至民国二十四年(1935),城墙因年久失修,多处坍塌,护城河已淤塞不通。民国二十七年(1938)国民党53军第二师第二团在县城驻防时,把全部城墙从高度上拆去一半。1937年9月,日本侵略军占领新城县城后,强迫人民拆毁大量官居民舍,修碉堡筑工事,并在四周城墙上挖两层枪眼。日本投降后,县城又被国民党华北剿共副司令王凤岗所占据,县城进一步遭破坏。1948年10月,新城解放时,城内主要建筑所存无几,市容衰败不堪。

1948年10月至1958年10月,新城为新城县人民政府驻地。县委、县政府领导人民对城区进行较大规模的整修增建。先后建成礼堂、学校、医院、商店、农机修造厂等。1958年10月四县合并称涿县,县政府驻地高碑

---

① 刘敦桢:《河北河南山东古建筑调查日记》,《刘敦桢文集》(三),中国建筑工业出版社,1987年,第89页。

店,1966年新城县人民政府又迁驻新城。1969年县政府复迁高碑店,新城便成为现在新城镇政府驻地。①

(五) 县 治

城垣建筑:县城建于唐文宗太和六年,以砖土筑之,周一千三百六十八步,高二丈五尺,阔八尺,门二,南曰耀德,北曰拱辰。明景泰三年,知县刘纯修敌楼二座、角楼四座。因年久失修,现在城多坍塌。

县署建筑:明知县王好义建筑县署,中有大堂,二堂,东西花厅,知县宅。大堂外东墀下归为吏户礼三科,今为第一科第二科,西墀下归为兵刑工三科,今为司法科。仪门南为照壁,迤西为监狱,西接看守所,路南为管狱员署,监狱北为公安局。

市街建设:县城关厢及重要市镇,街道宽五丈,均设有清道夫,随时修筑洒扫,一面设法筹款,逐渐设置。②

八、涿州市

(一) 城池一

城,周九里五十九步,延袤一千六百四十九丈有奇,垣高三丈,基广二十四尺,上较基杀三分之一,雉堞二千一百九十有九。志称旧为土城,至明景泰初知州事黄衡始甃以砖石,有门有楼。清康熙六年,知州李勋重修。厥后以时加葺,金汤之固,于万斯年矣。顾其形,东北缺,自西以南则环而突出焉,里人因名为卧牛云。

门楼四,北曰拱极,南曰迎恩,东曰进德,西曰积庆。东西北闉阇各三重,南二重。现在东西南三门楼均经民国十六年炮火击毁,惟一北门楼仅存,然亦破坏不堪矣。通会楼,旧志城中有夹城,中有券门,名曰通会,上有重楼三楹,左鼓右钟,以启晨而警夜。嘉靖乙巳知州何镔所修殷谦为记《涿

---

① 高碑店市地方志编纂委员会编:《高碑店市志》,新华出版社,1997年,第74~75页。
② 《河北省新城县地方实际情况调查报告》,《冀察调查统计丛刊》1937年第三卷第一期,第106~107页。

鹿八景》记通会楼在郡之中,其上有庭堂幕次,左鼓右钟,昼有盘诘之卒,夜有击柝之人,警盗安民赖乎是矣。春秋降雨郊原,陇亩浓云密霭一望不分,郡中之佳景也。今已大加修葺,改为民众教育馆矣。魁星楼在南城上,康熙十一年知州傅振邦移建东南隅,后改建正南。乾隆十二年知州张志奇复移建东南隅,旧址今圮。

池,深七尺,广三倍之,现已淤平,惟南北吊桥各一仅存。

水门一,在西门南偏。康熙年州判马星阶、郡人刘元士铸铁为柱四,界流以杜不轨之潜出入者。①

(二)城池二

清康熙版《涿州志》载:"涿城旧传筑自颛顼",原为土城,明景泰初,知州黄衡砌以砖石。东北隅内折,西城内凹,俗呼"卧牛"。康熙六年,知州李熏重修,北门增筑外郭。城周九里五十九步,延袤(纵距)1649丈有奇,垣高3丈,基广24尺,上较基杀三分之一,雉堞2199。建有4门,并有城楼,各有名,南"迎恩",东"进德",西"积庆",北"通济"(李熏重修时改名"拱极")。各有瓮城,东西北三重,南门二重。

城中有夹城,中有券门,名"通会",明嘉靖时,于其上建楼三楹。

民国十六年北伐,晋军困守涿城,东、南、西3城楼遭炮击毁,仅存北城楼。50年代城砖渐次拆除,土城大部铲平,仅留西北隅至原西门一段。

城外护城河,深7尺,宽3丈。早已淤平,建国前,南、北门外吊桥尚存,现已无。②

旧城因东北内折,西南凸出,当地俗称"凹"字城。涿州城鸟瞰图形近似一卧牛,故又称之为"卧牛城"。

1992年,现存东城墙南起东门粮库至看守所;西城墙南起商业机械厂,

---

① 宋大章、冯舜生修,周存培、张星楼纂:《民国涿县志》第二编,建置、事迹,第一卷,城池,《中国地方志集成·河北府县志辑》第26册,第24页。
② 涿州市地方志编纂委员会编:《涿州志》,方志出版社,1997年,第13页。

北至华阳公园;北城墙仅存华阳公园一段,东城墙南段及南城墙无存。

1988、1989 年两次调查实测,残存城墙段总长 1600 米,宽 0.3 至 21.4 米,高 0.5 至 12.7 米。①

(三)县　城

州城在路迤西,城垣周围十里,修于明景泰初。城北有两塔,上耸云霄,车抵站时,即可遥见。②

(四)县　治

城垣建筑:县治城垣九里五十九步,城垣系以砖砌成,高度为二丈,宽度亦为二丈或一丈五尺不等,设城门四、箭楼四(现已无存)。

县署建筑:县署建设远年,均系旧式砖瓦房,年久失修。经民十六之役,大半坍塌,去岁筹款,因旧重修。

市街建设:城内南北大市街一,宽为二丈,曾筑为土马路。设有垃圾车,收敛秽物,并设水车一,逐日泼洒街道,市容尚称完整。商号房屋多为旧式砖瓦房等,间有种植树株者,亦不为多,因城内人口繁多,街道狭窄也。③

九、博野县

(一)城　池

城周四里十九步,高二丈八尺,广一丈五尺。东南西三门,东曰庆阳,南曰宣庆,西曰镇武。池深一丈阔二丈。旧土城,广一丈,明洪武二年知县杜泰亨筑,天顺中知县唐谦、裴泰、汪大章相继修。正德六年,知县李延龄增厚五尺,外筑护城堤,高二丈,广一丈。崇祯十三年,知县宋珍砖甃三门。④

---

① 涿州市地方志编纂委员会编:《涿州志》,方志出版社,1997 年,第 667 页。
② 张魁鹏:《京汉铁路旅行纪略》,《地学杂志》1922 年第十三卷第三期。
③ 《河北省涿县地方实际情况调查报告》,《冀察调查统计丛刊》1937 年第二卷第五期,第 125 页。
④ (清)李培祜、(清)朱靖旬修,(清)张豫垲等纂:《光绪保定府志》第三十五卷,工政略一,城池,《中国地方志集成·河北府县志辑》第 30 册,第 536 页。

（二）县城一

西汉时县城在今博野县西北的里村，原名蠡村。北魏时，县城被滹沱河水淹。北齐时县城搬迁至今蠡县县城所在地。明洪武年间，博野县城移至蠡县城西南十八里，即今博野县城，建土城。清乾隆三十一年（1766）《博野县志》载，当时城周长四里十九步，高二丈八尺，宽一丈五尺，池宽二丈，深一丈。明洪武三年（1370）由知县杜康（泰）亨创建，后屡经修葺增建。崇祯十三年（1640），建三座砖城门，东门称庆阳，西门叫镇武，南门名宣庆。城墙东南隅建有魁星楼，高三丈余，三层六角圆形，明崇祯年间建。清康熙二十六年（1687），又在北城墙上建五凤夺魁楼。乾隆九年（1744）重建魁星楼。城门外建有三座桥，与三门相对应，设三关。建四坛：社稷坛，在城西北隅；风云雷雨坛，在城南；邑厉坛，在城北；先农坛，在东郊。建有八蜡庙、刘猛将军庙、药王庙、关帝庙、真武庙两座、云严寺等。其中云严寺为明洪武年间建，在县治西北，主殿建筑规模宏大，更深夜静，明月照古寺，星月交辉，称为"云严夜月"，为博野古城八景之一。县城东北有射圃，西北隅有演武场。[①]

（三）县城二

古县城主要街巷。庆阳街在县治东，镇武街在县治西，宣庆街在县治南，丁字街在县治中。牛市胡同在丁字街南迤西，学胡同在县治东迤北，五马坊胡同在县治西迤北。

古县城牌坊林立，据旧县志考，先后曾有牌坊三十一座，年久倾毁。保留最久的为"玉门锁钥"坊，为明甘肃兵备道刘寅立（1954年拆除）。次为"父子进士"坊，为南林里拾金不昧徐恭之后徐行、徐联芳立（30年代张荫梧拆除）。

民国初期，旧城依然，城内多数建筑保存尚好，沿街还有石坊四座，木坊一幢。县衙改称县公署。县公署、国民党县党部，及警察所、保安队、教育科、实业科、民政科等机关均设于县城。还增建了模范小学、女子小学、城内

---

① 保定千年古县编委会：《保定千年古县》，河北大学出版社，2008年，第365页。

高小。城内还有基督教堂、同仁高小及各种店铺十余家。民国十三年知县宋殿选重修县衙和文庙。尤其大堂规模壮观,时人称"博野的大堂、蠡县的城墙",其质地、装璜(潢),筹高一般。

1938 年侵华日军占领县城,拆祠庙修碉堡,县城容貌遭到破坏。①

(四)县城街市

城郭呈长方形,东西约 545 米,南北约 436 米。城内人家很少,街道比较宽,约有两三间那么宽,两侧种植有并排的树木。西街有官立高等小学,东北角的文庙内是模范初等学校,其西邻关帝庙内是女学堂,其他县署、警察署、福音堂等无一不是此地著名的建筑。虽然号称有 500 户、3000 口人,但是据估计,只有 300 户、一千六七百口人。②

(五)县　治

城垣建筑:城垣系用黄沙土建造,创基于明洪武三年,完成于天顺年间。周围四里零十九步,高二丈八尺,阔一丈五尺。池阔二丈,深一丈。崇祯十三年,修砖门三:东曰庆阳门,南曰宣庆门,西曰镇武门。因年久失修,早已坍堤倾圮,大非畴昔状态矣。近来虽曾经历年修葺,但修葺方法仅属塞残杜缺,因之现存城垣最高处不过一丈五尺,池最深处不过四五尺,骤视之似亦完整,较诸初建则大有逊色。

县署建筑:县署在城之北部正中。房舍虽不高大,因自民十以来屡加修整,颇为庄严整洁。

市街建设:县城四周附近,尽为沙田,物产不丰,民生凋敝。又西南距安国县治三十里,东北距蠡县县治十八里,交通富力复相差远甚,无外来客商,只有本地小杂货店数家。市面风光,不及一富庶农村。惟多一道土城,并街道稍宽而已。③

---

　　① 博野县志编纂委员会编:《博野县志》,新华出版社,1996 年,第 142 页。
　　② 《中国省别全志》卷十八,第 35 册,第 172~173 页。
　　③ 《河北省博野县地方实际情况调查报告》,《冀察调查统计丛刊》1936 年第一卷第三期,第 119~120 页。

十、定兴县

(一)城池一

城周五里八十步,高二丈五尺,广一丈五尺。门四,东曰迎阳,西曰天庆,南曰景化,后改迎薰,北曰广化。池深八尺,阔一丈五尺。旧土城,金大定七年筑,高二丈。明成化四年,知县郭质增高五尺。嘉靖五年,知县宗钺建城楼。十三年,知县张文绣建敌台。隆庆五年,知县王三聘始甃以砖。万历中知县李瑾、宋继登,天启崇祯间知县王永吉、钟四达各重修。国朝顺治十年,知县王德新增修。乾隆三十一年知县蔡廷斗,三十六年知县王钺相继修葺完整。咸丰三年知县沈纯、同治七年知县赵秉恒各补葺。①

(二)城池二

经始金大定九年,土城基围五里八十步,高二丈,阔一丈五尺,隍深八尺。

明成化四年,知县郭质增高五尺,添女墙千堞。门四,东迎阳(今曰康衢),西天庆,南景化,北广化(今曰拱辰)。嘉靖五年,知县宗钺建北门城楼。十三年,知县张文绣创敌台十六。四十五年,知县吕文南重修,建议导马村河绕城,未果。隆庆二年,知县王三聘补城台而恢广之,改景化门为迎薰。五年,知县任铠重修,始甃以砖。万历中,知县李瑾、宋继登以次修筑隅台。天启六年,大水城圮,知县王永吉重修。崇祯九年,知县钟四达奉檄缮治。

国朝顺治九、十两年,霖雨城圮,知县王德新重修。范士楫《城工议》云:城土善圮,势必旋修,修必役万八千之丁。然同是修也,何以王公德新当顺治九、十两年,霖淫工巨之日竣,役不及一轮,后稍稍涂葺,乃二三轮不止,盖王公调度有法,命子衿督役,中饱无人,故工省而完速,后工胥为政,工胥食之,里甲食之,三班有力者食之,则躬畚锸者不过聊且塞责,百不抵一,一人之工牵及数十人尚不足,将谓里甲扰也,而不知里甲正借其扰为渔,钓细民

---

① (清)李培祜、(清)朱靖旬修,(清)张豫垲等纂:《光绪保定府志》第三十五卷,工政略一,城池,《中国地方志集成·河北府县志辑》第30册,第535~536页。

之钩,衍工愈长则鱼虾愈殖,而里甲肥、工胥肥、三班有力者肥,唯细民则皮穿骨出矣。是城非城也,乃诸饕之敛珍馆耳。虽然,事在令君,若王公者可法而继者可诫。(康熙志)

乾隆三十一年,知县蔡廷斗请帑改建,外砖内土,围准旧基,高二丈四尺,底宽三丈五尺,炮台二十,角台四,女墙一千二百五十八,四门各设门楼,每座三间,规模称备。咸丰三年知县沈纯、同治七年知县赵秉恒、光绪元年知县朱乃恭、九年知县严祖望相继重修。①

(三)县城一

县城在站西三里许,建于金大定七年,周环六里,纯以土筑成,其西门明隆庆时易以砖。②

(四)县城二

定兴县城始建于金大定九年(1169),自明成化四年(1468)至清光绪九年(1883)经历四朝415载,先后17次重修,至清朝末年,城墙、城门、城门楼、护城河、敌台等防卫设施完备。高13米的慈云阁矗立在城中心,向东、西、南、北延伸的四条街,店铺林立,商贾辐辏,行业俱全。民国二十六年(1937)9月18日,日军侵占定兴城,城池建筑遭到破坏,经济文化受到摧残。抗日战争和解放战争时期,城池设施多次〔被〕炸毁。民国三十七年(1948)7月,定兴城解放,城内工商业呈现一片生机,群众文化生活异常活跃。

1951年4月22日,根据上级指示精神,定兴县人民政府决定将城墙全部拆除,城砖出售。60年代中期,对旧城主要街道加宽,并铺设柏油路面。③

---

① (清)张主敬等修,(清)杨晨纂:《光绪定兴县志》卷二,建设志,城池,《中国地方志集成·河北府县志辑》第32册,第213~214页。
② 张魁鹏:《京汉铁路旅行纪略》,《地学杂志》1922年第十三卷第三期。
③ 王重朴主编,河北省定兴县地方志编纂委员会编:《定兴县志》,方志出版社,1997年,第67~68页。

(五) 县 治

城垣建筑:城垣建筑,始自金大定九年。原系土城,周围五里零四十丈,高二丈,宽一丈五尺,城门四。明成化嘉靖迭有增修,隆庆五年始甃以砖。清顺治间霖雨,城圮重修。乾隆三十一年改建,外砖内土,城垣周围里数仍旧,高二丈四尺,底宽三丈五尺,四城门各设门楼。现城垣外皮尚称坚固,惟内皮已有倒塌之虞。

县署建筑:金元时县署在城东南,后改设于城西北隅,系明洪武三年移建者,十三年规模始备,以后迭有重修,至清光绪十一年,乃修大堂及二堂。民国十七年,大堂改为中山堂,二堂改为法庭,惟以建筑年久,各房多坍漏残坏矣。

市街建设:县治重要街道,宽度各一丈五尺,于民国二十四年冬征工修筑。路之两旁各挖泄水沟渠,大街附有太平水缸,并立有公共体育场一处,道旁树株甚鲜,因街道不甚宽阔,恐有碍交通,故多未植。市房修建尚称坚固,街市亦颇洁净,市容粗有可观。①

十一、阜平县

(一)城池一

阜平城,考府志,重修于明成化五年。国朝顺治十六年,县裁城圮。乾隆十年,署县事罗如纶奉檄重修,高三丈,厚一丈三尺,周二里。西南建二门,南和薰门,西顺成门。乾隆二十七年七月,霖雨兼旬,南北西共圮八十八丈有奇。知县邹尚易倡率绅士李珅等董十社民人,分段公修,于二十九年三月兴工,越二月而蒇事,并请城垣分属十社保护,后有崩塌,各社随时补修,无烦公帑,此亦阜人士急公之一端,可以永远遵守也。城池之设,本为地方守御之具。诚使为官者克己以励民,使民子来以奉公。官民一体,上下一

---

① 《河北省定兴县地方实际情况调查报告》,《冀察调查统计丛刊》1937 年第三卷第一期,第 81 页。

心,则一切修凿城池之类公事,无异私事,自可不劳而有功矣。①

(二)城池二

阜平县城,其创造规模无可考。府志言,前明成化五年重修。国朝顺治十六年,县废城圮。乾隆十年,署县事罗如璋②奉檄重修,高三丈,厚一丈,周二里。西、南建二门,南和薰门,西顺成门。北倚派山,南临派水,东注北沟,天设奇险,不假修凿。乾隆二十二年,霖雨兼旬,西、南、北共圮八十八丈。知县邹尚易董十社民人,节分修葺。于二十九年三月属役赋丈,越二月而蒇事。邑人因请城垣分属十社,后有剥坏,责所属修补。嘉庆十六年,值睿皇帝西巡,县令钱鸿诰督役起陁崩新楼堞。继此遂无大功役矣。考城池始于伯鲧,后世遵用之。盖守御之具,所谓虑患未萌者,诚不可疏也。然必过为险峻,甚至秦称漆城荡荡,赫连蒸土为城,试刀剑可入辄杀役者,果何益哉?传言民保于城,城保于德,尽之矣。

……官署,阜平官署在城内正北隅。旧志言,明洪武三年,知县何仲礼建。天顺四年,知县赵忠重修。国朝顺治十六年,县废,署亦圮。康熙二十二年,复县,文武员弁假寓王快镇。乾隆十年,奉文还旧治。十三年,知县罗仰镳因旧基重建。前为仪门、鼓楼,监狱在仪门之右,中为大堂,大堂前左为吏户礼仓房,右为兵刑工房,后为门房、皂房,又其后为中堂,左右房舍俱备。二十七年,霖雨连绵,大堂左右科房俱塌。知县邹尚易重加葺治,增建书屋数间于中堂之右,土地祠三间于仪门之左。糜银二百两有奇,一出俸余,不以累民。旧志所载如此,而见于图者,中堂之北有后堂三间,后堂西有退思轩,其北为内宅。嗣是修葺存案者六,皆无所增易。同治三年,知县徐霖于退思轩西偏建鸿泥轩二间。十年,知县劳辅芝莅任,上下周视,则仪门以内均多坍塌穿漏,规模仅存,而且院无墙,客无厅,治文书无所,厨无屋,以席为棚,荒草颓垣,凄凉满目,狱无立壁,刑徒寄他县,慨然念及今不修治则署将废矣。因于中堂,则苴罅漏、饰黝垩。旧有额曰彊恕,字已漫漶,遂新之,改

---

① (清)邹尚易纂修:《阜平县志》卷二,城池,乾隆三十年(1765)刻本。
② 与上文"罗如纶"应为同一人。

题为敬事堂。堂之西建轩两楹,为理文案之地。大堂东门房之东建厨屋三间、茶室一间、杂役住室五间。邹令所增书屋已坏不可支,改建客厅三间,额曰居易。又于后堂西下建书屋三间,处宾朋。鸿泥轩之南续土室一间,栖仆从,缭以周墉,度高一丈。又重筑狱墙,加棘焉。其他补葺整治多不具书,至所费项,亦数百金。皆两年中设法筹款,出廉俸,渐次营构也。然于鼓楼仪门则力已屈,不能不待于后矣。伏思辅芝以菲材承乏,未能起瘠煦寒,懋著循绩,雍雍焉琴于堂、帘于室,岂敢怀安夸靡,崇饰居处为观美哉?第仰思前贤创造之艰,顾虑后此敝坏愈多,则糜费愈巨,爰因旧增新略备规制,更冀后之君子于已成者防护之未完者振兴之,使出政之地不至荒凉零落,以共免苟且之咎焉,或亦所以重官守,而尊国体欤?

典史署在监狱之右。学官署在城西北隅,学官西。同治八年,教谕张大壮重修。把总署在城东隅,关帝庙西。都司署在龙泉关。县署前东街有坊曰彰善。乾隆二十五年,知县邹尚易建小东关。有拔萃坊,乾隆五十八年,知县张极建,俱岁久剥蚀。同治十二年,知县劳辅芝一律重修。南关亦有旧坊,额曰畿辅西障,乾隆二十五年建。县之假治王快也,有署在东街自移旧治,署曰圮。乾隆二十三年,知县邹尚易以王快当幅奏(凑)之冲,各宪巡行下邑,必停骖于此,因鹭公产修葺不足,欤以俸。东西增建廊庑各三间,民间所谓大公馆者也。五十八年,知县张极改为育才书院。县治之东旧有察院署,久废。邹令又以邑西圣水庵当龙泉关孔道,尝于此置舍三间,为往来居停之所,亦久废矣。①

(三)县 治

城垣建筑:本县城垣,创造于何时,无可考。府志言前明成化五年重修,至前清顺治十六年县废城圮。乾隆十年重修,以黄土为建筑材料,高三丈,厚一丈,周二里。西南建二门,南曰和熏门,西曰顺成门,北倚派山,南临派水,东注北沟,天设奇险,不假修凿。乾隆二十二年,霖雨兼旬,城西南北共

---

① (清)劳辅芝修,(清)张锡三纂:《同治阜平县志》卷二,地理,城池、官署,清同治十三年(1874)刻本。

圮八十八丈。二十九年三月，属役赋丈，越二月而蒇事。嘉庆十六年，复经督役起陁崩，新楼堞。自兹以后，历百二十余年，岁有倾圮，曾无修补，现已倾圮殆尽。今岁之夏，奉命修建，当经召集绅民会议，佥以工程浩大，复承连年匪患，兵灾之余，力有未逮，拟暂建碉堡数处，以固城防，刻正积极进行，不日可观厥成矣。

县署建筑：本县县署在城内正北隅，明洪武三年知县何仲礼建。天顺四年知县赵忠重修。前清顺治十六年县废，署亦圮。康熙二十二年复县，文武员弁，假寓王快镇。乾隆十年，奉文还旧治。十三年知县罗仰镶因旧基重建。嗣后屡有修建，不备载。

市街建筑：本县商务不盛，市街亦简陋，城内县署前有东西大街一道，宽约二丈。此街之东端有南北街一道，宽约一丈，直通南门，贯联城外东西街二道，一曰小街，宽约一丈，一曰南关大街，宽约一丈五尺。所有街道均用小石杂砌，犬牙错从。并无新式之建筑，市房概系瓦屋，砖墙或土墙不等，亦旧式也。[1]

十二、高阳县

（一）城　池

城周四里一百一十步，高三丈五尺，广一丈二尺。门四，东曰东作，西曰西成，南曰沺化，北曰迎恩。池深三丈，阔二丈。旧城在龙化乡，多水患，明洪武三年移置丰家口，即今治，正统十四年创筑。天顺四年，知县鲁能重筑，高二丈。嘉靖中知县贺锐、王继宗、张经纶、种云龙各修。二十九年，知县马仑增筑敌台，建重门。隆庆中，知县郑元建敌台。万历四年，知县高继科修垣，加高一丈，易堞以砖，浚池，深广有加。三十五年，大雨倾圮，知县侯提封修之。崇祯十年，知县雷觉民砖甃瓮城。十二年，邑人孙铨捐输改建砖城。[2]

---

[1]　《河北省阜平县地方实际情况调查报告》，《冀察调查统计丛刊》1937年第二卷第二期，第116~117页。

[2]　（清）李培祜、（清）朱靖旬修，（清）张豫垲等纂：《光绪保定府志》第三十五卷，工政略一，城池，《中国地方志集成·河北府县志辑》第30册，第543~544页。

（二）县城街市

城郭呈正方形，周长全长约四十二町，规模宏壮，形状整齐。四个方向设有大门，城门外有各小街市。城内人口稠密，与四门相连的街道最为繁华，路宽有两到两间半，两侧并立的大厦是巨商的房屋，南街的蚨丰号、西街的合记布庄、东街的国布庄等棉商是最知名的，此外制粉工厂、天主堂、关帝庙等都是为人所熟知的。城外也有相当的发展，商业繁盛。城内有户数一千、城外计有一千一百三十，城内有人口五千、城外五百，共计五千五百人。①

（三）县　城

清末，织布业在高阳县及周边各县兴起，形成远近闻名的"高阳布"区。本县城为纱、布集散中心，商旅云集，民物繁庶，以"小天津卫"著称。

中华民国二十六年（1937）七七事变前，县城有布线庄近200家，颜料庄7家，织布工厂17家，染轧工厂14家，染坊15家，印花厂7家，商业、饮食服务业200多家，居民约18000人。是年10月和11月间，日军飞机两次轰炸本县城；12月16日日军侵占县城，人多逃亡，到次年4月日军撤出本县城时，居民仅2000多人。日军撤离县城的当日，八路军1000多人进驻，是月动员群众拆除城墙以适应游击战争需要。……

1945年9月12日县城解放。1946年3月，中共高阳县委发动群众绕县城浚护城河深3.3米，宽2米，以作防御工事。国民党军队于1946年9月、1947年5月和7月三次来县内袭扰，其军用飞机时来县城连番轰炸、扫射，民无宁日。②

清乾隆二十四年（1759）、同治十年（1871）、光绪二十七年（1901）又先后三次对城垣进行修整。

民国二十七年（1938）4月，为便于开展游击战争，八路军1000多人发动

---

① 《中国省别全志》卷十八，第35册，第179~180页。
② 张增德主编，高阳县地方志编纂委员会编：《高阳县志》，方志出版社，1999年，第77页。

群众,一同将城墙拆毁。至此,城池无存。1971年,县政府在其旧址上修筑环城公路,习惯称为东环路、南环路、西环路、北环路,总长为2728米。①

十三、涞水县

(一)城 池

县旧城在拒马河西,今城北二里许周城湾,为水冲圮,徙置今城北一里许北庄,亦被水冲圮,遗址俱废。明永乐中徙置今地,景泰初增修。周围三里八十五步,高二丈,广一丈。池深八尺,阔二丈。门四,东曰朝阳,西曰望台,南曰迎秀,北曰拱宸。县丞齐肃督修,以东西二门不宜开,堵之。成化中复圮,县丞乔登、主簿吴登相继修筑,学中因风水不利,教谕张才移请开西门。成化十一年知县姜盛重修。二十二年知县李宪重建门楼三座,惟西门楼高不过堞。嘉靖二十九年,知县唐治增台起楼,视前壮观,后西门仍闭。嘉靖末,知县冯惟敏于城东建楼,与西为偶,今俱废。后因城系土垒不坚,崇祯七年,知县袁懋中易以砖,未竣,升任去。十年,知县桂辂续成之,共费四千六百金,有碑记。后亦倾颓。

国朝乾隆元年,知县张鉴请帑修筑。二十五年,城南门楼圮,知县方立经捐俸重建,颜曰翼云,邑人钱士然记。二十六年秋,大雨,北城及门房俱坍,立经复捐修完整,门上改建高楼,与南门称,并修葺吊桥、城壕、石岸五十余丈,有碑记。

南门外东西大街居民凑集,商旅往来。有门二,东曰忠孝,西曰迎恩。街四,忠贞街(观音阁)、广利街(西关)、大成街(县前即宣化街)、富民街(东关)。

马水口城:明景泰二年创建北门正城,又建圈城于北岭上。(《畿辅通志》)周围六百一十八丈,垛口八百四十个。边城六处,共长三百五十六丈,敌台二十座,定乐安口带管。边城七处,共长二百五十三丈五尺,敌台四座,道水口带管。边城二处,共长一百零八丈,柏连涧口带管。边城二处,共长

---

① 张增德主编,高阳县地方志编纂委员会编:《高阳县志》,方志出版社,1999年,第407~408页。

一百一十一丈,敌台一座。

大龙门城:周围四百九十五丈,边城二处,共长三十六丈,敌台一座,蔡树安带管。边城五处,共长六百三十四丈,夹道城一处,长四十三丈,北将军石口带管。边城八处,共长五百四十四丈,敌台六座。

金水口城:豆渣石垒之,垛口以砖,周围二百四十丈,边城五处,共长九十丈五尺,赭罗沟口带管。边城三处,共长三十五丈,北齐仲口带管。边城三处,共长四十一丈,新龙潭口带管。边城二处,共长四十丈,敌台一座。

按,旧志:战国前已有城,查时为幽州为燕国都,易两治,相距仅四十里,上世制简,必不密布城垣,当自汉析郡分县,置乃草创,规画未善,后多迁改耳,年代无征,缺之可也,何必臆说远指,致踵荒唐?今据通志,悉为删正,并核高广之数,其马水、金水等城,旧皆不载,兹录所知者于后,以示设险守国之义不敢遗云。[1]

(二)调研纪事

涞水城仅南北两门,南门外分四关,各商店在焉。县之东南部为平壤,西北部为太行山脉,山岭起伏,直趋房山,土壤山林出产均富。城南五里有车站,为高易支路所经,然火车因无机车停开已半年有余矣。[2]

(三)县 治

城垣建筑:涞水县城垣旧址在今城北二里许,俗名周城,盖北魏时之城垣旧址也。后因被水湮没,将城南徙,至明永乐年中,方徙置今址。城高二丈,厚丈余。南北长一百丈,东西宽一百五十丈,完全为砖城,下筑石基。现因年久失修,大部均已塌毁。城仅有南北二门,南曰南门,城楼势已倾圮,北曰镇朔,城楼已不存在矣。城外有池,深八尺,阔二丈,现仅存遗迹而已。

县署建筑:县署在城内偏西,计地三十亩,为长方形。内中建筑可分五

---

[1] (清)陈杰等纂修:《光绪涞水县志》卷二,建置志,城池,《中国地方志集成·河北府县志辑》第32册,第58页。

[2] 《调查员王毓骢报告》,《河北省国货陈列馆月刊》(天津)1929年第二期,第21页。

部:一、内宅计北房五间,东西房各二间;二、二堂(即今法庭)计房三间,东房五间,西房三间;三、大堂,计大堂三间,东西各有排房八间,中有仪门、戒石亭各一座,为监狱,右为管狱署,前有大门一座,内有东西房各五间,今为政警居住处;四、东花厅,有北房三间,东西房各二间,现为第二科办公地基;五、西花厅,位于二堂之西,计有房屋十五间,为县政府接待室、办公厅及司法办公之所,再西则为县署花园,现空存形式而已。

市街建设:县城主要街道为县府街,街宽二丈,路面平整,自大悲阁以南为阁前街,街面宽度二丈,颇整洁。县城南门外为本县商业之中心,每当集市,商贩云集。街为十字形,当中较高,形如覆釜,两旁商店栉比,路面甚狭,平均不过丈余,历年修垫,尚属整洁。惟因限于地势,致各种设置诸多困难。①

十四、涞源县(广昌县)

(一)城 池

广昌县城周围三里一十八步,高三丈五尺,垛口八百一十七,角楼四座,今存一座,更铺十间(废),门二,南曰怀〔德〕,北曰重庆。

始建无考。明洪武十三年,千户李贞监修砖城。嘉靖十三年,掌印孙安于北门上建玉皇阁,名曰宁肃楼。万历二十六年,知县陈汝玚于东南隅近簧宫建魁星楼。四十八年,巡按吴久中请旨重修城垣,石条作基,厚六尺许,箭眼胜旧。

国朝康熙七年,奉文修葺城垣,知县刘鸿都分修西南二面,未完。康熙十年,知县王佩琦于本年八月初四日起工,十月二十九日告竣,守备钱必秀分修。东北二面,未经修葺,院委岢岚州知州杨参将辛到县查修,报明十年内修理。西南二城完固,无容增饰,具结不修,直隶又饬守备陈继祖修理东北隅,知县杜登春协资完工。先是,二十三年,杜登春移魁星楼建于东南巽方角楼故址。

---

① 《河北省涞水县地方实际情况调查报告》,《冀察调查统计丛刊》1937年第二卷第一期,第94页。

水关,南门左一座,泄城中水。池深一丈,阔一丈。

南关土城约二里许,转抱东南,西南角楼高三丈。门三,东曰望京,南曰涞源,西曰镇北。东北便门三,嘉靖十八年知县刘安建。桥三座,石砌,嘉靖二十七年知县刘登建。角楼四座、门楼五座、敌台十五座、窝铺十座,嘉靖三十年知县张九功建。

池旧凿,淤浅,天启七年知县刘裔疏通,阔一丈,深一丈,周围有水,今复淤。

东水关一座,泄城关中水。嘉靖三十七年知县陈大夏增高加厚。天启六年地震,关墙垛口尽颓,知县刘裔不费民力捐俸修之。①

(二)县城街市

城内成正方形,周长十四町,城墙以砖石砌成,有南北两个大门。城内以星黄楼为中心的南北大街作为主干道,道路全由石板铺成。城外分为上关、大东关、小东关、南关、北关等,商贾客舍等集中于此处,作为本地比较繁华的主要建筑物的县署、泰山宫、邮政局、警察署、星黄楼、文武两庙、各园寺商务分会、教育会、福音堂、小学校等也集中于此。②

(三)县　城

据清代编纂的《广昌县志》记载,故县城在今城北7里韩村一带。今城乃北周大象二年所建,距今已1400余年。初名五龙城,后随县名而称。明洪武十三年改土城为砖城,周三里十八步。后因鞑靼、瓦剌族屡次进犯,于嘉靖年间又在南关建土城一座,周二里许,转抱砖城东南、西南二角以固城防。此后虽又有多次修葺,因仅为局部修补,整体无多大变化。清代,随北方边境渐安,县城的防御功能逐步减弱,城墙也因年久失修而日趋破损。到抗日战争胜利后,绝大部分城墙已无。在漫长的旧社会,县城虽贵为一县的政

---

① (清)刘荣纂修:《光绪广昌县志》卷八,兵政略,城池,《中国地方志集成·河北府县志辑》第36册,第483~484页。
② 《中国省别全志》卷十八,第35册,第185页。

治、经济、文化中心,不断得到发展,但由于社会动荡,经济萧条,发展速度极其缓慢,其规模一直不大,方圆也就 1 平方公里左右。①

(四)调研纪实

涞源县旧属山西,自前清雍正年始改归直隶。人民俭朴,尚有古风。其城周围三里余,仅南北二门。南门外分四关,工商各业多在南关,东关外有泰山宫,倚山而建,高数十级,建设局、裕民工厂在焉。该县无大路,故车不能通县境,大岭四塞,南北约长百余里,东西约广七十余里。县之东境略成一小平原,可以耕种。②

(五)县　治

城垣建筑:广昌城前无可考,明洪武十三年千户李贞监修砖城。万历十四年重修石条作基。周围三里一十八步,高三丈五尺,厚六尺。(以上录旧志)城门数:南北二门,皆有月城。角楼数:旧设四座,今东北西北二座废,西南角楼仅存四壁,东南角楼,清康熙间改建魁星楼,今存。城垣现状,今尚整齐高峻,惟西面近西北角处、北面近西北角处有未经砖砌部分,各长三数丈,南面近西南角处半城有台,可攀附而上。

县署建筑:县署在城南门内街西路北,始建无考。大门三楹,仪门三楹,大堂三楹,二堂五楹,三堂五楹,四堂三楹,均有东西配房。三堂西院,有县府办公厅。

市街建设:主要街道为通南北门之南北大街,石砌,高低不等,渠沟皆在地面。卫生设施,旧有牛痘局,民众教育馆设有健康组。娱乐场所,民众教育馆设有体育场、无线电收音所。旧式娱乐场所仅有各祠庙之戏楼。道旁栽植树株,成活甚少。市容整理旧无可言,现在计划中。市房修建,多出人民自动,南门内谢孝子坊今经募款修葺,将竣工。城东关外中山池茅亭,现

---

① 河北省涞源县地方志编纂委员会编:《涞源县志》,新华出版社,1998 年,第 86 页。
② 《调查员王毓璁报告》,《河北省国货陈列馆月刊》(天津)1929 年第二期,第 17~18 页。

正兴工。①

十五、蠡　县

（一）城池一

城周八里有奇，高三丈五尺，广一丈。南北二门，南曰永安，北曰长乐。池深一丈八尺，阔三丈。旧土城，相传汉筑。明天顺中，知县毛纪重修，高二丈五尺。弘治中，知县吴堂复修。正德间，流寇入城，七年，知县金镜增筑。嘉靖中知县张凫、李复初，隆庆初知县王元宾各有修葺。崇祯十二年，兵备副使钱天锡、知府王师夔、知县连元捐修，易以瓦石，高加一丈，浚池筑堤。国朝顺治五年，知县祖建明修垣，浚池，引唐河水注之。②

（二）城池二

蠡城在唐河北三里，周三千一百五十三步，累土为之，高二丈五尺，上阔一丈，下阔三丈五尺。池阔二丈，深一丈八尺。相传旧城在博野县蠡村，遗址犹存。此城汉封蠡吾侯时所筑，岁久倾圮。明天顺间知县毛纪重修，弘治中知县吴堂又修，正德六年流贼寇蠡入城，次年知县金镜始大增筑。嘉靖十年知县张凫、十三年知县李复初、隆庆二年知县王元宾相继修筑。崇祯戊寅兵变后，兵备道钱天锡建议修筑，易土为砖，蠡邑遂成重镇云。

国朝顺治五年，知县祖建明重修。康熙十四年三月，值新河之变，知县刘文灿同绅民登陴守望，念账房湫隘，风雨不蔽，因于南城西偏宽敞处所建立威远亭三楹、厢房两间，亭前筑炮台一座。康熙二十六年，知县赵旭重修城楼。

成城志略

梁公修城之举实建邑以来未有之功，迄今百有余年，案卷无存。父老皆

---

① 《河北省涞源县地方实际情况调查报告》，《冀察调查统计丛刊》1937 年第二卷第四期，第 78～79 页。

② （清）李培祜、（清）朱靖旬修，（清）张豫垲等纂：《光绪保定府志》第三十五卷，工政略一，城池，《中国地方志集成·河北府县志辑》第 30 册，第 538 页。

逝,求其庀材鸠工殚心经营之状,不可得矣!谨摭遗迹以志不忘。邑城自钱观察修筑,而后倾圮有年。前任梁公梦善,文庄公胞弟也,出宰于兹,请帑彻地(底)修之,丝毫不扰民,始乾隆三十九年,越三年告成。周一千二百二十一丈,高二丈五尺,底宽二丈七尺,顶宽一丈九尺,垛口一千五百三十四,四面各出敌台共十六座,砖凡五进,皆灰灌浆,南北瓮城重门上建谯楼,东西亦建谯楼,以壮观瞻,以资守御,巍乎焕乎,俨然金城也。

按,邑自前明季年设宪臣为重镇,当承平百余年,久宜思患而豫防。梁公于是首倡请城之举,尽心救陕以图久远,可谓得大易设险守国之义矣。伟哉!公之功也。因念同治六年枭匪扰境不敢近城,七年春捻逆大股突犯保阳,邻邑如祁饶皆以城圮失守,而蠡城岿然独全,可不感公之德欤?抑闻之莒人恃陋而敌来,梁伯沟宫而民溃,地利固重矣,人和何可少也?故曰人自为守者,守不以城,人自为战者,战不以兵,守土者尚思抚柔其民,和辑其心,使居有以乐,患有以捍,长治久安,永为京畿之拱卫也,庶不负公成城之志云。

重修城楼纪事

城自钱易土为砖,历十余年而坍塌若干丈。顺治初,祖公重修,有记载志。迨乾隆三十八年,梁公请帑一新,始无社甲之累矣。迄今百有余年,雉堞整齐,崇垣完固,惟有谯楼半归剥落。同治十一年,知县郭公奇中摄篆兹土,慨然欲修之,因河水为灾,暂寝,改岁癸酉,倡修南北二城楼、东南奎楼,内外皆砖,工坚料实,直与此城永勿坏矣。亲书匾联悬于其上,南曰迎薰,北曰拱极,髹彤绚日,铃铎摇风,复壁重檐,弥增壮丽。邑自国初不利西科,是年登贤书者五,盖城酉巳丑金局,金数四,多一奎楼则五也。公豁达有器干,救险护堤,乘巨筝不惧,实心惠民,补平山知县。

培修城根纪事

城楼修自郭公,所有内外城根历为雨水冲刷,多有剥蚀之处,未暇补葺。知县彭美念城垣以根基为重,基坏垣堕,前功尽弃矣。光绪元年春,乃商绅董亟为经营,南门递西长一百二十丈,宽一丈有奇;北门递东递西长四十余丈,宽二丈,深一二丈不等;西北隅长二十余丈,宽二丈,深一丈有奇;其余残毁处所一律兴修,实力致功,期不陨陟。洵哉!能继梁公者也。公以名进士由部曹出宰武邑,调此卓异,任邢台知县。①

(三)县　城

据明嘉靖十三年(1534)《蠡县志》载:西汉始建县称陆成,治所在县西。从东汉至东晋十六国时期,县名虽有多次变异,县城一直在今博野县里村(原为蠡村)。

北魏景明元年(500)徙今治,后历为州、军、县治所。城垣原为土筑,明崇祯十二年(1639)易土为砖。清代几经修葺。城周长1221丈,城墙高2丈5尺,底宽2丈7尺,顶宽1丈9尺,有垛口1534个。护城濠宽2丈,深1丈8尺。设南北二城门,南名永安门,北称长乐门。南北瓮城重门上建有谯楼,东西亦建有谯楼。谯楼城墙建筑高大雄伟,完整坚固,冠于周围各县。

…………

抗日战争时期,日军侵占蠡县城时,城内外碉堡岗楼林立,城墙、古迹、庙宇、亭、阁等建筑多被拆毁,城内一片颓废。②

(四)县城街市

城内街区呈"丁"字形,南北大街和西大街为主街,宽2丈余,商号店铺多设于此街。另有西小街、城隍庙街等十多条街巷。县署在西大街路北,内设四个堂院,进大门东有土地祠,典史宅;过仪门为大堂,前有东西班房,东偏吏户礼科房,文昌阁,西偏兵刑工科房;过宅门有二堂,两侧为东西花厅;后有三堂和东西配房;四堂在最后。周有围墙,占地三十亩,署前大门前有照壁。县署东为兵备道,县署斜对面石牌楼街北口有明代所立"两朝宠命"石牌坊(1965年震毁)。古城丁字街西南角(今五交化处)有千手千眼佛阁(1952年拆毁)。城东南隅有魁星楼,南城门西有文庙,再西有孔庙,城西北角有城隍庙,另有真武庙、观音阁、龙母庙等庙宇20余座,遍布城内及两关。

---

① (清)韩志超、(清)何之诰修,(清)张珍、(清)王其衡纂:《光绪蠡县志》卷之三,建置志,城池,《中国地方志集成·河北府县志辑》第35册,第34~37页。
② 保定千年古县编委会:《保定千年古县》,河北大学出版社,2008年,第113页。

民国元年(1912)建基督教堂,位于古城北大街中段路东,教堂兼办教育、医业、信用借贷等。民国十六年至二十五年(1927—1936)间,县城新设警察局、义信花店、官营盐店及中国红十字会蠡县分会。县署西大街南侧建有乡村师范,是早期共产党蠡县党组织活动的大本营,人称红色师范。另有县立高级小学、蠡吾书局、文懋书局等文化设施,在民主革命时期,为蠡县共产党的发祥地和抗日救亡活动的基地。

民国二十七年(1938)12月,日本侵略军占领县城,一时间城内外碉堡岗楼林立,城墙、古迹、庙宇等建筑多被拆毁,商业凋零,经济每况愈下,城内一片颓废。①

(五)县　治

城垣建筑:此城汉封蠡吾侯时所建筑,累土为城,岁久倾圮,中间屡事重修。至明代崇祯戊寅易土为砖,高二丈五尺,上宽一丈,下宽三丈五尺,周围八里。建筑材料系砖灰,至今尚整齐坚固。仅有南北城门,无东西门;角楼有五,尚存其二,余均倒塌无存。

县署建筑:县属房舍概系旧房,多欠完整,倒塌不堪,本年春间正筹划修建中。

市街建设:县市街道均系土道,每年修理二次,宽二丈至三丈不等。②

十六、曲阳县

(一)城　池

县城创始年月无考。旧志城始筑于唐至德间郭汾阳李临淮(注云:见于城隍庙碑训导,甄祺亦有碑,今并失矣)。按《一统志》,后魏始移今治,至唐已数百年,岂能无城池?李郭盖重修耳。城周五里十三步,高三丈,阔一丈五尺。池深一丈,阔二丈,外有堤并墙。按,城北东两面近河,故有堤,城门

---

① 鲁春芳主编,河北省蠡县地方志编纂委员会编:《蠡县志》,中华书局,1999年,第67~68页。
② 《河北省蠡县地方实际情况调查报告》,《冀察调查统计丛刊》1936年第一卷第一期,第133页。

外各有护墙,无治池置墙之理。金大定中县令字术鲁端仁,明景泰二年知县田兴先后重修。正统六年知县王宾增角楼四。嘉靖二十四年知县周寅以城垛易圮,始易为砖,共垛口一千五百四十八。三十二年知县杨早,隆庆三年知县陈可大,万历十五年知县鲍献书,三十五年知县许东周历次修筑。崇祯十五年知县杨音改易垛口,用大砖以灰实之,高七尺,并为六百七十八。

国朝顺治十一年知县葛绥复修,用石固其下址,增设窝铺。城身高二丈七尺,根厚一丈六尺,阔六尺,垛口规制仍旧,大炮台三,小炮台二十,有四门楼、四角楼、四腰铺,十池,阔一丈五尺,深一丈二尺。

康熙十一年知县刘师峻续修。(以上俱见旧志)同治元年至七年知县潘荣汉、程鸿源等先后接修。(有碑)门五,东曰启明,明嘉靖三十六年知县龙玠始开(按,以前岂无东门?疑误),旧名曰迎春,崇祯十五年知县杨音改今名。国朝同治三年,知县周子华题额南曰迎薰,初曰镇远,有重门曰有恒。天启三年通判贾芳改今名。国朝同治三年,知县张守懋重修,题额又南曰阜民,今小南门也。明万历四十六年,知县崔应夏开,崇祯九年知县田首凤塞,后开塞不一。国朝乾隆十九年,知县王康重修。同治三年,知县周子华重开。题额西南曰临滱,在北狱庙前,俗称曰午门,今塞;西曰西华,旧塞,今仍开,改名曰西成。同治三年,知县周子华题额,北曰拱极,初曰望岳。明万历三十六年,知县许东周改今名。国朝同治三年知县张守懋重修。(参旧志及题额)①

(二)县　城

据《曲阳县志》记载,秦时曲阳县治所在今县城西二公里处。《水经注》载"上曲阳城本岳牧朝宿之邑也",亦称"汤沐邑",是古时天子赐给诸侯汤沐之用,也是供朝见时吃住的地方。汉、魏、晋时因之,同时曲阳的设置兴盛与恒山及北岳庙祀典有直接关系。北魏景明、正始年间(500—507),随着原北岳庙的迁址和今北岳庙的落成,县治所亦迁于今县城。之后,县城的发展伴

---

① (清)周斯亿、(清)温亮珠修,(清)董涛纂:《光绪重修曲阳县志》卷七,城廨建置考,城池,《中国地方志集成·河北府县志辑》第39册,第431~432页。

随着北岳庙的兴建而发展起来。隋至清代均重修城墙,增建角楼,改建砖垛,加固根基,增设炮台,加宽城池等。城周长五里十三步,城墙高三丈,宽一丈五尺,池深八尺。护城河宽一丈五尺,深一丈二尺。城共有六门:东门名迎春;南有三门,分别为镇远、阜民、临漪;西门称西华;北门曰拱极。1938年、1949年因战事需要,民主政府先后两次发动民众将城墙拆除。①

(三) 城　墙

城墙始修年代不详。唐、金、明、清诸代重修:增建角楼,改建砖垛,加固根基,增设炮台,加宽城池等。城墙周长2.5公里余,高10米,宽5米。护城河宽5米,深4米。城有6门:东名迎春门,南3门分别名镇远门、阜民门、临漪门,西名西华门,北名拱极门。民国二十五年城墙维修,顶部加宽。民国二十七、三十五年,因战事需要,县民主政府两次发动民众将城墙拆除。②

十七、顺平县(完县)

(一) 城　池

城周九里十三步,高二丈五尺,广一丈五尺。东南北三门,东曰迎晖,南曰迎曛,北曰拱极。池深一丈,阔二丈。旧土城,隋仁寿初筑。东南二门,明成化间始建北门,正德七年知县杜翔增修城楼。嘉靖二十四年,知县阎文贵建敌台。万历十三年,知县赵桐建角楼。天启三年,知县杜嘉庆补葺。崇祯十二年,知县高允兹甃以砖,复绕筑城堤,浚池,引曲逆河水注之。国朝康熙十一年知县刘安国重修。③

(二) 县城一

居县境之东南,筑土为之,肇建年代不详。《方舆纪要》云,北平废县在

---

① 保定千年古县编委会:《保定千年古县》,河北大学出版社,2008年,第305页。
② 韩爱营主编,《曲阳县志》编纂委员会编纂:《曲阳县志》,新华出版社,1998年,第190页。
③ (清)李培祜、(清)朱靖旬修,(清)张豫垲等纂:《光绪保定府志》第三十五卷,工政略一,城池,《中国地方志集成·河北府县志辑》第30册,第538页。

县东南二十里（今之大王子城），五代时县移今治，宋元均无可纪。旧止二门，东曰迎晖，南曰迎薰。明成化间始开北门，名曰拱极。正德七年，杜知县翊增修城楼。嘉靖二十四年，知县阎文贵增筑敌台。万历十三年赵知县建楼角。天启三年南城倒塌。杜知县嘉庆置房三间。崇祯十二年，高知县允兹增加高厚，三门五角易之以砖，增置炮台十三座、窝铺二十四间，又筑护城墙一道，浚护城濠一道，引尧城河水注之，周围环绕，一时地利称雄。

清康熙七年土城颓塌，九年城楼倾坏，十一年窝铺圮漏，皆刘知县安国修筑，二十七年在东南城隅角台上建奎星楼，其后修筑无文可考。光绪二十二年，知县丕丰重修奎星楼，今尚巍然独存，余如城楼、窝铺，久无遗迹可寻，城垣颓败无复曩昔之完好矣。近年以地方多故，迭经动工修筑，但以土甓补其缺败，而今更于四城建更房九间，只便防卫，不取美观也。城周九里十三步，高三丈有奇，护城濠久失疏浚，西北两面河道且已淤平，现在辟为田地，承种者在官产局缴款领照，所有权即归之私人矣。东南两面虽有河道遗迹，仅夏季霪雨积水成渠，若复数十年，将与西北两面同归乌有矣。①

（三）县城二

建国前，县街为县府驻地。北大街店铺连绵，市肆栉比。商业以北大街最盛，南街次之，东街廖廖（寥寥）。店铺一般为三间门面，并建有防雨遮阳的廊檐。居民分布于三关三街，自然形成6个聚落，各自建为行政村。居民住宅以平房为多，瓦房次之，房屋建造多数为土房，部分为外砖内坯，俗称"里生外熟"。房架用木料，就地取材。少数富裕人家，也有4至6间正房的宽宅大院，前设照壁，两侧设厢房，门口有不同规制的门楼，房舍为瓦顶木格式砖石结构。

城内原有古建筑多处：东大街有孔庙、何公祠、城隍庙；县街有土地祠、马神庙；南大街有刘孟将军祠、八腊（蜡）祠、风云雷雨山川坛。东门外有孝烈祠，西北隅有先农坛，城北有邑厉坛，城西有社稷坛，南大街、北大街各有

---

① 彭作桢修，刘玉田等纂：《民国完县新志》卷一，疆域第一上，建置，县城，《中国地方志集成·河北府县志辑》第40册，第218页。

关帝庙一座。孔庙在东大街,背莲池南向,建筑考究,自成群落。其主体建筑是大成殿,还有崇圣祠、名宦祠、忠义祠、文昌阁、忠义孝悌祠、节孝祠、田阳祠、思乐坊、泮池、明伦堂、敬一亭等,皆建造精细,错落有致。民国十八年(1929)大成殿改称孔子庙。每年夏历八月二十七日,学生、民众聚集庙前举行纪念仪式,演述孔子言行,以志景仰。

此外还有谯楼、文笔峰、莲花池几处名胜。谯楼位于城内十字街西北角,在南门楼望之,此楼有烟云如将雨,谓"南楼烟雨",为古城旧八景之一。还有二异:一是自南门北望,楼顶与北极星成一直线,如楼之端拱而朝极星者,即所谓"谯楼拱极",为续八景之一;一是入南门北行数步视此楼如倚在峨山之下,俗所谓"谯楼靠山"。

文笔峰即城东南里许之塔,建于嘉靖年间。当莱圃着花、麦浪摇风之际,而一塔涌出若凌云之笔,谓"笔塔参天",为续八景之一。

莲花池在东大街孔庙之北,面积90余亩。池中有洲名莲花洲,洲上有亭一座,为士子会文之所。"莲花晓露",为古城续八景之一。

古代建筑均为砖木石结构,构造方式是立柱和架梁组成顶架,构架榫卯相接,设置斗拱,起"晃而不散,摇而不倒"的抗震作用。墙壁只起维护和间隔作用。承重柱基采用石磴以防蛀蚀。以翼角翘飞的出檐防日晒雨淋,利于采光。设计精巧,外观雄伟壮丽,显示了古代劳动人民精湛的建筑技巧。

日军侵华以后,北大街众多的店铺及县府西街的公共建筑被烧成瓦砾。日军投降之时,城内已到处是断壁残垣。1945年为防止国民党军队重占县城,民主政府组织人力将城门、城楼、城墙全部拆毁。

新中国成立后,立即开始大规模的社会主义建设。首先组织民工,清理废砖烂瓦,整顿市容市貌,然后对城区街道进行规划和调整。

旧城原无西门,为沟通与城西的联系,政府决定开通西大街,从城中心十字路口一直开到西城墙根。

1958年,县城东西大街和南北大街调整取直。北街和南街中心,原各有一座关帝庙。特别是北街关帝庙,将本来就不宽的北街劈成两条极窄的狭缝,百姓称为"老爷庙夹里",窄缝仅容两人侧身而过,略宽的一条狭缝也只容一辆马车或一顶轿子单行。古人如此设计,不知是何用意。两庙拆除后,北街、南街交通基本理顺。

古老的东大街本可以直出东门,但古代设计人员偏偏在东街正中路段向北拐一个弯儿,弯道长度 35 米。这次调整,以东大街西段街道为标准,向东取直,至护城河,建东关新桥。出东关新桥,开辟东关和东庄新街。①

十八、唐　县

(一)城池一

城周四里,高二丈,广一丈。东西南三门,东曰环东,南曰卫南,西曰镇西。北面倚山,城在平地。池深七尺,阔如之。旧土城,元至正时,庄敬建城楼。明弘治间,知县茹銮重修。嘉靖四十四年,知县郭邦骥劝筑北城外石堤,以防冲决。隆庆中,知县洪济远增筑三门瓮城。崇祯七年,知县宋祖乙增修,十六年知县胡梦泰议修易砖未就。

国朝顺治九年,知县吴日宣重修。嘉庆十五年,知县张日玿修葺城门角台,俱易以砖。道光十六年,知县童黼修北城外石堤。同治元年,知县陈兆麟重修城垣并城楼角楼。东门瓮城旧南向,光绪五年邑人改置东向。②

(二)城池二

县城在平地,北面近山,周四里,高二丈,阔一丈,四角有弩台。三门,东曰环东,南曰卫南,西曰镇西,各有敌楼。池浅狭而无水,夏为潦所集。元至正时庄敬重建城门楼。明弘治七年,知县茹銮重修。隆庆时知县洪济远增筑三门瓮城。崇正七年,知县宋祖乙增厚于内数尺,建垛口九百有奇。十六年,知县胡梦泰议修砖城,物料具备,功未就。国朝顺治九年,知县吴日宣重修东瓮城门。康熙初改移南向。乾隆十七年,广平知府富明重修。嘉庆十五年,知县张日玿修东西南三面砖门、砖台、城楼及北面元武阁四角楼。同治二年,知县陈兆麟重修。

---

① 河北省顺平县地方志编纂委员会编:《顺平县志》,中华书局,1999 年,第 189～190 页。
② (清)李培祜、(清)朱靖旬修,(清)张豫垲等纂:《光绪保定府志》第三十五卷,工政略一,城池,《中国地方志集成·河北府县志辑》第 30 册,第 536 页。

彭泰毓《重修唐县城垣碑略》

唐为尧封建置旧矣。西北多山,城居平衍,时有行潦,飞瀑绕东南而直下,控制防闲,匪易易也。壬戌癸亥间窜匪肆扰,唐邑城垣残缺倾圮,鲜资保卫,邑侯深忧之,乃计丈数、端高卑、度厚薄,倡捐银六百两,会同广文、营汛督率捕廉绅士劝筑,经望都令估计,万三千二百有奇。其奎星阁、真武庙图志,向不同,工亦循其旧绅董经理,留缉捕少尉驻工弹压,版干递迁,畚锸贯序,如斛律光鞭指而成。工始于同治二年三月六日,竣于同治三年九月二十日,历五十余旬而告蒇,固苞桑,安盘石,为此邦保障,颂乐郊焉,粤稽数百年来,元建城楼,明增三门瓮城,国朝嘉庆十有六年请帑,亦惟新东南,迎面历将周甲,得有此举,非幸事哉!余以主讲来唐,属为文记之,爰不揣谫陋,用志颠末,以告来者。邑侯则粤东陈公仁齐,刺史兆麟,广文则易水陈君礽善、乐寿陈君占祥,捕廉则无锡朱君霞,营汛则武君士林,驻工委员则嘉应黄君奎烈也,例得备书。①

(三)县 治

城垣建筑:城垣建筑之始期,现已不可考。至元时曾重建城门楼,明朝又先后建筑三门、瓮城及垛口,清嘉庆间复经重修。现在城高二丈,宽一丈,周四里,城门三(无北门)全系用土筑成,垛口及城门为砖建,除垛口前曾有少数倾颓业已用土坯修补外,尚无不完整之处。

县署建筑:县署位于城之中部近北,东临东西大街,隔街有照壁一。街北即为县署大门,上建钟楼,内悬铁钟一。现今县政府职员之齐集办公,即以此钟之鸣为号志焉。进大门西为监狱及仓房,东为监狱署及第一区公安局。正北则为仪门,南翼为税务股、田赋股及缮状等办公处。北为原先之大堂,计五楹,现已改建为办公厅,计分两处,各二楹,县政府职员办工之地也。穿大堂之中楹,直达二堂,现已改为法庭,县府承审员于此开庭审理案件地。东为收发室,再进正北房为承审员办公室及县长会客室。东西两庑为科长

---

① (清)陈咏修,(清)张惇德纂:《光绪唐县志》卷一,舆地志上,疆域,城池,《中国地方志集成·河北府县志辑》第36册,第151页。

等寝室。此乃县署建筑大概情形也。

市街建设：重要街道计有东街西街南街，平均宽度在一丈六尺左右，由公安局督饬警察修筑，均甚平整，并由商号随时挨户修垫以保永久。至娱乐场所，则有民众教育馆附设之游艺部、公共体育场等。[1]

（四）县　城

民国十一年（1922），改唐县城为仁厚镇。民国二十六年（1937），七七事变，抗日战争爆发，国民党县政府南逃，县城被日军侵占。是年11月，唐县抗日民主政府成立，驻北店头村。民国三十年（1941）冬，迁驻西杨庄、白合村。民国三十一年（1942），定唐县（边界县）抗日民主政府成立，驻黄金峪村，后迁驻田家庄村。民国三十二年（1943）7月，唐县抗日民主政府迁驻北齐家佐村，12月迁驻马家峪村。民国三十三年（1944）迁至下庄村。1945年9月3日，日本侵略军被迫逃离唐县城，沦陷8年的唐县城宣告解放，9月24日唐县抗日民主政府进驻唐县城。县政府仍驻旧衙署，11月将县城东、西、南三面城墙拆除。1956年因县城内地域狭窄，将县政府迁至旧城东北600米处今址。[2]

唐县旧城位于今广场西，民国十一年更名仁厚镇，有砖皮城墙，东、西、南三城门，城内方圆一华里，主要街道为东街、南街和西街。南街为商业街，主要有皮店、布店、银行、药店、杂货店等；西街为文化街，原圣人殿、教育局、师范学校、职业学校、女子高等小学等均设在西街路北孔庙内；东街为政区，县署主要机构均在东街西首路北旧衙署内。后街、东牛市街、西牛市街为民居。旧城内街全部土路，街道狭窄，道路不平。1938年至1945年日本侵略军占领7年，连年焚烧破坏，1945年9月日本投降后城内更加破烂不堪。人民政府迁驻县城后，进行维修整理。1954年12月15日县政府发文整修东

---

[1]《河北省唐县地方实际情况调查报告》，《冀察调查统计丛刊》1937年第二卷第一期，第116~117页。

[2] 张孝琳主编，河北省唐县地方志编纂委员会编：《唐县志》，河北人民出版社，1999年，第50页。

街、西街和南街三条大街,清除路障,统一宽度。但由于旧城内街道狭窄,1956年开始外迁,在原旧城东北一华里处建新城址。①

十九、望都县

(一)城池一

城周四里十三步,高二丈,广二丈。东南北三门,东曰青阳,南曰解愠,北曰拱极。池深七尺,阔二丈,引龙堂坚功泉水注之,合而东流。旧土城,相传唐武德四年筑。明洪武二年重筑,周三里,南北二门。景泰七年,知县唐复以城连尧母陵,恢拓之。天顺三年主簿成斌,成化中知县谭纶,嘉靖中知县胡谐、杨廷美、陈鲲,隆庆中知县马卿各修。万历十八年,知县张前光增建东门。崇祯九年,知县黄承宗增筑南北瓮城。

国朝顺治五年,知县陈自德重修。康熙四年,知县钱振龙砌砖垛建城楼。十五年,知县李天機增建敌台。乾隆三十一年请帑改建砖城。②

(二)城池二

邑城环尧母台外,据丹朱墓西,唐武德四年筑。旧城在伊祁山南五里尧山下,都山北十里,今唐县之故城是北齐省入北平,唐复置县,筑此,县名定武,殆取武德时所定欤。历宋辽金元,修筑相仍,创制未备。

明洪武二年重修,周围四里有奇,高三丈,广二丈。南北二门。池深阔俱七尺。景泰七年,邑令唐复以城连尧母陵恢而扩之。大顺三年主簿成斌,成化中知县谭论(纶),嘉靖中知县胡谐、杨廷美、陈鲲,隆庆中知县马卿增修。万历十八年,邑令张前光增置东门。崇祯九年,黄承宗增筑南北瓮城。

清顺治五年,邑令陈自德周围彻底重修。康熙四年,邑令钱振龙修筑城墙一千三百五十余步,砖垛二百口,城楼一座,炮房十间。十五年,邑令李天

---

① 张孝琳主编,河北省唐县地方志编纂委员会编:《唐县志》,河北人民出版社,1999年,第402页。

② (清)李培祜、(清)朱靖旬修,(清)张豫垲等纂:《光绪保定府志》第三十五卷,工政略一,城池,《中国地方志集成·河北府县志辑》第30册,第537页。

玑彻底重修南门一座,周围城墙五百余步,炮台十五座,更铺十三座,砖垛五十六口。因前者修筑俱不能持久,乾隆三十一年正月二十九日,经邑令卫公学诗动帑起工,及典史曹文英督役,外面尽易以砖,且时值饥馑,穷黎又得藉工以活。卫公治工未竟,又经邑令陈公洪书接任承办,多方筹画,于乾隆三十二年七月竣工,计周围长七百二十六丈八尺,合四里十三步零,南北瓮城二,东南角奎星楼一座,角台五座,炮台十一座,顶宽一丈四尺,底宽二丈六尺,高二丈,共需工料银三万二千九百余两。以千余年土筑之城而易为砖筑之城,不费民间一钱,不役民间一工,真当时之盛举也。嗣于民国十七年晋奉之战,城面砖石损坏无余,十八年复经城绅刘廷珍等倡议补修,稍见完整。

按乾隆志载,城河一道,阔四丈,深三尺,北面重河一道,宽深如里河,今宽则不及,而深则倍之。光绪志载,城之隍池即北龙堂坚功泉等八水周围旋绕而成,其阔二丈,深六七尺,活流汤汤,四时不息,腾甲他邑,可以种莲栽菱,以收自然之利。建响水石闸一座于东北隅,今则阔仍其旧,深则不及三四尺矣。①

(三)县城一

县城周围环四里,共三门,建于唐武德时,初用土筑,明代重修,前清康熙时易以砖。②

(四)县城二

民国十七年(1928)晋奉之战中,城面砖石多有损坏。次年,经城绅刘廷珍等倡议补修,稍见完整。民国二十二年(1933)4月,方振武军驻扎二十余月,拆毁北门及东、西、北三面城墙,挖掘战沟。1937年七七事变后,伪新民会曾拨派民夫修缮城墙及四角之炮台。

1946年10月,中国人民解放军第一次攻占县城。出于对敌需要,中共

---

① 王德乾修,崔莲峰纂:《民国望都县志》卷三,建置志,城池,《中国地方志集成·河北府县志辑》第40册,第49~50页。
② 张魁鹏:《京汉铁路旅行纪略》,《地学杂志》1922年第十三卷第三期。

望都县委动员全县数千民工,突击三昼夜将城墙上部拆毁。1947年1月县城第二次解放后,将城墙全部拆除。至此古城垣无存。

旧时城内以南北街为主街道,长约500米,平均宽约6米;东街宽窄不一,走向弯曲,长度仅200米,与南北街成十字交叉口。商业建筑多分布在南街两侧,除钱行、当铺、盐店等商号建筑稍为讲究外,其它极为卑陋。城内南街立一石牌坊,建于明天启甲子年(1624),高约10米,采用汉白玉石砌筑,两对大石狮分列南北两侧,模式为四层五空式,上方书刻"恩荣"二字,正中四字为"龙章重锡"。花草图案布局合理,玲珑剔透,雕刻精湛,是县境内唯一保存时间较长的古代建筑物,1966年"文化大革命"中被毁。尧母陵位于城内东南角,县衙东侧,清光绪年末改为学校。孔庙又称文庙,位于城内西北部。城隍庙、寿圣寺、土地祠、魁星楼等古建筑久废。现仅存尧母陵后照壁。①

二十、易 县

(一)城 池

或曰:山川,地险也;城池,人险也。既列山川,则城池之高广不容无书,书之以见守邦保民,不能不赖乎此。然城池亦地险尔,人之险在得民心,得民之心在道。

易州城,旧有景泰初设茂山卫。奉敕修筑甃以砖石,周围九里十步,东西经六百三十步,南北经七百二十步,高三丈七尺,濠深三丈三尺,阔如之。辟东西二门,门上各建楼一。②

(二)县城街市一

该县城由城内及西东两关构成,其面积城内东西长十一町、南北十町,西关长三町、宽二町,东关长二町、宽一町半。城内只不过有三分之二的户数。连接东西两门的那条街道最繁华,西关附近作为商业地区,中心地带有

---

① 河北省望都县地方志编纂委员会编:《望都县志》,方志出版社,2004年,第432页。
② (明)戴敏纂修:《易州志》卷一,城池,明弘治十五年(1502)刻本。

很多官衙学校,越接近东关就越发萧条。城墙城门都极为宏壮。西关靠近停车场的杂货店、药铺、布商、钱铺等商铺鳞次栉比,商业发达。东关人口稀少,大部分是农家。主要建筑物有县署、警察署、省立第八中学、县立女子师范学校、两等小学校、兵营等。[1]

(三)县城街市二

易州城,自隋开皇元年(518)开始建筑,已初具规模。唐代续建,宋(辽、金)代这里是边关,战乱不已,至明英宗时期,为加强紫荆关至易州城一带的边防建设,才有景泰、隆庆、万历年间的修城之举。城墙于1970年彻底拆毁。

州治位于城内西北部,占地六十四亩。唐代为节度使公廨,规模宏伟。元至元五年(1268)重修。明永乐三年(1405)州署毁于战乱,仅存正厅。景泰四年(1453)重修。天顺二年(1458)重建正厅三间。天顺三年建后厅三间。成化十四年(148)修围墙。成化十九年增修东西耳房、幕廨六房。弘治二年(1489)夏重筑周墙、建谯楼。十三年春,重建仪门三间。清乾隆元年(1736)重修,州署共有房一百二十四间,三亭一池一桥。民国二年(1913),为县署,房亭等如故。

1947年2月,易县人民政府驻于县署,1950年至1970年,拆毁原县署房屋,改为瓦房。

....

民国时期城内街巷,东西大街(原体仁、和义街)、二道街(原里仁街)、道街(原毓秀街)、四道街(南城墙根)、关市庙街(关帝庙前)、长盈街(原长盈巷)、城隍庙街(原圣助街)、天王庙街(天王庙南)、财神庙街(原嘉会街)、同化街(原通化街)、驿马胡同(今北大街)、常家胡同(今南大街)、清真寺街(清真寺东)、相公庙街(文庙东)、府后胡同、清真寺胡同、官井胡同、操场胡同、杨家胡同、耿家胡同、开元寺胡同、火药胡同、狮子胡同、蔡家胡同、西夹道胡同、辘轳弯胡同、中锁胡同、冰窖胡同。[2]

---

[1] 《中国省别全志》卷十八,第35册,第182~183页。
[2] 陈瑞泉主编,易县地方志编纂委员会编:《易县志》,中央编译出版社,2000年,第162~163页。

(四)调研纪事

该县城为东西两门,西关市面繁盛,远胜东关,即城内西街亦比东街为盛。龙兴观有苏灵芝书唐明皇御注道德石幢,又老子道德经碑。而关外有四贤祠,塑燕郭隗、乐毅、剧辛、邹衍四人像。①

(五)县 治

城垣建筑:城垣建筑始于唐代,建筑材料为砖土灰石。周围九里十三步,高三丈五尺,宽二丈三尺,城门二,角楼无,城垣整齐。②

(六)古 城

易县古城,据《易县志》记载,隋开皇元年(581)于易水北岸建城。易州城旧为土城,门曰:东名朝阳、西名广武。明正统十四年(1449)重修。景泰二年(1451)再修。嘉靖二十年(1541)筑护城堤。隆庆二年(1568)重修。万历五年(1577)以砖石兴筑,三年告成。仍为两座城门,东名迎晖,西称靖远。清顺治年间重修,乾隆二十二年(1757)复修。民国年间又复修。城东门至西门长1220.5米,南城墙至北城墙最宽处距离1250米,面积1.152平方公里。东西二门各建瓮城,并设有铜闸,内外城楼4座,城外池深7.6米,阔6.7米。城墙周长5393米,建炮台31个,掩身窝铺24个,外墙高13米,西门外有镇远桥,东门外有迎恩桥。③

---

① 《调查员王毓骢报告》,《河北省国货陈列馆月刊》(天津)1929年第二期,第19~20页。
② 《河北省易县地方实际情况调查报告》,《冀察调查统计丛刊》1937年第二卷第六期,第82页。
③ 保定千年古县编委会:《保定千年古县》,河北大学出版社,2008年,第7页。

第四章 沧州市各县城城墙资料

一、泊头市（交河县）

（一）城　垣

南面，东西长阔三百八十步，南门洞横阔七步，门内余地阔二步，门外余地阔四步，三阔同计地二十亩零五分八厘三毫三丝三忽。南关叠道自城濠至南堤口，长阔二百零六步，横阔七步，计地六亩零零（分）八毫三丝三忽。

北面，东西长阔三百八十步，北门洞横阔七步，门内余地阔二步，门外余地阔十三步，三阔同计地三十四亩八分三厘三毫三丝三忽。北门外叠道自城濠至北堤斜口湾，长阔二百四十步，横阔七步，计地七亩。

东面，南北长阔三百八十步，东门洞横阔七步，门内余地阔五步，门外余地阔十步，三阔同计地三十四亩八分三厘三毫三丝三忽。东关街道自城濠至东堤口，长阔二百三十八步，横阔六步，计地五亩九分五厘。

西面，南北长阔三百八十步，西门洞横阔七步，门内余地阔二步，门外余地阔七步，三阔同计地二十五亩三分三厘三毫三丝三忽。西关街道自城濠至西堤口，长阔二百二十四步，横阔六步，计地五亩六分。

共地一顷四十亩零一分四厘一毫六丝五忽。

城外护堤，东北湾长阔六百四十步，西北湾长阔七百二十步，东南湾长阔六百二十五步，西南湾长阔五百步，共围长阔二千四百八十五步，横阔宽处四丈有余，狭处不足三丈，折中按三丈五尺核算，计地七十二亩四分七厘九毫一丝六忽。

按，护城堤内一切各地概无粮租，遇修官工，无论官地私地，除坟墓、宅基外,均可取土合并注明。①

(二)城 池

交河城高一丈五尺,广二丈,城外池深一丈二尺,阔三丈,此盖洪武中创建之始基也。(《畿辅通志》)

金始以石家圈地置交河县,世宗大定七年也。虽为县治,尚无城郭。明洪武十五年,知县周以仁始创土城,周六里(今之四里)。正德丙子(十一年),知县李天叙增修。嘉靖二十九年,知县崔云鹤增修,置四城门,门有楼。隆庆三年,知县庞沱重修,垛口易土以砖。万历三年知县张文显重修,东南角楼移县门外,定夜钟于其上。清康熙辛亥(十年),北门大圮,知县墙鼎重修,并浚城濠,建桥南门外,乾隆十六年,知县尹侃领库金重修。(《河间府志》)

按,交邑城池由明创建,代有增修。自清乾隆而后无籍可考者百有五十余年,中经同治七年捻匪窜扰,乱及河东。知县朱绍谷大加修葺,女墙栉比,焕然一新,嗣后岁修,第循故事。光绪十年后,城楼砖堞相继倒塌无遗,今更门洞将倾,墙多蹊径,恐不数载,车马可通矣。

又按,今城虽坏,旧基犹存。城垣四面各长三百八十步,底宽二丈有奇,顶约丈余。垣外有壕,内有车道,计宽各约丈余。壕之外一半里不等,有护城旧堤,周城一围,亦均宽丈余。堤之外又各有壕。此有关城垣官基,合并注明。②

(三)县城街市

隆庆戊辰(1568),郡卒张应武用砖筑墙未成。万历戊子(1588),礼部尚书余继登及民众捐资,于庚寅(1590)四月修成西门。自民国初,城墙始废。

明清时期,市城区仅限于河西部分,主要为运河码头,经济以漕运为主,

---

① 高步青、王恩沛修,苗毓芳、苏彩河纂:《民国交河县志》卷首,城内外官地,城垣,《中国地方志集成·河北府县志辑》第45册,第349~350页。
② 高步青、王恩沛修,苗毓芳、苏彩河纂:《民国交河县志》卷一,舆地志,城池,《中国地方志集成·河北府县志辑》第43册,第359页。

恒河建有商号若干,到前清时,运粮载货仍以船为主,及至清末兴修津浦铁路并于泊头设站,水陆称便,商业发达。民国时清乡调查,泊头有户390余户,人口1817人,至七七事变前,有住户1700余户,人口16000余人。城内辟有上店街、下店街、东大街、丁字街、顺河街、鼓楼街、小十字街、大十字街、西大街、茶店街、胡同道街、孟祠堂前街、三府街、盐店街、武营街、朝阳街、县公署前街、粮市街、后街、河西石马道街、西关街、后道街、马市街、药王店街等,但多为小巷里弄,主干街不过数条,且窄而脏乱,有各种商号300余家。七七事变后,城区经济、商业网点均遭战争破坏。

1946年5月10日,泊头解放后,冀中行署将今城区由南皮县和交河县析出,设立泊头市。①

二、河间市

(一) 县　城

县城被宏大的城墙所环绕。城池始建于宋代,土城周长十六里,因为风雨数次损坏,多次修整、改建,才成今日之模样,长约两千三百六十二丈、高约三丈、宽一丈五尺,建有四门四楼,极具壮丽。城内外人口共计约八千,主要居住于城内。②

(二) 县　治

城垣建筑:建于何时无可考,以砖土筑成,宋元明清历有兴修。民国十六年,知事陈宪镕复募款重修,周围十六方里,高一丈五尺,宽五尺,城门四,无角楼。

县署建筑:今县署即前清府署,大门以外有照壁,大门内为甬道,道东为各科书记宿舍及征收田赋之所,西为政务警察队、拘留所、戒烟室、电话管理所,再进为广庭,为中山堂,再进为二堂,再进为三堂,东西两厅为职员及书

---

① 张泊生主编,河北省泊头市地方志编纂委员会编:《泊头市志》,中国对外翻译出版公司,2000年,第58页。
② 《中国省别全志》卷十八,第35册,第249页。

记治事之室,再进为内宅,后有空园。署之东偏有院三,署之西偏有院一。

市街建设:东西南北两大街,宽约四公尺,两旁设暗水沟。娱乐场所有光明影戏院一处,建筑宏敞,市房修建多仍旧式。①

(三)县城街市

旧城街区布局呈"田"字形,有南北、东西两条大街交叉于街中心,另有十几条小街、小巷。街道狭窄、高低不平。城内主要建筑有府衙、县衙、寺庙、祠堂等;文化古迹有石牌坊、石塔、蒲絮台、瀛台、高阳台、中心阁、瀛海楼、万寿宫等;庙宇祠寺有关帝庙、城隍庙、二圣庙、火神庙、大寺庙、药王庙、北极庙、资胜寺、九龙阁、昭忠祠、尼姑庵、三官庙等;宗教设施有清真寺、天主教堂、圣公会医院等;教育设施有贡院、府学、县学、省三中、师范、万寿宫小学、女学堂、铁狮子庙小学等。还有一些小商店、中药店及手工业作坊。

抗日战争时期,为了对敌斗争的需要,1938 年抗日军民将古城墙拆除。日本侵略军占领河间期间,城内古建筑多数被毁坏,商店倒闭,经济衰退。

1945 年 5 月河间县城解放后,人民政府对县城逐步进行了恢复建设,使萧条的河间城很快复苏,工商业迅速发展。②

三、任丘市

(一) 城 池

城始于汉平帝元始二年,中郎将任邱筑,元至正间没于水。明洪武七年知县云霄重建,永乐间知县谢鲁重修。弘治间知县毕玺随居民以展象其形曰蝶头城。正德间知县李献重筑,拓而方之,周五里九十五步,高三丈七尺,视旧址益宏。隆庆间知县胡峻德、万历间知县顾问俱复修。万历三十八年知县侯提封始修砖墙。国朝乾隆辛未,本郡太守今升臬宪王讳检督、知县陈

---

① 《河北省河间县地方实际情况调查报告》,《冀察调查统计丛刊》1937 年第二卷第四期,第 91~92 页。

② 河间市地方志编纂委员会编纂,赵景春主编:《河间县志》,书目文献出版社,1992 年,第 62 页。

文合彻底重修,坚实峻整,屹然名城矣。

门四座,旧东曰先春,南曰南瀛,西曰西梁,北曰北雄,各有楼。今东曰迎曦,南承薰,西登瀛,北拱极。角楼四,东南曰登瀛,西南望瀛,西北来山,东北征海。正德间知县倪玑修,并题匾,西南楼今无。

池取土筑城,因而城池阔五丈,深三丈,潦则水,旱则涸。知县王齐复加深广,即玉带河也。

护城堤河内若通衢,河外加崇冈桥四座,东曰东阜,西曰西成,北曰拱辰,南曰登瀛。水关四座,西面一,北面一,东面一,南面一,以泄城中聚潦,咸甃以石,防以闸,以时启闭。知县王齐创建南水关,今淤。①

(二)县　治

城垣建筑:城始于汉平帝元始二年,中郎将任光〔邱〕筑。元至正间,没于水。明洪武七年,知县云霄重修。永乐间,知县谢鲁重修。弘治间知县毕玺随居民以展象其形,曰幞头城。正德间,知县李献重筑拓而方之,周五里九十五步,高二丈七尺,视旧址益宏。隆庆间知县胡峻德,万历间知县顾问俱复修。万历三十八年,知县侯提封始修砖城。清乾隆辛未,本郡太守王检督知县陈文合彻底重修,坚实竣整,屹然名城矣。门四座,旧东门曰先春,南曰南瀛,西曰西梁,北曰北雄,各有楼;今东门曰迎曦,南曰承薰,西曰登瀛,北曰拱极。近百年来,城垣已毁,作破残之砖石矣。去冬防务吃紧之际,鸠工庀材,先将西门以北残破最甚之一段城垣修补完整。其东南北三面及西门以南之一段,周约四里,半多倾圮,今春成立城垣修理委员会,筹备兴修,以固城防。

县署建筑:县署在城西隅,洪武间知县云霄建,永乐间知县谢鲁继修百里阳春坊,清康熙五十九年知县陈余芳重修,乾隆十九年知县王锦林重修。迨民国二十四年,县长孙嘉彦建筑三、四、五科办公室三十九间,合署办公,颇称便利。

市街建设:重要街道,有阳春、通和、兴市、迎恩、先春、长春等街,街宽二

---

① (清)刘统修,(清)刘炳等纂:《任丘县志》卷二,建置志,城池,乾隆二十七年(1762)刻本。

丈五尺,今春均修筑土马路式状,两旁栽植柳树,安设水缸,市容整齐。①

(三)县　城

任丘城建于西汉平帝元始二年(2),遗址在今辛中驿乡刘庄村北。北齐年间(550~573)置任丘县,治所在此。该城为方形,占地千亩左右。城墙皆素土夯筑。墙基宽约 30 米,高 6 米多。城设南门和北门,北门东侧筑钓鱼台,台上建有庙宇。城周有护城河。隋开皇五年(585)被大水淹没。1987 年北城墙部分保存,东西城墙稍见痕迹,南城墙已荡然无存,北护城河尚可辨认。

…………

任丘城为长方形,中心地势突(凸)起。城内分为 18 条街,有先春街、东阜街、通和街、西梁街、兴市街、南瀛街、迎恩街、北雄街、至善街、百里阳春街、牧厂街、育贤街、澄清街、升平街、崇恩东里街、崇恩西里街、书院新街(后改名恒吉街)、长春街。

城内名建筑有:钟楼、鼓楼、魁楼、文昌阁及十二园亭(一竹园、柱峰乐隐园、先春园、最古园、隐园、太史文园、东园、西园、种玉亭、见一人亭、观莲亭、镜河亭)、四书院(珍谟书院、水东书院、桂岩书院、登瀛书院)。另外,建有表、坊、庵、观、寺、庙。明万历《任丘县志》称,时有"坊一百五十有三续建三十七",其中较著名的有四世尚书坊、四世承恩坊、四世一品坊。还有圣人殿、文庙、武庙、城隍庙、马神庙等。

任丘古城经历了二百余年的风风雨雨,兵燹灾荒,到抗日战争时期,为了对敌斗争需要,抗日军民又将古城墙拆毁。至今,古建筑已荡然无存,唯护城河还存在。②

---

① 《河北省任丘县地方实际情况调查报告》,《冀察调查统计丛刊》1937 年第二卷第五期,第 98~99 页。

② 河北省任丘市地方志编纂委员会编:《任丘市志》,书目文献出版社,1993 年,第 62 页。

四、沧 县 附兴济县

(一)城池一

沧县,古沧州,本唐长芦县,治旧城在今城东四十里。明洪武二年迁于长芦,是为今城。周八里,凡一千三百五十五丈,高二丈五尺,顶宽一丈五尺,底宽二丈五尺。堞高二尺八寸,堞口凡二千一百六十六。门有五,南曰阜民,北曰拱极,东曰镇海,西曰望瀛,西南曰迎薰,俗呼小南门。上建重楼,炮台二十七,角台五,簪缨台一。池周于城,深一丈五尺,宽四丈五尺。自清初设城守尉,专司防守,岁时修理。至民国四年,城守尉裁撤,负责无人,颓垣败瓦,日益缺残。西南两面已成往来孔道,一思夫前人创造之功,不胜有今昔之感也。

明洪武二年,是年迁长芦,未有城池。

天顺五年,知州贾忠奏允创建砖城。

嘉靖四十年,知州贾希周重修。

万历二十四年,知州卢廷选修葺。

崇祯六年,知州吴襄修城楼五、炮台二十七。

清乾隆七年,原任贵州巡抚元展成修。奏允修理沧城。

九年,重修土城。

三十九年,知州赵士杰重修,外砖内土,势像幞头。

同治七年,修筑土圩,南北两方均资保障。

光绪二十六年,知州商作霖修理,城外筑土圩三面,又将城垣修补。

三十二年,知州赵惟庆修,南北二门各建城楼,以复旧观。①

(二)兴济县城池

土城,周回凡三里一丈八尺,底阔一丈五尺,顶阔九尺。东西门楼两座,匾东曰海晏门,西曰河清门。(因东望海、西邻河,故名之,寓祝愿也。)角楼

---

① 李学谟等修,张坪纂:《沧县志》卷三,建置志,城市,民国二十二年(1933)铅印本。

四座,敌台六座。嘉靖三十年,知县萧蕃协主簿张好仁、典史李实创筑,始事于三月二十五日,竣于六月三十日。池宽一丈,深八尺。①

(三)县城街市

城墙高两丈,宽八尺,周长约三十町,东、西、北各有一门,南面有三个门,各处都已经损坏。街道主要有连接南北两门的南北大街、东门附近的文昌街、西门附近的马厂街及小南门外的牛街市、文明街、西门外的缸街市、书铺街、锡街市等,道路宽一间至四间半,其中牛街市、文明街属于商业地带,最为繁华。当地著名的建筑物有水月寺(北门外)、城帝庙(南门内)、大礼拜寺(南门外)、城隍庙(小南门附近)、包公祠(小南门)、丁公祠(小南门)、包考肃劝学总所(小南门)、天启庙(东门内)、药王庙(东门内)、县署(中央)、鼓楼(中央)、停车场(东门外)。②

民国二年(1913),沧州改沧县,沧州城即为沧县城。至民国四年(1915),城池颓垣败瓦、毁损不堪。主要街道有南大街、北大街、顺城街、马场街、马道街、鸡市街、锅市街、缸市街、牛市街、书铺街、晓市街、钱铺街、四合街、东门里大街、中正路、文昌街、义和街等。主要建筑除原有古建筑外,尚有火车站、军桥、面粉厂、发电厂、博施医院、公会堂等。至建国前,保存较完整的有火车站、博施医院、面粉厂、发电厂、文庙大成殿、清真北大寺、水月寺,其它或毁于战乱、或残败自废、或移为他用。③

(四)沧州小南门

纂修于清康熙间的《沧州新志》记载说:"沧州旧城,在今城东四十里。明永乐初迁于长芦,是为今城。天顺五年,知州贾公忠奏允创建砖城。"嘉靖四十年,重修;万历二十四年,重修;崇祯年间,重修。

沧州城城门共五座,南曰阜民,北曰拱极,东曰镇海,西曰望瀛,小南门

---

① (明)萧蕃修,(明)郑孝纂:《嘉靖兴济县志》卷上,民国三十一年(1942)抄本。
② 《中国省别全志》卷十八,第 35 册,第 169 页。
③ 崔守禄主编,沧县地方志编纂委员会编:《沧县志》,中国和平出版社,1995 年,第 256 页。

曰迎薰。

东西南北,为何偏偏南边的城池冒出个小南门?一直潜心于沧州地方文化研究的白焕宗老人说,据他个人的理解,这是因为当时运河上货来货往,商业繁华,为了方便,才留出这小南门。

75岁的白焕宗告诉记者,当时沧州城的北城墙在如今运河区维明路附近,东城墙在现在的沧州市汽车站附近,西城墙在如今的水月寺大街一带,文庙后身儿是南城墙根儿。

一条大运河穿过沧州城,给沧州带来了水,也带来了船、货物和往来的人。沾了这光,沧州城的小南门一带渐渐成为商贾云集的"商业中心"。

明末清初时一首《述沧州诗》里曾有这样的诗句:工商如云屯,行舟共曳车。漕储日夜飞,两岸闻喧哗……围绕着小南门,晓市街、缸市街、书铺街、鸡市街、钱铺街、锅市街……众星捧月般排开。至今虽说多数街道已经不存在了,但这些商业味儿极浓的街名却流传了下来,仍在一些老沧州的口里和心中存活。

1月25日早晨,62岁的孙国良老爷子告诉记者,他小时城墙就没了,城墙被扒时他还有印象。小时候他常和小伙伴们到城墙毁弃后留下的大土台子上玩,能看到土台下的幽深杂草。[①]

五、东光县

(一)城池一

东光前代土城,四面各一百六十丈,高二丈五尺,厚一丈五尺,雉堞凡一千二百六十。明崇祯十三年增修砖城,周围六里,高三丈六尺,雉堞一千,城有四门,各二重,上建重楼八座,四隅建重楼四座,四城腰铺八座。东门石额曰东阳,西门石额曰西光,南门石额曰丽正,北门石额曰拱辰。兵革之后,惟四门重楼如故,四隅腰铺楼房倾圮,城墙坍损九处,计八十五丈六尺。

国朝康熙十年二月,内奉文查明,候详修葺,后坍损几尽。乾隆九年,请

---

① 李家伟:《沧州小南门:守着桨声帆影的岁月风华》,《燕赵都市报》2007年1月30日。

笳以工代赈,改作土城,周围仍循旧基,高一丈七尺,长一千一百六十四丈六尺八寸。道光咸丰间复倾圮。同治二年,邑令邱对欣邀阖邑绅耆按亩捐输,贫者出力,富者出资,九月初十日兴工修理,未竟厥事。同治四年八月十八日,邑令李振林仍照二年修筑四门,各减一重,至明年八月二十九日工竣。

城外有池,旧深一丈,后淤平。同治七年邑令李振林挖挑一次,今浅深不等,复多淤处。①

(二)城池二

县署在城内北街迆东,唐为景州治,及元移景州治蓚县,即以故治为县署。明初尽圮,洪武二年,典史李从道复建。七年,并入阜城而署空。十四年复置县,邑令祝仲英修复之。继修者永乐间邑令王麟、正统间邑令钱铎、成化间邑令吴毓、弘治间邑令崔腾、张英,英尤有力。邑令师礼复承前缮完,有记。国朝康熙中,邑令白为玑增修,有记。嘉庆九年,邑令费元镱重修。二十二年,邑令叶馥继之。道光十年邑令唐淳、二十年邑令张梦麟、二十八年邑令萧德宜,各有修理。同治七年邑令项桂轮、光绪七年邑令姚长龄,俱重修。

旧志:正堂三间,匾曰忠爱,后堂三间,又后为令宅。堂左为仪仗库,右为帑藏库,堂西旧为赞政厅,后改为书简房,左为吏户礼承发科,右为兵刑工招房、马政科,堂前为露台,稍前为甬道,为戒石亭,邑令蒋撤石去亭,更为乐只坊,后易"怀畏"二字。前为仪门,门内东西为隶廨,门外东为寅宾馆,又东为土地祠,角门外增修快手民壮房二座,西为狱,前为大门,上有谯楼。

今县治前临道为照壁,北为大门,门内左为土地祠,为盐捕厅,向南为壮班房,右为狱,向南为马快班房,又北为仪门,中为甬道,有木坊一座,书曰居敬。北为露台,为大堂,左为库房,右为东房,为外库,东为吏房、北户、南户、北科、礼房、户南科,共房十一间。又健快班房二间,西为兵房、刑北科、承发房、刑南科、工房、河道房,共二十二间。又早班房四间,大堂后为宅门,旁

---

① (清)周植瀛修,(清)吴浔源纂:《光绪东光县志》卷一,舆地志上,城池,《中国地方志集成·河北府县志辑》第45册,第38~39页。

有看门门房一间,入后为二堂,匾曰:澹明堂。东门房四间,西门房二间。东为东花厅,北房五间,东房二间,南房三间。西为西花厅,北房三间,耳屋二间,南房三间。又小西院北房三间,南房三间,耳屋一间。又北小后院北房三间,西房三间。二堂后角门一座,上房五间,东西厢房各三间。东花厅后东西厨房各三间,茶房一间。大堂东有台,上为升官楼。署东为马号,马棚一座,号房六间,后为小马号。

县丞署在县堂东,明弘治五年缺裁,署废。主簿署在县治东南,渐圮,僦居民舍。典史署在县署仪门外东偏,大门向西一间,大堂三间,二堂三间,门房一间,西院南厨房二间,又北宅门一间,北房五间。教谕署旧在明伦堂东,嘉庆间尽圮,教谕张兆第捐俸买民宅一所,移于黉宫坊南,大门向西一间,门房二间,东房三间,后院角门一间,东房三间,北房三间,南房二间,南小院北房三间。训导署,东西两所,俱在旧教谕署南。康熙二年,训导裁其一,西署废,训导东署今仍旧,大门一间,讲堂三间,门房两间,堂后角门一间,北房三间,东西房各二间,又西院书房二间。学署,明洪武二年典史李从道重建,七年,并邑于阜城而学废;十四年,复为县,邑令祝仲英重修;永乐中,邑令罗荣、正统中邑令钱铎增修;景泰中,主簿崔兴重修;弘治中,邑令张英、师礼重修;万历中,邑令佘良弼、教谕沙涞、邑令金本高增修;崇祯中,邑令邵建伟、训导李本实重修;国朝康熙十年,邑令王九鼎、教谕宋可继重修,嗣后邑令白为玑复重修。察院署在县治东,大堂三间,匾曰帅正,前为露台,台稍前为甬路,左右为隶廨,中为仪门,外为大门,匾曰察院,堂后穿廊三间,书吏厨早房共八间。府馆在察院署西南数武,正堂一楹,国朝已裁其缺,俱久废。太仆寺行台在县治西南马厂街,明永乐十八年,邑令曹谦建,并建马厂。景泰二年,县丞李庆重修,公馆在马头河神庙后,国朝马政不行,俱废。康熙中,邑令蒋允芳改建吕祖庙于其地。演武厅在北门外西北隅,今仅存地基。①

---

① (清)周植瀛修,(清)吴浔源纂:《光绪东光县志》卷一,舆地志上,公署,《中国地方志集成·河北府县志辑》第45册,第39~42页。

(三)县城街市

城墙略呈正方形,周长八里,高约一间,宽四尺,砖瓦已经全部腐朽,十分颓废。城内东北角有一大湖水,城内人口稀少,号称有四千左右口人。县署、佛国天主教堂、小学校、警察署是其主要建筑。市内寂寥,几乎看不到应该见到的商业,出产棉花、豆油、小麦等,其中豆油、棉花运向外地,运入的是大量的煤炭。①

同治二年(1863)、同治四年(1865)两次修筑,"四门各减一重"。"城外有池,旧深一丈,后淤平。同治七年邑令李振林挖挑一次,今浅深不等,复多淤处。"至民国初年,城坏池平。

自清末至新中国成立近40年间,由于军阀混战,特别是外国入侵,县城古近代建筑,除普照寺外,全被毁坏。普照寺于"文化大革命"中被毁。②

六、南皮县

(一)城池一

南皮故城在今南皮城东北十里许。秦置县后,汉暨晋魏皆为渤海郡治,北朝东魏时移郡治于东光,始移县城于今治。(清《一统志》阚骃曰:章武有北皮亭,故此曰南皮,晋魏皆为渤海郡治,东魏移治于东光,又移县于今治。)

县城土筑,高二丈一尺,阔二丈,周八百九丈二尺五寸,为门四(东曰观海,南曰控齐,西曰临漕,北曰朝京),各有楼,四隅各有角台,东西面有腰台四,各有楼,池深一丈,阔二丈,各门皆跨以桥。(肇建年代莫考。)明嘉靖二十五年,知县李筵重修。万历二十五年,以备倭议砖其城,知县李正华以财力不足未果。(时上台檄修,计用砖四百九十五万余个,石灰三十一万余斤,约费银八千四百余两,人夫照丁地金派,似非四五年可完者,遂止之)万历四十二年,知县徐殷缮筑城垣二千三百丈,砖甃东门,建东南城楼二座。(府志采《河间府志》)崇祯九年,知县简仁瑞增建瓮城门,易垛口各台以砖。(旧志)

---

① 《中国省别全志》卷十八,第35册,第254页。
② 韩长斌主编,东光县地方志编纂委员会编:《东光县志》,方志出版社,1999年,第41页。

清乾隆九年，知县侯珏因城垣岁久失修，值八年旱灾，发帑赈济，以兴工贷赈之议，详准重修。自九年九月，至十年六月告竣。城高一丈八尺，底阔二丈三尺，顶阔一丈三尺，周八百六十一丈六尺，四隅各有台，东西腰台八，为四门，各跨以楼，池深一丈，阔二丈。（有碑记，在西门外路南，文详《金石》。）

同治九年，知县吴绳曾偕邑绅张悦等重修，城身高三丈一尺，基宽二丈三尺，顶宽一丈三尺，城根入土二尺，并勘定自城根起至濠外岸地面，止计地七丈，作为濠界。（有碑记，在西门外路南，文详《金石》。）

按，同治年修城用赈银六千四百两，并全邑绅民捐款，由同治壬申四月至癸酉五月底，中间冬令停工三月，凡历九阅月二十余日工竣。另由邑人捐钱二千缗，发商生息，作为岁修之用，现归县城东街张珠树堂经理，尚岁时补修。[①]

（二）城池二

同治九年（1870）重修，城墙高3丈1尺。另由县民捐钱2000吊，经商生息，作为城池每年修缮费用。

民国二十年（1931）归县城东街张〔珠〕树堂经办，届时修补。清末民初城内建筑有县衙、察院府馆、署属阴阳学、医学、僧会司、学署等；坛庙有神祇坛、文庙、关帝庙、城隍庙、刘猛将军庙、马神庙、龙神庙、兴化寺、大慈阁等。主要街道有东、西、南、北街和城外东、南、西、北关街。街道宽不足5米，晴天尘土飞扬，阴雨泥泞难行。十字街为贸易区，以迎宾楼、乐宾楼、富友居三家酒楼饭馆最为兴隆。街道两旁住宅形式有豪绅的青砖瓦房，东街地主后花园有二层小楼一幢。商户为青砖"四撮角""砖硬山"，里生外熟砖、坯结构。平民百姓多土房平舍。日本侵略军占领南皮城，至1945年10月解放前夕，县城一片凋蔽（敝）。

新中国成立后，从1952年至1964年，城墙基本拆除铲平，城内外连成

[①] 王德乾、尹铭绩修，刘树鑫纂：《民国南皮县志》卷一，舆地志上，城池，《中国地方志集成·河北府县志辑》第47册，第28页。

一片。①

七、青　县

（一）城　池

城以卫民，非徒崇垣墉壮观瞻也。青之城，作于宋，周环五里，筑土为墙，规模颇称简陋。明清以来，代有增修，高广虽时有变易，而楼堞巍然保障，学可资于设险守国之义，盖有合焉。今又日即摧崩，人可逾越，颓垣败瓦，触目荒凉，睹兴复之维艰，益觉前人之规画经营为不容漠视矣，今特述之如表：

城池表

纪年		建　修	高　深
宋		置土城，周城浚池。	城周围五里，高三丈五尺，池阔二丈，深一丈。《畿辅通志》云，城周四里有奇，高二丈五尺，广一丈五尺，东西南三门。
明	成化	二年	知县唐振重修。	因旧基缩其四之三。
		七年	知县刘素始填居民之。	
	正德	六年	知县张大鸣值寇乱补葺。	
		九年	知县刘绎重修，有碑记附后。	城周五里，阔二丈，高三丈；池广二丈，深一丈。
	嘉靖三十五年		知县刘琪重修。	
	崇祯十三年		知县马玉清增修四角炮台，东西南三瓮城。	

---

① 田汝汾主编，南皮县地方志编纂委员会编：《南皮县志》，河北人民出版社，1992年，第502、504、506页。

续表

纪年			建 修	高 深
清		乾隆九年	知县周硕勋重修,以南门直对县署,离火过旺,详明堵塞,并拆去瓮城,止存东西二门。	
	同治	七年	知县郑骧以捻匪频警,禀请发米以工代赈,并派捐绅民,重建土城。初南门午向、县署丙向,今改南门为己向,取丙禄在己,复设南门,外修瓮城,更于东、西、南三门各修城楼,城东南角建奎星楼。后以南方火旺,仍将南门锁闭,至光绪十四年,知县盛鸿毅然开之,至今未闭。	
		八年	知县章斐成领发米粮,重浚城壕。	城围长七百三十三丈;池宽二丈,深一丈。

按,民国以来,人喜破坏藉便己私,初有持西人城郭无用之说倡议平毁者,卒以惮于公论未之敢发,乃民国七年知事鲍元龙竟将南东西三门瓮城拆毁,并变卖东瓮城大门及其地基,是不特废之已也,私而忘公,专一罔利。倘再有如鲍者接踵而来,不及数年,此其墟乎,居是土者念之。①

(二)县 城

同治七年(1868)重修土城,南门修瓮城,东西南三门各修城楼。城内建有县署、仓库、狱神祠、马神庙等,并有民房,县城建有城隍庙、火神庙等。民国时期,城内建有县政府、监狱、教育局、财务局、女子学校、菩萨庙、文昌庙等。1937年日本侵略军侵占县城后,大部〔分〕建筑物遭到破坏,经济衰退,市场萧条。

解放前夕,县城面积2.5平方公里,有6条狭窄的土街道。工业仅有私

---

① 万震霄修,高遵章、姚维锦纂:《民国青县志》卷之三,舆地志,建置,城池,《中国地方志集成·河北府县志辑》第46册,第113~114页。

人开办的小型食品加工、铁业、绣花、修理和砖瓦等商；商业仅有 20 余家小商店和部分摊点。①

同治七年（1868）知县郑骧重建土城，又在南门外修瓮城，更于东南西三门处各修城楼，城东南角建奎星楼。八年（1869）知县章斐成领发米粮重修城濠。民国七年（1918）县知事鲍元龙将南东西三门瓮城拆毁，并变卖东瓮城大门及其地基。日侵时期战火频仍，城墙破坏严重，至 1947 年城墙只存旧影。1949 年后逐渐拆除，城址无存，遗为民宅。②

八、肃宁县

（一）城　池

肃治旧垒土为城，历元中统间知县李义、至元十六年知县李稷、大德六年知县焦德用相继修筑。明天顺庚辰，知县刘伯川重修东西二门。周回六里，高二丈八尺。池广四丈，深一丈。正德丙子，知县黄霆增加修筑，浚池益深。天启五年，发帑金数万，增筑之，陶砖垒其外。周回六里零一百五十弓，高三丈四尺，广二丈五尺。护城河一道，周回六里零二百五十弓，深一丈五尺，广四丈。国朝康熙五十六年，知县黄世发重修。乾隆十六年知县何培领帑新修，城以土垒，不若甓之砖石为完也。

…………

衙署，县署金始置城内西南。明洪武二年，知县李明善建。永乐三年知县刘贤、万历四十五年知县张嗣谟前后重修。国朝康熙十六年，知县孙元亨加修。四十六年，知县陈金阊重建二堂。五十年，知县王士凤重修大门。

大街在东西两关内，县前街在大街南，学后街在大街北。十字街由大街穿前后街、鼓楼巷，出鼓楼。南仓巷在常平仓侧，臧家巷在县街东。③

---

① 褚学发、陈国民主编，青县地方志编纂委员会编：《青县志》，方志出版社，1999 年，第 49 页。
② 褚学发、陈国民主编，青县地方志编纂委员会编：《青县志》，方志出版社，1999 年，第 399 页。
③ （清）尹侃等修，（清）谈有典纂：《乾隆肃宁县志》卷之二，建置志，清乾隆二十一年（1756）刻本。

（二）调研纪事

肃宁县仅有东西两门，城内居民一百六七十户，市街萧条，惟西关商业稍盛，但钞票如中国交通银行等均不能通用，其偏僻可知矣。全县约有二百四五十村，男多务农，女多纺织，虽无繁盛市镇，亦少穷僻乡村。该县教育局于本月十五日改选衣女士恩彤为局长，为吾河北各县所仅有者，亦见女界进步之速矣。城西南五六里，有一武垣城，相传汉武帝曾建都于此，现仅存一土圈。①

（三）县　治

城垣建筑：元至元十六年建，周围四华里，城高二丈五尺，宽五六尺，城门二，无角楼，现在城垣坍塌多处。

县署建设：正院四层，皆瓦房，东西跨院，砖房坯房，共有百余间。②

（四）县　城

旧城街区布局呈田字形，有南北、东西四条大街和几条小巷。东西大街自东城门至西城门，为主街，县城商号、铺店多在此街。城内建筑主要有县衙、寺庙、祠堂。县衙，位于今县供销社门市部所在地，明洪武二年（1369）知县李明善建，由三进院落组成：中为县衙公署，建有大堂、二堂、三堂、四堂和配房；东为典史署、土地祠；西为茶坊、监狱。衙署前大街建有牌坊。城东南建有文昌阁。文庙建在县衙正北（今肃宁一中处）。西南角砖塔一座。关帝庙、学宫、申明亭、旌善亭在东北角。养济院在东门外，乾隆四年（1739）周传昌建。还有泰山庙、真武庙、孔子庙、城隍庙、观音堂、忠义祠、社稷坛、龙泉寺、察院行台、太仆寺行台等建筑，后屡遭破坏，现均已荡然无存。

民国二十七年（1938），因抗日需要，将城墙拆毁。日军于民国二十八年

---

① 《调查员黄秉钺报告》，《河北省国货陈列馆月刊》（天津）1929 年第一期，第 22 页。
② 《河北省肃宁县地方实际情况调查报告》，《冀察调查统计丛刊》1936 年第一卷第四期，第 124 页。

（1939）3月侵占县城后重修城墙，肃宁解放后城墙陆续拆毁。[①]

九、吴桥县

（一）城　池

吴邑旧为土城，在古黄河北岸，创建莫考，岁久尽圮。明成化二年，知县张铎重建，以其湫隘逼近学宫，南直拓五十余步（今南门里小十字街即所开地）。周方四里六十步，高三仞有奇，门楼角楼八座，敌台十七，雉堞一千五百，有东光教谕鲁载碑记（载《艺文录》）。弘治十三年知县李钦重修。正德三年刘钺益加筑凿，城高二丈五尺，厚一丈五尺，池深二丈，阔三丈，建层楼，裹四门以铁，匾其南曰瞻岳，西曰拱辰，东曰望海，北曰通卫。万历三年龚勉，四十五年毛燇，崇祯八年陈燨皆重修。十一年，余尚春改建砖城，高三丈六尺，周四里一百二十步，凡一千一百一十五丈，垛一千三百五十，瓮城四座，敌台十二座，易望海门曰长春，瞻岳曰永康，通卫曰定武，拱辰曰广御，有范文忠公碑记。

国朝乾隆三十三年，知县沈士濂领帑六万二千有奇，重建砖城，周方如旧，高连垛口二丈八尺八寸，顶宽一丈五尺，底宽二丈五尺，垛口九百四十七，月城四座，内外城门八合，城楼四座，角台四座，敌台八座，石板吊桥四座，护城河一道，口宽一丈六尺，底宽一丈，深八尺，围城植以柳。同治二年知县陶治安，七年王恩照，十二年石学阶修补。光绪元年署知县倪昌燮捐修城楼四座。

按，城内街道，明成化二年知县张铎分画，俗呼为九丁十八巷。十字街在城中。东大街在县治后。南大街在十字街南。西大街在城隍庙前。北大街在十字街北。南营子在县前，今呼为县前街。半边街在学宫东，今呼为东马道。季家胡同在东街北。后城街在季家胡同北。东后街在北街东。大寺胡同在北街西后身。秀才营在西街南。胡家井在秀才营南。干石桥在南街西、范公祠前。小十字街在南街东，太平街与小十字街东头相接。窑货市在

[①] 刘金泉主编，河北省肃宁县地方志编纂委员会编纂：《肃宁县志》，方志出版社，1999年，第57页。

南街北头东,今呼为柴火市。养济院街在窑货市东。①

（二）县　城

吴桥,今城关镇。位于新县治桑园镇东偏南10.6公里处。原名吴桥镇,系金、元、明、清、中华民国历代县治所在地。有县署、学宫（文庙）、明伦堂、书院、城隍庙、关岳庙、真武庙、天齐庙、玉皇庙、马神庙、范公祠、孙公祠、文昌阁、奎星楼等,今多无存。1945年县城解放,为人民政府驻地。1958年,县政府迁驻桑园镇。自金世宗大定二年（1162）置县,至1958年县治迁桑园镇,其间历金、元、明、清四朝及中华民国、北洋军阀、日伪、新中国等时代,计796年之久。县治迁驻桑园镇后,吴桥故城改称城关镇。

吴桥县旧有土城,在古黄河北岸,后因年久失修,逐渐倾圮。明成化二年（1466）重建土城;崇祯十一年（1638）改建为砖城;清乾隆三十三年（1768）重建砖城。周长4里120步,高2丈8尺8寸,顶宽1丈5尺,底宽2丈5尺,垛口947个。月城4座,内外城门8合,城楼4座,敌台8座,石板吊桥4座。在城廓上,建有文昌阁与奎星楼,气势雄伟壮观。城外环城有护城河,口宽1丈6尺,底宽1丈,深8尺。围城遍植柳树,风景优美。

1945年抗日战争胜利后,人民政府将城垣全部拆除。

吴桥旧城,略呈正方形。十字街居中,东、西、南、北四条大街通向四门,街道正直。十字街地势,较四门约高出一米。②

十、献　县

（一）城　池

城作于金天会中,是升县为州时也,然而制颇庳陋,今高广虽不加,旧巍然楼堞固备矣。（旧志）

城筑土为之。其前莫考,金天会八年知州高撰建门,东曰望光,西曰遥

---

① （清）倪昌燮修,（清）冯庆杨纂:《光绪吴桥县志》卷二,建置志上,城池,《中国地方志集成·河北府县志辑》第44册,第189页。

② 吴桥县地方史志编纂委员会编:《吴桥县志》,中国社会出版社,1992年,第40~41页。

山,南曰观津,北曰万嗣。明成化二年,知县庐渊重筑,周回六里,四门四隅各有楼堡。隆庆二年,门楼圮,知县赵维屏建,易其名,东曰迎曙,西曰对山,南曰广济,北曰拱极。万历十六年知县赵完璧,三十一年知县石维屏,三十九年知县刘重庆踵修,崇祯六年知县王调鼎修堞口千余,十四年知县王奇才建炮楼十六。(旧志)

池阔三丈,深一丈。明弘治十八年重浚。正德六年寇乱,知县张大威、县丞史华并力修凿。嘉靖十三年知县汪鸾浚之,加深。二十八年知县都文奎增吊桥及敌楼,后废。

清康熙七年,北门圮,知县王宸捐修。乾隆三年,知县杨文彩领帑重修,仍其故址,周回六里一分,凡一千九十八丈,高二丈五尺,顶阔一丈五尺,底二丈五尺,砖堞千二百,楼四,四门马道各一,关以栅。始于三年二月,迄四年十月工竣,奏销银二万九千四百七十九两。池仍旧,绕池间栽桃柳,内外凡三重,今则柳树多缺,桃则无半株芽蘖矣。咸丰间知县胡桂芬又捐修。①

(二) 城 关

自隋末至今,此地相继为乐寿县、寿州、献州、献县的治所。隋大业十四年(618),农民领袖窦建德建立大夏国,以此为都城。金天会七年(1129)筑土建城。金天会八年(1130)知州高揆修建四城门。明成化四年(1466)重新修城。明隆庆二年(1568)知县赵维屏整修四门。清康熙七年(1668)、乾隆三年(1738)又两次修葺。修复之城墙周长3050米,高833米,顶阔5米,底阔8.33米,垛口1500个。四门建楼,各设马道,以栅栏护之。清咸丰年间复修。城内建有署廨、城隍庙、关帝庙、龙王庙、福禄寺、学宫、书院等建筑物。抗日战争期间城墙拆毁。中华人民共和国建立后,城关镇为献县人民政府驻地。1954年对此城进行了初步整修。东城墙长1200米,西城墙长1090米,南城墙长650米,北城墙长700米,城内占地面积为1073.4亩。有东西、南北大街两条。东西街670米,南北街1200米。街道宽3至5米,为土路

---

① 薛凤鸣修,张鼎彝纂:《民国献县志》卷三上,舆地志一,建置篇一,城池,《中国地方志集成·河北府县志辑》第49册,第153~154页。

面。建筑物主要为砖木结构或土木结构。县城总占地面积为 399.7 亩。①

十一、盐山县

(一) 城　郭

明洪武九年,知县吴文靖自大留里移县治于香鱼馆,即今治。

成化二年,知县武震始增筑土城。周围九里,高三丈有奇,广二丈有奇。设东西南三门,门额自旧城移石,东曰阜物,西曰敷德,南曰厚俗。敷德本旧城北门之额。池深一丈,阔三丈,基趾(址)以外计内广七丈,外广八丈。

弘治六年,知县徐有建三城门楼,三角楼,敌台二十四台,设一巡铺。知县喻岳张旸增修之。

正德十四年,知县甄仲䄂三城门始衣以铁。

隆庆二年,主簿王胤重缮城池,又于北城正中建共辰台,作亭其上。台趾(址)东西广六丈,顶阔四丈,南北广四丈五尺,顶阔三丈,高四丈五尺。

万历三十五年,知县陈准以堪舆家言,东南为文明所关,乃增建小南门,额曰瞻云,并建奎星楼其上。四十一年,知县刘子诚浚池,小南门外南达刘公渠以泄水,令民缘堤种柳,蓄鱼种莲。

崇祯,知县李云程始包敌台以砖,损土台之四,复浚重壕在池之外。濠深广各四丈。

清康熙九年,知县朱鸾鹭重修浚池,薛桂斗奉檄查工,号称廉平。深阔一丈五尺。

乾隆十年,知县王元燨修城,赔累数千金,鬻家产以偿。

同治七年,知县江毓秀以捻匪频警,议派亩捐以修城,邑绅张熙具呈止之,有"无金扃箧,盗贼生疑,解衣刺船,人知无物"之语,一时传诵。

光绪十二年,瞻云门久圮,邑绅王之襄等倡议派捐修复之,并重修奎星楼。二十四年,知县夏声乔于南门外浚沟泄水,南属之大王铺以入刘公渠。二十六年,知县孙清华以拳匪之变以积谷息钱修城。三十四年,知县王光鸾

---

① 秦焕泽主编,献县地方志编纂委员会编:《献县志》,中国和平出版社,1995 年,第 230 页。

栽沿城及大道柳。①

（二）城　关

宪宗成化二年（1466）始筑土城。孝宗弘治六年（1493）建三楼、三角楼。街道、房屋布局以东南为首，西北为尾，东北、西南为翼，形似凤凰，俗有"凤凰城"之称。明清两代，于城内外相继建起城隍庙、福泉寺、王忠肃祠（明尚书王翱祠）、火神庙、观音庙、白衣庙、真武庙、文庙、武庙等建筑物。至清穆宗同治六年（1867）已形成大小15条街巷：东街（在东门内），西街（在西门内），新街（在大南门内），旧街（在小南门内）即兴文街，大街（今西大街），衙前街（在县衙前），衙东街（在县衙东），后街（在县衙后），小街（在东街北），陈家巷（在西街南），李家巷（在新街西），学西巷（在学宫西），南关街（在南门外），东关街（在东门外），西关街（在西门外）。

清同治九年（1870），天主教传入盐山，在县城内建成将欧、中式融为一体的具有独特建筑风格的天主教堂1座。

1937年10月4日，日本侵略军侵占盐山，盘踞达8年之久。这期间除文庙、天主教堂、李拔贡宅第（今县人民武装部处）、白衣庙、武庙外，其余建筑物均被日军破坏殆尽，仅有东、西、南三条大街成丁字形，弯曲狭窄，坎坷不平。店铺民宅简陋不堪，且多集中在丁字街。②

---

① 贾恩绂纂：《民国盐山县志》卷四，法制略二，建置篇四，城郭表，《中国地方志集成·河北府县志辑》第43册，第118～119页。
② 张爱国主编，盐山县地方志编纂委员会编：《盐山县志》，南开大学出版社，1991年，第366页。

第五章　承德市各县城城墙资料

一、平泉市

（一）州　署

州署,在八沟,雍正十一年,八沟厅理事同知张镠奉文建。道光三年,同知明顺重修,大堂三楹,东西廊科房各五楹,东皂役房一所,西库房一所,前仪门三楹,左右俱有角门,大门三楹,鼓楼一座,土地祠三楹,大门外照墙一座,东西木栅各一。大堂后为宅门,门内二堂三楹,东书房二楹,左右厢房各三楹,西书房三楹,箭厅一所,三堂三楹,东西俱有耳房,各三楹。三堂后照房五楹,花厅三楹,群房五楹,庖湢悉具,外厩五楹。署前偏左二十步许,有平泉,州名所由昉也,宽丈余,深只盈尺,水澄澈,香冽异常,沸泉濆出,居民取汲不竭。乾隆四十八年,州人四周以石构亭其上。嘉庆十八年,吏目李连城重浚之。

州判署,在故大宁城,距州治一百八十里,嘉庆十八年建。吏目署,在州署仪门外之右,雍正十年建。南监狱一所。[①]

（二）县城街市

由东北向西南呈长方形,街衢比较整齐,其中南大街、北大街宽约有八间房屋,中央设有沟渠,商贾多集中于此,是市内最繁盛的地带,有一千八百户人家、一万余人口。[②]

---

① （清）海忠纂修,（清）廷杰、（清）李世寅重订:《道光承德府志》卷十,公署,清光绪十三年（1887）刻本。
② 《中国省别全志》卷十八,第35册,第191页。

（三）县　城

平泉县城位于平泉镇（旧称八沟街）。因县城中心"平地涌泉"而得名。县城地处县境中部偏南，未建城廓。群山环城，瀑河中贯，形成天然屏障。八沟街由于西近承德，北连内蒙古腹地，南接喜峰口孔道，东通辽沈的交通枢纽地位，又是昭、卓二盟数旗的贡道，从清代起就成为沟通关内外交通和北粮南货的要道与商品集散地。

清顺治四年（1647）平泉始建清真寺。康熙弛禁后，人口渐增。据考：老杖子最早立庄，七家、东三家、西三家等居民点相继建立，后形成小街（今喧哗街西段）与集市。清雍正七年（1729）设八沟直隶厅，建衙署、监狱、营房、校场、庙宇。政治中心地位和交通的发展，促进商业兴起。内蒙古腹地的粮食、皮毛、牲畜、药材，关内的布匹、茶糖、器皿、百货均在此汇集、储运、转销。道路两侧随之建起货栈、粮店、商行、店铺、作坊，形成南北二十华里的长街。街中和城周围有较大的寺庙十余座。店铺、作坊和官署均为砖木结构、起脊的宽大瓦房，寺庙均为古建筑形式。书院奎星阁、财神庙、戏楼与南街清真寺构成平泉地方建筑的民族特色。

民国十年（1921）以后，内战外侵、兵灾匪患，致使城无宁日，工商业倒闭，市井萧条。在此期间建造的只有财神庙、孔庙。

民国十七年（1928）平泉县虽奉令成立建设局，但因土地私有，当局管理不利，县城仍处于乱建状态。

沦陷时期，日本侵略者强化殖民统治，强占土地、房屋，新建或改建宪兵队、守备队、协和会、伪警察署、伪旗公署及伪国兵兵营等。为适应掠夺和军事之需，修筑铁路和县城道路，铺砂石路面。1934年春动工修马路口至火车站混合式钢筋混凝土过水路面桥。

1946年1月至1948年5月，国民党军队进占平泉，砍树拆房修建炮楼等军事设施，古寺名刹遭受空前浩劫。平泉古建多处被拆，古树被砍，用作修堡建碉材料。撤退前又将县政府及鬼王庙弹药库焚烧炸毁。此时的平泉县城,本来不多的建筑又遭到严重破坏。①

二、承德县

(一) 公　署

热河都统署,在府治东南,雍正二年初设总管,乾隆三年改设副都统,嘉庆十五年改设都统,皆仍其处。中为大堂,堂之左右为文武官厅,武官厅之侧为喇嘛科,东廊为民案房,西廊为禀事房、围场科,又西为印房。官厅左为稽察房,右为本折房,又西为户兵二科。房堂下露台之左为外书房,晋接宾僚皆在于此,其右隔墙为马厩。由甬道百步而南为仪门,左右翼以土垣,洞门不设阈。门外西为库房,东有步廊,循过道则南向三楹,理刑司治事之所在焉。又东为射堂,又东为蒙民科,蒙古房。由仪门而前为大门,榜曰都统衙门。左右屏墙之后为前锋营,南为照墙,东西为辕门。道光七年,以热河文武统隶都统秩视督抚,于辕门内添设鼓吹亭。二大堂之后为三堂,内宅南向,左右翼室,东西俱有丙舍。又东为内书房,三堂后为照房。衙墙周围可二百九十余步。

理刑司公廨三,一在大石桥南,一在板篷街,道光七年都统英和奏添设候补主事一员,并添建公廨,一所亦在板篷街。

道署,在府学之右,乾隆五年初任热河道陶正中建。六十年,热河道台斐音重修。署背山面河,规模不甚广阔,而为一郡诸厅舍之冠。中为大堂,由露台循坡而下为甬道,东西廊列吏、户、礼、兵、刑、工科房。堂之左右为库,右库之侧为官厅,前为仪门,门外环堵,无丙舍,惟东偏则马号在焉。距数武即大门,榜曰分巡热河兵备道。大门之外,东西为外官厅、为皂役房。南为照墙,东西辕门内鼓吹亭各一。大堂之内为二堂,左右为翼室,西则榜曰不系舟,款署见峰多容安书,为晋接宾僚之所。堂下苍松二株,是百余年物,对拱檐楹,钩枝虬互,如张庭幔,阴匝四隅。两旁甃以砖瓦,环以朱楯,嘉树之植足以方兹。由堂下西厢而入,北为幕斋,南为来薰园,老屋数椽,庭前

---

① 宋海、丁孜、王蒴主编,河北省平泉县地方志编纂委员会编:《平泉县志》,作家出版社,2000年,第471~472页。

瘿柳、古桑,皆非近时所植。四围文石棋布,瓜畦菜圃错杂其间,堂后一井,甚冽。逾小涧西折而北,傍有卧石,镌来薰二字。迤西而北有曲沼宛转如舟。又北南向架屋三楹,榜曰嘉树读书堂,款署与九,檐额来薰,款署见峰主人。跋云:

　　道署地近行殿,京师在其南,旧有园多嘉植,岁久不葺。余莅任三月,暇为一理落,时适当初夏,朱子诗云"瑶琴一曲来薰风",盖取五弦歌解愠阜财之意,因题曰"来薰"云。道光五年,岁在旃蒙作噩四月浴佛日。

西边一亭,榜曰怡亭,东有屋二楹,檐额听涛山馆,款署靖堂海忠。沿径细草软莎,虬松森列墙外,居民烟火,鳞瓦参差塞上,官斋斯园为最。二堂之后为三堂,内宅三楹,左右俱有群房。又西平屋三楹,箭厅一所,署垣依山而立,后距宫墙八十四步。

　　府署,在榛子峪东麓,旧热河理事同知厅治也。雍正十一年改,承德州知州裘君㲄重建。乾隆四十三年升府,皆仍其旧。是年正月,内阁奉上谕:

　　热河地方,朕每岁木兰秋狝,先期驻跸。数十年来,户口日增,民生富庶。且农耕蕃殖,市肆殷阗,其秀民并知蒸蒸向化,弦诵相闻。现已兴建学官,议定庠额,并命设立考棚。将来人文日盛,已俨然成一大都会。而名称仍热河之旧,殊于体制未协,因思热河从前曾称为承德州,嗣后应改为承德府,即以热河同知改设其厅署,并无庸另建其余六厅。如八沟较大,似应改为知州。喀喇河屯等厅酌量改县,均隶新设之承德府管辖,并隶热河道考核。著谕周元理将应行酌改各事宜,悉心筹画,妥议具奏。朕另降谕旨,将此谕令知之。钦此。

五十年,知府托伦重修。嘉庆二年,知府庆章详请修葺。三年,知府图明阿修竣。道光二年,知府富尔锦重修。署衙墙依山而立,前庳后崇,高仅及肩,周围三百六十八步,后距宫墙一百七十六步。中为大堂,堂左东偏为官厅,右之西为科神堂,前为露台、为甬道。历坡而上乃陟堂阶,堂下东西廊为书吏科房,左侧为皂役房,南为仪门。门外亦历坡而上,坡下左右为快役房,又左而东北为马号,其西南隅为司狱厅署。署外偏东为狱,由仪门十一步至大门,榜曰承德府。大门外东西木栅各树木坊,左曰宣扬教化,右曰辖理旗民。南为照墙。大堂后为二堂,前有平台,后为山阜,堂额为问绢怀清,知府海忠书。堂之左与堂下之右皆有翼室,由堂下而东南向为宾幕斋,折而北拾级以上为记室。堂之东南隅倚山半椒为三堂,又东为内宅,南障以一楼,榜曰快雨,知府海忠书。其跋曰:

塞门春晚,好雨稀逢,今春,上巳初吉,时甘既渥。后八日,蛰雷始动,山雨忽来,登楼而望,塞北之野,田尽呼耕,一年之计在于春,得此澍雨连番,人心为之一快,适榜斯楼,即以此名之。道光八年三月既望,长白海忠书并识。

楼内北向榜曰所居在三藏五渡之间,知府海忠题。堂之西北为小园,环署皆山,长松森列,墙外草庵板屋,野趣天然。中有横塘一鉴,循桥而北构屋三楹,颜曰一丘一壑自谓过之,知府海忠跋:

昔江文通有两株树十茎草小园,此则有过之无不及也,因题斋额,泚笔书此并识。

大门之外东偏为仓廒,又东为税局,新建振秀书院则距府署仅数十武。

教授署,在道署之左。详见学校门。

经历司署,在府治东宫门口街,距府署四里。雍正十年建,为理事同知厅治。乾隆七年改置巡检司厅,今为经历司署。

司狱司署,在府仪门外西偏,嘉庆十八年建,署西为监狱。

张三营巡检司署,在府北境一百家子,距府治一百八十里,乾隆七年建。①

三、丰宁满族自治县

(一)县 署

县署,在土城子,乾隆元年由八沟东河理事通判改设,移驻于此。三年,通判常永建。四十三年,改丰宁县。即以理事通判管丰宁县事,仍其处。嘉庆元年,通判宝德重修。十八年,通判西林详请修葺。二十一年,通判福克金布重修署廨。墙周二里五十三步,距土城二百余步。中为大堂,前为露台,为甬道。大堂榜曰先劳无倦,通判德谦题。大堂前东西廊为书吏科房,

---

① (清)海忠纂修,(清)廷杰、(清)李世寅重订:《道光承德府志》卷十,公署,清光绪十三年(1887)刻本。

南为仪门,门外左右为皂役房,又左而东为马号,前为土地祠,其西为典史署,由仪门至大门,榜曰理事分府管丰宁县。大门外东西栅各树木坊,左曰安民,右曰绥旗,南为照墙。大堂后为二堂,有敬慎堂额,通判宝德题。堂之左右皆有翼室,堂之后为三堂。三堂后为内宅。大门外东南改建凤山书院,距县署仅数十武。

典史署,在土城子,乾隆元年由东河巡检改设,移驻于此。三年,通判常永建。郭家屯巡检司署,在县治北一百里,乾隆三年通判常永建,后巡检徐之焘重修。大阁儿巡检司署,在县治西一百二十里,乾隆三年,巡检俞行玉建,后巡检沈百龄、黄龙眉增修。嘉庆十六年,巡检郭良朋重修。黄姑屯巡检司署,在县治西一百二十里,即波罗河屯,乾隆三年通判常永建,后巡检唐楷重修。①

(二)县　城

丰宁是乾隆四十三年新设的县城,原来被称作土城子,是环绕土墙的八旗营的驻地,是从古北口、热河方面通向多伦的要道,位于滦河的支流兴州河上游五十里的平原。河流流经街市的西方,其支流由东北而来,贯通南端一直向西与干流汇合。此地位于热河西北一百九十六里、隆化县城以西一百二十五里、古北口以北一百八十里。②

四、隆化县

(一)县　署

隆化无城池,县治因县所在而变迁。

清宣统二年,县署初建于唐三营之围场总管衙门。民国四年秋,县知事罗则遜与绅民议,改建于黄姑屯。因请于热河都统及道尹,曰:请藉行宫迁署,以资治理事。

---

① (清)海忠纂修,(清)廷杰、(清)李世寅重订:《道光承德府志》卷十,公署,清光绪十三年(1887)刻本。

② 《中国省别全志》卷十八,第35册,第176页。

……………

热河都统、热河道尹乃为请之内务、财政两部,两部请之大总统曰:热河都统请将隆化县移至黄姑屯地方,拟请照准,恭呈仰祈钧鉴事。窃准热河都统咨陈,据隆化县知事罗则逊详称,隆化县全境山岭崎岖,地面辽阔,现在县治偏在北隅,于行政司法事宜诸多窒碍。加以水道变迁,衙署依近河流,冲塌之患岌岌可虞。历任知事均议改建黄姑屯,实为地点适中,抚驭较宜起见。查黄姑屯有行宫一座,基址颇阔,除正西两院业已倾圮外,东院尚存破碎房屋十八间,形势尚具,只须加工整理,再于院内隙地添盖监狱一所及员役办公住宿房屋十数间即可敷县署迁住之用,约计工料等项不过五千余两之谱,阖邑士绅乐于捐助,亦已筹有的款,如蒙核定,指日即可兴工。详经饬,据热河道道尹戚朝卿、代理热河财政厅长王会中议复,拟请准其照办等情,咨请查核见复等因到部。本部等复查设置隆化县之初,原拟于张三营设治,嗣以唐三营毗连围场,声气相接,遂定今治。惟县治所在地,方为一县行政之枢纽。隆化设县数年,经营尚多未就,其治所云适宜与否,关系全邑之荣枯,亟应研求至当,藉裨治理,准咨称县治北隅及时虞冲塌等语,详核图籍,俱系实在情形,其拟迁之黄姑屯,地居伊逊河之东,尚称繁盛,对于所辖各地,交通亦形便利,较之现在治所,实有优劣之别。至暂假行宫东院为公署一节,酌量借用事属可行,所有修葺及添盖房屋等费既经该都统、道尹等查明,就地可以筹款,不必动用公帑。拟请准予移治,以策进行,如蒙允准,再由部转行遵照。

七月十八日,大总统批准。九月七日,请即兴工。曰查地方绅商业已捐存的款一千余元,可作目前兴修紧急之费,遵即鸠工庀材,于黄姑屯行宫东院修建房屋三十六间,为典狱官及署内员役办公住宿之所,并于二门外西偏隙地筑监狱六间,补修墙垣二十余丈,所需材料尽宫内原有之砖瓦木石先行使用,不足随时添购。原详业经声明在案,现值天气秋凉,转瞬严寒凝冻,诸多阻碍,赶于九月九日兴工,已定十月一日实行移治。县警察所暨驻扎县街之巡防营管带,同日一并迁移。至原驻黄姑屯之警察分所,拟移往张三营,其防营一哨,调驻旧县治之唐三营,以为县北屏蔽。但款项甚微,新修之房比较旧署尚少二十余间,几有不敷之势。宫内旧存房屋十八间,上漏下湿,破碎不堪,瓦面荒草离离,且有数尺长之树木杂生其上,应须整理,或另筹添建之处,俟移治后酌量情形就近规画。现用之款概系地方绅商乐助,并未动用公帑分毫,将来捐资若干,工竣后再将收支数目造册陈报。故今计县署面积五十六亩,大门三间,仪门三间,大堂五间,内宅八间,东院花厅三间,西院各科七间,大堂右侧院办公厅五间,更夫室一间,厨房二间,仪门内左马号四间,差房三间,待质所三间,右侧监狱八间,粥室一间,管狱官室八间。署西侧巡防营守卫室七间。

警察所在县署东南侧,民国七年春,县知事罗则逊重建上房五间,警察室五间,会议室三间,马棚三间。理财所在县署东侧,与警察所毗连,民国七年秋,县知事罗则逊建办公室三间,厨室一间。苗圃在县街西,民国五年春,县知事罗则逊建办公室二间,夫役室一间,地五十亩、基金地一顷在圃北。张三营警局,五年改驻清行宫,守卫堆箔,共八间。郭家屯警察分所,二年因郭家屯巡检衙门改建,计房舍二十一间。征收局系租民房。邮政局系租民房。巡防营系驻商会公房,计二十余间。蒙盐局系租民房。电报局系租民房。清围场总管衙门在唐三营,清宣统二年改为县署,民国四年,县署既迁,乃变价用补建新署。河屯协唐三营守备署,清雍正十年设,道光六年守备毛元庆重修,中华民国三年秋,随各营汛地变卖。张三营巡检司署,清乾隆七年建,今改国民学校。郭家屯巡检司署,清乾隆三年通判常永建,后巡检徐之焘重修,今改警察分所。黄姑屯巡检司署,清乾隆三年通判常永建,后巡检唐楷重修,民国四年,县知事罗则逊改建县立高等小学校,五年重添校舍十数间。清水千总署二,属河屯协之唐三营中军黄姑屯汛,民国三年秋变卖。清水把总署三,外委署一,属河屯协之郭家屯汛、白虎沟汛、中关汛、荒地汛,民国三年秋变卖。

波罗河屯行宫,清康熙四十二年建,殿南响(向),后依崇巘,前俯平林,有额曰山泉赏,曰檐际千峰,曰秋澄景清,今皆废圮。民国四年秋,县知事罗则逊改修。县署中关行宫,清康熙五十一年建,在今中关牌,南响(向)殿五楹,榜曰松间明月,后殿榜曰云林蔚秀。东十余里有峰崒然,洞穴嵌空,锡曰玲珑峰,自宫中望之,缥缈云际,致为胜境。什巴尔台行宫,清康熙五十九年建,在今十八里汰牌,自中关至波罗河屯,以什巴尔台为止顿,南响(向)大殿五,后为永怀堂。左傍乔松,右依兰若殿,后陟山及半有亭,清溪远岫,旷望高深,俯视则塞田万顷,秋稼盈畴,可以见丰亨之景象。张三营行宫,清康熙四十二年建,在今张三营牌,北即石片子,高宗御题额曰云山寥廓。地近崖口,山势雄奇峭拔,积翠霏蓝,送爽迎秋,云烟万状,岁行秋狝,东道由波罗河屯驻驿于此,过此则御行营,逮木兰回驿,宴从猎诸蒙古,亦多于〔此〕举行。济尔哈朗图行宫,清乾隆二十四年建,在今牛录牌。济尔哈朗图,蒙古语安乐所也。水泉甘美,庶草丰芜,因以得名,内有四照亭。清帝行狝入围场有二道,东道由张三营入崖口,西道由济尔哈朗图及阿穆呼朗图入伊玛图口。阿穆呼朗图行宫,清乾隆二十七年建,在今捕虎沟牌,当西入围场之路,在伊玛图口之外于猎场最近。阿穆呼朗图者,蒙古语康宁也。①

五、滦平县

(一)县 署

县署,在喀喇河屯,雍正十一年即其地设。直隶承德州乾隆七年设喀喇河屯厅,厅治为理事通判刘君成建。乾隆四十三年改县,仍其处。典史署在县署右。②

六、围场满族蒙古族自治县

(一)县 城

围场位于赤峰和多伦诺尔之间,距离赤峰一百八十里,距离多伦诺尔三百六十里,而且以森林而知名的锥子山在西方九十里。围场县是清末光绪二年设置,最初将县城设置于南边八十里的二道沟,十二年后迁移到现位置。当时仅德成裕烧锅外有几户人家,人烟逐渐增多,形成现今的街市。到光绪二十五年改为粮捕府,民国二年又改称围场县,置于现在热河都统的管

---

① 罗则遴修,施畸纂:《民国隆化县志》卷二,建置二之二,民国八年(1919)铅印本。
② (清)海忠纂修,(清)廷杰、(清)李世寅重订:《道光承德府志》卷十,公署,清光绪十三年(1887)刻本。

辖区域。①

（二）行　营

乾隆二十年定,驻跸大营内方外圆,度地纵二十丈六尺,横十七丈四尺。建黄幔城,外加网城,结绳为之,黄色贯之,以网高六尺,阔八尺,凡百六十有六。距幔城东、西、南各十八丈,北十五丈,设连帐百七十有五,为内城。启旌门三,门各建纛,东镶黄、西正黄、南正白各一。周建内城,旗四十有一。宿卫帐九,距网城十有二丈为外城,设连帐二百五十有四,启旌门,四门各建纛,东镶白、西镶红、南正蓝镶蓝,浃日递建之,北正红。周建外城,旗六十,东北镶黄、西北正黄、东南正白、西南正红,各十有五。宿卫帐四外城,东旁设内阁六部、都察院提督等衙门官帐。或东面地狭,则设外城,南距外城六十丈,周设警跸帐四十,各建护军旗一,东北镶白、西北镶红、东南正蓝、西南镶蓝各十,重门拱卫,星庐环布黄幔城正中。

御幄在焉,幄高两丈,径三丈四尺,上为穹盖,以攒竹杆百六十,分揭之墙高五尺六寸,门前后各高四尺六寸,阔二尺三寸。幄正中设御座,高一尺六寸五分,纵三尺九寸五分,横五尺七寸五分。幄内左右悬佩刀櫜鞬鸟枪各一。庭左右各设圆幄一,高九尺五寸,径一丈五尺,墙高四尺五寸。座后长幄,高七尺六寸,纵一丈二尺,横八尺。直梁横栋,檐左右垂,高五尺。四方启门,后达帐殿,横列三楹,高一丈一尺,纵一丈三尺,横三尺。额曰四宜居。东西室皆启窗。更后为圆幄三,幔城外左右连帐,茶膳储偫各庀其事。

停跸顿营,外设黄幔城,门南向,如大营内城之制。黄幔城中设圆幄一,纵横各一丈六尺,墙高四尺,门高三尺七寸,阔二尺三寸。前后左右共设帐房八架。凡看城之制与顿营同。②

---

① 《中国省别全志》卷十八,第35册,第210页。
② （清）海忠纂修,（清）廷杰、（清）李世寅重订:《道光承德府志》卷二十六,围场,清光绪十三年(1887)刻本。

第六章　邯郸市各县城城墙资料

一、丛台区、邯山区（邯郸县）

（一）城池一

城周八里,高三丈,广三丈（县志稿作厚半之）。旧有门六,后改为四,东曰瞻岱,西曰环沁,南曰带河,北曰迎祥（县志稿作拱极）。池深一丈五尺,阔七尺（旧志《畿辅通志》作二丈）。古赵国,城在今城西南。今城建自明洪武间,南北不及二里,东西不及半里。成化二年,拓东北隅三里许（《雍正通志》县志稿于城南北各拓半里许,即于拓处辟东西门各二）。正德六年,知县张伟建敌台楼橹。嘉靖十年,知县赵时吉始凿池,塞东西四门,复酌南北之中东西各开一门。二十五年,知县董威重建门四,复拓旧基,即今制。乾隆六年,知县张第增修。国朝乾隆七年秋雨城圮,知县张慎发补筑。乾隆十五年,知县怀荫布重修完整。同治初,知县英棨、侯国钧相继修葺。①

（二）城池二

邯郸为赵故都。城池本自高深,如丛台距照眉池颇远,俱赵宫中景物,城之广阔可知,自秦二世时,秦将章邯破邯郸,遂徙其民河内。夷其城郭后,此建复不知何时,或亦势不及前矣。然《水经》称牛首水入邯郸城。经温明殿南,则汉时之城,亦非狭小。又按宋人《北辕录》云,丛台在邯郸城北,则台以南当为城之北址,乃在明洪武初。南不过斜街口,北不过观音阁,远不及二里,东西仅半里许,何其隘耶! 迨成化间,始于城南北各拓半里。即于拓

---

① （清）胡景桂、（清）吴中彦纂修:《光绪广平府志》（一）卷二十一,经政略,建置一,城池,《中国地方志集成·河北府县志辑》第55册,第346~354页。

处开东西四门。正德六年，蓟盗起，城甚陋。知县张炜亟修之，不逾月告成。是时，城尚未有池。嘉靖十年，知县赵时吉始为之，且塞东西四门，更酌南北之中东西各开一门已。兵备副使杨彝循〔巡〕城，见城东有丛台与城相逼，乃筑甬道，阔丈许，使与台连，筑亭其上，而以据胜名之至。二十五年，城大坏。知县董威改筑，即今城也。周八里，高三丈，基如高巅半之。筑敌台二十有五，女墙千五百八十有九。四门各起层楼。东曰瞻岱，西曰环沁，南曰带河，北曰拱极。（详袁修撰炜修城记）且于筑城时，夹丛台甬道兴版锸。向之阔丈许者，遂与台等。后之建讲院者，其地也。隆庆六年，知县张第复修楼舍俱饬。清康熙七年秋，淫雨淋漓，女墙多坏。知县张慎发捐俸修理，约用五百八十金竣事。虽广厚不及初制，而雉堞具备，盖亦因时撙节云。乾隆十五年，高宗南巡，道经兹邑，知县怀荫布大加修整。后经道光十年地震，堞垣复坏。同治元二年，东匪窜扰，知县英榮、侯国钧相继重修，复明董威所建旧制。筑炮台三十，垛口二千一百有奇。光绪十四年知县阚綱补修北门，本东向，改向西北，名曰迎祥。民国二十六年夏，淫雨四旬，城垣坍塌数十处，女墙毁坏尤甚。二十七年秋，故城杨公秩平宰邯。以大乱之后，崔苻遍地，为保境安民计，遂请发省款兼拨公益捐，督工修补。计东城十二处，南城一处，西城六处，北城一处，丛台南水闸一处，共二十一处，约长凡八十余丈，皆修复旧观，城防赖以强固，而成为冀南之保障。此项工程计需款五千二百余元云。

公廨，县治在城东北偏，明洪武三年，主簿雷庆建。大堂三间。堂右赞治厅三间，东西吏舍十二间，仪仗库一间，库房三间，戒石亭一座，仪门鼓楼各三间。弘治正德间，知县郑伦、刘岳皆有重修。嘉靖间，知县赵时吉改大堂为五间，改库房为楼。知县高世雨改戒石亭为坊。其内署在大堂东，乃改于堂后。万历十年，知县萧察建书室三间于宅西。二十年，知县邓云台建高楼五间于后衙，又建后堂三间，重修吏舍。清乾隆八年，知县郑方坤见署宇日就倾颓，吏舍鞫为茂草。建东西科房二十间，并治隶人之馆堂厅，厅事整旧为新。又于宅西葺书室三楹，颜曰：旭轩，为退思地，自为之记。同治二年，被兵燹，知县荫禄、英榮、侯国钧相继重修。光绪二十七年，德宗由陕返燕都，道经邯郸。知县袭彦师即县署修建行宫。大堂二堂及后楼，但加补葺。署西建瓦屋两院,分前后层,各有上房五间,东西陪房六间。其南因花厅旧基重新建筑,院有亭,南屋则平房五间。大堂前之科房,其东为财政科,西为司法内务二科。二堂迤东之花厅,今改为公安局之内宅。监狱在仪门内之左。看守所在仪门内之右(男在南,女在北)。寅宾馆在仪门外之左(今废)。申明亭在大门外之左(今废)。旌善亭在大门外之右(今废)。典史署在大堂东南。宅门一间,尉厅五间,吏房二间,退厅三间,内宅一所,东花厅一所。(典史署现为公安局驻所,东花厅为管狱员署。)儒学教谕署在明伦堂后之东(今改为乡村师范学校)。训导署在明伦堂前之西(宅已颓废,今改建为建设局)。

街巷,县城内自南门至北门,南北大街一道。由南门起,稍北东第一口为斜街口。口内直抵东城,为中斜街。街中斜迤东南,为南斜街,北转抵城隍庙,为庙前南北小街。小街中东横街一道,为北斜街。再北第二口为庙道口。口内经城隍庙而东,转北抵县治,为县前南北街。街中东横街,达于东门,为东门内横街。再北小巷口,为马军营,东达县前南北街。又北第四口为衙巷口。入内经县治,前而东转北为新街,抵小东关东口。再北第五口,为小东关,东抵新街北首。再北即北门,内入中,向东折,而南又东,达丛台下。由南门起稍北西第一口,为回车巷。再北与街东衙巷口斜对,西横街一道达于西门,为西门内横街。再北即丛台驿(今废)。再北近北门即递运所(今废)。此外,自南门内循城下至东门,又北至新街南端,俱属马道,不在街巷之列。

仓厫,义仓在城隍庙西,旧厫三十四间。丰豫字各五间。咸泰恒益颐萃升节字各三间。原储谷一万四千石。清雍正九年,知县郑方坤建后,谷全数动用,厫多倾圮。光绪六年,知县何云诰奉文劝捐积谷,即旧址重修仓厫九间,升萃节字各三间。后又添仓厫共二十间。积谷九千三百三十四石三斗三升七合二勺。民国六年,大水为灾,县知事陆长荫,呈明分别赈借出粜,以岁屡歉,现尚未筹还仓。二十四年,县长秦荣甲按村劝派积谷三十余万斤。二十六年事变后,水灾奇重。岁大饥乃发仓,分还各村以赈饥贫。仓厫既空,而无知穷民复乘乱窃取砖瓦木料,以致仓厫房间全被拆毁。二十八年春,知事杨公肇基以仓厫系备荒要政,不可久废。于是拨发公款,鸠工庀材,大加修理。计成屋三十三间,敞棚十九间,大门道一间,暂为警备队马队驻扎之所。异日,仍作贮谷之仓,可谓一举而两得焉。

备荒仓,在城隍庙内(久废)。预备仓,在县署仪门内,廒六间。雍正间,知县郑方坤重修(今废)。新仓,在后察院,廒九间,郑方坤建(今废)。旧义仓,在县治西南大街路西,廒九间,街门一间,房四间,神庙三间。乾隆间,制军方公奏建(今圮)。

官舍,养济院在县治东北,旧仅基址。清同治十一年,知县英棨捐廉修,东西瓦房十间,街门一间。孤贫男妇一百二十四名。口粮详留支。清末房屋就圮,留支取消。民国以来孤贫正额一百四十名、副额一百四十名,所有应给口粮及冬衣布款项,由火车捐收入发给。每年标额,或洋三四百元、五六百元不等,按市价折合铜元若干吊。除留养三百吊及贫民过境八十吊外,下余之钱按四季尽征尽放。留养局,在南大路西,旧仅基址。清同治十一年,知县英棨捐廉修,东西瓦屋七间,街门一间。并捐制钱一千串,发商生息,月按一分二厘,冬季发放。清末屋宇倾颓,钱亦移作别用。入民国由火车捐项下拨铜元三百吊发给。驿递,丛台驿在县治西南,明洪武五年,主簿雷庆建,成化十一年重修。递运所,在县治西北,明永乐十一年建,今废。马号,在县治仪门内,西偏即旧县丞。废署南为马棚,北为马王庙,今皆拆毁,改为体育场。铺递六。一在城总铺,旧在县治东南,明万历初,知县张第改为阴阳医学,遂移于申明亭之东,额设铺兵四名。一在庞村铺城南十五里,一在张庄铺城南二十里,一在刘庄铺城北十里,一在王化堡城北二十里,各额设铺兵二名。旧设铺兵三十名。清咸丰八年,裁减六成,存铺兵十二名。又买葛口铺,在城东北三十里,为上府要路,向无铺兵。知县郑方坤雇募二名,捐给工食,如额设例(今皆废)。

营场,马军营在县治西南,今惟巷存其名。营房十一处,俱历任知县捐俸修造。南五里铺、十里铺、十五里铺、二十里铺、北五里铺、十里铺、十五里铺、王化堡(即二十里黄粱梦铺)、贵龙冈(即二十五里铺)、界河店(即三十里铺)、东南沙口铺,以上各营房,每所守汛墩台一座,汛兵各马兵三名,步兵三名。今旧制久废,墩台遗址仅有存者,记之以略,存梗概。演武场二所,一在城东北二里许,旧有高亭三间,东厅一间,左将台一座,明万历二十一年知县邓云台建。一在城南五里许,敞亭,左将台一座,场地四十亩。马场,在城东。①

(三) 游 记

邯郸县城,城卑小,街道尚宽,旁偏厕所,污秽如圊牏。呜呼!吾中国卫生之不讲也,竟如是乎!日已暮,止宿城东王家店中,店褊狭,难出气,夜则转辗不能寐。②

(四) 调研纪事

邯郸古名都地,城颇完整,汉平铁路车站在城西三里,城东五里有滏阳河,水涨时可达天津,交通便利。临近东西客商搭坐火车者,均由邯郸车站搭车,往来行人甚夥。全县约三百余村,地质多砂。③

(五) 邯郸城纪实

邯郸城里有很多古庙,给人一种历史悠久、古色古香的感觉。城门的建筑很有特色:干涸的护城河上架着一座一丈多长的石头桥,过桥往左拐进一道城门,再往右拐才能进入第二道城门。这个让你左拐右拐的城门,建得古朴凝重。城墙的内侧长满的青苔像在诉说几百年的历史。④

(六) 县 城

西汉至西晋、南北朝时期,邯郸县令官署均驻在邯郸城内。

隋开皇六年(586),邯郸县治移到临洺关。开皇十年(590),邯郸县治又迁回邯郸城。

---

① 毕星垣、张奉先修,王琴堂纂:《民国邯郸县志》卷二,疆域志,建置,《中国地方志集成·河北府县志辑》第60册,第408~411页。
② 范蕙英:《邯郸游记》,《妇女时报》1916年第十八号。
③ 《调查征集员杨鹤翔报告》,《河北省国货陈列馆月刊》(天津)1929年第四期,第11页。
④ (日)东史郎著,《东史郎日记》翻译组译:《东史郎日记》第三卷,江苏凤凰教育出版社,2014年,第233页。

明初,重修邯郸城。《北辕录》称:"……可知其在洪武初,南不过斜街口,北不过观音阁,远不及二里,东西不及半里。"《嘉靖广平府志》卷四"建置志"云:"邯郸县治设在城东北隅"。

清代邯郸县治沿袭明代。乾隆八年(1743),邯郸知县郑方坤始加修葺。同治二年(1863),县治遭兵乱受损,其后,知县英棨、荫禄、侯国钧等,相继予以修缮。光绪二十七年(1901),光绪帝结束西狩,由陕返京,道经邯郸,知县袭彦师在县署修建行宫,县治规模由此而扩大。

民国时期,邯郸县治仍设在清时旧址。

1945年10月4日,邯郸县城解放,中共邯郸县委和邯郸县政府由农村迁到县城,县级机关驻地分散在原旧县衙、桃园街、南门里、文庙等多处。1946年邯郸市、县分设后,中共邯郸县委和县政府迁驻北苏曹村。1957年,邯郸县级机关驻到邯郸市西关。1962年12月,中共邯郸县委和县政府迁到邯郸市贸易街。1970年春,邯郸县革命委员会迁到黄粱梦镇。1971年3月,中共邯郸县委和县政府搬迁到现址——邯郸市陵园路190号。[①]

民国二十六年(1937)夏,霖雨40多天,城墙坍塌数十处,女墙毁坏尤为严重。民国二十七年(1938),县长杨秩平督工修补城墙21处,总长约80丈,用款5200余元。城内较清代建筑变化不大,城外,特别是城南及城西南有了明显发展。

民国二十六年,日军侵占邯郸之后,先后在西南庄及火车站附近新建若干条街道,使这一带成为新兴的繁华区,是邯郸县城的重要附属部分。到邯郸解放前,城内主要街巷有:南北大街、南斜街、中斜街、庙前南北街、桃园村街、衙前街、东门内横街、行宫街、文庙街、东街、南街、西门内横街以及仓道巷、马军巷和回车巷等;城外主要街巷有:南关大街、西关大街、北关大街、东河沿街、西河沿街、新华街、西南庄前街、西南庄后街、浴新街、马路街、火磨街、焦家窑大街、新民大马路和邯山大马路等。

城内主要建筑、文化设施及政权机关等大部分位于南北大街东侧。县

---

① 邯郸县地方志编纂委员会编:《邯郸县志》,中国人事出版社,1993年,第47~48页。

治位于东街正北,初建于明洪武三年(1370),后经明、清和民国时期多次改修和扩建,其规模和建筑形式不断改变,到邯郸解放前,县治主要建筑有大堂(即中山俱乐部)、二堂、后大楼及库房、鼓楼和宜(仪)门等。城内主要建筑和文化设施有:国民小学校、孤儿学校、高等小学校、体育场、丛台公园、石坊、七贤祠、文庙、城隍庙、关帝庙和咽喉庙等;城外主要有火神庙、白衣庵、财神庙、耶稣教堂,以及西南庄一带的日东公司制粉厂和火车站等,还有新民大马路、邯山大马路等街道两侧的商业店铺、饭庄等。

政权机关主要有:国民党县党部、伪县政府、教育局、建设局、商会、财务局、公安局、财政科、内务科、司法科、法庭、监狱、看守所以及伪冀南道尹公署。①

二、肥乡区

(一)城池一

城周五里一百十八步,高三丈(旧志作二丈),广二丈(旧志作一丈)。门四(《畿辅通志》),东曰玉川,西曰长乐,南曰阳和,北曰永安。池深一丈,阔两丈。旧城在列人堤东,后移堤西,宋熙宁间筑。明正德间漳水冲毁,知县张博古重修。嘉靖十二年知县梁承福甃其堞。三十一年知县潘铲增筑水沟角楼。天启二年城圮于漳,知县王国祚修葺。崇祯十二年知县郝纲改建砖城(明李燧有记)。国朝顺治十八年知县张翼补修瓮城。康熙四年漳水溢,城尽圮,寄治城东旧店营。雍正九年知县王建中捐筑土城,并浚池,迁复旧治。(旧志)乾隆三十二年,始甃以砖,添建城楼四。咸丰十年知县杨毓楠重新内外墙垣四城楼,并添建外城门及炮台辅舍,浚池,改建吊桥。同治五年,知县寻銮晋再浚池,复于外岸栽棘刺以固堤。②

---

① 邯郸县地方志编纂委员会编:《邯郸县志》,中国人事出版社,1993年,第312页。
② (清)胡景桂、(清)吴中彦纂修:《光绪广平府志》(一)卷二十一,经政略,建置一,城池,《中国地方志集成·河北府县志辑》第55册,第348~349页。

（二）城池二

旧在列人堤东后迁堤西。宋熙宁间知县李某兴筑垣墉。明正德间漳水冲塌，知县张博古重修。嘉靖十二年知县梁承福甓其堞。三十一年知县潘铲增筑水沟角楼。天启二年漳水决城，又冲圮，知县王国祚修复。崇祯十二年知县郝䌷改建砖城，按社分工，民乐趋事，李燧庭载其事于碑。前清顺治十八年知县张襄重修瓮城，周围五里一百一十八步。门楼四，东曰玉川，南曰阳和，北曰永安，西曰长乐，后皆改易。康熙四年漳水溢，寄治于旧店营。雍正九年知县王建中倡率士民捐输修筑迁复门，名复旧。但草创土城，四门砖砌，门上平房四间。乾隆三十二年请帑重修，始甓以砖，并建城楼四座，用银六万一千四百六十四两二钱八分，三十三年二月二十日开工，三十四年七月十六日工竣，永年县王锦林监修。咸丰十年八月知县杨毓楠劝捐重修内外墙垣，鼎新四城楼，并添建外城门，改建吊桥及炮台窝铺，同治二年五月工竣。

濠以围城，阔二丈许，四门皆有板桥，以通车轨。雍正九年知县王建中重挑，阔二丈，深八尺，傍植柳树千余株。咸丰十一年十月知县杨毓楠重挑，计丈尺量远近，按村分工以均劳逸，六日工峻。同治五年二月知县寻銮晋照旧继挑，阔二丈，深一丈五尺，濠外载棘刺以固堤岸，而资捍卫，濠内叠土为牛马墙以资防守。

明万历间知县曹昕于四关外修筑大堤约十余里以防漳水，其后日淤日筑，外愈高，内愈深。秋夏暴涨，水与堤平，下址蚁穴浸淫，岌岌崩圮。知县李文盛密植柳椿固土，以防堤溃。康熙二年水绕堤浸灌城郭，室庐俱坏，知县焦服祖修筑，围五尺，高三尺，较前功倍巨。四年城圮淤成平地。今城堤旧址，除四周城壕占用外，俱属民地，早经升科完粮。①

---

① 李国铎、张仁侃纂修：《民国肥乡县志》卷四，建置，《中国地方志集成·河北府县志辑》第65册，第25页。

(三)调研纪事

肥乡城垣颇形颓败,大致尚属整齐,惟地居僻壤,不近铁路,不通河流,故街市寥落,商肆无多。又比较富裕之家散处四乡,居民务业之外,尚有各种工作,足以引致外资,生计亦颇丰厚。全县东西约六十里,南北约四十里,有三百六十余村。①

(四)县　城

抗日战争爆发后,肥乡县城多次遭受战火的洗礼。民国二十六年(1937)10月18日,日军炮轰南门,侵占县城,放火烧毁县衙(署)所有房屋。民国二十七年(1938)5月31日,东进纵队骑兵团收复肥乡县城,为防止日军重占县城,动员群众将城墙拆除。民国二十八年(1939)1月9日,日军重占县城,强抓群众修成土城墙。民国二十八年1月17日夜,386旅一部袭入县城和1月25日夜,三分区一部从北门攻入县城;遵照冀南行政公署发布的战争动员紧急命令"拆城墙",分别对城墙进行了部分拆除。民国三十年(1941)7月23日夜,新8旅一部、三分区一部和县模范团攻入县城,带领群众对城墙进行拆除。民国三十三年(1944)11月10日夜,一分区部队攻入县城,对城墙进行拆除。民国三十四年(1945)11月15日,肥乡县城解放。政府组织群众对城墙进行了彻底拆除,城墙基址改修成环城路。自此,饱经1400余年沧桑的肥乡县城墙,完成了它的历史使命。②

三、永年区

(一)城池一

旧城始唐以前,周六里二百四十步。元侍郎王伟守郡,增筑为九里十三步。明成化间,知府熊怀重修。嘉靖二十一年,知府陈俎甃以砖石,高三丈

---

① 《调查征集员杨鹤翔报告》,《河北省国货陈列馆月刊》(天津)1929年第四期,第12页。
② 王福建主编,河北省肥乡县地方志编纂委员会编:《肥乡县志》,方志出版社,2001年,第52~53页。

五尺,广二丈五尺,上建城楼四座、角楼四座、铺舍二十六座以便戍守,内置甬道二十九,缭以门垣。四十三年知府崔大德加重垣于郛,以防水患。崇祯十二年知府欧阳主生改旧垛一千七百五十二为八百七十六,增铺舍五十七座,高垛墙三尺,各瓮城外设重门楼橹。

国朝康熙七年大水浸城,倾颓数处,知府刘光荣重修。历百余年至乾隆五十九年,洛水决堤,坏城垣七十余丈。嘉庆初知县庄允治详请兴修,因费绌中止。道光二年、十四年大水坏城,二十三年又续坍三十余段。咸丰二年知县陈政典修外垣砖工,五年修南城楼。六年知府长启修东西城楼。九年知府王启曾修北门城楼。同治三年知府杨毓楠修城内土垣。(官绅共捐京钱三万余串,用石灰和土彻底兴修,工坚料实,一律完固。)四年知府李朝仪、知县王德炳修西北隅外垣其南关阁门。道光五年知县沈惇厚重修。同治七年御东捻有效,乃增建垛口,并建东西北关阁门。

池旧深一丈,阔十二丈。金正隆中盗起,洺州防御使伯德特离补引水注城濠以为固。明成化十二年知府李进建闸引水,盖师其遗制也。嘉靖间知府陈俎,崇祯十一年推官余忠宸、知县宋祖乙益浚治,阔三丈,深一丈,年久淤垫。国朝咸丰九年知府王启曾浚之,改启安民闸引水注濠,广者或数十丈。东捻入境,郡城获全,濠有力焉。

临洺镇城,在县西四十五里,旧有遗址。明嘉靖二十一年,知府陈俎、知县阎文贵重建,南北二百二十丈,东西半之,基广一丈八尺,高一丈九尺,六门城楼台堞具备。明设巡检,万历二十六年移通判驻之。国朝道光二十二年通判缺裁广平府,同知移驻临洺镇。同治六年同知林世俊详请兴修,经费不敷,及半而止。曲陌寨、温北汪寨、大北汪寨、正西寨,同治元年筑。东杨庄寨、宋固寨、席加庄寨、高岳村寨,七年筑。①

(二)城池二

城周九里十三步,高三丈五尺,广二丈五尺。门四,东曰阳和,西曰保

---

① (清)夏诒钰续纂:《光绪永年县志》卷五,建置志,城池,《中国地方志集成·河北府县志辑》第61册,第26~27页。

和,南曰阳明,北曰贞元。池深两丈,阔十五丈。(旧志)旧土城,唐以前周六里二百四十步。元侍郎王伟守郡,增筑如今制。明成化间知府熊怀修葺。隍旧无水,知府李进建池引水,种荷植柳。嘉靖二十一年知府陈俎增高城垣,甃以砖石,建城楼四、角楼四、铺舍二十六,内置甬道二十九,以便戍守。四十三年知府崔大德加修重垣于郛,以防漳滏河水患。崇祯十一年推官余忠宸、知县宋祖乙浚池。十二年欧阳主生改筑旧垛,增添铺舍,各瓮城外设重门楼橹。

国朝康熙七年,城为水浸,倾圮数处,知府刘光荣重修。咸丰二年知县陈政典补葺外垣。五年修南城楼。六年知府长启修东西城楼。九年知府王启曾修北城楼,浚池,并启安民闸引水注濠。同治三年知府杨毓楠、郡人武澄清,四年知府李朝仪、知县王德炳、郡人武汝清相继修葺。光绪十年知府张斯桂、缪彝,知县杨诚一重修。四关阁门,在南关者建最久。道光五年知县沈惇厚重修。同治七年御东捻有效,因增筑垛口,并添建东西北三关阁门。

临洺镇城在府治西四十里,城周南北二百二十丈,东西半之,高一丈九尺,宽一丈八尺。门六。池深两丈,阔五丈。明嘉靖二十一年知县陈俎、知县阎文贵沿旧址重筑土城,敌楼四,台堞具备。(旧志)明设巡检,万历二十六年移通判驻之。国朝道光二十二年通判缺裁,移同知驻此。同治六年同知林世俊重修。①

(三)县城街市

永年县城即是旧广平府城。唐时建造,当时周长六里二百四十步。元朝时扩建,明成化年间重建,后来又经过数次改建。现在周长九里十三步,高三丈五尺,宽二丈五尺;池深一丈,宽三丈。城内比较发达,南门内的街道以及从东门到西门的街道比较繁华,是商业区域。道路一般都比较窄,宽约一间到两间,比房屋地面低约二尺,下雨的时候就成为水道,通行不便。著名的建筑有县署、城隍庙、劝学所、警察署、商会、邮局等。作为内地农产品

---

① (清)胡景桂、(清)吴中彦纂修:《光绪广平府志》(一)卷二十一,经政略,建置一,城池,《中国地方志集成·河北府县志辑》第55册,第346~347页。

集散市场,其中棉花的交易最多,货物多是通过京汉铁路或滏阳河水运进行运送,主要运入洋布、纸张、石油等,运出棉花、土布、小麦等。①

(四)调研纪事

永年本广平郡城,城池较他县为广阔,城内瓦舍连亘,商户殷实。护城河内尽植蒲草,东北隅有莲亭一座(现已改为学校),蒹葭菡萏,风景宜人。城西南有稻田十三村之称。邢台商务,永年水田,洵本省南境之特色。然临洺镇,虽汉平路线所经,距城颇远,交通不甚便利,商业多保守旧观,少活泼进取之意。②

(五)开发纪实

一座千年古建,一泓清波绕城,万亩苇荡抹绿,石拱奇桥飞虹……这就是永年广府古城。

据记载,广府古城在春秋战国时就已具雏形。夏王窦建德曾在此建都,对此城进行修整。明嘉靖二十一年再次重修,将土城砌为砖城,城高12米,宽8米,四门筑有城楼,四角建有角楼,并有垛墙876个,殊具特别的是东、西门之外尚建有瓮城,历史上一直是兵家必争之地。城内外历史文物景点众多,文庙大殿(遗址),杨、武氏故居,状元楼,太和堂,更有远近闻名的清晖书院。城内历史上官署棋布,老街纵横,商贾云集,有三十多条街道,分四大街八小街、七十二个小拐弯,曾经的繁华不可胜数。城外还有窦建德运兵洞、弘济桥、西八闸、毛遂墓、黑龙潭等,特别是位于城东1公里的弘济桥与河北赵县的赵州桥同出一辙,建筑年代与风格十分雷同,桥面石板上保存大量古生代奥陶纪时期的角石类、三叶虫等化石,使千年古建别具了另一种文化意义上的深远和美丽……此外,古城周边4.6万亩的洼淀苇荡,独树一帜的太极文化,积淀和锻造了独具品格的广府文化。慕名前来参观和游览的国内外游客络绎不绝。

---

① 《中国省别全志》卷十八,第35册,第294~295页。
② 《调查征集员杨鹤翔报告》,《河北省国货陈列馆月刊》(天津)1929年第四期,第13、14页。

但是,就是这样一处人杰地灵的宝地却搁置多年,古城墙部分墙体坍塌,护城河数处干涸,弘济桥任由拖拉机等重载车辆来回辗扎磨耗……①

(六)广府城

永年自西汉建县,曾兴建多处城镇,历代官邸、寺庙、行宫等主要历史建筑,其中临洺关、广府城最为有名。这里集中了永年历代官邸、寺院、行宫等主要历史建筑,但在此后的历次战乱及"文化大革命"时期遭〔到〕很大破坏,多已倾圮。

1958年以前,永年县人民政府驻地为广府城。

广府城亦谓广平府旧城,位于县境东南永年洼中央。自西汉建县时,广府城就作为其县治驻所而存在。此后,历代或郡、或州、或县,其治所均驻于此,成为当时的政治、经济、军事、文化中心。"城墙土筑,周长六里二十四步,元时扩为九里十三步,墙高三丈五尺,宽二丈五尺,开有东、南、西、北四个城门。明成化年间重修。嘉靖二十一年(1542),增高城垣,上建城楼四座,角楼四座,铺舍二十六座,内置二十九条甬道,缭以门垣。嘉靖十三年(1564),加重垣于郛,以防水患。崇祯十二年(1639),改旧垛一千七百五十二为八百七十六,增铺舍五十七座,增高垛墙三尺,各瓮城外加设重门楼橹。清康熙七年(1668),城为水浸,倾圮数处,后历有修葺。同治七年(1868),又增建垛口并建东、西、北关关阁。池旧深一丈,阔十二丈。明成化十二年(1476),建闸引水。崇祯十一年(1638),益浚加宽三丈,加深一丈。"

城内街道,清以前有大街四条,小街15条,另有四隅角街。民国后街道除东、南、西、北四大街外,另有东宫街、西宫街、府后街、庙后街、双关庙街、北横街、西顺城街、北学上坡街、南学上坡街、草市街、神仙巷、庙前街(善全街)、南仓门街、北仓门街、南马营街、没天院、寺西街、迎春街、县阁里、育贤街、化雨街、院前街、奎楼街、狮子口(寺前街)、府前口、县前口、南横街、北小街、葛家口、林家巷、杨家过道(盐场)、囤市街。此外,还有大鼓巷、黄河井、

---

① 永年县委宣传部赵伟志等著:《永年大手笔开发千年古城纪实》,新华网河北频道,2007年5月21日。

警道、西马道、布袋街、辘辘（轳）把儿街、瞎子大院（养济院）、金鼓楼、武衙门、郑家街、半斜街等43条。

城内古建筑旧有府署、县署、武衙门、府城隍庙、县城隍庙、天皇庙、万寿宫、大佛寺、府文庙、县文庙、魁星阁、紫山书院（文昌阁）、养济院、义仓、大仙楼、窦墓、试院、府学、县学。光绪二十八年（1902），又成立了河北省立第十三中学。

城内古建筑，旧有演武厅、冰窖、社稷坛、厉坛、先农坛、莲亭（清晖书院）、九龙庙、东岳庙、甘露坛、山川坛、吕公祠、毛遂墓、漏泽园、廉颇墓。

县署在南大街以东，明洪武三年（1370），知县陆礼建。成化十二年（1476），耿琚重修。嘉靖年间，知县孙允中、宋瑛相继增修。清光绪年间《永年县志》曾对当时县署进行了描述：县署正面有大门三间，照壁居于大门迎面，大门东西各有一亭。往里有仪门三间，东西角门各一座，戒心坊一座。大堂三间，东西耳房各一间，堂前檐房三间。考棚三间，左库楼三间，吏房三间，户房五间，礼房三间，兵房四间，刑房四间，工房三间，仓房二间。东房三间，承招房三间。马政科（即抄书房）、库房二座五间，东西皂隶班房四间，快手班房四间（大门内东），民壮班房三间（大门内西），捕役班房三间（大门内西），土地祠（大门内东），寅宾馆（土地祠东，已废）。关圣祠三间（寅宾馆东），门房三间（仪门东），监狱（仪门西周围墙垣长46丈，高1.8丈，宽4尺），内狱神庙一间，男女监房九间，禁卒房二间，草厂房二间，马天房三间，马棚六间，马神庙一间，签押房二间（三堂东），耳房二间，南房二间，东西配房二间（后改建为东院南北房共六间），门房二间（宅门东），东花厅五间，东书房前院三间，后院五间，箭道东房三间（至清光绪年间县署无箭道，不知其地所在，唯厨房后有书房六间，正三间，东厢三间），内宅正房五间，东西厢房各三间，东正房三间，内门房二间，楼五间（至光绪年间已改为五堂房三间，仙楼三间），厨房三间。

县丞署在县署东（后废）。主簿署在县丞宅南（后废）。典史署在县署右。察院在县治所东南，明万历年间知府乔因羽改建。试院在东大街后，同治十年（1872）知府长启重修，后改为讲约所。行太仆寺位于县署以北，为明崇祯年间修建，后改为游击署。

广府城不但历史上长期作为郡、州或县治所,而且在建国后,仍作为永年县人民政府所在地,直到1958年县城迁到临洺关。广府城现为永年县一重要城镇。①

四、武安市

(一)城 池

县城内城,旧系土城,周围三里二百七十步,高二丈八尺。西北二门,南西北三关,东北二面水沟为隍。相传秦白起筑,不可信。按,白起时,武安固赵地也,后人以起封武安君,遂传武安内城为起筑,载之旧志,此必不可信。起封武安君在秦昭王三十年,赵奢破秦在三十七年。秦军军武安西,鼓噪勒兵,屋瓦皆震,有请急救武安者,其时武安未为秦有也。四十七年,起破赵长平。四十八年起归,王龁将伐赵,武安拔之,时起已称病,未几遂赐死杜邮。起岂得有其封而城之?考战国时,封君者非必实有其地,前此苏秦封武安君矣,秦岂得在武安耶?起之死在昭王五十年,其后赵李牧破秦,封武安君。何秦以封起,赵又以封牧也?起筑武城,并起有故里,皆后人穿凿附会之说,不宜妄听。

明嘉靖二十三年,知县熊瑶易以砖城,高三丈,阔二丈五尺,筑砖城门二座,角楼四座,北城上重建紫金楼一座,四围浚以深壕。按,北城上紫金楼建自元大德间,明嘉靖二十三年知县熊瑶重修,万历年间知县张九功重修,四十年知县李椿茂又重修,有记。

知县李椿茂又于城东南隅建筑星台一座。天启六年知县周日强建立一邑。文峰将聚星台改作奎楼,高三十余尺。其上肖像,春秋二祀血食焉。清朝康熙二十八年知县陈灏重修,有记。②

李椿茂《紫金楼记》

余家食时,览《一统志》,即知武安有紫金楼,窃意为河北一胜概也。迨

---

① 霍文山、刘诗奇主编,永年县地方志编纂委员会编:《永年县志》,中华书局,2002年,第481~482页。

② 郗济川、杜济美纂修:《民国武安县志》卷五,建置志,城池,《中国地方志集成·河北府县志辑》第64册,第210页。

余捧檄令武,登为乐地。兀然披襟当风、凭虚远眺,而曰:日往月来,此楼之物色也;风生霞映,此楼之光景也;山临水会,此楼之法像也。或共酹知己,呼卢浮白,长空一笑,俯视下土,则此楼可以无设,而余意何用亟亟此楼。惟是不以荒游宴会视此楼,而以观风问俗视此楼。一己之勤劬,此楼得以舒畅之;四民之劳苦,此楼得以解脱之;九野之艰难,此楼得以洞达之;是楼乃尽职庇民之所也,而不啻为文峰助矣。以兴紫金山水共流峙于不朽,果徒为胜游地乎哉?遂记之,以告后之守土者。①

(二) 县　城

汉时武安县城在今址西南50里固镇。古城遗址长1750米,宽1500米,夯土城墙,分内、外两城。城内设置无考。隋代,县城迁至今址,历唐、宋、元、明、清至今。

…………

民国二十年(1931)国民军84师驻防武安,开始拆庙,继而毁城。外城由菜园门至坤贞门(东、南、西三面)雉堞全部拆毁,内城破坏尤甚。此后,内、外城均无人修缮,常有挖取砖石者,逐渐坍塌。

县城解放之时(1945),内城仅存西、北二门,外城存东、西南、北三门,内外城墙十无一二,后随城市建设的不断扩展而逐步拆除。1978年拆除了保存较为完好的内城西门及城楼。目前,仅存内城北门、外城东门及个别城墙段落,均破损。

民国期间,旧的官制改变,县政府、县党部及所属保安大队、公安局、教育局、商会、财委等机关均设于城内,还增建了县立医院、师范学校、女师范、县立中学、城厢小学、民众学校、民众教育馆、图书馆、运动场、环境电话管理处、救济院等机构和设施,城区主要街巷有南关街、衙前街、北街、北关街、大西关、小西关、菜园街等数条。据民国二十四年(1935)统计,城内共有各种

---

① 郗济川、杜济美纂修:《民国武安县志》卷五,建置志,城池,《中国地方志集成·河北府县志辑》第64册,第210页。

店铺近百家,城区面积约 21 平方公里,居民约 2260 余户。①

五、磁　县

(一)城池一

城周八里二十六步,高二丈五尺,广一丈。门四,东曰迎旭,西曰庆成,南曰景嵩,北曰拱极。(旧志)池深二丈,阔四丈(州志旧志作深一丈二尺,阔六丈)。旧土城,相传赵简子创筑,隋开皇十年改筑。宋时知州宗泽重修。明洪武二十年知州包宗达复修。成化间圮,知州张梦辅重筑。正德六年知州顾正增筑南北二重门并浚池,十三年知州张珂重修。嘉靖二十六年知州李用中增建南北瓮城。万历二十四年知州刘安仁甃以砖石。旧止南北二门,增筑东西二门,并建城楼。崇祯十一年巡道祝万龄增建东西瓮城。国朝康熙二十四年知州任塾、三十八年迄四十四年知州蒋擢,各有修浚。同治二年知州高锡康葺东西城垣,十二年知州程光滢续修。②

(二)城池二

县城筑于赵简子,改筑于隋开皇十年,修于宋宗泽,重修于洪武二十年,知州包宗达鏧土为之。至万历二十四年,知州刘安仁改造,外用砖甃,内实以土。城周围八里二十六步,高二丈五尺,广一丈,陴堞五尺,垛三千有奇。原止南北二门,更辟东西二门,兼造四门楼。正德二年知州顾正增南北二重门。嘉靖二十六年知州李用中增南北二月城。崇祯十一年巡道祝万龄增东西二月城。

清康熙四十四年知州蒋擢重修。城自蒋擢重修之后,百数十年来虽尚完固,亦间有残缺。道光十年地震则倾圮过甚,屡经奉文饬修,因工费浩繁,暂行停缓。同治二年知州高锡康以城郭亟应修筑劝捐兴工,甫将城之东西两面修理过半,而高牧以去停修。同治十年知州程光莹见城工中止,乃劝谕

---

① 武安市地方志编纂委员会编:《武安县志》,中国广播电视出版社,1990 年,第 461~462 页。
② (清)胡景桂、(清)吴中彦纂修:《光绪广平府志》(一)卷二十一,经政略,建置一,城池,《中国地方志集成·河北府县志辑》第 55 册,第 353~354 页。

捐输设局重修,遴士绅之公正者董其事,阅十月而蒇事。光绪十一年大雨为灾,城墙东西两外壁落地五六段,次年兴工补修,历五六月而竣。嗣择公正士绅组织城工局,筹定的款发商生息,年用息金择要修补,数十年来尚称完好。民国以来驻军往往拆城用砖,城工局取消修城工作,有建设局执行,城遂逐渐损坏。二十三年县长孙振邦注意建设筹款重修,惜未竣工,而孙牧又去。事变以后倾圮,尤甚急待修整云。

城壕广深各二丈。明正德六年知州顾正复浚,深一丈,阔倍之。嘉靖四十二年知州栗永爵增堤高一丈五尺,阔一丈。崇正九年知州李为珩增高一丈八尺。清康熙二十四年知县任塾重浚,导滏水入濠,沿濠两岸种柳二千余株,以固堤身。康熙三十九年知州蒋擢捐俸重浚,并劝同城文武沿濠种莲,以壮观瞻,夏月荷花盛开,柳荫浓密,历来久矣。道光年间连遭饥馑,贫民挖藕充食,斧柳为薪,此后郭外萧条,殊非昔比。同治十年知州程光莹劝捐重浚,仍莳荷植柳,逾年,荷香柳茂,渐复旧观。民国以来,军事频仍,邑令不暇及此,以致荷柳渐形残缺,濠壅堤坏不堪。寓自偶游郭外,不胜今昔之感。①

(三)县　治

城垣建筑:本县城垣肇建于战国赵简子,改筑于隋开皇十年,建筑材料外用砖筑,内实以土,全城共长八里二十六步,高平均二丈五尺,宽平均一丈,有东南西北四城门,上各有门楼,角楼则无。近二年来积极修补,新风尚称完整。

县署建筑:建于隋开皇十年,明洪武三年重建。

市街建设:城关商业街道,有东大街、南大街、西大街、北大街、县政府街、粮市街、南关街、北关街各线。居民街道有仓前、前仓巷街、后仓巷街、府君庙街等线。各街路面均宽一丈六尺,路旁有浅水沟,夹道树多已成荫,并设有太平水缸,由游民教养所随时修整,粗具规模。城内钟鼓楼建筑宏伟高大,凡七丈余,近已改设民众教育馆。

---

① 黄希文等纂修:《民国磁县志》,第三章营建,第一节城池,《中国地方志集成·河北府县志辑》第66册,第12~13页。

彭城镇在县城之西五十里,该镇迤东即为滏阳河之源头,以产瓷著名,人口七千七百余,业磁者占最大多数。全镇制瓷器者七八十家,制缸者三十余家。街市磁店林立,商务颇称繁盛,所产磁器运销华北各地。近年来因外货充斥,致瓷业者有江河日下之势,现正筹统制委员会,以指导改良,统一运销,以期挽回颓势。①

(四)磁县纪实

街市人来人往,充满生机。新开张的小吃部、五金店,像内地的夜市一样,在道路的两边排开。

…………

我们宿舍旁边有座孔庙,占地面积大得惊人,但并无庄严感。外形和小学课本插图上的孔庙毫无差异,庙门口挂着一块金色的匾,上面写着"孔庙"两个大字。有着三重屋顶的大门上挂着"道贯今古""德配天下"两块匾。孔庙的屋顶覆盖着青色和黄色的瓦,上面装饰着狐狸与兵卒的石像,非常精美。

…………

北门建得巍峨而雄壮,过北门得像走迷宫似的,绕过三道关,可以想见要攻打这个城门是多么的不易。城墙有日本的三层楼房那么高。走出城门就能看到贮满水的护城河。

…………

城门上面宽的地方有九米,窄的地方也有五米多,足够人骑着马驰骋。城墙也有五米多宽。②

(五)县　城

同治十二年(1873),知州程光滢将州城重修整齐。城周围长 4.95 公

---

① 冀察政务委员会秘书处第三组:《河北磁县地方实际情况调查报告书》,20 世纪 30 年代中期,国家图书馆藏。
② (日本)东史郎著,《东史郎日记》翻译组译:《东史郎日记》第三卷,江苏凤凰教育出版社,2014 年,第 237~238 页。

里,高8.33米,南北各3个月城,东西各2个月城。后虽有坍塌,及时补修。民国以后,古城倾圮日甚。

古城濠原深广各两丈。明正德六年(1511),知州顾正浚深加宽各1丈。嘉靖四十二年(1563),知州栗永爵"增堤高一丈五尺,广一丈"。崇祯九年(1636),知州李为珩"增堤高一丈八尺"。清康熙二十四年(1685),知州任塾疏浚城濠,引入滏阳河水,并在沿濠两岸种植柳树2000余株,以加固堤身。康熙三十九年(1700),知州蒋擢又重浚城濠,并在护城河内种植莲藕。道光年间,灾民挖藕充食,斧柳为薪,城外萧条。同治十年(1871),知州程光滢再浚城濠,仍栽柳植荷,渐复旧观。民国以后战事频仍,无人管理,以至荷柳荡然无存。

1945年10月磁县城解放。迫于战争形势,适应战备需要,当年县政府组织群众将城墙拆毁,只留下残垣断壁。1972年为防洪水侵犯,又将残垣断壁修复,高约三四米。1973年于墙上及内外两侧植树。根据建设规划,后陆续伐树铲墙。至1994年将树伐尽,城墙已彻底铲平。①

六、成安县

(一)城池一

城周三里有奇,高二丈五尺(旧志作三丈有奇),广一丈二尺(旧志作八尺)。门三,东曰善政(旧志作大东,知县刘希尹改名),西曰辅政(旧志作拱极,知县万文彩改名),南曰迎薰。东北隅小东门曰挹晖,无北门,有楼曰德胜。池深一丈五尺,阔三丈。(县志)旧土城,明正统中知县张云因旧址重筑。成化四年知县刘莞辟小东门,建成楼于各门之上。嘉靖二十二年知县郑寅易堞以砖,建角楼,浚池。二十五年知县万文彩浚池植柳。四十三年知县刘希尹、万历十二年知县李琯、三十二年知县刘永脉相继增葺。天启六年知县彭希贤重修城楼。崇祯八年知县曹养鲲建东门桥,筑敌台。十二年改建砖城。国朝康熙十一年知县王公楷重修东城楼,又筑东南护城堤。乾隆

---

① 孙作家主编,河北省磁县地方志编纂委员会编:《磁县志》,新华出版社,2000年,第330~331页。

间知县赵元柞、梁德长,嘉庆间知县孙培曾先后重修。咸丰十一年知县尹佩玱浚池。同治初知县何芳、李金堂、钱敏各倡捐修葺。①

(二)城池二

吾邑城池,元以前不可考,明正统中知县张云重筑,周围三里有奇,高二丈一尺。池深一丈五尺。东西南三门,东曰善政,西曰辅政,南曰迎薰。成化四年知县刘莞辟小东门于东门左,曰广居,以便薪水。门各建楼。嘉靖二十二年知县郑寅筑城浚池。城高二丈三尺,根阔一丈八尺,宽八尺,易垛以砖,计一千七百三十,池深一丈五尺,底阔一丈,面阔三丈。建角楼四、窝铺一二。二十五年知县万文彩重修门楼,匾其东曰迎晖,西曰拱极。池两岸植柳千余株,民号万公柳。四十二年漳河溢,堤决,善政、广居门俱坏,知县刘希尹重修,更善政门曰大东。万历十二年知县李瑄匾大东门曰阳谷生春,西门曰太行西望,南门曰清漳环抱,小东门曰挹晖。三十二年知县刘永脉重修。崇祯六年知县李宗昉于北城建德胜楼三楹。八年知县曹养鲲建东西门吊桥门楼各一座,砖筑铺台共十座。九年建北城人和楼三楹。十二年修砖城,高二丈九尺,垛厚一尺五寸,敌楼四座,长治门楼一座。

清康熙十一年知县王公楷重修东城迎晖楼郭门。明嘉靖元年知县桂萼建东关,东南北各一。二十一年知县杜聪于四门外建郭门各一。明嘉靖二十一年知县杜聪于城外筑土堤,高丈余,后为水所坏。清康熙十年、十一年、十二年知县王公楷节次增修,周围一千七百七十八步,高二丈有奇,宽如之。又于东南筑外堤,长七百六十步,高一丈五尺,宽一丈,两堤相望,环抱蛇蜓,叠遭水患,足恃无恐。县城向由官修,自清咸丰年间,世道荒乱,四乡居民多逃城避难,尔时正值洪杨崛起,清室不遑兼顾,各村分段修筑,功成甚速,厥后详明上峰,特加奖许,广赐学额一名。至今乡老传言,成安小县大学有由来焉。迨清光绪二十一年,知事戚朝卿莅任成安,见城垣残缺,倡议重修,匾西门曰安定,南曰南门,东曰大东门,小东门仍曰广居。时戚公政声甚佳,人

---

① (清)胡景桂、(清)吴中彦纂修:《光绪广平府志》(一)卷二十一,经政略,建置一,城池,《中国地方志集成·河北府县志辑》第55册,第352页。

民乐从,号令一出,各村鸠工庀材,踊跃争先,不数月而观厥成,直有庶民攻之,不日成之之象云。①

(三)城　垣

1937年七七卢沟桥事变后,日军大举南侵。10月24日,日本侵略军从肥乡出发前来进攻成安,成安抗日军民以城墙为依托,顽强抵抗,奋勇歼敌,消灭敌人400余人。但城墙再坚固,终究敌不住敌人的现代化武器。日军调来10余门重炮,将西城门和附近城墙轰垮,攻入城内。这时的城墙成了牢墙,因南门用土袋屯死,东门锁后仅留容一人进出之缝隙,致使大批群众不能外逃,3600余人死于敌人屠刀之下,许多青年妇女遭敌人侮辱,制造了骇人听闻的"成安惨案"。

1945年9月成安县获得解放。1946年国民党发动内战,其军队欲向临漳、成安一带进攻。为防敌人占领成安后据城防守,中共成安县委、县政府发动群众将城墙拆除,仅留下残垣土壁。此后由于群众常常来此拉土,到1956年土城墙已基本消失。

1963年,成安遭受特大洪水灾害。为防洪,在原城墙旧址上,修了转城土围。1983年,在北、南、东城墙旧基上修建了柏油路面,北城垣辟为北城街,南城垣建成南城街,东城垣为东城街,西城垣建造了民房。②

七、大名县

(一)城　池

大名县城即前大名府城也,东距旧城八里。明洪武三十四年,旧城圮于水,都指挥吴成始于御河北岸艾家口徙筑今城。周九里,高三丈五尺,广二丈五尺。池深四丈五尺,阔倍之。凡四门,东体仁,西乐义,南崇礼,北端智。

---

① 张永和、张应麟纂修:《民国成安县志》卷一,城池,《中国地方志集成·河北府县志辑》第63册,第31~32页。
② 常运锋主编,河北省成安县地方志编纂委员会编:《成安县志》,新华出版社,1996年,第327~328页。

门有瓮城,外各置桥。成化八年知府熊祥建城楼于四门,弘治中御史韩福、石禄守郡相继修筑。嘉靖三十九年副使陈大宾于崇礼门东学宫前开小南门,并建文峰塔于南城之东。四十四年姚汝循申动国帑砌以砖石,同知刘贽董其事,城始完固。隆庆二年知府郑旻浚濠筑堤。四年知府王叔杲以门在巽方泄气,塞小南门。万历二十年漳卫溢,南城圮,知府涂时相重加修葺。清康熙十二年积雨坍塌,自西而南迤逦里许,元城知县陈伟修治如初。四十年知府鲍复昌再葺。四十九年知府俞品增修女墙。乾隆二十二年漳卫漫溢、浸城丈许,知府朱煐随时补葺。三十二年大名知县劳敦樟请帑重修。外长一千二百六十九丈八尺七寸,里长一千两百四十丈四尺九寸,高三丈,连垛口三丈六尺,女墙高三尺,水溜四十八道,炮台三十六座,后渐圮损。道光十年知府辛文汜劝捐修补。咸丰三年大名道何耿绳、知府武蔚文率大名知县黄赐履、元城知县杨子仪倡捐浚濠、修葺城垣外面,知府毛文柏倡捐修筑内垣,后有坍塌。光绪中大名镇徐道奎捐廉派兵修补。宣统二年元城知县马毓藻倡率农会于濠边植杨数百株,自东门石桥迤北至西门石桥北而止。民国十二年,镇守使孙岳改筑城楼,形式一新,尤壮观瞻。惟濠边杨树屡为军人斫伐,不无濯濯之憾云。①

(二)县城街市

城墙几乎呈正方形,东西、南北各长约二十町,建有四个门。城内人家稠密,连接东西、南北城门的十字路最繁华,商贾鳞次栉比。城外以南关(南门外)最发达,面积约为城内面积的十分之一,是一大商业区域。街道不分城内城外,都宽约两间到三间,硬质路面,便于行走。市内主要建筑有县衙门、东西两区警察署、关帝庙(现在是商务会事务所)、文庙、教会堂等,教会堂内设有无线电信,此外还有两所高等小学、两所初等小学、一所习艺所。

龙王庙以土墙环绕,建有西北门、东北门、东门以及西南门四门。街市沿卫河呈南北向,从东北门到西南门的南北街、从西北门到东门的街道最为

---

① 张昭芹等纂修:《民国大名县志》卷六,建置,城池,《中国地方志集成·河北府县志辑》第59册,第58页。

繁华,杂货店、谷物店、粮食店、蔬菜店等主要商铺大都沿河分布于南北街。大王庙、盐店、龙庙、小学、商会等是当地的主要建筑。此地是大名县的要津,县内出产的棉花、花生、草帽辫儿、杂粮等装载出港是很出名的,是卫河沿岸主要民船停靠地之一,大部分居民从事民船业以及农耕。还有商会办事处、山西会馆统捐局等。①

今之县城,原名艾家口。明建文三年(1401)因原大名府城(今大街一带)圮于水,乃迁移于此。历经明、清、民国,至今已有592年的历史。据旧志记载,此城初建时为土城,周长9里,高3丈,外有深4.5丈、阔9丈的护城河。明成化八年(1472)知府熊祥在城门上建角楼,弘治年间御史韩福、石禄相继将城墙加高加厚,并修葺女墙、警铺、角楼;嘉靖四十四年(1565)知府姚汝循用国库银包修城墙,以石为基,基石五尺以上用砖砌,始成为坚固的城围。此城一直持续到1945年日本侵略者投降。大名县解放后为防止国民党重新占领,始由群众拆除。②

八、馆陶县

(一)城 池

旧城在县西南,今县治由隋徙此,莫得其详。据碑记,自明成化三年丁亥知县唐祯重筑。周围五里,高二丈五尺,厚二丈。池深二丈,阔如之。门四,东曰丰乐,南曰明远,西曰临津,北曰通都。弘治十三年知县瞿鉴继修。正德乙亥知县孟正增高三丈五尺,池深二丈,阔三丈。岁久倾圮,万历二年知县李冲奎重修。崇祯乙卯知县李根深甃城三角墙,以甓西南缺,内四面筑土台各一,建戍铺于上。清康熙九年知〔县〕郑先民于城濠周围栽柳八百余株。乾隆五十七年知县陈承征复修之。

学门,在城东南隅,先曰文运,明正德间给事中傅良弼改曰文明,规制尚隘。嘉靖间阴秉旸增修,与四门同,门外砌石桥,桥外建坊曰万仞宫墙。崇祯十一年清兵南下,桥断门塞。清康熙二十五年知县郎国桢复开锁钥,启闭

---

① 《中国省别全志》卷十八,第35册,第304页。
② 大名县县志编纂委员会编:《大名县志》,新华出版社,1994年,第54页。

与四门同。迨三十三年,教谕吕心佐纠邑人王昌明等募修五路于门外,高七尺,阔一丈,屹然孔道,甚便居民。①

(二)县　城

民国年间城墙已失去当年宏伟。

民国二十八年(1939)2月,抗日战争爆发后日军第二次侵占馆陶县城,为强化治安,强迫民工将旧城墙进行修补。

1954年底,县城四面城墙残缺不全,南面较完好,修馆临公路时,在城南门东穿壑而过。城门有南、东、西门,北门已拆毁。主要街道有:南北大街,从南关到北关;东大街为丁字街,从东关至南北大街;西大街亦为丁字街,从西关至城隍庙。县委设在北街路东,县政府设在东街路北原县衙内。文庙正大殿尚存,城隍庙完整无缺。有旧戏楼一处。服务行业有三盛园饭店、洗澡堂等。②

九、广平县

(一)城　池

城周三里六十八步,高二丈,广一丈。门三,东曰启阳,西曰美利,南曰保障。北无门,有楼曰兆元。池深一丈五尺,阔三丈。(旧志)城在金元时迁徙无常,规制未备。明洪武二年始治今地。天顺中创建土城。成化三年知县何琮增筑城门,建楼,凿池。嘉靖间知县寇阳,万历间知县陈鏊、王一龙各有增修。崇祯十二年知县张宏志改建砖城。国朝顺治间增筑护城堤。康熙四十二年漳水溢,城尽圮,移治于城西北,建修新堡;五十年复移旧治,仍筑土城。(《畿辅通志》)同治三年知县杨汝为因旧基修筑。③

---

① 刘清如、丁世恭、王华安纂修:《民国续修馆陶县志》卷一,地理志,城池建置,《中国地方志集成·河北府县志辑》第62册,第168页。
② 任润刚主编,河北省馆陶县地方志编纂委员会编:《馆陶县志》,中华书局,1997年,第496页。
③ (清)胡景桂、(清)吴中彦纂修:《光绪广平府志》(一)卷二十一,经政略,建置一,城池,《中国地方志集成·河北府县志辑》第55册,第350页。

(二) 县　城

广平县城,古称鹅城。……清末至民国二十五年(1936)又经五次重修或补修。1938年10月,县抗日政府为防日本侵略军占领县城,发动群众平除了部分城墙。1939年4月,日伪政府又重新修筑。1945年8月广平县城解放以后,为防敌人再次占领县城,县政府发动群众将城墙与城楼全部平除。

旧城街区布局呈"丁"字形,有东街、西街、南街、菜市街、台庙街和几条小巷,东街、西街、南街为主街。城区北部多为公署、寺庙,南部为居民区和商号、店铺。城内主要建筑有县衙、寺庙、戏楼、教堂等。县衙位于城区西北隅(今县机械厂处),背城面街,明洪武二年(1369)建。县衙正厅三间,后为后堂和知县宅,左为护楼,右为赞政厅,前有东西吏房,中为戒石亭。亭前为仪门,门之东为寅宾馆,南为申明旌善亭,西为监狱。最前为大门,上建谯楼,门前有照壁。县衙明代几次增修。清康熙五十年(1711)因水圮重修。清咸丰十一年(1861)四月被王大忠起义军焚烧。清光绪三年(1877)重修大堂和吏曹,后因款缺中止,另租典当铺合为县公署。1938年拆毁。1939年2月,日伪政府又于此处建伪县公署。警察局在南街路东。戏楼一在南街北口,一在东街路南。基督教堂在东街路北。义仓在关帝庙西。邮局在菜市街口西北。东南隅城墙上建有魁星楼,几里之外即可望见。有庙宇十几座,遍布城内及关厢。城内有城隍庙、文庙、关帝庙、玉皇庙、观音庙及文昌祠、千佛寺等。四关有火神庙、龙王庙、老爷庙、八腊(蜡)庙、马神庙等。

县城从明初至民国年间,逐步发展成全县的政治、经济、文化中心。七七事变前城内有商业20个行业、100余家,以杂货行、洋广行、布行、棉花行为最繁盛,其中,"福顺永""祥盛和""龙勇德"杂货、洋货店和"天兴""天泰"布店等都有较大资本,经销量较大。平大公路经过县城东关,有官马大道与邯郸相通。县城设邮政、电话、电报,下通各乡。县城建有简易师范、完全小学、模范小学、县立女子高等小学和阅报所、图书馆。卫生机关有地方病院。日军侵占县城以后,城内遭到严重破坏,所有商号被抢掠一空,文化教育机关被迫解散。①

十、鸡泽县

（一）城　池

　　城周四里（旧志作五里）一百七十步，高二丈（旧志作一丈）八尺，广一丈四尺（《县志》旧志作三尺）。门四，东曰望鲁，西曰通晋，南曰迎薰，北曰拱极。池深一丈五尺，阔两丈。（旧志）城在隋唐徙置不一，金初寄治北抬头村，大定中创筑土垣。元至正十五年县尹霍安道重修并浚池。明成化十八年城没于水，知县谭肃修增瓮城戍楼。弘治十八年知县邵锦、正德五年知县银镜相继修筑。嘉靖十一年知县周文定重建南北城楼。十五年知县于慧重建东西城楼。二十年知县曹希鲁浚池。三十六年知县张廷槐易垛以砖，增建铺舍。四十二年知县常世勋重建东西城门。万历八年知县张受道、二十年知县曹孔荣各有增修。崇祯十三年知县贾益谦改建砖城，高广如今制。国朝乾隆十六年知县王光燮浚池，自邢家堤引滏水入之。(《畿辅通志》)同治二年，知县李金堂重筑城垣，池加深广（广三丈至五丈，深入九尺到一丈不等）。光绪十六年知县钱锡寀补葺南门、西门、瓮城，复于濠岸植柳。②

（二）县城街市

　　城墙呈长方形，南北稍长，四方各有一门，各门都分为第一、第二两道门。街市以中央牌楼为中心，呈十字形通向四方，形成东、西、南、北四条大街，北大街最长，约有五町，其他的都有二町多长。路宽约二间半到四间左右，没怎么修整，下雨的时候通行最为困难。到市内的地方有石门，其数量有十五六处。此地虽然是济南和顺德（邢台）之间的交通道路，但是内地产品的大部分是直接运送到两地，本市只不过是作为通过的道路，因此市场情

---

① 李金国主编，河北省广平县地方志编纂委员会编：《广平县志》，文化艺术出版社，1995年，第72页。

② （清）胡景桂、（清）吴中彦纂修：《光绪广平府志》（一）卷二十一，经政略，建置一，城池，《中国地方志集成·河北府县志辑》第55册，第349～354页。

况并没有什么值得看的。大部分市民都是农民,种植棉花、稻谷、高粱等。①

(三)县　城

鸡泽县城始建于金代,位于县境北部留垒河东岸的鸡泽镇,距邯郸市65公里,为鸡泽县人民政府驻地。由东关、北关、西关、南街、东北街、西街6个行政村和县、镇党政机关及企事业单位组成,共2.3万人,南北长7.5公里,东西宽2公里,面积15平方公里,为不规则梯形,是全县政治、经济、文化、教育、交通、通讯和人们社会交往的中心。

据清乾隆三十一年《鸡泽县志》载:"金天会中寄治于北台头村,大定元年始筑城",即今县城。"城周四里一百七十步,高二丈八尺,广一丈四尺。""城墙土筑,为方形,有瓮城四座,城楼四座。""崇祯十三年知县贾益谦建砖城,城周四里一百七十步,高二丈八尺,广一丈四尺。"此县城自建置至今已有840多年,为鸡泽县治。1958年并入曲周县后为鸡城公社,1962年3月恢复鸡泽县建制后,为鸡泽县人民政府驻地。

民国时期,县城有东街、西街、南街、北街、文庙街、杨街、牛尾街、东关街、北关街、西关街等10多条,个体商业网点集中于南北十字大街。

新中国成立后,县城迅速向南关发展。特别是1978年以来,县直机关陆续由城内搬迁到南关,形成城内为老城区、南关为新城区的长方形块状聚落。商品集贸市场,也由县城转向南关。新建的街道中,迎宾路、中长街、文化路、卫生路4条街道两侧均为楼房建筑,有过街彩桥、沿路彩灯,面貌发生了翻天覆地的变化。②

(四)调研纪事

鸡泽城垣颓败,周围颇广,城内街市居民,瓦屋甚多,而空闲地基亦复不少,计全县境界东西约三十里,南北约五十里。村庄一百有八,其八村庄,则

---

① 《中国省别全志》卷十八,第35册,第297~298页。
② 李振江主编,河北省鸡泽县地方志编纂委员会编:《鸡泽县志》,方志出版社,2002年,第7~8页。

在外县。许疃、巩村、李庄三村在曲周县界,东鸡泽屯在威县界,南鸡泽屯在肥乡县界,杜屯司、郭庄、弓庄三村在永年县界,均远在本境六十里外云。①

十一、临漳县

(一)城　池

　　临漳旧城在旧县村,洪武十八年漳水冲没。知县杨辛于洪武二十七年奏请移县治于理王村,创筑土城,周围四里,高一丈七尺,阔一丈,南北二门,东西四门。成化十八年,漳水泛涨,冲决河堤,城之四门尽被淹没。知县陈宁重为修理,塞二小门。弘治十四年,知县景芳将城增高二丈。四门甃以砖石,上建重楼,外凿池濠,阔三丈,深二丈。护城堤二道,高一丈三尺,城门、城角各设窝铺。嘉靖十六年,知县何瑚增高二丈五尺,顶阔八尺,底阔二丈三尺,四门楼窝铺咸整治焉。二十三年,知县袁文贵将垛口角楼易土坯以砖石,四门用铁裹。本府同知王师文署县事,又重修之。万历十八年,四面门楼圈门雉墙岁久倾坏,知县丁允亨重加修葺。万历三十年,淫雨如注,漳水泛冲,城墙、垛口、门楼、角楼,尽皆颓败。知县田应召自捐官俸,请发仓谷,兴工缮治。三月而成,不劳民,不伤财,规模焕然矣。四十一年秋八月,河水暴发,浸城二次。知县赵友琴将护城堤增高二尺,遍植榆柳以障之。崇祯五年,流寇猖獗,知县张尔忠于旧城之外新筑一城,周围六里。十三年,知县夏衍虞将外城用砖包砌。十四年七月,大雨连绵,漳水涨溢,淹崩北城一百八十丈,知县卫之珆重修。

　　国朝顺治五年五、六两月,积雨河溢,城倒八百余丈。知县王象天申请重修,两月告成。周围共六里,高三丈五尺,上宽七尺不等,周围垛口共计六百五十七个。四门砖楼四座,每座三间门,用铁裹。城角砖楼四座,每座周围十丈四尺。城濠深八尺不等,口阔三丈不等。康熙六十一年,漳水泛涨,西城楼倾,门隧塞上,止开一小门。雍正七年,知县陈大玠开通。八年,捐俸重建城门城楼一座三间,外建吊桥,得通车马。又捐修四城垛口、窝铺,并各

---

①《调查征集员杨鹤翔报告》,《河北省国货陈列馆月刊》(天津)1929年第四期,第17页。

城楼、角楼。同治六年,知县骆文光重修,于城墙四面添筑炮楼十二座,又城门两旁造成护门炮楼八座,炮楼上均有女墙,如炮台式,每门留有暗门,以便偻身侦敌。城上敌楼,上层敌楼留有箭窗,均仿前明周台公戚南塘敌台护门炮楼暗门突门之式,城邑防卫于以称备。光绪十一年,漳水溢,西南城垣圮者二十余丈。知县徐本立补修,后间残缺。十八年,知县周秉彝重加修葺。二十一年,浚濠,培修护城堤,城内土隍因历年大雨奔注,久而成坎,东城楼榱折。二十六年,复一律修饬完备,金汤称巩固焉。东城楼,知县赵友琴题曰迎旭,张尔忠题曰养旭,骆文光题曰养旭。南城楼,赵题奏薰,张题敷凯,骆题敷凯。西城楼,赵题金城,张题宅曜,骆题挹爽。北城楼,赵题霑恩,张题回凉,骆题拱极。

附兵械,各门旧设铁铳二,知县赵友琴恐小不堪备御,每门添置大铳二。知县张尔忠添置炮四十位,分列四城,又置大炮四位,列四门。知县王象天添置炮台、炮架,而武备修整矣。康熙十八年,奉文将炮解送云南军前。十九年,领回法烦炮六位,劈山炮一位,照前安设。同治六年,知县骆文光修城后,复置大炮二十尊,马蹄炮八十尊,鸟枪一百二十杆,抬枪一百杆,而武备益整矣。①

(二)县 城

民国初,沿用了明清时期的城墙、城门及建筑。城内街道非常狭窄,均为土路,高低不平。公共建筑有县衙、知县宅,县丞宅、主簿宅、典史宅、吏舍、儒学教谕宅、训导宅、养济院、社稷坛、风云雷雨山川坛、邑厉坛、城隍庙、东岳庙、崔府君庙等,这些建筑民国时期多已颓废。日伪时期,县衙为新民会、宪兵队占据。

抗日战争及解放战争时期,城墙、城门逐渐被毁。1945年10月4日临漳县城解放,但全县形势仍处在"拉锯"状态,共产党为防国民党反动派占领据守县城,发动群众拆掉城墙上的砖,使城垣失去战争防御功能。1947年1

---

① (清)周秉彝修,(清)周寿梓纂:《光绪临漳县志》卷之二,建置,城池,清光绪三十年(1904)刻本。

月1日国民党反动派军队曾一度占领临漳县城,因不能据守,占据不到一星期又退回了安阳。

为了改建旧县城,建国初拆除了城门,城墙也逐渐被平。旧城区本来地势低洼,因拆了城门,挖平了城墙,失去了抗洪防水的功能。1963年8月大雨,县城被淹,水深越过屋檐,除十字街一小片地方外,全城一片汪洋。房屋大部倒塌,商店商品全部泡在水里,国家和居民财产蒙受重大损失。县委及政府机关也搬至临漳中学办公。大水过后,人民政府接受教训,于1964年将旧城墙基加固,并绕城植树,以防水患。①

十二、邱县(丘县)

(一)城 池

按,平邱故城仅有遗址,废置几易。逮元至元始建此城。垒土凿池,虽不比金汤,盖亦屹然保障矣。国家仓库所存,官民身家所寄,治乱相寻,安危倚伏。是用纪其创始而相继增修者,亦备载共名焉。

邱土城创自元至元二十七年,明成化年县丞唐暎重建。周回八里,高一丈有六尺,厚八尺,池深八尺,阔倍。门四,东曰长春,南曰阜化,西曰永安,北曰迎恩。正德六年知县高重明、九年知县侯位,各重修。十一年,知县吴道纯重修四门,始置门楼及四角楼腰楼。嘉靖二十一年,知县于周臣增置南瓮门。二十二年,许绅加筑护城堤。隆庆二年,知县沈宗高始袭四门以铁。万历三年知县侯国安、天启二年知县高继凯、六年知县徐州儒、崇祯八年知县宋一鹤,各重修。顺治七年,知县李应珍重建西门、北门楼各三间。顺治十一年,后城为漳水所啮,知县黄在中补葺。十八年,知县张焜增修。至康熙二年,知县张珽补修,并重建西门瓮门及北门城楼。康熙十四年,知县王国玺重修。按牌甲多寡以分城工,远近躬亲,丈度某村自某处起至某处止,即刻石垒城垛上,仍立总碑于公署大门东,永著为式。后移此碑于学官戟门西,借刊御制圣贤赞,其迹尚留碑阴未磨。他年兴城筑,循此度工,百姓

---

① 河北省临漳县地方志编纂委员会编:《临漳县志》,中华书局,1999年,第438页。

便之。

公署,邑有公署,所以宣政而出治也。君子读攸跻攸宁之诗,而知堂室非细故焉。邱之县治由来旧矣。历元明至今,莅兹土者代有增修。其中堂榭屋宇环列峙植,率有规矩,而屹然高出者有二楼焉。其一长裕楼,在库所,邑侯张焜建,曰长裕,则意在国而非为私也。其一望岁楼,在宅后,邑侯张珽建,曰望岁,则忧在民而不专己也。后之坐享成劳者,得无念乎?至于厅坊台榭之倾颓,馆阁轩宇之毁废,十且八九。则邱邑荒歉屡瘠之状历历可征,惟赖主持风教者恻然兴休息培养之思,勃然动抚恤维持之念,则转否机而复泰运不无厚望焉。①

(二)县　城

民国十六年(1927)春,修补南门迤西、北门迤东及西北隅城墙、垛口。十七年(1928)夏,更易四门名称,东曰博爱,西曰奋斗,南曰中山,北曰和平。二十一年(1932)夏,修补南门迤东、北门迤东城墙,冬掘城壕宽 3 丈,深 1 丈 5 尺,并重修四门楼。

城内街道呈棋盘式,主要街道有 8 条。大十字街,至东城门为东大街,民国时称中山东街;至西城门为西大街,民国时称中山西街;至南城门为南大街,民国时称中山南街;至北城门为北大街,民国时称中山北街。小十字街向东至文峰塔为政府东街,再向东至东马道为关帝庙街;向西至博爱街为政府西街。文庙前为教育街。其它小街巷 30 余条。

…………

民国时期县署,鉴于前治所或因战乱,或因年久失修,已全部倾圮,民国县政府设在城内小十字街西北角,承审处在内,系租赁吴姓当铺。因宅基地狭隘,虽间有添建改筑,苦因面积和经费所限,终未建成规模局势。②

---

① (清)王辂修、(清)韩思圣、(清)刘秉礼纂:《雍正邱县志》卷二,建置志,城池、公署,清雍正六年(1728)刻本。
② 张敏主编,邱县地方志编纂委员会编:《邱县志》,方志出版社,2001 年,第 512~513 页。

十三、曲周县

(一) 城 池

城周五里十三步,高二丈四尺,广九尺。门四,东曰崇化,西曰永安,南曰景盛,北曰拱辰。池深一丈五尺,阔一丈四尺。(旧志)旧无城,明成化四年,知县王佐始筑土城。正德七年,知县丁钺增高改筑如今制,并建成楼浚池。嘉靖间知县牛斗引滏水入焉。二十二年推官罗鼐(旧志作鼎,误)。甓城堞。万历间通判江中淮、知县高出、王祚昌相继甓以砖。旧有东西瓮城。四十六年知县赵荫昌增建南北瓮城。崇祯间知县李严、国朝顺治间知县李时茂各有修葺。(雍正《通志》)乾隆间知县陆拱辰、劳宗发重修城楼。嘉庆间知县奚继徽、刘沄引滏水入池,寻废。同治三年,知县王延桂于东桥迤南开闸挑浚,引河导水注隍。①

(二) 县 城

最早在宋元祐四年(1089)曲周开始为曲周县城,历经宋、元、明、清、民国至今,是曲周县政治、经济、文化和交通中心。明以前无城,明成化年间,始筑土城,后屡经增筑,抗日战争时被拆除。城内东、西、南、北"四海",为筑城时起土掘成的水塘,总面积 207 亩左右,基本常年蓄水,水质原为咸水,1969 年开挖为淡水鱼塘,最高年产鱼 18000 公斤左右。②

十四、涉 县

(一) 城 池

涉旧系土城,明嘉靖辛丑冬始易为石,周围三里零九十五步,高三丈五尺,底阔二丈五尺。南北二门,二敌楼、四角楼、四窝铺,一千九十七砖垛。

---

① (清)胡景桂、(清)吴中彦纂修:《光绪广平府志》(一)卷二十一,经政略,建置一,城池,《中国地方志集成·河北府县志辑》第 55 册,第 346~354 页。

② 侯建国、李修文主编,曲周县地方志编纂委员会编:《曲周县志》,新华出版社,1997 年,第 98 页。

壕深一丈五尺,阔三丈,马道阔一丈二尺。知县杨纶奉文建。(邑人王科有记,见《艺文志》。)万历六年,知县段爱民于北门内创立重门,上建楼三间,以壮观瞻。崇祯六年,因流寇乱,宪副常行文挨城筑楼八座。自明季迄国朝,历年既久,敌楼尽颓,女墙残缺,南门瓮圈亦圮。康熙五十年,知县黄泽通加缮葺,重建城楼三座,北曰承恩,南曰广润,东曰迎晖。增置窝铺六处。雍正六年,又于城中东西街增置窝铺二处。

公署,知县署在县城南街之西,历代相仍,元末毁于兵。明洪武三年,署县吴得诚因故址重建。万历二十六年,知县李天柱重修。凡正堂三间,傍厅二间(今为库房)。幕厅三间(今为收粮所)。二堂五间,外为仪门三间,又外为大门(旧三间,知县阙士登增为五间)。康熙五十年,知县黄泽俱重修。知县宅在二堂之后,有三堂三间,四堂五间(皆连正堂、二堂而称)。又后楼三间。四堂之东为古柏堂,柏高十余丈,二三百年物也。柏下有池,四傍甃石,翼以栏杆。万历间,知县任澄清引渠水入其中。其前为花厅宴宾之所,后为马号。三堂之西,则厨房在焉。乾隆三十年知县吴爽、五十五年知县余光禄,叠加修理。銮驾库在县宅三堂东,藏仪仗之物,备迎诏之用。知县任澄清置,久废。寅宾馆在仪门西,知县刁良建,今圮。库楼在正堂东,今改为更楼。六曹房在正堂两廊(东吏户礼,架阁仓房附;西兵刑工,承发㐇房附)。禁狱在大门内之西,戒石亭在甬道中,今圮。知县黄泽重建,为木坊。奖善亭在大门东,申明亭在大门西。正德中,知县刘拊建,知县李天柱重修。典史署在正堂西,察院署在东街,正德五年,知县张礼建,久废。按察司署在城隍庙东,洪武初建,久废。府馆在大街东,今废。巡检司署初在县北三十里偏店镇,嘉靖间移西南吾儿峪。税课局在南街东,洪武十五年知县孙文建,久废。阴阳学在南街,洪武十七年训术孙光远建。医学在大街东,洪武中建,万历十年修,今废。僧会司在县南隅妙觉寺,道会司在清凉观。[①]

(二)城 垣

民国二十一年(1932),国民党县政府集民夫对城墙所毁处全面修葺。

---

① (清)戚学标纂修:《嘉庆涉县志》卷二,建置类,城池、公署,清嘉庆四年(1799)刻本。

民国二十六年(1937),城墙完好,有马道、城壕、南北门;城墙上除有四角楼、四窝铺外,还设有炮墩。民国二十七年(1938)5月,国民党政府所设抗日动员委员会,为便于群众战时疏散转移,组织千余民众开始拆除城墙,直到60年代其西部仍留有残基。

现原城墙旧址东部建有邯郸地区化肥厂家属院、建行家属楼等,西部分别建民房、老干部活动中心、县委办公楼、县委家属院和邮电局等,北部分别建涉县中学(今文教局所属部门占)、新华书店等。

旧县城南北向有正大街(今城中街)、西街(今城西街)、东街(今城东街)、营子街,每条长约400米,宽不过7米;东西向有南街(今街前巷)、宋家巷、白道、南拐巷(包括小桥街)、黄门坊街、唐家巷,均为土路小巷,宽5米,通正大街。解放后,在拆毁城墙时,曾将街道狭窄处局部拓宽,而正大街仍为两侧留小渠的土路。①

十五、魏　县

(一)城　池

序曰:《易》称王公设险以守其国,《春秋》凡城必书,所以固疆圉资捍卫,从古然矣。魏治三迁,卜筑于□,独当郡之西冲,洵属要地。自有明洪武至清兴以来,盖三百年于兹矣。屡经缮治,叠障层壁,金汤雄胜,三辅所未有者,然可恃而不可恃也。语曰:城无大小,善守者全。有地方之任者,当以人和为本务云。

魏故城在县东旧县村者,为汉以后荒基,在县西南洹水镇,今呼为旧魏县者,宋元以前遗址。故明洪武三年创今县治,于五姓店环治设防,惟土堤三里而已。正统十四年知县谭理始筑今城,垒土为垣,高二丈一尺,周围五里余。城外为池,深一丈五尺,广二丈四尺。辟四门,又设东北一小门,以便薪水。天顺三年,知县杨春、主簿韦玘重修,城高加六尺,池深加二尺。弘治四年,知县鲍琦复开西北一小门,总为六门,环城列垛一千六百八十有四,内

---

① 涉县地方志编纂委员会编:《涉县志》,中国对外翻译出版公司,1998年,第303~304页。

外马道俱阔丈余。肇造门楼四座，刻石其上，名其东曰迎恩，西曰来宾，南曰望远，北曰拱宸。小门之在东者曰东作，在西北者曰西成。又创瓮城四座，铺舍十六，以便巡守。城池之外又为土堤备陪（培）漳水，周围八里有奇（都御史李岳记）。正德八年，知县张汉卿加筑，高二丈五尺，浚池深二丈，外郭周围复筑御水小堤，又扁其四瓮城之门，东曰通和，西曰达远，南曰文明，北曰怀忠。崇祯九年，知县王廷谏奉上行，全城并城顶俱砖铺甃，可称金汤险固矣。

外城。正德二年流寇刘六、刘七等猖獗。知县高夔因前令鲍公堤筑为郭城，高二丈，根阔二丈五尺，顶阔二丈，浚壕深一丈，匝建悬楼，防守得宜。时贼四犯郡邑，惟于魏县未敢近，城民甚赖之。八年知县张汉卿复于郭城之东北、西北辟二小门，以便庄农。嘉靖十三年知县连登，十五年知县童汉臣，二十二年知县冯惟讷、董威，相继修饬。三十二年知县陆东又培土列垛砖甃，门楼铺舍悉加修饬。万历三年，知县李幼淑增修，制同内城，高复过之。二十一年知县田大年环筑大堤，以御漳水，天启二年知县陈序浚壕增垒，屹然保障，旁邑鲜俦，真所谓重城叠壁者也。[1]

（二）县 城

清乾隆二十一年（1756）夏末秋初，天降雨，数日不止，城中积水数尺深。县丞杨琪恐城毁，于东北小门处开涵洞，意欲排泄城内积水。因城墙修筑年久，城外不断被漳水淤埋，高于城内，造成外水内进。

清乾隆二十二年（1757），漳河从朱河下决口，自涵洞又灌入城内，城垣坍损，庐舍漂没。自此，魏县并入大名县为西区。县城在五姓店历时357年。清同治七年（1868），百姓反抗朝廷的暴动接连不断，魏县废城四关的豪绅们，为维护自身利益，强迫百姓补修废城，以对付暴动百姓。民国九年（1920），修邯郸至大名汽车路时，补修后的城墙东门和西门被拆掉。民国二十六年（1937）11月日本侵略军占领魏县，在西城墙处建了碉堡群。城内零星店铺均倒闭，经济每况愈下。民国二十九年（1940）魏县抗日民主政府成

---

[1] （清）马襄修，（清）刘翔义纂：《魏县志》卷一，建置志，雍正五年（1727）刻本。

立，至民国三十四年（1945）解放，城内只有一家杂货铺和一家药铺。①

同治七年（1868），因土匪扰乱，四关绅民公议避贼之地，遂复补修残损城垣。县尉协力催修，逾年工竣。周9里，高2丈有余，筑土垣，建四门。至今陵园东北侧尚有该年代重修的防御城墙遗存。

明清古县城建筑多为坛庙，建有衙署、仓库、学校、剧场、牌坊和民宅等，具有一定规模。后因历代水患，大多古代建筑掩埋地下或毁于洪水。到解放初，城垣内外除植有大面积梨树和禾苗外，城内仅存北门内的城隍庙和东街、南街的几座半埋地下的石牌坊。②

---

① 王学贵主编，魏县地方志编纂委员会编：《魏县志》，方志出版社，2003年，第73页。
② 王学贵主编，魏县地方志编纂委员会编：《魏县志》，方志出版社，2003年，第435页。

第七章　衡水市各县城城墙资料

一、冀州区

(一)城　池

元世祖中统三年修冀州城。《元史·世祖纪》:中统三年诏修深冀南宫枣强四城。明成祖永乐十三年漳滏水溢坏城,越四载,始复故治。范志云:永乐十三年淫雨河溢,大水坏城而入,官民庐舍荡尽,知州柳义徙治于城南十里茅茨而居,四年水平乃复旧治。

宪宗成化十八年,河水坏城一千二百丈,知州李德美修复之。范志云:成化十八年六月,漳沱河溢,大水入城,西门尤急,知州李德美督民力捍,水退修城,民赖以安。大学士李西崖、东阳刑部林凤山后有碑记。

孝宗弘治二年始成内城,建二水门。范志云:时旧城倾颓,可越盗劫州库。署知州罗纯正于城南北东面复筑内城,南北西为三大门,东面西南隅为二水门,天寒工止,至次年知州黄钊继成之。汪少詹谐有碑记。案,《方舆纪要》云:州城汉时遗址,宋建隆二年增修,皆筑土为墉,明初因而不改,成化十八年漳沱河溢,城坏,寻修复之。弘治二年增筑内城,皆土城也。

武宗正德六年塞东水门。范志云:知州刘追砌塞东水门,以南水门亦渐圮,以砖砌之。

七年始修女墙箭门,补内城,遂塞东水门。范志云:六年秋,流贼攻围州城,知州刘追弃成(城)走,民被掳掠。七年四月贼复至,知州邹瑾于仓猝集事,以旧城旷大,人寡难守,遂补修内城,东南空缺,逾昼夜竣事,下令西南面守旧城,东北面止守内城,其旧城则但多立疑帜,复作女墙箭门以便矢石,并筑土塞东水门,严令申纪,与民死守,贼不能入。

世宗嘉靖十四年重修旧城,完西北二方。范志云:嘉靖十四年,判官章惟宝承府檄修旧城,但完西北二面,迁任去。

十八年修城门。范志云:知州梁济修南城门,题曰嘉会,西门曰和义,北门曰贞干。

二十一年增筑内城,建敌楼,浚隍池,南门少圮,遂废之。范志云:是年山西屡报警,知州赵迎增筑内城,与旧城齐高,东南西北二隅各建敌楼,周城浚池,外起小堤,其内城南门少圮,遂尽毁废,张玺有碑记。

二十二年复修旧城。范志云:嘉靖十四年修旧城,但完西北二方,东南二面未修,渐成大路,车马往来。至是,知州张景达始修完。之前改女墙箭门为垛口,至是亦复改修。

二十八年始建内城东门。范志云:知州王元亨建。

三十年增修敌台二十六座。范志云:知州刘世绅增修敌台,又改筑城堡三十六座。

崇祯九年修瓮城、垛口、敌台,始改用砖。范志云:知州李宏祯修。

清顺治二年缮城之阙者,十四年重修四城,十五年重修四门,立碑以志。《畿辅通志》云:顺治二年知州张恒、十五年知州陈嘉会复修。

康熙三年重修四城门楼。范志云:知州杨遇春重修四城门楼。

五年增北门外护城堤,十三年筑四城门外周垣,以接马墙。李志云:知州李显忠修护城堤,堤在北门外,专护老城。

乾隆十一年重修城垣,建四门楼,及女墙、垛口、敌台。范志云:知州范清旷重修桐城,方敏恪公有碑记。

四十二年城内外砌用砖。《档册》:乾隆四十二年,知州蒋国华请帑兴修。城周围九里十三步,计长一千一百四十五丈,顶宽一丈五尺,底宽二丈,高二丈,垛口高五尺六寸,都一千八百五十六,炮台一十六,今仍其旧。

同治二年浚城濠,建木吊桥四座,十三年但弥缝补苴,无大工作也。《档册》:同治二年,知州高维翰以四城门外石桥淤塞,督民夫挑浚之,并浚月濠,各建木吊桥一座,旧城西北东南二隅向有二闸,一律修浚。时捻匪窜畿南,备防守也。十三年知州李国楠亦有修城之役。考冀城在宋时为最大,其遗迹之可见者,惟城外东南西北二隅,土阜连亘,绕出北关,俗呼为老城角,或曰明旧城之遗址也。范志绘有冀州城池图,城中街衢一纵一横,与今制无异。统全城而言,南北门距离尚近,东与西则稍远,盖城之基址,西南仍旧,其他方面皆沿后筑之内城继续修葺,形非正方,其所从来者远矣。①

(二)县城街市

街市以宏壮的围墙所包围,周长约十二里,高二丈八尺,宽七尺。汉初建造,之后经过多次重修。自古以来这里多次遭受流寇暴民之害,顺治元年城楼几乎全部焚毁,现存的城楼是顺治二年重建的。

城内四周几乎全是空地,有人家的只占到面积的五分之四,西门大街是最繁华之地,杂货店、花店、钱铺、布商、粮商等商号鳞次栉比,成为一大商业区,越靠近东门越寂寥。西、北、南三门外各有一小街市,市内房屋建筑极其粗糙,屋顶很少用瓦,大多数是土造的,有炕。街道修筑不完备,宽五间左右,极其凹凸不平,车辆难以通行。

县署、二等邮局、师范学校、女学校、中学校、老爷庙、警察署等是本市主要建筑。②

(三)城　垣

冀州城自汉朝到明朝崇祯九年(1636)以前,历代筑"土为墉",修筑的全是土城。崇祯九年以后,才逐渐改用砖修。按城的大小规模来说,宋太祖时修的城圈最大,现在留存的城圈为最小。宋太祖时修的城周围 24 里,南北长,东西窄。现在城外的东南和西北两个角上,还有连亘绕出北关的土岗子,这就是宋朝旧城的遗迹。

最后修好的这个城垣,虽然只占了旧城的西南角,城周缩小了不少,但质量却很好,全城座灰砌砖,中间槽内填塞硬土,且每隔三五尺就灌一层尺余厚的三合土。这座城从清乾隆四十二年(1777)修好,到民国二十七年

---

① 王树楠纂修:《民国冀县志》卷四,《中国地方志集成·河北府县志辑》第 53 册,第 199～202 页。

② 《中国省别全志》卷十八,第 35 册,第 275～276 页。

(1938)经历了一百六十余年的时间,可惜的是在抗战期间,先被鹿钟麟流浪政府强迫群众拆毁上部,后又遭日伪军的多次破坏,加之年久失修,城垣逐渐坍塌,现在,仅留下城周围的土垣遗迹。①

二、桃城区(衡水县)

(一)城 池

衡水故城没于漳水,明永乐年间改迁今治,其时民力竭蹶,规制未备。自明以迄于今,宰斯土者察其缓急,而先后图之,次第增置,耳目一新。此皆顺民心以时举措,虽劳且费,民不为厉。昔卫文公营楚邱,国人作《定中》之诗以美之。鲁城中邱,春秋以不时书,用民一也,而美刺殊焉。知节爱者亦必有道矣。志建置。

衡水县治原在今城西十五里,其创建未详。唐延载中,县令羊元珪缮修。元大德中,县令靳守良重修。永乐五年,漳河大水湮没。七年不可居,十三年,迁于河东范家疃,即今治也。景泰元年,知县欧复、县丞朱昶创筑土城。周四里,高二丈,东北隅少缺,像其形曰幞头城。池周四里,阔七丈,深丈余,又凿渠于通济门外,引河水注于隍,后渐淤浅。正德壬申,流贼乱,深州知州李洪督知县张文佑增修。高二丈八尺,基广如之,上广一丈三尺,垛口一千二百二十五,角楼四,更铺三十三,四门各建重檐,楼三楹。嘉靖十五年知县郝铭、二十年知县李完重浚,又建吊桥于和商门外,其楼额曰金汤。三十年,知县严修仍于仁育、迎薰、通济门外各建重楼。万历三年,知县孙梦麟易垛以砖。六年,又建青龙阁于东南角。四十一年,知县魏阶继修。崇祯九年,知县王询修砖敌台,共十四座。顺治元年五月初九日,东西城楼土贼焚毁。二年,知县张恒重修东西门楼二座,东门曰迎旭,楼曰旭日朝晖;北门曰漳带,楼曰襟带漳河;南门曰来薰,楼曰薰风阜财;西门曰登瀛楼,曰瀛洲古渡。视旧伟然,但北面多沙易圮,若能甃以砖,庶一劳永逸之计也。乾隆三十年,制府方公奏办直隶城工,共五十五处,俱改建砖城,以垂巩固。钦奉

---

① 乔居主编,河北省冀县地方志编纂委员会编:《冀县志》,中国科学技术出版社,1993年,第65页。

谕允特发库帑,分年办理。乾隆三十一年,檄饬衡水知县陶淑兴修,清河道周元理勘估,计城周九百八十四丈,高二丈二尺,上广一丈五尺,基广二丈七尺,炮台十六座,垛口一千二百三十个,角楼四,更铺四,四门俱建重檐,楼三楹,实估计需费六万三千四百余两。淑奉令承修,肇工于乾隆三十二年二月,告竣于三十年月。计日成功,崇墉屹立,而金汤之利赖焉。

公署,县治在旧城者无考。永乐十三年迁今治,知县陈敏建创建,在城中央。后县丞田恒,知县杨俨、王泰、冯锐、文皓、郑朝辅、孙梦麟相继修葺。至顺治元年五月初九日,土贼破城,焚毁城楼、察院公署等处。二年,知县张恒补葺、增修,稍符体制。十一年,知县任宏孝于官宅内创平楼一座,额曰不危,捐俸为之。乾隆二十八年,知县陶淑莅任,内外衙署半就敝坏,不蔽风雨,因循三载,未遑经画,于乾隆三十一年八月内,乃得详恳,动用公项,修葺头门、二门、大堂、二堂及内署共七十三间,庶规模一完整也。谯楼三间,乾隆三十一年知县陶淑重加修葺,上有旧县移来古钟,额曰古钟楼。头门三间,知县陶淑重建。东西班房四间、仪门三间、戒石亭一座、六曹房科十二间,知县陶淑重建。库房三间、库楼一座,在大堂东。大堂一座,九间,外宅门一间,门房二间,二堂三间,向为过厅,知县陶淑增修,缮完额曰清心堂。后平房二间,东大厅三间,知县陶淑重修,额曰种菊轩。内宅门一座,东土房五间,西土房五间。绿槐亭,亭前故有老槐二株,知县陶淑新构小亭一所,因以名亭。西书房三间,东厅房五间,北楼房一座三间,北土房二间,在楼西北,厅房五间,东书房三层九间。以上各处于乾隆三十一年,知县陶淑修葺。马号厂六间,在大堂正东。监狱土围墙十二间,在仪门右。旌善亭在大门外,右申明亭在大门外左。演武场在治西南二里。典史署在县堂右,大门一座,正堂三间,穿廊三间,后堂三间,书吏房一间,皂隶房二间,宅门一座。内署六间,东西厢房六间。①

---

① (清)陶淑纂修:《乾隆衡水县志》卷之三,建置志、城池、公署,清乾隆三十二年(1767)刻本。

三、深州市

（一）城　池

　　李天培曰：《易》称王公设险以守其国。而子舆氏亦曰凿斯池也，筑斯城也，与民守之。然则城池之系于地方也，由来尚矣。深自徙治吴庄而后，独藉数仞之土垣以为屏蔽，且土性疏碱，旋修旋溃。频年工役不休，民力竭矣。暨长安张侯外砌以砖，内实以土，尔时将谓屹屹乎金城汤池，可依为固。迄今多历年所，砖为土性所侵，大加修葺，功亦未易言也，水旱不时，难以动众，惟俟丰稔始议庀工，予日望之矣。

　　深州旧城在州治南二十五里，永乐十年没于水。知州萧公伯辰徙治于吴庄，即今地，时城垣未筑。景泰初，喻公彤始创城垒。成化初，尤公璘增修，周回九里，城高二丈五尺，复建楼于四门，各高四丈。正德四年，韩公琚重建东南二楼。正德六年，李公鸿来任，适遇坝上盗起，攻劫屠掠，所至残破无完城。鸿极力营缮，城比旧增高五尺，池深一丈余，广倍之，并增置楼橹墩台。四楼城门各二座，门额东曰东作，西曰西成，南曰南讹，北曰北易。又增置四关，各设门俾严加防守，故居民恃以无恐，贼亦卒莫敢犯。嘉靖十一年，官公一夔重修，易门额，东曰迎晖，西曰望岳，南曰临滹，北曰拱宸。嗣是阖州二十七社，将城上垛口照丁地多寡，各分派信地，遇有倾圮，辄加缮葺，不令而行，最称简便。嘉靖间，余公一鹏绕城创筑长堤，以防水患。武安张公光汉、歙县程公道东相继增修，从复倾圮。万历六年，知州刘公应民与判官谢表吏目屈承恩鸠工增葺，高加三尺许，阔加二步，其规模已渐次毕举矣。然自景泰初创筑以来，率用版土。每遇河水泛涨或久雨浸淫，旋即倾圮，民困不支。迨至万历乙未，长安张公凤翼来守，环视城垣，积沙几与城平，因愁然忧之。欲请诸上台改甃以砖，为一劳永逸计，恐不见允，姑请因旧增筑，以图后举。适御史大夫李公景下谕，以改甃砖城，方可经久。公乃跃然喜曰：此□□□志也。于是召诸绅衿父老，谕以御史大夫意，各各□然应诺。嗣是捐俸金，召陶人，戒工徒。砖灰既聚，畚锸云集，公既督劝有方，民乐效用，又得御史大夫李公直指乔公、监大夫吴公、郡刺史杨公之捐助，又有本州绅衿富民之协力,遂以数年难毕之功,不数月而告成焉。城成,外附以台,台下列以女墙,墙外有池,池外复筑护堤,又增置四门重楼,外跨以飞桥,于是仡仡言言,遂为畿南重镇云,至今已渐倾圮。①

(二)县　治

城垣建筑:本县城垣于明成化年间重建。城垣周围九里,墙高二丈五尺,宽二丈。东西南北有城门四座,各门上均建筑城楼,楼高二丈余。城墙建筑外砖里土,今尚坚固,惟间有残破之处,现在正拟修理,以固城池。

县署建筑:县署在县市正中,原有房屋多系清光绪年间州牧钱溯耆重建,瓦房居多,去年因合署办公,不敷占用,又筑房二十余间,连旧有房屋共一百间。

市街建筑:县市东西南各街,街宽二丈余,惟北街街道稍狭。东南两街为商业繁盛处所,西北两街居民较多。县立完全学校、民众教育馆均在南街。各街道路修治平坦,道路两旁均栽槐柳树株,并设垃圾箱,以重清洁。②

(三)县　城

明永乐十年(1412)知州萧伯辰迁州治于今县城,"造井屋,立廛市,修庙学,建坛壝,设邮传,葺廨舍,三年而毕具"。(《深州风土记》)景泰初始筑城堑。成化初增筑后,城墙周长九里、高二丈五尺、厚二丈,并建城楼于四门,各高四丈。正德六年(1511),城墙增高五尺,池深一丈三尺、宽二丈,建阴阳学、医学。嘉靖二十一年(1542),环城筑长堤防水,建恒麓书院。万历六年(1578),城墙增高三尺许,厚加二尺。至此,城墙仍为土墙,"且土性疏碱,旋修旋溃,频年工役不休,民力竭矣"。万历二十七年(1599),砌砖城,浚隍池,筑护堤,建城楼,造东南隅砖塔,构芜萎亭于南城上。崇祯十六年(1643)建忠烈祠,清康熙十一年(1672),置义学于西玉带街。康熙二十三年(1684)构营房78间。乾隆十九年(1754),知州尹侃领帑修城,砌外墙以砖,浚隍池,

---

① (清)徐绶纂修:《直隶深州志》卷一,城池,清雍正十年(1732)刻本。
② 《河北省深县地方实际情况调查报告》,《冀察调查统计丛刊》1936年第一卷第三期,第94页。

建三楼于城上。道光时,城内建有州衙署、吏目署、州判署、防守署、学正署、训导署、贡院、留养局、养济院、万寿宫和忠烈祠、城隍庙、蚕姑庙、老君堂、关帝庙、菩萨堂、神霄观、崇圣祠、娘娘庙、三义庙、开元寺、八蜡祠、将军庙、五道庙、土地庙、三皇庙、文庙等,其余为民宅。州衙内中间自南往北建有仪门、大堂、科房、二堂、三堂、内宅;右边有库楼、仓廒和财神庙、马王庙、福德祠;左边有监狱。同治六年(1867)为防捻军而修城。同治十二年(1873)砌砖城顶。光绪八年(1882),地震坏城,知州朱靖旬修之。光绪二十四年(1898)于城内东南隅建盈亿义仓36间。抗日战争爆发后,为坚持抗战,于民国二十七年(1938)6月拆除了县城城墙,只剩下土墙基。①

四、安平县

(一)城　池

古城土为之,建置不可考。周围五里一百三十步,高二丈八尺。明正德六年知县王翱重修。嘉靖二十一年,知县郭学书用砖砌垛口二千二十一座,自是益壮观焉。崇祯十年,知县孔闻俊筑瓮城四座,墩台二十四座,改修大垛口一千一百六十六座,高峻倍前。国朝康熙二十五年,知县陈宗石重修垛口三百二十一个,更加巩固。

城门,东曰宾阳,西曰饶晖,南曰政平,北曰锁钥,城楼各五楹。明正德六年知县王翱修角楼四座。腰铺八座,各一间,明嘉靖二十年,知县郭学书修。万历二十三年,潓水坏南门,知县何翌重修。崇祯十年,知县孔闻俊增修外门并楼四座,各一楹。添修腰铺二十四座。

水门,知县何翌因河水浸城,四隅皆盈,东门遁(迤)南开水门一座,以泄内水,今废。

城基崖,明嘉靖二十六年,知县沈同人周围筑土崖六里一百有余步,高三尺,阔一丈。明万历二十三年河水浸城,知县何翌又培内基一周,高八尺,阔一丈,今无。

---

① 孟祥寅主编,河北省深州市地方志编纂委员会编:《深县志》,中国对外翻译出版公司,1999年,第276~277页。

外堤,周围八里,高二丈。明正德六年知县王翊建西南北三处,各有门一座,昔称外城。明万历二十二年,滹水浸城,知县梅延哲增筑。二十三年水大发,知县何鋆增筑,高三丈,阔三丈,周围植柳。国朝康熙二十四年,水大发,知县陈宗石重修大堤,增修北门西横堤以障西来之水,免冲堤决闸。柳废久,复增植之以固堤基。

内堤,二层堤,明崇祯十年知县孔闻俊增筑,高一丈,阔一丈。上修围墙,高八尺,墙今废。

池,深一丈,阔二丈。明嘉靖六年,知县蔺泽植柳数百株,周围堤上。明万历二十四年,知县何鋆复于堤上植柳,今废。

教场,在城东一里外,周围墙南北二百步,东西六十步。演武亭三间,旗台一座,井一口,门楼一座、一间,今俱圮。

按,城池之设,所以壮封疆,卫百姓,守令之要务,莫重于此。安邑以斗大之孤城,频罹大难,卒不及于祸患者,正以未雨绸缪,诸邑宰修备之功居多耳。

国朝定鼎,削平祸乱,太平日久,修备渐驰。视官如传舍,任其倾圮而不整饬,又惮于兴作,恐劳民力,以致倾者益倾,而圮者日圮矣。诚能因事徐理,修举废坠,岂非固圉防患爱民之至意欤?①

(二)县 城

民国二十六年(1937),县城占地面积1.21平方里,城墙建筑为外砖内三合土,周长44里,墙高2丈,宽8尺。有4座城门楼,东南城角有奎星阁。城内主要街道较平坦,无沟渠,街宽6米,主要建筑有旧政府、公安局、盐店、圣人殿、城隍庙等,圣姑庙建于城北。

民国二十七年(1938)秋后,县委、县政府领导开展破路挖沟和拆除城墙工作,入冬,已将全部城墙拆除。民国二十八年(1939)日本侵略军占领县城,又修复城墙,并在街巷各处修据点工事,原建筑多被损坏。县城解放后,拆除了城墙,街巷经过清理整修,基本恢复战前面貌。

---

① (清)陈宗石纂修:《安平县志》卷一,舆地志,城池,康熙二十六年(1687)刻本。

建国后,对传统的古城模式进行改造,开始计划建设。1956 年洪水后,城内的南街、北街、东街、西街被拓宽、取直,并铺以砖土轧平。同时,县委、县政府及所属机(关)陆续北迁(约距原址 1 公里),县城中心也随之北移。1957 年初,对县城进行规划,新辟 2 条街、2 条路。城区东到安平中学,西到磨保公路,南到城墙旧址,北到北关东西街北,面积 4.5 平方公里。"文化大革命"期间,北关处于盲目发展之中,造成城镇建设比例失调,功能分区混乱。1982 年城乡建设环境保护局成立后,对县城进行了新的规划,县城辖城关镇 10 个村,纵长 2350 米,横宽 3100 米,面积 7.3 平方公里。城内设七街七路,东西为街,南北为路,成棋盘状。为适应社会发展需要,1989 年,在原总体规划的基础上,城北新扩 3 条街,城东新增 5 条路,街道增为 10 街 12 路,界定为北起新政村,南到南关村南,西起严瞳村东,东至服装厂,城区规划面积已达 12.5 平方公里。①

五、阜城县

(一)城　池

人和多助,固为确论。然地利不悉,千丈之堤蚁穴溃之矣。毋谓何伤,狄焉启疆;毋狃平岁,勇夫重闭。故王公之设,大《易》所训也;莒城之溃,《春秋》所谨也。夫城池者,风涛之舟楫也。胡越遇风,万心同济,舟楫弗固,何恃无恐?阜地平衍,无河山之险卫我蒸民,惟恃金汤以为保障。复隍之戒,可弗谨也与哉?

阜城县土城周回五里,径直二重(里),女墙内阔二步。东、西、南、北正街,沿街为四门。城外为池,以卫城也。池外有堤,以防水也。明成化己丑,知县林恭申允广其基筑之,增设二门,遂为六门。正德丙子流寇陷城后,知县梁恺重修,筑楼橹,增成铺,高深加于其旧。嘉靖庚戌兵变后,诏畿辅增城池,知县姜密鼓舞义民改修。姜知县之父、山东解元心泉公精堪舆,就养来阜。谓阜城其形双环无冲,主父子兄弟蝉联甲科。又驿前街并小街合拟成

---

①　王建斌主纂,安平县地方志编纂委员会编:《安平县志》,中国社会出版社,1996 年,第 254 页。

文,字形亦女,字形当储会解后嫔。明代时张、陆、周、祁、高、倪、袁、蒋,皆父子兄弟相继登甲乙榜,倪族科第八人,高族亦八人并登科第。地理之说信有征焉。隆庆元年,知县王臣修葺。六年,知县巩邦固易以砖陴。

崇祯乙亥,知县姚凤增修砖陴。国朝自崇祯壬午兵燹,城池倾圮,越者如履平地,土寇入城,屠官眷、杀士庶、掠印篆、劫仓库、毁卷案,荡然一空。顺治乙酉,知县萧应聘稍葺。戊子,知县张昌祚重葺,割去林恭所增东城新垣,截堵重建,东门曰产圣,西曰守义,北曰中藏,南曰长仁。凡浚筑城池,必面形势,辨龙砂,详审经营,而后定址兴工,传之久远,有益无害。未可取便一时,轻议改作也。阜城自己丑扩筑后,居民富庶,县境内科第蝉联,宦迹炳耀。自戊子截筑以来,虽城狭易守不为无说,而街坊荒落,难复旧观,科第仕宦亦复稀如晨星。是岂民不务本业,士不勤修之过与?抑或地形受伤,有以致之而然也。且东门外商民夥聚,较多于城,又何得弃诸兽环鱼钥之外哉?康熙庚戌,知县曹邦重修。嗣知县钱式庄素悉堪舆,亦以割城肩为青龙失缠,主文风不振,遂重修文庙,更于学宫东南建文昌阁,巍峨数丈,少为补救之法。于丁卯,多时珍发解,而接踵者复有数人,文风稍振,究不及未割之前也。雍正癸丑,知县陆福宜捐修城门更铺四座。

旧监狱,西瓦房五间,东土房一间半,北狱神庙一间,庙东刑书宿房一间,庙西更屋一间。雍正十二年,知县陆福宜用价契买张祚昌空地一段,长十一丈,东西宽二丈八尺。又买高元馥、仝佺益宁、益康空地一段,长十一丈,宽二丈。新添造内监一所,计房十一间,工料共银一百余两。其监犯每名日给粮一仓升,灯油柴薪盐菜等制钱五文。[①]

(二)县　城

咸丰四年(1854),太平天国北伐军占领阜城,清军用炮火攻城,城楼砖陴多被摧毁,虽经历任知县照例修葺,城楼终未恢复原有雄姿。清末民国初,军阀混战,城墙长年失修,城上杂草丛生,砖陴残缺不全。

---

① (清)陆福宜修,(清)多时珍纂:《雍正阜城县志》卷之四,城池,清光绪三十四年(1908)铅印本。

民国二十五年（1936），县长向若水多方筹资，征集民工整修城墙，重建衙署，并将护城壕深挖1丈，开阔1.5丈。

民国二十七年（1938），抗日政府为抗日战争的需要，县长孙振武组织群众扒城墙，当时只扒掉半截。民国二十八年（1939）日军侵占阜城后，强迫县民修城，只在扒剩的基础上加修了胸墙、垛口，远不如老城墙雄伟壮观。

老城墙方圆9里18步。里外两面都是卧砖，用白灰浆砌筑而成，里面稍直，外面略向里斜，墙截面呈梯形。城墙共有87层砖，每层砖加灰口足有3寸厚，墙身高约2.6丈，再加3尺胸墙，2尺垛口，共有3丈多高，顶宽1丈余，能并行两辆大车。城门内筑有上下城墙的马道，而且是两层城墙，两墙之间形成圆形天井，称"瓮城"。城墙垛口之间的胸墙底部都留有排水孔。城墙顶面都用城砖铺砌，城门附近加砌方砖1层，都用白灰灌浆，砖下是1尺厚的灰土，再下面是墙心土，都用黏土白灰夯实。砖城究系何时改建，尚无确凿文字记载，据考古专家、河北省文物研究所所长郑绍宗对城砖鉴定，约在明朝隆庆至万历年间。照此推断，应是明朝隆庆六年（1572）知县巩邦固改建的砖城。[①]

六、故城县

（一）城　池

隋时东武城既入武城，贝州历亭始厝入今境，唐贞元改名故城县。故城者，故历亭城也，宋迄金仍名历亭。元初复改为故城。其城池所在方向均无确考，今城自明成化二年始建，特详今城。

前志云，邑治旧临河，原无城垒。明成化二年，郡守贾公忠奉诏督知县唐高度地建城于今处，以土筑之。至隆庆元年，知县李绍先以前令戚孕秀失印故，始移治城内。旧本四门，万历戊子知县李承露塞北门而重修焉，迄今城门三座，东门曰安化（蔡志更宾旸），南门曰朝宗（更环卫），西门曰广川（更延禧）。雉堞俱以砖。三门各筑瓮城，东西二门补建二桥。崇祯十三年，

[①] 崔振明主编，阜城县地方志编纂委员会编：《阜城县志》，中国文联出版公司，1998年，第281~282页。

知县苟永兴以土城难守,乃令里甲均输,欲易以砖,值奇荒未获讫工。

国朝康熙六年知县吴友闻捐俸重修,五十八年知县蔡维义补修东门瓮城,上建城楼一座。乾隆九年知县向德华请帑兴修。

今卷载,城周围六百四十余丈,计三里六分零,城身内高一丈六尺,外高一丈八尺,顶宽一丈,底宽二丈,城门三座,并无瓮城,城楼三座,并无角楼。炮台十三座,每座高一丈八尺,底宽三丈,顶宽二丈三尺。垛口六百四十,每垛高二尺五寸,宽六尺。水沟四十四道,每道高一丈六尺,宽二尺四寸。咸丰四年,知县汪桂动用义仓息钱,并自捐廉修防。同治初年,知县王文田、张学权任内先后劝捐修整,今虽渐有塌坏,尚不至尽复于隍。

按,土埤难于持久,惟在岁有修葺,乃无郭夷堞毁之虞。人情惜费苟安,幸值承平,兴言凿筑,则群议骇然。说者谓同治初年畿南发捻肆扰,他邑坚城或不能守,吾邑团练独能堵御要击之,使全境获安,是此城也,何患不完?不知重门击柝以待暴客,为政贵有远大之绸缪,不恃一时之幸。趁此土雉屹然尚易为力,信而后劳,时加修整,则众志与崇墉益相表里焉。

前志称城濠四面柳色围环相映,实为壮观,故烟笼池柳为八景之一。道光末年陈令述之补种,咸丰初大沽之役,胡令桂芬奉檄采木伐之,以应要需,官柳荡然过邑者,不无今昔之慨云。①

(二)县城街市

城墙宏大,建有城楼。城的四周环绕有护城河,建有四门四关。城周长21町多,东西、南北两条大街作为主干街道,临近南关的地方最为发达。大概是因为本街市沿着大运河建有码头,因此南关成为最繁华之地,商业繁盛,民船辐辏。西关也接近南关,人家众多,商业兴隆。道路大约有一间到一间半宽,各地淹水,步行不便。主要建筑有县署、驻屯军营、巡警署、商务分会、高等小学校、劝学所、河防局分所等。②

---

① (清)丁灿修,(清)王塇德纂,张煐续修,范翰文续纂:《光绪续修故城县志》卷二,城池,《中国地方志集成·河北府县志辑》第54册,第288~289页。

② 《中国省别全志》卷十八,第35册,第251页。

(三) 县　城

旧县城故城镇,位于今县城郑家口(简称郑口)东北14.1公里处。为元、明、清及民国期间故城县治所。

至光绪时,城周围64余丈,计3里6分零,城身内高1丈6尺、外高1丈8尺、顶宽1丈、底宽2丈。城门3座,并无瓮城。城楼3座,并无角楼。炮台13座,每座高1丈8尺、底宽3丈、顶宽2丈3尺。垛口640,每垛高2尺5寸、宽6尺。水沟44道,每道深1丈6尺、宽2尺4寸。环卫门内为双峰街。宾旸门内为兴文街,延禧门内为延禧街。县署前一大街横贯东西,东段为承流街,西段为宣化街。以承流、宣化、双峰三街构丁字形,环卫门外为临津街、鸣玉街、迎恩街、舞雩街。

"县署在环卫门内双峰街北东转南向。大堂五间,前甬道,又前戒石坊,又前为仪门,左右角门,又前大门上建谯楼。又前为照壁,仪门内东西对峙为吏舍,东南为土地祠,西偏犴(监)狱,仪门外东西各役班房,大堂后为架阁库,为听事房,宅门一座,南向为退思堂,左右院为幕客厅,后为内宅。"典史宅于仪门偏东处。管河县丞署原于城外东南临河处,后徙至郑口街南临河处。教官署于承流街西端南侧,与县署隔街为前后邻。演武场于城北0.5公里处。接官厅于城北1公里处。游击署于郑口镇东,后因坍塌移至镇内大街。千总署于城外临河处。把总署于郑口镇大街南。城内外主要建筑物有社稷坛、厉坛、先农坛、东坛、文庙、城隍庙、真武庙、武庙、八蜡庙、火神庙、刘猛〔将〕军庙、马神庙、风云雷雨神庙、药王庙、龙神祠、忠义祠、节孝祠、二贤祠、明伦堂、观音堂、文昌宫、文昌阁、甘陵书院、佛头井等。今除佛头井和民国期间所建大成殿等二三建筑物外,其它均已荡然无存。解放后中共故城县委、县人民政府于1945年6月迁往郑家口,故城遂为乡镇级治所,今为故城镇治所。[①]

[①] 崔衍国主编,故城县地方志编纂委员会编:《故城县志》,中国对外翻译出版公司,1998年,第51页。

七、景 县

(一) 城 池

叙曰:凿池筑城,以固吾圉。景土下而性不坚,垒乃高之,沟乃深之,堤乃固之,亦数十年金汤之恃乎？知州无状莅兹土四载,与其邻封相率以旱告,天子不惜百万帑藏拯苏元,元嗣允上宪以工代赈之请。属董是役,布命如春阳,沛恩如膏雨,夫宁区区缮完城郭以为壮观云。

州城,即元蓨县城也。旧志曰:元太宗八年丙申,徙东光之景州于此,以蓨为附郭。城形如卧牛,东南隅回曲百步。元文帝天历间,县尹吕思诚相地修筑,方正周围四里。明天顺七年,知州杨琼始廓大之。城高一丈五尺,池深一丈,广倍。弘治十一年,知州马驭复裁正东南之不方者,增五尺,南北门设吊桥,创建东门,四门各刻石扁,东曰东作,西曰西成,南曰南和,北曰北拱。正德九年,知州徐政建四隅角楼,窝铺十六座。嘉靖十四年,知州温秀复扁其楼,东曰渤海遗疆,西曰广川故里,南曰东省邻封,北曰北畿要路。二十一年,知州李廷宝内帮三尺。二十九年,知州胡择修南城门楼,筑护城河堤,增敌楼八座,箭楼八所。隆庆三年,知州白元奉例修理外帮五尺,上增三尺女墙,垛口创砌浑砖。崇祯八年,知州苏琼复帮包四面。十年,知州董硕儒又修,浑砖四角上起敌楼。国朝顺治十年癸巳,河决,西堤口溃水入,城墙损坏,垛口存者什一。康熙十一年,知州张一魁于城外凿池筑墙,城内设栅修圮。今上御极之九年,岁在甲子,知州屈成霖奉文因工代赈,领帑三万余两,撤旧增筑,城身高二丈四尺,周围长八百六十一丈五尺,城底宽二丈五尺,面宽一丈三尺,加高浑砖女墙垛口五尺。浑砖内门墩四座,南曰景运门,北曰景星门,东曰景阳门,西曰景福门。又瓮城外门墩两座,共六座,面各宽四丈。砖马道四条,面各宽七尺,长五丈。双层砖门楼四座,高俱二丈五尺,面宽二丈一尺,进深一丈五尺。城墙内外俱筑护堤,帮固以障积水。自九年二月起工,讫于十年四月完工。

官廨,叙曰:官其地而治其人,政教号令之所出,曰廨曰厅者是也。州入于前,县废于后,中遭兵燹,沿革之故有可言者。若夫朝廷发一令,下一诏,不获予辜,汲汲焉水旱未至而豫为之防,常平社仓之仁,流衍及于无既矣。

旧州治,元节度使邑人贾德创建,居城之中。洪武二年,知州蔡景隆重建。永乐二年,知州惠若思、田华重修。天顺七年,知州杨琼改建厅事,增置后堂,以正南当大路之冲,门内复障以屏。成化癸巳知州张本、正德癸酉知州徐政、戊寅知州谢思道,俱相继修葺。嘉靖二十年,州治灾焚毁殆尽。二十一年,知州李廷宝、判官王恺开拓旧址,悉加鼎建。崇祯十年,知州董硕儒以前数任皆降罢,谓治当大路冲,且为牌坊所压,乃迁治于东光驿,今治也。旧治至十五年壬午大乱,城陷焚毁。今治,国朝顺治七年知州申伟抱修。

土地祠一座,在大门内东偏,祠后有萧曹庙三间。康熙十一年壬子,知州张一魁重修大门一座,门内左置谯楼一座。二门外东偏置寅宾馆三间,二门内修东西六房科十二间。雍正间,后堂灾,知州郑方坤重建。库在大堂东,狱在大门内西偏。旧志未载,建设无考。銮驾库在旧治礼房之南,今贮于开福寺佛殿。察院在旧州治东,久废。(巡按驻节之所)盐运司在董子祠前,久废。府馆在旧察院西,久废。(太守行部之所)行太仆寺在旧州治西,大门东向,久废。州判廨在旧州治东,久废。每年额设房价银十六两,赁住民房。管河公署在安陵镇,南临河。嘉靖二十六年,知州陈璋、判官王之训创建,久废。吏目廨在旧州治东南,久废。乾隆十年,知州屈成霖详请,买民房改建,在州署西南。儒学在州治东南,官廨四所原在明伦堂后,明季废。今学正无署,赁住民房。训导署,雍正年训导李逢年募修,在明伦堂后西偏。大门三间,堂三间,堂后宅门一所,门旁厢房一间,后堂三间,东西厢房各三间。城守公署在南门大街。把总署在北门大街。乾隆七年新设安陵巡检司署,在卫河西岸,永乐三年知州惠若思建。康熙三十九年,司裁废。宋门巡检司署在宋门镇,正德九年知州谢思道建。康熙四十九年,司裁废。龙华巡检司署在龙华镇,雍正十一年建。阴阳学在旧州治大门东,久无。医学久缺。僧正司在今州治北开福寺。道正司在今州治北城隍庙。演武场在城西门外,有遗址。成化十七年设养济院,在州治东北。明知州刘深置漏泽园,在州城东北,即义塚。乡约亭旧在开福寺左,嘉靖丙午知州翟涛建,久废,今设在本寺。龙华等镇亦设急递铺八所。州总,州治前;管庄,城东八里;马庄,城南三里;赞福,城南十三里;北留智,城南二十里;南留智,城南三十里;

孙庄,城北七里;韩庄,城北十八里。①

(二)县　城

光绪二十六年(1900),州人议修亦仅随高就低稍事补葺。解放后仅存城垣遗迹。

县城文物古迹颇多。民国年间尚有董子祠、孔子庙、关岳庙、马王庙、城隍庙、开福寺。开福寺中有舍利塔、千佛阁、无量殿、东方丈、西方丈、孝女坟、娘娘庙。街中有牌坊5座,城西有周亚夫墓。现只有舍利塔和周亚夫墓保存完好,为河北省重点保护文物。

古之景州,地瘠民穷。到解放前,城内机关、寺院等少数房舍较为整齐,民房多草檐土壁,低小破败;几条土街,高低不平。市貌不整,商业萧条,与南北通衢之地极不相称。②

八、饶阳县

(一)城　池

城周四里,高四丈,阔三丈六尺。城门三,东曰朝宗(旧曰淳美),西曰安阜,南曰承明(旧曰饶川)。城楼三,东曰环海,西曰障镇,南曰来薰。池深阔各二丈。嘉靖中知县杨东山筑堤。崇祯丁丑知县唐顺征改建砖城,高阔增半,凡七百五十垛,炮楼二十座,敌台十六,神器铺十六,炮台一百有奇。瓮城重门,池视昔有加增修,堤高一丈,阔一丈三尺,堤外木寨三道,品坑七层。国朝顺治乙酉夏秋,大霖,城圮七十余丈,知县刘世祚重修,今城渐圮,池尽湮。又护城堤一道,周八里,高一丈五尺,阔二丈。万历二年,知县李守真创筑,植柳三千余株。旧志所云"柳堤环翠,为邑景致之一"者是也。今堤半夷而柳无复荫蘖矣。按饶治地处卑下,土性斥卤。故城基不十余年辄层剥,官斯土者,不及其初剥而补葺之,以致下拨上倾,金汤之固夷为培塿,有其作

---

① (清)屈成霖纂修:《乾隆景州志》卷一,城池、官廨,清乾隆十年(1745)刻本。
② 周连会主编,景县志编纂委员会编:《景县志》,天津人民出版社,1991年,第88页。

之,莫与继之。夫果谁职其咎哉。①

(二)县 治

城垣建筑:饶阳城建于宋时,至明正德八年,知县仇相奉檄修城垣,高四丈,厚三丈六尺,延袤三里余,建三门,城楼三,无北门,池深阔各二丈。崇祯十年,知事唐顺征改建砖城,依照旧状,凡七百五十垛,炮楼二十座,敌台十六,神器铺炮台一百有奇。现在城垣惟三门,皆砖建,城上设瞭望所,东南隅魁星阁尚完整,城垣砖基与土版相杂,屡遭沱水之患,大改旧观矣。

县署建筑:县政府在城中东北隅,明洪武八年,知县左良弼建。正堂三间,堂东为库楼,堂西为幕厅,北为后堂(今改法庭),又北为县宅。堂之前,东为吏、户、礼三房,架阁房,西为兵、刑、工三房,架阁房。西南隅为监狱,南为仪门三间,角门二座。再南为钟鼓楼(今改为县政府总门),前临衢照壁。②

(三)城 垣

清顺治二年(1645)秋,大水冲毁城墙70余丈。知县刘世祚重修城墙,并重新筑护城堤,堤周长8里,高1丈5尺,宽2丈。清道光二十八年(1848),再次修筑城墙,并开挖下水道。清光绪八年(1882)三月地震,城垣有损。

1938年秋末,抗日军民将城墙拆除。这样,一旦日军占领县城,将无险可守。1939年日军占领县城后,又修城墙。1945年县城解放后,城墙又拆,仅剩护城堤。

70年代初,因旧城区域狭小,城镇发展受到限制,故在旧城区西南、菜园村以西、思吉村以南、君香村以北始建新城区。③

---

① (清)单作哲纂修:《饶阳县志》卷上,建置志第四,道光间刻本。
② 《河北省饶阳县地方实际情况调查报告》,《冀察调查统计丛刊》1936年第一卷第四期,第114页。
③ 饶阳县地方志编纂委员会编:《饶阳县志》,方志出版社,1998年,第149页。

九、枣强县

(一) 城 池

旧城当黄河之冲。金天会四年,河大涨溢,城陴楼堞悉没。至十年迁于县西三十里刘马村,即今县治也。筑土为城,周方四里,高二丈八尺。池称之。为门三,东曰通齐,南曰接鲁,西曰仰恒。明成化六年,典史王晟因旧址重修之,其后知县佟玉、徐赞相继建门楼三,角楼四。正德六年,知县段豸添修,完雉堞一千二百五十有奇,隍关五尺。七年,知县张文渊筑护城堤。嘉靖二十九年,知县张银重修,筑城高于旧者五尺,基广于旧者七尺,池深于旧者又五尺,城上土陴悉易以砖,又添敌台及月城重门,俱设楼橹。万历四年,知县南宪仲加高培厚,三门起楼,重檐飞甍,四隅角楼并敌台、逻铺、女墙睥睨,甃以砖石,每壁添水道一十二。建西门月城外桥一,北城上重楼一,题曰神京在望,更题东门曰渤海萦回,南曰岱宗仰止,西曰常山盘踞,堤外环植以柳。崇祯八年,知县王士英修补废坏,堞外涂茨,城下外筑一墙,基厚丈余,高称之,顶固以砖,中留炮眼,可藏兵数百人,城上内建女墙。崇祯十三年,知县沈戬谷于三门月城外各建敌台,空其中,下为小门,以通女墙,便往来,更题东门曰宾嵎,西曰饯日,南曰鹰扬发迹。

国朝顺治十七年,城楼角楼风雨损坏,知县何之图修饰复旧。继此,虽小有补葺,委之地方,苟且涂饰,非复往日之规模矣。迄今垣墉仅存,楼堞尽废。乾隆十三年,奉文议修,计需费二万三千七百十两有奇,不果行。乾隆十七年,知县单作哲建三门月城外桥各一座。(先是,每岁令临城八地方出资缮桥,民甚苦之。前令赵杲革除,而木土之质渐就朽腐,今易为砖洞,可以永久,后之君子,其因时补葺焉。)[①]

(二) 县 治

城垣建筑:城垣清同治年间所重建,城门砖质,以外均土质。城作正方

---

① (清)任衔蕙修,(清)杨元锡纂:《枣强县志》卷八,建置志,清嘉庆九年(1804)刻本。

形,周围四里,城高二丈,基础宽二丈,城头宽九尺。城门凡三:北面只有门楼而无门洞,东南角楼一,现在诸多坍塌,城上雉喋(堞)几于无存矣。

县署建筑:县署亦系前清时所重建,民国以来年有倒塌,从无新修,居处逼窄,改以前大堂为办公厅,合署职员在此办公。

市街建设:县治仅东、西、南三街三关,街道均土质,宽度四公尺至六公尺,近时加修治,大致平坦,路旁设水沟,并置垃圾箱、太平水缸等。城内有公共体育场、图书阅报室,无其他娱乐场所。①

(三)县　城

清代也多次修缮,乾隆十七年(1752),在三门月城外都建了砖砌拱桥。嘉庆初年,城墙完好,各城楼巍立,城内有南、东、西三条街和多条小巷,建有县署和许多寺庙,以及大量民宅和店铺。城外之三关也有几座庙、坛。南关巨富王氏新建的几座楼房、厅堂与一个个标致的四合院,还有跨街而立的阁楼,临街而建的牌坊,成为众人瞩目的景点。

道光年〔间〕,北城墙中心一度被豁开,是为交通方便还是其他心态观念之需,无考。

民国前期,城内增建或改建多处事业性建筑,包括师范学校、女子学校、高等小学校、运动场、图书馆、民众教育馆、邮政局、养蚕场等,还有民间出资兴办的许多店铺、作坊以及文化设施"醒华茶园"。公共建筑多由古寺庙改建,规模最大的城隍庙,被辟为国民党县党部办公地点和县政府建设局,大殿成了针织厂。为拆毁大量泥塑神像,有一场轩然大波。至30年代,城内和三关大寺庙多被拆改,城隍庙和文庙之正殿整体未毁,外观如旧。二十七年(1938),为抗日游击战争做准备,群众将城墙拆成节节段段,城壕也有多处被填。日军两次轰炸,随后占据,在街巷各处修据点、工事,原建筑多被毁坏。位于县城中心的县署、中山纪念堂等也被毁掉,一条斜向北街自然形成,北城墙中心时开时堵。

---

① 《河北省枣强县地方实际情况调查报告》,《冀察调查统计丛刊》1936年第一卷第一期,第140页。

抗战胜利后,城池之内满目疮痍的街巷恢复了战前的面貌,有部分地段平了旧房遗址,街被拓宽。

新中国成立后,开始有计划地进行建设,城内的四条街和南关街被拓宽调直,并铺以砖块和煤灰渣。在北墙豁口外,本有一条曲折土路,也予以拓宽轧平,铺以碎砖灰渣,成为通途。①

十、武强县

(一)城 池

县治迄今凡三徙。旧在县北三十里沙洼村,汉名武遂者是,没于水。又筑在县南五里旧城村,即郎君渊晋为武强,今所谓废城者是。周显德二年,冀州刺史张晖始建今治,历宋、金、元屡毁于兵。明洪武初,无城,英宗时始筑,湫溢不足捍卫。成化十八年,大水倾塌,知县吴凤鸣增筑。周围四里一百五十六步,高二丈五尺,广一丈。门四,东曰迎旭,西曰西成,南曰永固,北曰迎恩。池深八尺,阔一丈五尺。正德、嘉靖、隆庆间,知县韩宥、宋锐、张相、张籍、马克、姚㵑、胡恺、钱博学相继修葺。崇祯间,知县傅蒙庥易以砖垛。国朝康熙丁未,知县李道光重修。甲戌,知县冼国干补修。乾隆乙丑,知县吴龙见领帑重修。

《易》曰:王公设险以守其国。《过秦论》曰:据亿丈之城,临不测之溪以为固,则高城深池所以慎守戒严也,故君子讥渠邱之恶而善蒲邑之完。武强之城再圮于成化、嘉靖之间,而隆万时,又经屡徙。惟国朝三修之后,迄今八十余年,雉堞尚复巩固,虽东门、南门隅垣间多颓圮,而自道光戊子正月,闻有邻戒,即与同城文武绅士督夫修筑,补其罅隙,浚其池隍,不数日遂蒇厥功,居民安枕无恐。知金汤之固诚未可以泄视矣。

公署,县治在城内西北,明洪武初主簿王彬即基重建。知县王思道、张谅相继重修。嘉靖间知县赵汉、姚㵑,康熙间知县李道光,前后修葺。乾隆二十年,知县姚德文新修大堂仪门。乾隆三十九年,李任详请修理,俱系落

---

① 王桓主纂,枣强县地方志编纂委员会编纂:《枣强县志》,文化艺术出版社,1994年,第182~183页。

地重修。旧制大堂三间,后堂三间,穿堂三间。内宅正厅正房,楼九间,幕厅三间,则学轩三间,库楼三间,耳库东西各一间,戒石亭一座,仪门三楹,东吏房五间,西吏房五间,銮架库三间,供状房二间,土地祠三间,鼓楼二间。今制大堂后左为库房,右为礼束房,向东为茶房屋、门班屋。宅门内东为门房,东圆门内东屋一间,又北东为厨房,东南为号房,西圆门内为西书房,又北为签押房。中为二堂,东为花厅,后为过堂,东西各四间,为幕舍。后为内宅五间,左右有厢房,最后为魁星楼。大堂前有戒右(石)亭,左右为六房,西为监狱。仪门外为土地祠,前为鼓楼,左右为快壮两班听事所。迎宾馆,大门内东,今废。申明亭,大门外西,今废。仓廒,常平仓大门内西,今移于北街,其旧址今为皂班听事所。县丞廨,知县署东,今废。旌善亭,大门外东,今废。主簿廨,知县署内,今废。典史廨,仪门内东。驻防廨,旧在南关路西,今随赁无定。察院,东街,明洪武年知县夏安礼建。正德间知县刘升、万历间知县阎铢、康熙间知县李道光重修,今废。

府馆西街,嘉靖间知县张籍建修。万历间知县阎铢加修,今废。阴阳学、儒学巷面东,今废。医学东街面南,今废。僧会司、养济院县署前南小街路西,乾隆五年知县燕臣仁重修。①

(二)县 治

城垣建筑:城垣纯以土壤建成,因无县志,建筑年代无法稽考。清光绪年间,经县绅北代村贺墨侪先生发起,筹款重修一次,周围四里。当初城垣高一丈五尺,宽五尺,屡年被雨水冲刷,逐渐剥消,高不过一丈三尺,宽二三尺不等,尚有仅能通过行人之处。建设股每年在农暇时召集四街关民众修补一次,商会酌加津贴,所需麦秸,统由财政科支领。城门四,即设于东西南北四面。县政府即设于十字街迤西路北,城门楼尚有南北二楼,东门西门二楼已坍塌无存。城垣现状已破损,周围已有能通行人之处。二十四年,东城瓮城坍塌,曾经修补一次,今春又召集四街关乡长及士绅征工修葺,已于本

---

① (清)翟慎行修,(清)翟慎典纂:《武强县新志》卷二,营建志,城池、公署,清道光十一年(1831)刻本。

年四月二十日开始工作。

县署建筑:大堂建筑宏敞,二堂亦颇整齐,官宅房屋适用,两旁房屋窄狭隘小,科长税契等住室,不堪应用。监狱、女看守所均破坏不堪,每年岁修一次。大堂前两廊屋基狭小,西住司法警,东为保卫团总团部。

市街建设:县城内四街虽不及商埠房屋整齐,而各街尚称宽平,惟十字街中心少较窄狭。每年农暇时,春冬修垫两次。两旁有泻水沟,路心为覆瓦式,为保持永久计,业经县政府饬令沿街各户随时修垫,并安置路灯及垃圾箱以利交通而重卫生。城东南隅为乡师游戏场,西门内为第一完全小校体育场。虽无公共体育场所,该两处民众亦可随便作踢球篮球种种运动。城东北隅及西南隅,业经呈报省府备案,建为射击场。教场东街较宽,并植中槐四十株。①

（三）县　城

县城经济几经兴衰。明、清时期,武强年画誉满全国。光绪年间,仅南关就有14家画店,客商往来不绝,县城呈现繁荣景象。

抗日战争时期,日军占领县城,修炮楼,筑工事,大量古建筑被拆毁,商店倒闭,经济衰落。

民国三十四年(1945)县城解放,县人民政府进驻县城。1951年县城改迁小范镇,此处改为乡、公社、镇机关所在地。②

十一、武邑县

（一）城　池

武邑原系土城,正统十四年,知县张赟重筑。成化三年,知县杨琇重修。成化十三年,知县马昭继修。弘治十四年,滹沱河涨,城坏。正德元年,知县

---

① 《河北省武强县地方实际情况调查报告》,《冀察调查统计丛刊》1936年第一卷第四期,第94~95页。

② 李玖柱主编,河北省武强县地方志编纂委员会编:《武强县志》,方志出版社,1996年,第73页。

成文重修，增建楼橹。嘉靖二十一年，知县魏廷重修。邑人徐珽记：

　　武邑，古燕赵境，后隶恒山信都。城池创建莫详其始，考周官之制，先王体国经野有掌固，掌修城郭沟池树渠之固。《易》云王公设险以守国，是知国保于民，民保于城，而守内攘外之具，弗可阙焉。邑旧有城卑隘，正德戊辰，山阴都宪成公文为令时，曾加修筑。齐东张尹岳继修，迄今岁久倾圮，捍卫无所倚。嘉靖壬寅秋，河中魏侯奉上命来主是邑时，旧政蛊敝，民习刁伪，侯以博学雄才，訏谟远识，敷政严明。邑之黠者、奸者咸敛戢而日范于轨，易憨以良，回薄以敦，废坠悉检而更张之。由是令誉丕著，累膺旌奖，暇日视城池坍塌，欲加修葺，适抚宪以比岁边围孔棘，檄郡县修城为备。侯曰：城池，民之卫也；保障，令之职也。遂鸠工庀材，以毕斯役。其营度也，周其编役也，均其委任也，良其赏罚也。公凡所需，侯独处而力任之，是以财不妄靡，民不告劳，几数月厥功底成，仰见高墉坚厚，周回四里有奇，雉堞严密，池堤深阔，四门有楼，伉邃壮丽，门东曰寅宾，西曰寅饯，南曰迎薰，北曰迎恩。城隅各构一楼，铺舍十有六。外郭筑垣，设门防范，益密斯城也。规模制度焕乎维新，隐然为右辅雄镇，足以祛内寇攘掠之患，弭外夸窥伺之心。俾吾民仰事俯育，坐享安养生全之乐，大矣哉！侯之惠也。虽然抑有闻焉，昔诚斋云：人自为守者，守不以城；人自为战者，战不以兵，守不以城，以人为城也；战不以兵，以人为兵也。信斯言也！地利者，守邦之要；人和者，保邦之本，务本图要，不归诸贤侯之功而孰归？落成之日，邑人籍籍交颂，珽同监生王崇华、邑博崔君、王君、郭君暨阖学士夫谋，欲镌石纪侯功德，庸垂不朽。众皆忻赞其成，仍属文于珽，遂叙其事以为记，庶几宰此邑者，鉴其难成而虞其易败，接武修葺，是又邑民之永赖也。侯讳廷，字子扬，号三岩，乡进士，善政多端，难以尽书，一石之立，亦嗣岘山之遗意尔。

　　万历十四年，知县王学易重修。至国朝顺治间，少为补葺。咸丰七年，知县陆时言重修。邑人李冠群记：

　　自古建国之制，城郭为先，非徒壮观瞻，实资保障也。昔颜真卿守平原，增陴浚隍以备不虞，厥后禄山反河朔，尽陷惟平原存。沈璞为盱眙太守，缮城浚池为防御计，及魏兵南向，郡邑覆没，而璞城以有备无患。古人时际承平，犹且安不忘危，思患预防，况干戈扰攘之秋，迭遭蹂躏，可无戒前车之覆，而为善后之图乎？观津城未知创建何时。明正德戊辰，邑侯成公曾加修筑，张公继之。嘉靖壬寅，魏公因旧制而高大之，墉峻隍深，周回四里有奇，四门依旧规制，宏敞屹然，为畿辅雄镇。厥后年久，渐就倾圮，然幸际太平，目不睹旌旗，耳不闻金鼓，相与习而忘之。迨发逆肆扰以来，近畿烽火频仍。同治元年，宋逆窜扰畿南。二年正月，长驱直入，城关不守，焚掠杀伤。县署、廨舍皆为灰烬。寇退之后，疮痍未复，至八月，邑城复陷时，流离仓皇，艰险万状，痛定思痛，殊难回首，未尝不叹城垣废弛之祸至于此极也。自时厥后，屡议增修，辄以经费艰巨寝。甲子秋，陆邑侯来莅兹土，甫下车即有增修之志。居无何，马贼甫平，捻匪又起。七年二月，窜踞滏河西岸，去城仅十余里，阖邑惊恐，未几贼氛渐远。邑侯乃属绅耆而告之曰：时方多故，我武地势平衍，无山河为表里，而土瘠民贫，又无碉堡壁垒以备缓急，不及此增修城垣为守御计，一旦有警，数万生灵将何恃而不恐？时有以工巨费繁难之，邑侯曰：有志者事竟成耳。乃设谋筹款，绅民踊跃捐输。自春仲鸠工，告竣于是冬之季，经费共计肆万余缗。夫以数百年久废之事，而一朝兴之。所谓善后之图思患预防者，不在此乎？虽然善作者不必善成，古今之通患也。望后之宰此邦者，以陆侯之心为心，率都人士及时加修，无令废坠，岂非奕祀所利赖哉？

县治旧在城东北隅，元延祐六年，知县李愍改建城西北隅，元末毁于兵。明洪武三年，县丞周铭仍于旧治重建。宣德五年，知县张画重修。成化六年，知县杨琇重修后厅三间。正德七年，知县张岳重修。嘉靖二十年，知县魏廷修增后堂。国朝康熙四年，知县楚有才重修。十二年，知县江南璵重修。同治二年正月，毁于贼，尚未修复。旧制大堂三间，二堂三间，后厅五间，后楼三间，仪门三间，库房三间，幕厅三间，谯楼三间，架阁库房、吏户礼房、兵刑工房、承发司房，土地祠一所，狱神祠一所，学署旧在学宫左右，因地势低洼易至倾颓，道光十年移建西偏。教谕训导两廨并列。典史署，康熙四年建，历任官补葺。咸丰七年，典史高正邦重修，后因风雨剥落，坍塌过半。同治七年，典史戚宗煊重为修建大门一间，东西差房各二间，大堂三间，二堂三间，东西廊房四间，客厅三间，内宅五间，耳房三间。察院在县治东，洪武三年，县丞周铭建，今废。府馆在县治西，正德二年知县成文建，今废。阴阳医学在县治东,正德二年知县成文建。嘉靖二十一年,知县魏廷改建于察院巷内,今废。僧会司在县治东北隅兴国寺内,今废。①

(二) 县　治

城垣建筑:县城建于汉代,以土筑成,高约九公尺,宽约三公尺,周围约四里,城门四,无角楼,年来多有倾圮,残缺不整,现拟重行修筑。

县署建筑:县署系于前清咸同间焚于洪杨之役,此后即租用民房。民国十三年始迁入万寿宫,地址狭小,房舍无多,办公极感不便,今仍之。

市街建筑:城内街道平坦,宽可六公尺,旧式土道,无灰石建筑。开通沟渠,雨水由道之两旁流入坑内,建有公共厕所。设有垃圾箱,商民清晨洒扫门前街道,公安局设有清道夫,专司清除街市,颇为整洁。市面铺房,皆旧式起脊,砖瓦土坯互有。②

(三) 县　城

正德元年(1506)重修,并增建楼橹。嘉靖二十一年(1542)又对城墙加宽加厚,城墙上建起垛堄,城脚下挖护城河,城四角各建一楼,每楼有房舍四间,供守兵值勤用。县城四门各嵌挂石匾:东名寅宾、西名寅饯、南名迎薰、北名迎恩。筑后,明万历、清咸丰各代又对城墙进行多次修葺,直到日伪占据县城时期,仍为土筑的城墙。

城内西街路南有城隍庙,城西北隅有文昌祠、启圣祠,东门有奎星阁等祠庙。县城内还有旌善亭、申明亭、万寿宫。县城内东北部有规模宏大的孔庙,供奉孔子塑像。

县城西北隅有县衙建筑群落,附近还有典史署、养济院、留养局。

城内外的大小庙宇星罗棋布,规模较大者有城东南角的东岳庙、南城墙外西侧的关帝庙、东侧的三官庙。南关外有观音堂,东关外有玉皇庙,北关

---

① (清)彭美修,(清)龙文彬纂:《同治武邑县志》卷二,营建志、城池、公署,清同治十一年(1872)刻本。
② 《河北省武邑县地方实际情况调查报告》,《冀察调查统计丛刊》1936年第一卷第四期,第88页。

有真武庙,西关有栖禅游迹。时至今日,历经风雨战火,诸多古迹均已废弃,地基大都已作别用。①

据清康熙三十三年(1694)《武邑县志》载,县治旧在城内东北隅。元延祐六年县尹李愍改置于城内西北隅(今工农兵剧场处)。清末旧县署废弃,移至西街路北原公安局处。民国十七年(1928)移至西街原武装部处。城内西北隅之旧县署,面南坐北,门前左右各立大石狮一座,门内是影壁,高约3米,长约10米,白灰抹面,作为张贴告示之用。东西各有厢房3间,称三班六房。再往北是大堂,是县署的中心建筑。东西约25米,南北约15米,蓝砖布瓦,朱琐门窗。屋脊有鸟兽鱼虫的雕塑。屋顶四角高挑,飞檐斗拱、额枋、梁柱都装饰精巧,古色古香。大堂后面为后厅,是知县的居室。另外还有钟鼓楼、时辰坊、仪门、□楼、库房等建筑。西街路北原公安局处旧县署则占地较少,其建筑布局均同前署,坐北面南,门口石狮两座,入内有东西厢房,为办事人员、衙役所住。正北是大堂,东西宽18米,南北约15米,为起伏式屋顶结构,大堂后面是二堂,为知县(县长)居室。民国七年(1919)后的县署,移至旧署西邻。其建筑布局仍仿旧式,但其占地面积较大,院内宽畅,房舍较多。抗日战争时期被日伪县政府占据。解放后人民政府迁此办公。"文化大革命"后期,县武装部搬入。

…………

解放前夕,由于连年的战争破坏,古城内外,断壁残垣,道路坎坷,一些文化古迹被毁。到1993年,只有天主教堂和古城墙仍存。②

---

① 李根旺主编,武邑县地方志编纂委员会编:《武邑县志》,方志出版社,1998年,第55~56页。
② 李根旺主编,武邑县地方志编纂委员会编:《武邑县志》,方志出版社,1998年,第373~376页。

第八章　廊坊市各县城城墙资料

一、安次区（东安县）

（一）城　池

城周围七里二百四十步，东阔七百六十四步，南阔七百一十八步，西阔五百六十步，北阔八百步，高二丈七尺，广一丈五尺。池深八尺阔一丈二尺。自明洪武二年，从常道城之耿就桥行市南迁治于常伯乡张李店，即今县治是也。其时城池未建，凡官廨民居俱属草创。天顺间知县于璧、成化间主簿何瑛始节创濠堑，略具规模。弘治十一年，知县蒋升重修基址，砖券城东门一座，为镇东门。正德六年流贼为寇，知县周义筑垣浚濠，建三城门，曰安西，曰平南，曰拱北，而四门乃具。十二年，知县武魁又于垣内累土加厚，增立女墙，环城之外浚以深沟，而城之规制始备。嘉靖十六年，知县刘继先略加修治，改北门曰迎恩，东门曰曙海，南门曰通津，西门曰宗山。二十八年，知县成印增修城基，广一丈四尺，顶阔一丈，高二丈七尺，堞五尺，浚池深八尺，广一丈二尺，钉桩排岸，贯以横木。二十九年春，砖包城之四隅，各四十丈，建角楼于其上，北门外复筑月城一座，上建两檐重楼。八月，闻贼势浸急，添掘濠堑，深广加倍，城中设望台六座，以资防守，又填砖包修西门，更券南门重楼一座。隆庆二年，知县刘祜奉文饬修砖城，因派阖邑富民，计砖七百余万块、灰四千万斤，缮修坚固，堪资守御。天启五年，知县郑之城又复重修，凡欹裂处皆撤故易新，而内垣之卑薄者益加增坚厚，以垂久远。

崇祯元年，知县欧阳保重修四门城楼，改题其额曰东升、西爽、南明、北拱。清顺治五六年间浑河为患，四围冲没，城楼、垛堞悉行颓圮。康熙十一年差员勘估，详咨工部，未及修筑。十五年九月，知县李大章首捐俸金，设法修葺,四面完固。乾隆二年县令张拔遵照乾隆元年部颁营造尺勘估砖城四面,共长一千五百六十四丈六尺,计银二十二万两零。九年,清河道王照张令原估长丈改估土城,计银三万二千七百两零。十三年,原任四川布政司李如兰之子州同李云鹏遵旨修筑,于乾隆十四年三月兴工,十九年工竣。同治六年,署知县张鹏云兴修,计城身一千五百六十四丈六尺,高一丈五尺,顶宽八尺,底宽一丈二尺。又修瓮城四座,每座高二丈四尺,宽三丈,长二丈。又建四门看门兵房八间。七年知县李璋、八年署知县姚镕接修竣工。今皆失修。①

二、霸州市

(一)城池一

城周环六里奇三百二十步,高一丈七尺,址广二丈,顶广一丈。池周环八里奇一百五十二步,深一丈二尺,广七丈。城门三,北曰瞻极,南曰文明,东曰临津。旧传燕昭王筑城,宋将杨延朗尝葺之以御契丹。周惟土埤,历金元皆因之。国朝弘治辛亥,知州徐以贞建东北城楼二座,己未知州刘珩以甓包城北面,建南楼。正德癸酉知州王汝翼请内帑,陶甓总东西南三面包之,复建角楼、铺舍,城上有台,门外有桥,城西建楼曰清风,北筑瓮城曰迎恩。嘉靖庚子,兵备副使王公凤灵募工浚池,环堤树柳,屹为巨坊(防)。楼舍浸敝,知州唐交重修。论曰:设险守国,重门待暴,豫之时,义大矣。礼,惟坊仁义,惟丽忠信,惟甲胄,乃君子有遗论焉。寰宇清平其曷敢侮予?至于固本宁邦,辑内捍外,重腹心者,固自有略矣。②

(二)城池二

县城居县境西部第一区之中央,略为长方梯形,东宽西狭,环周营造尺度六里又八十丈,高三丈有五尺,址广二丈,顶广狭不等。土里砖表,垛口一

---

① 刘钟英、马钟琇等纂修:《民国安次县志》卷之一,地理志,城池,《中国地方志集成·河北府县志辑》第23册,第437~438页。

② (明)唐交纂修:《霸州志》卷一,舆地志,明嘉靖二十七年(1548)刻本。

千七百二十七,炮台十有七,四面有门,而虚其西。设于城之中心,作一经纬线,东门偏中线以南六十五步,西门偏中线以北十步,南门偏中线以东十一步,北门偏中线以西一百一十三步。门随街道而异其方向,四门皆左偏四十五度。门各有楼,楼皆重檐,东、北、南三门有瓮城,瓮城之门以时启闭,阍人司之。登城马道皆设于门右,门之额东曰临津,瓮城门曰旭升;南曰文明,瓮城门曰向阳;北曰拱极,瓮城门曰迎恩。西不设门,亦无瓮城,而楼台具焉。相传避西来之水故也,其额曰堞屏房岫,勒于楼之西面。城之东北、西南两角开水门二,旧与护城河通。城之四隅皆有台,东北、西北为圆形,东南为钝角形,西南为正角形。东南隅建朱衣阁,体如八棱(楼)幢,顶如金字塔。西北隅建四明楼,象如覆釜,于方椎而穴其四面。隍池周八里一百五十二步,旧深一丈二尺,广七尺,今皆淤平。东、南、北三门外吊桥皆木石合筑,南曰文明,北曰迎恩,东曰普济,亦南向。

  按《旧志》,城周环六千三百二十步,原高一丈七尺。(旧公尺,下仿此)继增筑,高三丈,后复增五尺,址广二丈,顶广一丈,计垛一千五百一十二口。池周环八里一百五十二步,深一丈二尺,广七尺。城门三,东曰临津,南曰文明,北曰瞻极;北瓮城门曰迎恩,后更筑东瓮城门曰旭升,南瓮城门曰向阳,西不设门,而楼台具马(焉),旧匾曰箕尾神爽,副使许公守恩改为堞屏房岫,盖从土从山,俾水不得浸城云。旧传城为土埠,明弘治辛亥,知州徐公以贞建东北城楼二座;已未,知州刘公珩以甓包城北面,建南楼。正德癸酉,知州王公汝翼请内帑,陶甓总东西南三面包之,后创建各角楼、铺舍焉。嘉靖庚子,兵备副使王公凤灵募工浚池,环堤树柳,屹为巨防。后楼舍浸敝,知州唐公交重修。隆庆庚午,知州田公可彻增筑高三尺。万历癸巳,知州钱公达道重葺。时有倭警,督同知王公宠增筑炮台八座,每座各建楼橹,称伟观焉;城下筑马道,广八尺;浚重堑,引水入之,池上重筑周垣,计一千四百七十五丈,增种柳树二千四百余株。崇祯乙亥,知州朱公朝藩复增筑之。自明末兵燹之后,楼橹敌台多不复存。清雍正末年重修,乾隆初工竣,咸丰癸丑复被水灾,浸城数月,坍塌者共三十九处。同治二年,署知州毛公庆麟重修外垣,墙垛整齐,楼台耸峙,屹然成峻堞焉。同治十年七八月间,淫雨七昼夜,南门以东淋坍一段,迤西淋坍一段,北门以东淋坍一段,待修。关厢三,东关厢面积最大,北关厢次之,南关厢又次之。

街衢,城内东西街二,一鼓楼大街。(《旧志》:北街分四段,州治东名承宣街,学宫前为兴贤街,新街口东为崇文街,东门内察院前为澄清街。)一南后街(在鼓楼大街南)。南北街四:一南门内十字街(亦名横街);一东岳庙前街(《旧志》名新街);一北大街(在北门内,《旧志》名长春街);一西后街(在北大街西,《旧志》名仓巷)。小巷二十有一。城外有三关厢,东关厢在东门之南(亦名嘉善厢)。南北街三:一东关大街(《旧志》:东门外街二,曰小巷,曰嘉善街。按,小巷当指普济桥北小街而言,嘉善街指桥南大街);一西后街(在大街西);一东后街(在大街东)。东西街二,一雨花庵街,一李家胡同。南关厢南门外,大街一。北关厢北门外,大街一,东西后街二。(《旧志》:北门外曰柳巷街,南门外曰文明街。)《州志》城厢以铺分段,头铺(在北关迎恩桥迤北),二铺(在长春街),三铺(在州治前至承宣街),四铺(在崇文街),五铺(在文明门内外),六铺(在新街),七铺(在澄清街),八铺(在临津门外),九铺(在嘉善厢),十铺(在嘉善厢,即今维民坊)。

署廨,县政府在城之西偏,包有旧州判署及预备仓、常丰仓在内,南北长一百三十余步,东西宽八十余步。其间房屋甚多,大门三间,二门三间,有东西角门,中牌楼一座,其下为甬路,再进为大堂、二堂、三堂,各三间,各有左右厢房,自成一院。二堂后有东西花厅,亦各成院。自法厅、办公厅及县长以下各办公人员住居外,又有各机关附设于县署内者,分述如下:管狱员署在大堂迤西,再西为监狱。看守所在大堂迤东,法警驻守保卫。总团在西花厅院内,保安队驻所在二门外迤西。教育局在大堂迤东,旧为常丰仓。公安局在城内东岳庙。建设局在县署东,旧马号内。民国六年改建习艺所,该所停办后,各机关多借以办公。电话处在马号内,农事试验场办公处亦在旧马号内,度量衡检定所在旧马号内,财政局在旧马号内。县党部在西南后街关岳庙。农会附设于内第一区公所,在霸台上,旧称鼓楼。保卫团教练所在旧管狱员署。民众教育馆在孔庙内。商会在东大街路南,租借民房。电报局在鼓楼东路南,租借民房。邮政局在东大街路南,租借民房。第一乡公所在西南后街,火神庙集镇。①

(三)县 城

  清兵破霸州,楼橹炮台,多不复存。清雍正时重修。咸丰、同治多次修葺,城墙增高到 3 丈 5 尺,城上设炮台 17 座,城垛口增到 1727 个,楼台耸峙,颇为壮观。同治十年(1872)七八月间淫雨 7 昼夜,南城墙淋坍二段,北城墙淋坍一段,均未修复。民国二十七年(1938)抗日战争时期,为有利于对敌作战,抗日县政府曾组织拆城委员会,发动群众将城墙拆除。

  城内街衢,据民国志记载,城内东西向有鼓楼大街、南后街两条;南北向有南门内十字街、东岳庙前街、北大街、西后街四条;小巷共 21 条。城内主要建筑物有文庙、城隍庙、霸台(鼓楼)、戏楼、天齐庙,其次有关王庙、八蜡庙、陶公祠、火神庙、真武庙、菩萨庙、刘河间庙等,今俱无存。

  县衙(州衙)在城之西端,建于明初,后几经修葺改建。占地面积约为 10.5 亩,建有大门三间,二门三间,东西角门,中牌楼一座,中间为砖砌甬路。再进为大堂、二堂、三堂各三间,各有左、右厢房,自成一院。二堂后有东、西花厅,亦各自成院。日本投降后,县人民政府曾在此办公。民国三十六年(1947)被国民党县长陈蕴璞放火烧毁。②

三、三河市

(一)城池一

  三河旧城在今县治东三里许,洵河南。被水冲废后,〔后〕唐明宗长兴三年,卢龙节度使赵德均改置今城。城方六里,内筑土基,外砌砖石,高二丈五尺,阔二丈,四面凡九百六十余丈,垛口凡一千三百余。门楼四座,水门二空,濠阔三丈,深半之。值岁久渐圮,嘉靖二十九年,知县张仁修理,增高五尺。至四十二年,知县刘文彬修理,又增高五尺。未几,巡方房御史按三河,

---

  ① 张仁蠡、刘延昌修,刘崇本、崔汝襄纂:《霸县新志》卷一,疆域、城池、署廨,民国二十三年(1934)铅印本。
  ② 霸县编史修志委员会:《霸县志》,河北人民出版社,1989 年,第 95 页。

乡宦萧九峰、乔伊极陈城垣低薄，公即奏讨帑金一千两，动支抚按赃罚银一千二百两，大加修理。知县张伦（纶）又增置角楼、敌台、墙顶砖铺、灰灌，视昔为改观焉，迄今倾颓殆尽。论田邑之有城，以捍外卫内也。民之依城自固，犹居室以安身也。许氏《说文》曰：城，盛民也。莫切匪城，要在是尔。三河自胜国以还，倾圮不足言矣。我皇清经理畿辅，规制似为大备，然金汤不治而干橹，礼义岂所以固吾圉哉？潞河之城前已告竣矣，闻今又有城蓟之举。三河摄乎通蓟之间，修理讵可稍缓乎？抑时方诎，未能以并鉴也？①

（二）城池二

《城邑考》：旧城在今县东三里泃河南，建于石赵，废于后魏。今三河城即赵德均所置。城方六里，濠阔三丈，深半之。按，《名胜志》亦以县城创于后唐明宗，但云方六里非。

《五代史》：后唐李存勖拔燕，以赵德均镇幽州，为节度使。苦辽数侵掠，乃城三河而戍之。

《通鉴》：后唐长兴三年，赵德均为节度使，于幽州东北百余里城三河县，以通蓟州运道。契丹来争，德均击却之。九月朔，城三河毕，边人赖之。

三河旧城在县东泃河之南，被水冲废。后唐明宗长兴三年，卢龙节度使赵德均改置今城。城方四里，内筑土基，外砌砖石，高二丈，阔二丈，四面凡九百六十余丈，垛口凡一千三百余。门楼四座，水门二。濠阔三丈，深半之。明嘉靖二十九年，知县张仁修理，增高五尺。四十二年，知县刘文彬复增高五尺。巡方房御史按三河，乡官萧九峰、乔伊极陈城垣底薄，即奏请帑金一千两，动支抚按存库银一千二百两，大加修辑。隆庆三年，知县张纶增置角楼敌台，

皇清十八年地震，知县任塾重修。三十年，知县张鼎捐俸修城，四面完固。雍正五年，赞善彭廷训奉旨谨修完固。雍正十年，知县林廷璧详明院宪，题额城门，东曰就日，南曰来薰，西曰瞻云，北曰承恩。乾隆三年，知县熊绎祖领帑重修。乾隆九年，知县陈基领帑重修。乾隆十七年，知县薛如春领

---

① （清）陈伯嘉纂修：《康熙三河县志》卷上，建置志，城池，清康熙间抄本。

帑重修。乾隆二十二年,知县陈昶因城墙日久多有剥落,禀明上宪,修东面十五丈,西面南面二十九丈。①

(三)城池三

自乾隆二十二年知县陈昶重修后,至今一百七十余年。光绪中叶虽有补葺,不过聊固吾圉。至民国二十二年四月大军沿错河作战,飞机炸弹,阖邑震惊。县长王树铭严令民众逼近城根挖濠,诚所谓城复于隍,泽门兴役矣。②

(四)县　　城

1921年直奉战争爆发,奉军进关后沿路骚扰抢掠,县城商号民宅多遭洗劫。自1933年5月到1948年8月,日本侵略军和国民党军队占领期间,城内外修建明碉暗堡数十个,庙宇等古建筑多被拆毁,商店倒闭十之五六,经济每况愈下。1948年9月县城解放时,店铺只有永和成、双和祥等杂货、布店、药铺19家。

三河县城建于932年,城郭小,街道窄,至解放前夕无大变化。计有长短街道15条。南北方向的有南大街、北大街、草厂街、大寺街、甘石桥街、粮食市街、西门北箭道、西门南箭道、东箭道9条。东西走向的有东大街、西大街、政府街、南锅市口街、南小街、北箭道6条。均为土路。③

四、大城县

(一)城　　池

前代开创筑浚,莫得而考。明初惟有旧址。正德七年,县公石名恩即址

---

① (清)陈昶修、(清)王大信等纂:《乾隆三河县志》卷三,建置志,城池,清乾隆二十五年(1760)刻本。
② 曹桢、苏士俊修,吴宝铭、韩琛等纂:《民国三河县新志》卷之三,舆地志,建置,城池,《中国地方志集成·河北府县志辑》第33册,第91页。
③ 河北省三河县志编纂委员会编纂,金城主编:《三河县志》,学苑出版社,1988年,第57、289页。

筑土城,雉堞悉具。嘉靖辛酉县公余名尚贡用砖砌西北二面,添修南门瓮城;丙寅县公张名应武用砖砌东南二面,建角楼四座,西南门楼二座。隆庆戊辰县公赵名德建东北门楼二座。城四围四里一十三步,高一丈六尺,基阔一丈五尺,颠阔八尺,雉堞一千零九十余。四门题额,东曰通和、西曰安阜、南曰明远、北曰恩光。池环四里五十三步,广六丈,深七步。崇祯六年县公毛云翰添筑城墙,增土六尺;十年,添修东北门瓮城二座,外浚池一层,旧池深阔亦加倍焉。

国朝顺治九年,河水泛涨,各处堤岸尽决,水至城下,三面受浸,止存东面,城墙倒坏百十余丈。知县马公腾升谕绅衿百姓捐资修筑,不派乡夫,专用街民贫者,给之工食,以身倡率,躬亲纳稼,号令严而不扰,昼夜寝食城头,不避拮据。二月余而工竣,既坚且好。民不苦费,胥不为奸。公又重建东南城楼,为阁上塑奎宿,为一邑文明之兆。后历百年,颓为平地。乾隆十年,知县请帑营筑,久复倾圮。咸丰年间,叠奉修葺之令,俱以繁费而止。同治六年,枭匪滋事县境,逼近贼氛,知县彭瑞麒督率绅民,捐集银一万三千余两,按旧城基址修建,并挑浚护城濠,一律深通。①

(二) 县 治

城垣建筑:城垣建自汉代,周围约四里一十三步,城垣高一丈六尺,底宽二三丈或一丈余不等,顶宽三四尺或五六尺不等。城门四,碉楼四,均系用砖建筑,尚属完整。城垣周围均系以土培起,多有残缺。

县署建筑:民国二年重修,材料系用砖瓦木灰,以前是否时有修建,无从调查。

市街建设:县治街道,前系由集摊敛款,雇用清道夫,扫除秽物,现已裁撤,由轻微案内押犯随时打扫。街道宽有两丈,尚属平整,年来民气大伤,无力修筑,其他各项建设事业更属无法办理。②

---

① 赵炳文、徐国桢修,刘钟英、刘毓怡纂:《光绪大城县志》卷之二,建置志,城池,《中国地方志集成·河北府县志辑》第28册,第376~377页。
② 《河北省大城县地方实际情况调查报告》,《冀察调查统计丛刊》1937年第二卷第六期,第110~111页。

（三）县　城

清顺治九年（1652），洪水浸塌城墙百余丈，当年修复。此后90余年，城墙失修，全部倒塌。直至同治六年（1867）才重新按旧基修筑城墙，疏浚城壕。中华民国年间，县城屡遭战火，到1945年7月县城解放，四门城楼均已毁坏，城墙已成了残垣断壁。中华人民共和国建立后，随着城镇建设的发展，古城旧貌已不复存在。

古时县城，县衙坐落在东西大街北侧（今县委处）。西关有儒学，东关有书院，城东南角有魁星阁，西南有文昌阁，为两层八角楼阁。庙宇有文庙、武庙、城隍庙、火神庙、菩萨庙、娘娘庙、二郎堂、节孝祠、八腊（蜡）庙等。尤其城隍庙，鬼神偶像内设机关，活动如真，阴森可怖。县城东西大街西部有汉白玉"少司马坊"一座，为旌表明代兵部左侍郎李松所建。县城西南凤凰台、东南五龙潭，都有着美妙的传说。县城街道狭窄，主要街道有：东西大街、南北街、小南街、城隍庙胡同、山西巷、牛市巷等。私人商户50余家。几经沧桑、屡遭战火，各种古建筑已荡然无存。到1945年7月仅存一座"少司马坊"。1945年9月在旧县衙废墟南侧建筑烈士塔一座。到1958年因开宽东西大街，拆除"少司马坊"，烈士塔也迁出。①

五、固安县

（一）城　池

县城位于县境北部，北距永定河仅八里，城垣低于河身者逾二丈，地处建瓴之下，一旦河溃当冲则全城沦陷，时时堪危。溯自民国以来，历经水患，虽仰仗护堤幸免湮屯，而四周沙壅与日俱增，郊外远观俨如半沉地下矣。城为南北长方形，四隅惟西北为弧圆，其余皆为正角。向有四门，东曰宁远，西曰丰乐，北曰拱极，南曰迎薰。门上各有层楼，因年久失修，于满清光绪末年相继圮毁。四门之内旁皆有登城马道，南北西道居门左，东则道居门右。门

---

① 李玉川主编，河北省大城县地方志编纂委员会编：《大城县志》，华夏出版社，1995年，第85页。

各有瓮城，瓮城之门南北则偏东，东西则偏南。据风鉴家言，其内门为全局之正，向外门偏设者，避冲而取纳气也。此涉神话，是否合经，姑存其说焉。

四门南北东西皆正对纵横两大街，其交通之点恰为十字中心，惟东西两门皆偏南，若以全城论，则北街长而南街短。城内四角各有水池，俗曰护城河，素为倾泄秽水之所，每至春暖，腥臭难闻，伏夏淫雨，池水深恒数尺，街巷泥泞，行走不便，长期浸渍，故城内房屋尽为碱卤，商民苦之。民国七年，县长徐公会有填平水池之义，于东南城根凿水门，引水外出，着手未几即行中辍，至今一片碱水未能利用，良可惜也。

二十六年六月，大军屯集，抓夫凿城，架以木桩，宛如地洞，城之外墙遍穿小孔向外窥测，俾资防备，迄今遗迹尚存。八月，城被炮毁，西北角与西南角残破尤重，成大缺口。城外周围环以堤池，用障浊流，以防河决，历代以来开筑频仍。二十八年，县长钱公因其久被沙淤，恐于城防有碍，遂征集民夫重行修浚，自八月兴工，至十月工竣。池深一丈五尺，下宽四丈，上宽五丈，就土为堤，一举两得。城之缺处相继修齐，自是堤池城壁完整一新。四门原有吊桥，淤废已久。今所存者，仅有石闸，尚依稀可辨。此就全城现势而言，其历代创修情形载在旧志，附录于后以存其真。

旧志云：城池之创，明以前不可考已。明正德六年，盗起山东，转掠河朔，邑常被戕，民始知惧，时以廷臣议增筑郡县之无城郭者。正德十四年，御史卢（雍）与知县王宇请助邻封，得霸州及永清等县各以其众来助，乃筑土城，周方五里二百六十九步，东西径三百八十步，南北径七百零八步，高连女墙共二丈三尺，下阔与高同，上阔七尺五寸。凿池围城，深广各若干尺。又辟四门，东曰宁远、西曰丰乐、南曰迎薰、北曰拱极。各建层楼三间，有记。

嘉靖六年，知县李珙凿池，深一丈五尺，阔三丈。嘉靖二十九年，知县苏继因土城倾圮，请于当道，始修瓦城，其周方上下高阔，丈尺与土城同。嘉靖四十四年，知县何永庆因旧城卑隘且有圮者，复增土加甓，仍旧制而重修之，高连女墙共二丈九尺，下阔三丈三尺，上阔九尺，垛口一千二百一十一个。崇祯三年，知县秦士奇以城垛被毁，一一补修，复重浚池，深三丈许，阔四丈余，门设吊桥，两岸筑堤，高七尺，阔五尺。崇祯四年知县申请塞砌六百余口，中留炮眼，三月而工竣。清朝顺治间，叠遭河冲。康熙十八年，地震坍塌。康熙三十四年六月大雨,洪水横流,尽行溢溃。乾隆四十九年,知县李光理请帑银十二万七千余两,重造砖城,上厚一尺八寸,下厚三尺,城顶高一丈九尺,宽一丈二尺,下宽一丈六尺,通计下长九百五十八丈八尺,上长九百五十九丈九尺。咸丰二年,知县吴涛捐修。三年河决,城东北月墙冲塌。四年署知县陈崇砥倡捐并召邑民捐赀补修。光绪十九年补修。

瓮城,创始于明崇祯九年,邑侯黄公奇遇,当时并将旧城、吊桥、女墙、濠池加以增修。自正月初六日兴工,至二月二十五日竣事,用砖一百五十余万、灰八十余万斤,役夫以日计者数万人。

四门吊桥,创始于崇祯三年邑侯秦公士奇,时正满清入寇掠劫之余,严其防御也,施机梏以便启闭,今久圮矣。[①]

(二)调研纪事

该县地势低洼,土多沙碛,有永定河绵延于东北,常受水患。现在城外各乡被沙土淤积已有五六尺之厚,前者有称膏腴之地,而今多成不毛之土。其城内较城外低五六尺,形如釜底,无出水之路,然城墙殊固。闻上次大水时,城外水几与城墙齐,全境尽成泽国,城被水浸月余,并未透水塌陷,亦可知其城之坚实矣。[②]

(三)县　城

乾隆四十九年(1784),清廷拨银重建砖城。城周方959.9丈。城高1丈9尺,下宽1丈6尺,上宽1丈2尺。其中包砖上宽1丈8尺,下宽3丈。各门依原样重修,仍沿用旧名。后几经修补,到民国初年时,整个城墙保持完好。经军阀混战和抗日战争,县城迭遭破坏,城墙千疮百孔,弹痕累累。1946年底,国民党军万余人进攻固安,党领导人民武装以残城为依托进行了七昼六夜的保卫战,县城再遭破坏。1958年,县城残墙被拆,充作水利材

---

① 钱仲仁修,王尚义等纂:《民国固安县志》卷一,地理志,建置,城池,《中国地方志集成·河北府县志辑》第28册,第50~51页。
② 《调查员王毓骢报告》,《河北省国货陈列馆月刊》(天津)1929年第二期,第26页。

料。1956 年、1963 年两次洪水,县政府发动群众于原城基上筑堤防洪。1975 年改造旧城区,原城墙根基被全部拆除,古老的固安城垣荡然无存。现在的永定路、育才路、新源街、新昌街四条道路为原城墙的外壕旧址。

明代城内街衢,分为东、西、南、北四街,交汇处称十字大街。另有次主街四条:县前街、东新街、北新街、南新街。清至民国期间,街巷建设无大变化,与明代大致相同。

旧县(州)衙,明以前未加详考。明洪武二年(1369)建衙于城西北隅。成化十年(1474)曾进行拓建,堂门、仓库营造一新。其中申明亭、旌善亭在大门左右,迎宾馆在二门右,銮驾库在大堂东,义仓在大堂西。清代几经修葺改建,占地面积不断扩大。清末时的县衙设有大堂三楹,二堂名牧爱堂。再后为知县宅,大宅西为花厅,厅后为馆舍。大堂前为大门、仪门。大门内东有土地祠,西为监狱,左右为皂役房。仪门内东、西吏廨共 10 间。

明清时县城内主要建筑物有:学宫(含文庙)、钟楼、鼓楼、社稷坛、城隍坛、城隍庙、关帝庙、长真观、三佛寺、马神庙、火神庙、八蜡庙、吕祖祠、普济庵等。其中学宫建筑规模居县城之冠,内设棂星门、戟门、大成殿、明伦堂、敬一亭等。学宫前建有文昌祠,其顶部为魁星楼。整个建筑气势雄伟,金碧辉煌。清末学宫改学堂,宫内建筑逐渐废圮。北大街原有"龙章奕世"石坊一座,为县人郭光复于明万历时所建。新中国成立后,城内古建筑多已无存,幸存的石坊和棂星门亦在"文革"前被毁。①

六、文安县 附新镇县

(一)城 池

王公设险以守其国,各县之设有城池,所以资捍卫庇民人也。邑城居全境之西南隅,地处卑洼,既虑盗氛兼防水溢。北距京师仅二百余里,肘腋之地,守御攸资,近之为一邑金汤,远之即京师保障,深沟高垒,关系非浅鲜也。志城池。

---

① 赵复兴主编,固安县志编纂委员会编:《固安县志》,中国人事出版社,1998 年,第 61~62 页。

邑城周围一千二百七十五丈五尺，计七里一分，高二丈五尺。城门五，东曰迎恩，西曰永定，南曰来薰，北曰拱辰，小南门曰作新。池深丈五尺，宽三丈，外护以堤，创建何时，无从详考。

旧县志谓汉邑令赵夔创建。按《一统志》，唐废丰利县，移文安县于其城。《唐书》云，贞观元年，废丰利县移文安于其县。《后汉书》注，文安故城在县东北。据此，现邑城乃丰利旧城，唐贞观初始省入，文安县赵夔于汉武帝时为文安令，所建城池乃文安旧城，非现时城也。旧志谓现城为赵夔创建，误。

明正德九年，知县王鼎重修，翰林院侍讲李时撰记。（见《艺文》李时《重修文安城记》）谓邑城周回九里，较旧志多二里，说者遂谓王鼎重修，增其式廓。查文邑人阑溪令井焊迁城议在王鼎重修后已六十余年，仍照原址，并未扩充，"九"字盖笔误。万历丙辰邑令郑之侨修。崇祯九年乙亥，奉敕以土垣破门无法守御保民四事首列文安，严督修守，知县张上春以仲冬奉严旨大修之，增高五尺，共计三丈，添砖堞瓮城，其倍厚也，不取土于隍而取土于闉，其增高也，不崇墉于上而削址于下，越丙子仲秋，城破之日犹拮据未遑也，是非修城，直毁之而已。

清康熙二十八年，知县张朝琮重修之，南门东门各城楼，极其高耸，作新门，从前久闭，至是始开。

按，文安现系砖城，创自何时，旧志未载。查李时《重修文安城记》云，城周回九里，高若干丈，列雉堞、建楼橹，为砖为土，均未记明。至张上春奉旨修城，增高五尺，添砖堞瓮城，原因庄烈帝严旨督修，谓土垣破门无法守御故大修之。味"土垣破门""添砖堞瓮城"等语，既云"土垣"，自是土城；既添砖堞，原本土堞。文邑砖城殆昉自张上春欤？惟添者砖堞，则非全城可知，仅添砖堞瓮城，则未修砖城可知，书阙有间，付之阙如可也。

同治三年春，知县曹大俊重修之，四年秋七月工竣，并于城上东南隅建奎星阁，西北隅建玉皇阁。东城门楼有碑，知县曹大俊叙。（见《艺文》）六年，因枭匪扰境，知县沈赓飏浚池深广，以备盗氛。七年以后迭遭水患，城久失修，奎星玉皇两阁相继倾颓。至光绪二十六年，拳匪肇祸，联军入城，炮轰北城门楼，西北东北两城隅亦轰毁。知县王舒萼浚池，深广八尺，四面一律挑挖。

城以卫民,民保于城,民与城相依为命者也。论众志成城之义,原不必高其垣墉资为险要,然未可一概论也。吾邑之建有此城,自汉迄清,是补是修,于焉托命。同治丁卯,枭匪窜扰,民将殆矣,而任辇车牛收集辎重,日以万计,老幼妇孺幸免于难。光绪庚子,拳匪为患,啸聚南村,势已危矣,闰八月十六夜,背城借一戕匪无算,卒保安全,均城之赐也。不但此也,文安受六十六河之灌注,堤防溃决,洪水横流,屯塞五门,如临大敌。民国六年,平地水深两丈许,惊波骇浪如连山,城不没者三版耳,幸民夫齐集,拼命与争,具畚锸以补其漏,移雉堞以当其冲,卒能转危为安,不至载胥及溺。今痛定思痛,微城吾其鱼矣。噫!败址颓垣,固非若漆城难上,然以御盗贼则城也,以捍大水则堤也,当勍寇惊涛之洊至,则城而堤堤而城也,城之所关重矣哉!居是邑者可任其倾圮不一为修整乎?①

(二)新镇县城池

旧城,宋团练使杨延朗所筑。周六里奇六十九步,高三丈,阔二丈。池导玉带河水环其外。嘉靖庚戌,时方多事。知县崇德吕公焕虑旧城难守,遂创近里新城,依旧城之西北隅,而东南二面则创筑焉。高一丈五尺,周围八百八十九步。池深八尺,阔一丈。东曰通和,楼曰论文;南曰南薰,楼曰讲武;西曰惠安,楼曰萃景;北曰玉流环聚,楼曰拱宸。城隅有橹,门外有桥,树株环抱,葱郁可观。城完,方欲砌之以砖,而吕侯适有辰州之擢,竟寝其事。迄今诵保障,归之崇德云。

梁雍曰:天下事无难,以今观吕公之成城也,知事在人任。倘非其人,鲜不以财力单弱而有难色,谁能捐俸倡义,不五越月而告成功如是者哉?迄今士民佩德不忘宜也,后有继公之迹者,如心公之心,即完公未完之志矣。万历三十九年,知县五台田公龙以东门逼近学宫,移近巽方,上盖层楼,塑魁星像于内,门曰仁风楼,东曰东壁腾辉,西曰奎光射斗,伟然一奇观云。

---

① 陈桢修、李兰增、陈德沛纂:《民国文安县志》卷之一,土地部,方舆志,城池,《中国地方志集成·河北府县志辑》第29册,第27~28页。

中州常公讳维翰曰:东门魁楼太高,坐辰非吉也。外内直冲,人文凋瘁,职是故欤?前邑士彬彬人望者,渐次壮亡,指不一二屈也。士环向公祈处置之道。公曰:时当多故民穷,暂归原地,俟有知者可从容为之。又曰:城小,四面皆门,气不太泄乎?北门太寒,宜闭之,受阳和随,但启东门,楼木仍归旧址。东西两门太直,可将东门移于学宫前已字上。省东西两门,收六秀之水,则官此者显登,士子发达矣。①

(三) 县 治

城垣建筑:城垣建于明正德间。建筑材料为砖及三合土。周回九里,高三丈五尺,宽一丈八尺。五门四楼,现存三楼,城垣北面西面尚属完整,惟南面常遭水患,坍塌不堪。

县署建筑:大门三楹,雨流坊一座,宣化坊一座,照壁一座,谯楼一座,二门三楹,看守所六间,监狱署八间,法警室三间,大堂九楹,契税、内务、经租、教育、建设、财政室十七间,宅门三楹,警备队室三间,二堂三楹,收发处室三间,传达处室三间,茶房二间,花厅三间,会议厅三间,三堂五楹,东院办公厅五间,东厢房四间。

市街建设:本县县治市街宽约四丈,随时拨夫修理。尚属平整清洁,道旁并无沟渠,亦未植树。②

(四) 县城一

据历史资料考,文安古城有两处:

一是文安故城,该城位于今文安县城东北隅三十里的大柳河东。《旧唐书》载:"文安,汉城,属渤海郡,故城在今县城东北。旧属瀛州。"《文安县志》载:"文安县故城在瀛州文安县东北,今柳河有故城。"《后汉书》注:"文安县城在县东北。"(今柳河故城正当现城东北隅。)《资治通鉴》载:"文安,

---

① (清)成其范修,(清)柴经国纂:《保定县志》卷一,城池,清康熙十二年(1673)刻本。
② 《河北省文安县地方实际情况调查报告》,《冀察调查统计丛刊》1936年第一卷第三期,第126~127页。

汉旧县,晋置章武国,在古文安城。"《文安县志》载:"赵夔于汉武帝时为文安令所建城池,乃文安旧城,在柳河左近有赵公祠以祀赵夔。"据此证实:古文安县为汉武帝年代,即建元元年至后元元年(前140～87)置县,至唐武德九年(626),其县治在今大柳河东侧故城。同时亦说明,其故城为汉县令赵夔创建。故城遗址由于年代太久,早已湮没。

一是今文安县城。据《读史·方舆纪要》载:"隋大业七年炀帝征辽经此,以其地处三河合流处,地势险要,诏令割平舒、文安二县地置丰利县。"今文安镇即为丰利县治。到贞观元年(627,历时16年)丰利县便并入文安县。《新唐书》载:"文安,贞观元年省丰利入焉。"《资治通鉴》载:"以丰利、文安二县相逼,移文安县就丰利城。"《文安县志》载:"按《一统志》,唐废丰利县移文安县于其城。《唐书》云:贞观元年废丰利县移文安于其县。"《方舆纪要》载:"唐贞观元年省丰利入文安,徙县治于丰利,而文安故城遂废。"据此证实,现县城乃丰利旧城,今文安镇从贞观元年起就成为文安县治,原丰利县城即为文安县城。

文安城文明古老,历史悠久,是一座较标准而宏伟的古城,这里不仅是县治,还曾做过郡治。各个历史时期都建有一些文物古迹。主要建筑物有孔庙、关帝庙、戏楼、钟鼓楼、城隍庙、文昌阁、五岳庙、火神庙、玉皇阁、八蜡庙、马神庙、百子庙及县衙、学署、常平仓等。这些文物历经沧桑,或倒塌或拆除,现已无存。

今文安县城创建何时,旧志、史书均不载,据传该城为丰利县治时创建,即隋大业七年至贞观元年(611～627)之间所建。城墙初建时为土城,后经屡屡添砖修葺而成为里土外砖城。《文安县志》载:"邑城周围一千二百七十五丈五尺,计七里一分。高二丈五尺。城门五:东曰迎恩,西曰永定,南曰来薰,北曰拱辰,小南门曰作新。池深丈五尺,宽三丈,外护以堤。"

今县城又经多次整修。《文安县志》记载:"明正德九年知县王鼎重修。明万历丙辰邑令郑之侨修。明崇祯九年以土垣破门无法守御保民,知县张上春奉严旨大修,增高五尺,共计三丈,添砖堞、瓮城。清康熙二十八年知县张朝琮重修之南门、东门,各城楼极其高耸。作新门从前久闭,至是始开。同治三年春,知县曹大俊重修之,四年秋七月工竣。并于城上东南隅建奎星阁,西北隅建玉皇阁。同治六年,知县沈庚(赓)疏浚池深广。同治七年以后,迭遭水患,城久失修,奎星、玉皇两阁相继倾颓。至光绪二十六年联军入城,炮轰北城门楼,西北、东北两城隅亦轰毁。知县王萼浚池深广八尺,四面一律挑挖。"

另据座谈和实测得知,抗日战争和解放战争时期,个别群众曾拆过城墙垛口。新中国成立之后,政府和人民及时采取措施保护城墙,并重点加以修复。自古以来,几经修建之后,文安古城可谓雄伟壮观。各城门上面都建有城门楼,城门一侧均建有一条上城的走马道,城顶部为城砖铺地,城墙上可容马车对行,城墙外侧均为32公分×16公分×8公分的大青砖,白灰、砂浆砌筑,外皮砖墙厚86公分,内坡用三合土板(版)筑。城上建有城堞(齿轮形垛口),各城角中间各建一炮台。现城墙基础完整,高还有四至八米,宽六至七米。现以东门保存较为完整,尚有第二道大门洞,门洞高五米,宽四米九,长十三米,门洞外正上方刻有"文安"两个大字,为建国后修复时刻制。[①]

(五)县城二

抗日战争胜利后,城墙垛口被村民拆掉了。新中国成立后,党和政府及时采取措施保护城墙,并重点加以修复。

1980年华东工学院建工系考察人员评价:"文安县城是目前全国现有城墙中较完整的一座。"现城墙基础完整,高4~6米。外墙均为32公分×16公分×8公分的大青砖,白灰、砂浆砌筑,内坡培以三合土,东城门保存较为完整,尚有第二道大门,门洞高5米,宽4.9米。门洞外正上方刻有"文安"两个大字,为建国后修复时刻制。

1949年前,文安城内总面积0.96平方公里,城区内以十字街为轴交叉的四条大街是连接全镇的骨架。东西向的西关街——衙门口街,南北向的南大街——小北街以及贯通小南关的盐店街等。计有五条主要街道,街宽25~40尺。这些街道,狭窄不平,晴天尘土飞扬,雨天肮脏泥泞。县城商号、

[①] 井桂林:《文安古城史话》,中国人民政治协商会议河北省文安县文史资料研究委员会编:《文安文史资料》第1辑,1989年,第9页。

店铺多分布在这几条街道上。主要建筑物有县衙、仓储、祠堂、庙宇。县衙坐落在今县人大常委会和县委机关驻地,始建年代不详。据民国《文安县志》载,从元朝皇庆元年(1312)重修,嗣后明清各朝及民国初执政者按例修葺。整个建筑呈长方形,前设大门、二门,依次置大堂、二堂、三堂,两侧各有配房,占地面积约20亩。县衙大门有彰善坊一座。二门里设戒石坊一座,两侧楹联,文曰:"尔俸尔禄民脂民膏,下民易虐上天难欺。"额题"右乡遗爱"。城厢有庙宇28座。城内主要有孔庙、关帝庙、火神庙、城隍庙、五岳庙、八蜡庙、马神庙、百子庙。孔庙位于西关里路北今河北文安中学院内,创自宋大观年间,占地面积约20亩,建筑古朴宏伟。坐落在中心区的钟鼓楼,为二层结构,是当时城内最高的建筑物。街衢有牌坊21座。工艺精湛,造型美观。除此,还有学署、常平仓、文昌阁、戏楼等。这些建筑历经沧桑,或倒坍或拆除,已不复存在。①

七、香河县

(一) 城 池

城一座,旧为土城。明正德二年砌之砖,嘉靖四十二年知县范经增高五尺,修角楼四座。隆庆二年知县万通修敌台十四座。万历二十年知县陈增美增高二尺。万历三十二年,河涨堤决,城不浸者三版,崩颓强半,知县李垂街重整之,周围八百七十六丈,高连垛二丈三尺,垛口一千七百,敌台每座围三丈四尺,池濠阔二丈五尺,深一丈五尺。初西南二面属县,东北二面属卫,后卫称疲,东面亦归县,有损则各理所属。四门各建城楼一座,东曰淑阳,南曰永明,西曰迎恩,北曰拱极。今城垣四面倾圮,止存什一,公请申详,遂重修。②

---

① 吕炳忠主编,河北省文安县地方志编纂委员会编:《文安县志》,中国社会出版社,1994年,第65~66页。
② (清)刘深纂修:《香河县志》卷三,建置志,城池,康熙十七年(1678)刻本。

（二）县　治

县治在城中西街。大门三间，上建谯楼。旧制临街，明万历六年，知县冯叔奇改入五丈有奇。万历七年，知县王道定铸钟其上。寅宾馆旧建二门外西空地，万历三十五年典史颜震以学宫隙地为馆三间，今圮。典史厅三间，在堂东。吏、户、礼、承发房各二间，东列。大堂侧有库房二间。兵、刑、工、马科各二间，西列。架阁库、铺长司各一间，久废，统承发房内。知县宅一所，县丞宅一所，在堂西，今废。典史宅一所，在堂东。土地祠三间，在仪门内东。戒石方（坊）一座，在仪门内。丈地碑一座，在仪门外东。谯楼碑记一座，在仪门外西。监一所，在仪门外，狱神庙在监内。俸给仓一所，在监南，今圮。大户房一所，在大门内西，今圮。万历七年，知县王道定建预备仓一所，在县治后，房九间。又常平仓廒六间，又预备仓一座，俱存遗址。又义仓一所，在大察院对门。廒六间，大门一座，民住。

都察院一所，在县治东，大门三间，二门三间，东西角门各一间，正厅三间。监院御史黄溥立肃清匾一面。东西皂隶房各三间，后厅三间，东西房各三间。中厕二所，各一间。穿堂凉亭一座，万历三十一年知县李垂街创建。官厅一所，在都察院街南，万历二十四年知县魏鳌建。西府厅一所，在县治西，大门三间，二门一间，正厅三间。东西皂隶房各三间。后厅三间，东西房各三间。中厕一间，今废，址民居。僧会司在城内隆安寺。阴阳、医学在府厅东，久废。申明厅在府厅西，久废。养济院在县西北。大察院在西街县治东，仅存遗址。府厅在西街县治西，民住。[①]

（三）县城一

按，全县地势，稍偏西北。旧为土城。明正德二年，始易以砖。嘉靖四十二年，知县范经增高五尺，修角楼四座。隆庆二年，知县万通修敌台十四座。万历二十年，知县陈增美增高二尺。万历三十二年，河涨堤决，城不浸者三版，崩颓强半，知县李垂街重整之。周围八百七十六丈，高二丈三尺，垛

---

① （清）刘深纂修：《香河县志》卷三，建置志，县治，康熙十七年（1678）刻本。

口一千七百,敌台每座围三丈四尺。城濠阔二丈五尺,深一丈五尺。四门各建门楼,其门额东曰淑阳,南曰永明,西曰迎恩,北曰拱极。清康熙时,城垣四面倾圮,止存什一,公请重修。乾隆三十二年重修,改南门额曰永清。光绪六年,知县丁符九重修。现在城垣外墙尚完整,内多倾圮,东北、西南两城角稍缺,垛口处仅用斜砖砌之。城濠则连年淤塞,无复从前之深广矣。四门城楼年久失修,均已倾圮无存。民国十三年,邑绅胡丕烈等募款重修,四门各建平楼一座,闳峻严整,有事时警团等登陴守望,藉庇风雨,于守城极有裨益,但四门均系直门,无瓮城。

各机关所在。县党部,在城内西街租赁贾宅民房一所,计正房三间,东西厢房各三间,倒房三间,门房一间。先是民国十七年,成立中国国民党县党务指导委员会;十九年春,停止活动;二十年九月,又复成立,即今之县党部;二十四年七月,裁撤。

县政府,在城内西街,大门三楹。明知县杨敬建谯楼于上,旧临街。明万历六年,知县冯叔奇改入五丈有奇。七年,知县王道定铸钟其上。二门外旧有寅宾馆,久废。吏户礼承发房各二间,在大堂东。兵刑马科各二间,在大堂西。大堂侧有库房二间,均圮。清光绪初年,大堂西各房渐圮,改建候质所;民国元年,改称看守所。再南则棘垣高耸,监狱一所在焉。门东向,墙凡二重,内设监室、狱神庙、更房,极严整。但黑暗潮湿,有害卫生,现在已改良,将墙头之枳棘撤去,由管狱员专任管理。大堂东旧有典史署,房多倾圮。民国改元后,典史裁撤,地址划入县署。九年,邑绅因县署年久失修,公议集款葺治,知县翁之铨捐廉提倡。时仪门大门残圮已甚,遂撤去旧材,改建砖门两座。大堂东西各建砖门一座。署内三堂前后各房经知事陈冠修葺,今尚完整。二十年,县长王葆安莅任,于大堂东添建灰棚房六间,为第一科办公,署内花厅五间,改建新式,则设法庭焉。至旧志所载,县丞宅一所,在大堂西。俸给仓一所,在监南。预备仓九间,在县治后。义仓一所,廒六间,在大察院对门。都察院一所,在县治东。官厅一所,在都察院街南。西府厅一所,在县治。养济院,在县署西北。以及常平仓廒、申明厅、县治东之大察院、县治东北之营州前屯卫五所公署等房间遗址,均因历年久远,地势变迁,无从指证矣。公安局在城内东大街,城隍庙东院故地。民国十四年,由警察所改组,头进东西房各二间,二门外西小房一间,二门内东厢房三间,二进北上房五间,三进北上房五间,东厢房三间。二十年五月,局长焦炎德重加修整,规模较前为大。第一区公安分局,附设公安局内,在大门东占用房舍二间,于民国二十年六月成立。第二区公安分局,在城东渠口镇,驻真武庙内,距城二十五里,初名警察分所,民国十八年改组为渠口分局,占大殿三间,后院上房三间,东西厢房各三间,小房一间,二十年六月始改今名。第三区公安分局在城南刘宋镇,驻三义庙内,距城三十里,于民国二十年六月成立,东西厢房各二间,门房一间,拘留室一间。第四区公安分局,在城西南二百户村,驻关帝庙内,距城十二里,于民国二十年六月成立,占用房舍七间。设分驻所一处,在城西甘露寺,距城十六里,共房六间。第五区公安分局,在城北骆驼港大寺内,距城十八里,于民国二十年六月成立,占用房舍六间。设分驻所一处,在城西北鲁仙观,距城十八里,占用房舍五间。设派出所一处,在城北北吴村关帝庙内,距城十五里,占用房舍四间。

  教育局,在城上东北端稍南文昌宫内,面西向。民国十四年由劝学所改组,北正房三间,东大殿五间,占用三间,门房二间,牌楼门一座。附设通俗教育馆,在城内东大街城隍庙旧址。游艺部,由城隍庙戏楼改建,楼之前面隙地,为公共体育场。阅报室,则设于城隍庙西偏,临街房舍数间,尚轩敞。建设局,在城内北门西真武庙内,民国十七年由实业局改组,北房二间,东西厢房各三间,传达室一间,厨房一间。附设农场一处,在东门外天齐庙内,办公室二间,传达夫役室三间,厨房一间。苗圃一处,在农场北,占地六亩。第一工厂在城内东大街中山市场内,于民国十九年二月成立,房舍数间,承办印刷事宜,月出《县政公报》五百余份,《党政月刊》数百份。财政局,在城内北门西,白衣庵内,清宣统年间,地方财政归理财所经管,兼办税契事项;民国二年裁撤,五年改设地方会计经理处;十二年,参议两会成立,取消经理,由参事会管理财政;十七年取消参议会,改设财务局,占用北正房四间,门房二间。度量衡检定分所,在城内西南端关帝庙东院,于二十一年一月成立,占用北正房二间,东厢房二间。①

(四)县城二

清乾隆三十二年,重修县城,改南门为永清门。光绪六年,知县丁符九再修,东北、西南城角稍缺,垛口处仅用斜墙砌之。

1924年,邑绅胡丕烈等募款再修。四门各建平楼一座,均系直门,无瓮城。1933年5月至1948年11月,日本侵略军和国民党军队占领期间,城垣及四厢明碉暗堡随处可见,古建筑、庙宇多被拆除,较大商铺已倒闭十之八九。

新中国成立初期,香河城区面积0.45平方公里,人口5192人(其中,不以农业为主要谋生者3315人),全城除几家手工业作坊外,几乎没有工业。②

八、永清县

(一)城 池

旧志:旧城周三里,日久倾颓。明正德五年,流贼突犯,城池圮毁。知县郭名世始拓土城,袤五里七分。嘉靖四十二年,知县冯鉴创建。隆庆二年,署县事霸州判官王建劝民输助,议废寺、塔、庙、观创修砖城,后被大水冲塌。万历三十五年,知县李懋桂增修。三十七年,知县王嘉绩重修。三十九年,知县王嘉绩重修,自此种柳。四十二年,知县杨梦熊复修。国朝顺治十四年,知县丁棟增补。康熙十五年夏雨,倾圮数处。知县万一蕅葺筑坚固,濠池沿城,周围三千六百步。乾隆十三年,天津道王师以事议罚,捐修永清城池。知县张士英承修。

城内街巷。南门大街在南门内,刘家巷在火神庙西,金华巷在真君祠东、今孙刘二祖祠东,关王庙前大街在南门内,东门大街在东门内,张家胡同

---

① 王葆安修,马文焕、陈式谌纂:《民国香河县志》卷一,疆域,区域,民国二十五年(1936)铅印本。
② 许生主编,河北省香河县地方志编纂委员会编:《香河县志》,中国对外翻译出版公司,2001年,第55页。

近东城墙城隍庙,新建大街、西门大街在西门内,二圣庙小巷在西城内,北门大街在北门内,西小巷通精严寺。旧志有阁前大街、阁后大街,马神庙胡同近西城墙,朱家胡同通龙王庙,今俱无考。

坊表。旧志:忠爱,在县署东,今废。公廉,在县署西,今废。激扬,在钟楼东,今废。柏台,在察院西。今俱废。云衢,在儒学西。监察御史,在钟楼南,为进士高节立,今废。龙章三锡,在火神庙前,为进士张惟诚立。乌台秉宪,在关帝庙前,为进士武尚贤立。青云得路,在火神庙北,为举人张释立。鹏飞联翩,在县署南中街,为进士刘鍊立。旌表节妇,在南门外,为张孝妻张氏立。尚义捐粟,奉旨为焦万钟捐粟千石立。进士,在南关为进士刘继先立。步蟾,在南门外,为进士王雄立。以上俱废。保障一方,在显祐庙前,今名为崔府君祠。南关刘宗焕之母节妇牌坊一座。①

(二) 县 治

城垣建筑:自明正德五年建筑土城,周围五里七分,高度五公尺,宽度平均三公尺,城门四处并无角楼。近因城垣多残缺处,现正兴工修葺,并建筑城门及四角岗楼。

县署建筑:本县县署系远年建设,规模甚小,屡经修筑,仅足以蔽风雨。

市街建设:本县重要街道宽度六公尺,修筑平整,城内有公共体育场一处,附设民众教育馆内,市容尚整齐,房屋半系砖瓦建筑。②

---

① (清)周震荣修,(清)章学诚纂,(清)宋齐连补刊:《乾隆永清县志》,建置图第二,清嘉庆十八年(1813)刻本。
② 《河北省永清县地方实际情况调查报告》,《冀察调查统计丛刊》1937年第二卷第五期,第133页。

第九章 秦皇岛市各县城城墙资料

一、抚宁区

(一) 城　池

古之筑城凿池者,莫不依山为障,踞怒虎于崇冈,引水入隍,注飞龙于曲沼。城藉池而九攻易却,弥形雉堞之雄;池倚城而三刻难逾,不患鹅车之掘。其制亦云备矣。然而崇墉屹屹,悬布堪登,一水盈盈,投鞭可渡,有城池而自负其固,虽方城汉水险阻,亦不足凭。有城池而善保其民,斯价人大师藩垣,乃能为固也。州县为守土之官,即当行惠民之政,举凡掩枯骸而漏泽有园,恤茕黎而留养有局,施义冢而鬼不为厉,设药局而天不成灾,诸端善政,岂徒具文皆得连类以书用重专城之责?志城池。

城高二丈九尺,厚丈余,周千一百六十四丈。旧土城一座,在阳(洋)河东二里,明洪武十三年迁河西兔耳山东。永乐三年于旧县址置抚宁卫。成化三年,复县于旧治,乃于卫东立县,合为一,城门四,月城四,水门一,敌台一,桥四,楼八,本府同知刘遂、指挥陈恺建。弘治间知县李海、指挥陈勋,嘉靖间通判李世相、知县段廷宴、指挥凌云汉、知县姜密,隆庆间张彝训,万历间管县事通判雷应时、指挥张耀先,崇祯间知县卢以岑,国朝康熙间知县王文衡、谭琳、刘馨、赵端皆经修葺。乾隆十八年,知县单烺请帑重修。嘉庆二十二年知县沈惇厚、道光九年知县喜禄均修东西城。二十三年知县许梦兰修内外城八百八十丈有奇,垛口五百八十七。同治元、二、三年知县孙康寿修城楼并内外城二百丈。十三年知县福曜修东月城,城广二丈,深一丈五尺。

明彭时《抚宁县新城碑记》云:

距京师之东五百余里,有府曰永平,又东七十里,有县曰抚宁,是为永平属邑。盖其地在汉隶右北平郡,汉以后率多荒废,至金大定末升新安镇为抚宁县,抚宁之名始于此。元无抚宁,与昌黎邻地,或并或析,最后乃并置焉。国朝因之,洪武十一年知县娄大方以避寇故,请迁治于兔耳山之阳。永乐中复既旧治置抚宁卫,而卫与县相去十里许,皆未有城居者。懔焉惟外患是惧,名虽曰抚宁而实有不宁者矣。时提督右都御史李公秉、巡抚右佥都御史阎公本询察民情利病,乃具疏请城卫并复县治、学校于一城,制曰可。于是镇守右少监龚公荣、总兵官东宁伯焦公寿相与赋财鸠工,命永平府同知刘遂、抚宁卫百户郝铭督率军民,分工筑砌,始成化三年三月一日,越明年五月告成。周围千一百五十六丈,高一丈有九尺,其上为垛口千八百七十,其东西南北关门以通往来,县治、学校并列于内,自外观之,城垣崇固,濠堑深阔,森严壮观,隐然为一邑之保障矣。

同知刘遂、指挥毛绥具事本末,致书兵部左侍郎昌黎张公文质,托以求予记。余惟天下郡邑有僻有要,恒因时势为轻重。抚宁之地在唐宋以前僻居东北,概视为荒远,未之重也。迨永乐肇建北京以来,是为畿内要地,盖其北密迩边徼,东控扼山海,为辽阳襟喉,其要且重如此,故军卫置焉。置卫所以安民也,而县与卫异治,非因循之过欤,兹当承平百年之久,所宜思患而预防,不合于一,何以相守以安生民?不固以城池,亦何所凭借以相守也?《易》曰:王公设险以守国,斯其时矣。阎公有见于此,于是首创请城之举,而龚焦二公乃能谐谋经营以成厥事,府卫诸隽亦殚心劳力以佐其成,非皆有忠爱上下之心宁及此欤?可谓得大《易》设险守国之义矣。

虽然,险可设也,不可恃也。继此军凭城以为固,民资军以为安,拱翼京师将有赖焉。司军民之政者尚思和辑其心,使居有以乐,患有以捍,而奸宄不敢作,庶几抚宁名与实相称,长治久安,永为京师之巨防也。倪恃城而怠政,不恤其人,则人心嗟怨离叛,虽有金城汤池之险,奚益哉?此又来者所宜知也。昔圣人作《春秋》,凡城必书说者。以为重民力兹所为书者,不独重民力,且将使民德,诸公不忘并告来者,是修是葺益善其政,保民于不怠矣。

明侍郎刘健《抚宁修造碑文》云:

抚宁本汉骊城县,今属永平府,在京畿之内。县旧治洋河东,朝鲜辽东道路之所经。洪武庚申,徙河西兔耳山。永乐己酉,于县旧址置抚宁卫,县卫相去十里,使诏军需旁午迎送不便。成化丁亥,巡抚右佥都御史阎公本奏复县于旧治,而基址已并于卫,乃于卫东立县,县南立学,虽垣屋制度略备而一时草创不固,廿余年来,日就颓弊,不支风雨。甲辰修武,姜鄩宗武由乡进士来知县事,下车遍视之,遂以修造为己任,乃谋聚财捐俸以倡,于是卫之官卒、县之士民力有余者,咸愿出助,命学官刘瑁籍记之。先学校,庙之礼殿、廊庑,学之讲授之堂,肄业之斋,库厨,门垣,以完以固,次县治视事之厅,居处之所,下至仪门官廨次第就绪。县治在通衢之后,为所蔽障,复买地通之,以便吏民之出入。昏晓旧无钟鼓,乃作新钟鼓各二,并建楼以庤置焉。他如祭祀有坛,养济有院,仓廪之所、邮传之处,悉焕然增新,以成化甲辰六月经始,至丁未四月而落成,凡费钱之缗以数千计,工之作以数万计,他料物皆称是,而民不知扰。始学之未修也,师生之行礼讲学卑且污,无所资以为严敬;县之未修也,官吏之号令奔走隘且陋,无所资以为公明;钟鼓楼之未建也,民生之出作入息刻漏不明、昏晓不节,无所资以为效率。今卑者高而污者去,严敬之心油然可生;隘者宽而陋者易,公明之念皎然可著;刻漏明而昏晓节,民生之出以作入以息有所劝而勉于成。风俗为之丕变,商旅为之改观,此修造之所为有益于县,而姜君之为能知其本,皆可书也。姜君之受业乡先达户部主事张公士玉,于余为同年进士。尝闻其称姜君能学问有才识,今观其治抚宁,则信然矣。抚宁之治,他可称者尚多,此特以修造一事而言耳……

钟楼,在县二门东,久废。知县王文衡建于西城上,迆北。鼓楼在县二门西,久废。知县王文衡建于城中央。东刻石曰联峰拱翠,西曰洋水朝宗,南曰望紫腾辉,北曰天马钟灵。道光二十二年,知县徐天秩重修。

辽海通衢楼,在城东门上,明嘉靖知县姜密建。神京要路楼,在城西门上,指挥高维祺建,知县王文衡建,抚卫守备陈廷谋重修。镇海楼,在城南门上,知县张彝训建,王文衡重修。筹边楼,在城北门上,知县张彝训建,王文衡重修。来紫楼,在城东北隅。①

---

① (清)张上龢修,(清)史梦兰纂:《光绪抚宁县志》卷四,城池,《中国地方志集成·河北府县志辑》第23册,第52~53、55页。

（二）县　城

明初,有"旧土城一座,在阳(洋)河东二里"。洪武(1378),知县娄大方因避寇,迁县治于兔耳山东南今旧县村,并筑城。永乐三年(1405)于原县城置抚宁卫。成化三年(1467),县治又迁回县城,县、卫合为一城,并向东向南进行了大规模的扩建工程,墙包以砖石;筑成后城高2丈9尺,厚丈余,周长1164丈,外围筑马墙,门4个,月城4个,城台16座,楼8座,城为方形,护城壕宽5丈,深3丈余,后经多次修葺,但基本格局没有变。城内有大小街道22条,建筑布局以中央鼓楼为轴心构成东、南、西、北街,似十字形。主要街道宽四至八米,均为土路面。具有民族特色的建筑庙宇、祠堂、鼓楼、书院20余座,商贾、富户、店铺门市多为瓦房,贫民居住平房。清代和民国初期市面景象比较繁荣,有钱、粮、烧、当和店铺五十余家。日军侵占县城后,经济萧条,商业不振,城镇建设亦无兴举。国民党军队占领抚宁县城,镇容又遭一定程度的破坏。建国后,人民政府着手组织群众拆去构筑的工事和城墙,清除街道障碍和垃圾,疏通排水,修建道路,城内建设逐步得到恢复。[①]

二、山海关区(临榆县)

（一）城　池

尝闻堪舆家言,山海之城甚得地理,永不被兵。所以明季甲申流寇压境,清兵一至,丑类遂逃;民国改元,虽经两次战争,均未蹂躏。斯言一出,遂觉大有可凭矣。岂知固国域民不专在险,有斯城之责者,仍宜布德施惠,以固人心,术士之谈不必尽信焉耳。

县城高四丈一尺,厚二丈,周八里百三十七步四尺,土筑,砖包其外。门四,东曰镇东,西曰迎恩,南曰望洋,北曰威远,俱设重键。水门三,居东南、西南、西北三隅,以泄城中积水。

东门建楼,高三丈,凡二层,上层广五丈,下广六丈,深各半之,有额曰天

---

① 康占忠主编,抚宁县志编审委员会编:《抚宁县志》,河北人民出版社,1990年,第62页。

下第一关。

明龚用卿《镇东楼》诗

齐云结飞阁,跨岭限红桥。积水平河汉,凭栏望海潮。蛟龙从变化,鹏鹗任扶摇。欲借凌风翼,翱翔上九霄。

明关部杨瑶《镇东楼看月》诗

高楼百尺枕城头,午夜裁诗月满楼。四座彩辉明似昼,一帘香雾冷于秋。解围犹说刘琨啸,乘兴应追庾亮游。徒倚栏杆正怀古,金波遥映海东流。

明关部尚纲诗

十二危栏百尺长,倚天杰构镇边疆。海山南北环千里,城郭高低匝四旁。入座云笼村树渺,隔帘风递野花香。太平时节登临好,暴客重门不用防。

明关部尚缙诗

试倚危栏趁午凉,清风真可傲羲皇。百川逝水归沧海,万里浮云隔太行。自合笑谈挥麈尾,肯将歧路泣羊肠。饮余欲奏南薰调,鼓角频催暮钥忙。

明关部陈绾诗

楼阁晴阴向晚开,海天秋思独徘徊。寒生绝塞砧声急,水落荒郊雁影来。关树不迷南国望,羽书频见朔风催。感时忽讶潘郎鬓,作赋应怜王粲才。

明顺天巡抚曲周王一鹗《登镇东楼》诗

百二金城保障哉,翩翩万雉拂天来。楼悬日月扶桑近,帐拥春风细柳开。三辅雄图环睥睨,五云佳气接蓬莱。汉家新画麒麟阁,燕市谁登骏马台。

明蓟辽总镇戚继光诗

楼前风物隔辽西,日暮凭栏望欲迷。禹贡万年归紫极,秦城千里静雕题。蓬瀛只在沧波外,宫殿遥瞻北斗齐。为问青牛能复度,愿从仙吏换刀圭。

清路帅陈名远诗

百尺镇东楼,遥临瀚海秋。怒涛吞乐浪,大漠接营州。月冷闺人梦,风高戍士愁。独怜章句友,空复羡封侯。

邑令周嘉琛《重修第一关旧额记》

临榆城为明中山王创卫时建,东门楼高三丈,凡二层,有额曰天下第一关,笔力沉雄,与形势相称。游者相传为严分宜手迹。考邑志,为邑人明兵科给事中福建按察司佥事萧显书。显为天顺三年举人,成化八年进士,诗亦清逸可诵。其《登城述怀》有"八窗虚敞堪延月,重槛高寒可摘星"之句,独怪此额不书年月,不留姓字,使后之览者不尽低徊之感。余羁吏事暇,辄游观,邑绅杨雨苍、张漱芳诸君以右额绵历岁时,剥蚀可惜,爰命匠修整,并模建一方于下,更嘱纪其始末。余维望溪方氏颇厌天下名胜辄为俗士自镌名字及其诗辞,如疮痍瘝然入人目。萧氏书法道上,耻称其名,今乃抱残订缺,侈述缘起。如此何异俗士之务标榜?益信古人不可及矣。

西门楼,与东门楼同制,额曰祥霭搏(榑)桑,清乾隆九年御书。明初建,嘉靖三十七年主事陈绾,万历三十九年员外郎邵可立、副将刘孔尹,清乾隆三年知府梁锡藩,十八年知县钟和梅,二十九年袁鲲化,道光二十二年知府彭玉雯、知县陆为棣重修。

南门楼,制同东西,额曰吉星普照。明嘉靖八年建,万历三十九年员外郎邵可立、副将刘孔尹,清乾隆三年知府梁锡藩,十八年知县钟和梅,二十九年袁鲲化,道光二十二年知府彭玉雯、知县陆为棣,光绪二十年知县王汝霖重修。

北门旧有楼,今废。明天启七年建,万历三十九年员外郎邵可立、副将刘孔尹重修,以建后城多火灾,故废。

奎光楼,在城东南隅。明初建,万历十五年主事杨植,三十九年员外郎邵可立、副将刘孔尹修。清嘉庆十年重修,旧魁星像南向,此次用堪舆家言,改向北,周围缭以红墙,或曰乾隆二十九年知县袁鲲化因邑中少科名,改向北,自此科第遂盛。

威远堂,在城东北隅。明初徐中山欲建楼如奎光,旋归京师,不果。嘉靖四十四年主事孙应元即故址建堂三楹,颜曰威远,今废。

临闾楼,接东罗城北隅;牧营楼,接东罗城南隅,均在东城上。明万历十二年建为防关屯兵之所,今废。

新楼,在牧营楼南,明天启六年建。今废。

钟鼓楼,在城中央,高二丈七尺,方五丈。穿心四孔,上建文昌殿,背魁星,前左右钟鼓。明徐中山建于城中之北,成化七年修,万历十四年参将谷成功移建于此。三十九年员外郎邵可立以堪舆家言去楼上层,今因之。清康熙五年管关通判陈天植,乾隆八年知县张楷,十九年知县钟和梅重修。

环城为池,深二丈五尺,广五丈,周千六百二十丈。外为夹池,深广半之,潴水四时不竭,四门各设桥以通往来。

中心楼,在城中,即钟鼓楼。

清冯时泰《山城新修中心楼》诗

城心又起一高楼,畿左雄关益壮猷。鼓角日闻寒叶落,钟声风靖海波收。辽阳车马坚王会,蓟北山河拱帝州。闲上凌层西向望,五云深处瑞光浮。

东罗城,傅大城之东关外,高二丈三尺,厚丈有四寸,周五百四十七丈四尺。门一,在城东,即关门,为东西孔道,建楼于上,曰服远。水门二,角楼二,附敌楼七。明万历十二年,主事王邦俊、永平兵备副使成逊建,初设三门。清康熙四年移关时,通判陈天植、都司孙枝茂、守备王御春重修,因塞南北二门,即以东门为关门。旧设敌楼,今废。环城为池,周四百有二丈九尺。

明山石道范志完《春日渡关闻远钟并海潮》诗

渝(榆)关西去渡危桥,溪水涓涓月半霄。弹指三生俱梦幻,钟声遥带五更潮。

明儒学韩雄胤《关门秋夜》诗

静夜蟏蛸响,新凉蟋蟀吟。三山归远梦,一叶助悲心。月色凄团扇,霜华冷素襟。幽人寥落意,不待九秋深。

清通守陈天植诗

雄关划内外,地险扼长安。大海波光阔,遥风杀气寒。疆场百战后,烟火几家残。塞草连天碧,行人不忍看。

西罗城,傅大城之西关外。明崇祯十六年巡抚朱国栋请建,工未毕,遇改革中止。门一,在城西,曰拱宸。城未建时,即有拱宸楼,不知何年始建。因土筑易圮,明万历二十四年副将杨元改用砖石,副将蔺登瀛增置旁房一区于楼下,后即以楼作城西门。旧有南北二门,今仅存其基,南门俗呼为小南门。清咸丰十年,僧忠亲王派员环城包东西罗城,小西关挑挖战濠二十余里。西罗城原系土城,兹复筑土垣六里余,由西南水门起,历小西关,转北而东折至北水门止,又于各处砖城之坍塌者皆修整。

南关,在城南门外。僻处一隅,人烟稀少,自清光绪十九年设立车站,居民铺户渐次繁兴,以后日积月增,遂立集市,刻下造桥厂、电报局均移于此。

铺户数百家,居民数千家。毂击肩摩大有蓬蓬气象,菁华所萃,洵称繁盛之区也。

北翼城,又名北新城,在边城北水关北。高二丈有奇,周三百七十七丈四尺九寸,门二,居南、北二方。

南翼城,又名南新城,在边城南水关南。制同北翼城,俱明巡抚杨嗣昌建,今废。

宁海城,在南海老龙头北,周一里有奇,高二丈有奇,门二,居西、北二方。明巡抚杨嗣昌建,为龙武营,清光绪二十六年英国驻兵于此。

澄海楼,在宁海城老龙头上,一名知圣。高三丈,广二丈六尺,深丈有八尺。明兵部主事王致中因观海亭建,清康熙九年通判陈天植,乾隆八年知县张楷重修。楼东有碑,题曰一勺之多,明天启六年海运同知河东王应豫立。又有知圣楼碑一通,字迹漫漶,以手摹之,仅得其似,其初建年无考。楼上有匾曰雄襟万里,明大学士孙承宗题。又有一匾曰元气混茫,联曰"日曜月华从太始,天容海色本澄清",清乾隆八年御书。又有一匾曰澄海楼,乾隆四十五年御书。楼前建碑亭,楼壁镶卧碑,乾隆十九年知县钟和梅建,上镌清帝诸诗。光绪二年永平府知府游智开劝捐,委知县赵允祐重修楼亭,将当年石刻仍照旧式镶嵌。二十六年毁于洋兵,遂废。

清圣祖《澄海楼序》

山海关澄海楼,旧所谓关城堡也,直峙海浒,城根皆以铁釜为基,过其下者,覆釜历历在目,不知其几千万也。京口之铁瓮徒虚语耳,考之志册,仅载关城为明洪武年所建,而基趾未详筑于何时。盖城临海冲,涛水激射,非木石所能久,固昔人巧出此想,较之镕铁屑炭更为奇矣。

清关厅陈天植《重修澄海楼记》

《史记》:秦皇帝筑长城,大发天下丁男,起临洮至辽海,延袤万有余里,以为长治久安策无逾此,讵蒙恬之役方罢,而孺子婴已衔璧迎沛公。呜呼!险亦安足恃哉?由汉晋以迄宋元,更姓改物不知经历几朝,然代有修筑,故明徐中山、王守燕,依山阻海,规方度势,即元迁民镇,拓而城之,建关设卫,领千户所十,置官军万人屯田其地,名曰山海关,其亦赵充国屯守金城意乎。迨至中叶,中外岌岌多事,于是重兵宿将,风屯云扰,关门遂为边疆要地焉。

甲申贼破都城，横肆屠戮，我大清世祖章皇帝爰整六师入关，合关辽两镇兵歼贼于石河之西，乃定鼎燕京。期年之间，南北浑一，六合之内，罔不臣服。关城为向化首区，且其地东通奉天，西连畿辅，屹然称中腹重镇，因设章京为城守计，用专讥察，向来越边者出入靡禁，当事者患之，遂谋修葺边墙。今上龙飞改元之七年诏下，大司农议发内府金钱二万五千有奇，筑修坍垣，督抚行令北平观察使钱公督其事，公因檄下山海厅路卫，分监厥工，予因是与路卫两君昕夕仆仆于山榛水湄间。长城之杪又甃石为垒，截入海中，高可三丈许，长且数倍，曰老龙头，此则故明将军戚继光所筑。涛摧波撼，日就倾欹，又城之上有楼三楹，为明职方王致中所建，亦颓败不可登。予与两君监视城工，坐其下，时有戒心，尝共叹曰，危哉！斯楼。不早为葺，行将化为冷风宕烟矣。十阅月城工告竣，会路帅孙君以病去，予宗殿扬君以廷试第三人奉天子命来镇是关，时时阅武海上，每至斯楼，慨然有重修意，过而问之予。予曰，是役也，固予之夙心也，矧又有守土之责乎？按旧志形家言，关城势如飞凤，左右罗城为两翼，楼台高峙，海涯厥象首，若就圮，顾可令凤之首俯而不举乎？因集关之士大夫与子衿耆老佥为谋，咸称善，且曰聚腋成裘，聚土成邱，斯楼之修，要非一手足之力，皆乐捐金，共襄其胜。予又与路卫两君董厥成焉。工始于仲夏，落成于仲秋，众因请予为记。予不敢以不文辞，因思昔人兰亭、岳阳、竹楼亦各有记，以识景物，若斯楼也，面临巨壑，背负大山，高枕长城之上，波澄万里，嶂叠千重，又岂区区彭蠡洞庭会稽。山阴诸胜，足媲其雄深哉？仍其旧颜曰澄海。绎斯义也，海不扬波，有圣人出，职方题名，或以是欤？方今圣天子临御万方，东鳞西鲽，测水来王，乌弋黄皮，望风受隶，以名澄海，岂虚语哉？若夫为翰为屏，为锁为钥，于以巩固雄关，奠安海寓，是在朝廷之得人，又不徒恃此长城之固与斯楼之壮也矣。予愿后之君子登斯楼也，振叔子之轻裘，舒庾公之清啸，当念关之人士修葺艰难，捐助美善，加意拊循，勤思保障，庶不负予勒铭而记之意。

明李学诗《观海亭》诗

迢递关东道，留连海上亭。片云回岛屿，孤鹤下山城。浪漫濠梁意，风流斗酒情。浩歌看落日，尘世一浮萍。

又诗

揽胜同骢马,停杯看午潮。天空水色合,风定浪花消。日月双丸转,乾坤一叶摇。桑田今几变,感慨意萧萧。

明朱之蕃诗

秦城万里俯迢荒,揽胜都忘在异乡。坐待潮生宜日永,还从海阔信天长。塞鸿斜度飞禽寂,珍错旋添牡蛎香。宾主不须辞尽醉,咏归堪继舞雩狂。

明葛守礼诗

亭畔邀嘉客,凌虚兴复清。游鱼分小队,野鹤导先旌。云出山含雨,潮来水溉城。且开沧海腭,何处觅长生。

明蔡可贤诗

城头望海海潮生,白浪乘风撼塞城。汉使不来槎自转,秦皇已去石还惊。桑田反覆千年事,云水苍茫万里情。此日流觞须尽兴,当时采药竟何成?

明戚继光诗

曾经泽国鲸鲵息,更倚边城氛祲消。春入汉关三月雨,风吹秦岛五更潮。但从使者传封事,莫向将军问赐貂。故里苍茫看不极,松楸何处梦魂遥。

明张时显诗

沧溟极目水连云,秋色遥看已半分。潮拥高城浮蜃气,剑横绝塞闪龙文。晚风落日秦王岛,夜月飞涛姜女坟。万里灵槎无计借,乘闲且自狎鸥群。

明朱国梓诗

戍楼尽处接危楼,一槛凌空万象收。云水迷离潮汐古,沧桑泡幻见闻愁。平时游览多忘返,今日相逢怕遇秋。破浪乘风乏舟楫,安能歌啸不持瓯。

明周体观诗

祖龙鞭石神蛟怒,喝唉横洋倾北注。九点烟州天尽头,丸泥封隘不封愁。踏断秦城回雁影,戍楼直取沧溟枕。冯夷起舞闻风寒,谁伐鼍鼓沸狂澜。折芦欲凌碧波去,自恨凡骨沉于石。桧可楫兮松可舟,员峤如何不可游。邈邈余怀望仙子,东拜贞娘能不死。借问陇西李细眉,一泓水泻幽梦时。而今白玉楼中看,俯身下视看不见。

明辽东兵备卢龙韩原善《登知圣楼为王海若司马赋》其二

习习天风动客衣,登楼把酒送斜晖。眸随雪浪翻青海,梦逐春风入紫微。十载浮沉肝胆是,半生潦倒鬓毛非。樽前幸预鲈鱼会(脍),不到秋风已赋归。

清圣祖《澄海楼》诗

危楼千尺压洪荒,骋目云霞入渺茫。吞吐百川归领袖,往来万国奉梯航。波涛滚滚乾坤大,星宿煌煌日月光。阆苑蓬壶何处是,岂贪汉武觅神方。

清世宗《澄海楼》诗

观海登楼日未斜,晴空万里净云霞。才经一阵风过槛,倏起千堆雪卷花。贝阙鳌峰如可接,鹏津鲛室岂终遐。诡词未许张融赋,到此方知语不夸。

又诗

极目瞻沧海,涵泓无所从。量包天地外,色染古今容。浪起思鲲化,云飞羡鹤踪。坐观渊默里,万派自朝宗。

又诗

凌霄杰阁耸层楼,碧海苍茫远望收。混一乾坤云水阔,濯磨日月浪花浮。百川输委盈襟带,万类涵濡任泳游。闻道此中覃帝泽,几曾汪濊有停流。

又诗

朱栏画栋最高楼,海色天容万象收。海底鱼龙应变化,天中云雨每蒸浮。无波不具全潮势,此日真成广汉游。仙客钓鳌非我意,凭轩惟是羡安流。

清高宗《澄海楼》诗

轴辘金轩展祀旋,偶临杰阁眺渊潫。漫言此后难为水,试看当前不辨天。秦帝关存终失鹿,汉皇舟阻未成仙。拟澄坎部留吟句,只恐雕龙让广川。

又诗

我有一勺水,泻为东沧溟。无今亦无古,不减亦不盈。腊雪难为白,秋旻差共青。百川归茹纳,习坎惟心亨。却笑祖龙痴,鞭石求蓬瀛,谁能忘天倪,与汝共濯清。

又诗

又自陪都转斾旋,城楼拾级望溶瀁。今来古往只一水,汉踬秦颠无二天。木几聊因闲咏句,徐舡何必远求仙。却缘悟得汤汤者,纳自诸河及小川。

威远城,俗名呜咽城,在长城东二里外欢喜岭上。城高三丈,下甃以石,四隅起台垛,城上女墙高五尺,周方七十步。正南为城门,上镌威远二字,城内北面起平台,延袤三丈。台左右磴道各一,南面东西隅亦各有磴道。随其形势,于四面城墙上下起大小砖洞二十一。城门外有小月城,高丈余,面西为门。周城百步,外为垒三重。

一片石城,高二丈五尺,周二里。

明王致中《一片石道上》诗

东望青峦列堞峰,秦城汉壁几重重。会无日午三家市,空有风涛万壑松。桥隐断虹秋水涨,柝沉斜日石门封。疆场此日还多事,好向天山豫挽弓。

清兰溪徐世茂《一片石》诗

山回路回几人家,斜抱长城一望赊。乱石远沙含夕照,深林空翠入飞霞。九门洞曲浮秋水,三辅风高起暮笳。寂寂客怀愁不寐,忽来寒月照窗纱。

石门寨城,高三丈六尺,周四里。

明范志完《石门道上》诗

四月边城始觉春,依依杨柳映青苹。石桥隔岸遥相望,犬吠花村门倚人。

…………

铁场堡城,高三丈一尺,周二百六十四丈。驻操营城,高丈有五尺,周四里。黄土营城,高二丈,周一里。义院口城,高三丈四尺,周四百六十六步。挚子峪城、板场峪城、永安堡城、平山营城,(以上四城均就颓废)。[①]

(二)县 城

山海关又名临榆、榆关,位于直隶省东部与奉天省交界处,距北京铁路里程262英里有余,而其南部临近渤海湾一邦里[②],北方是被巍峨群山三面环绕的角山,海拔1300尺,余势趋向湾头的地方,山嘴逐渐断开成为平地,其山顶如屏风一般。连绵不断的万里长城到达此处,下山之后是更大的平地,延伸到海边。通向关外的东门上题有"天下第一关",大概是东北地区通向中国关内的唯一要道,所谓"一夫当关、万夫莫开"。自古以来从北方窥探中

---

① 高凌霨修,程敏侯等纂:《民国临榆县志》卷九,建置编上,城池,《中国地方志集成·河北府县志辑》第21册,第505~514页。

② 一邦里约等于3.972公里。

原,首先必然威胁到此地,历代国家兴亡都与此关门有莫大干系。

看其沿革可以发现,从隋末到唐宋时代这里经常作为战场,明太祖洪武十四年(1381)中山王徐达率兵来此,建筑了永平府及界领口三十二关,又另建了山海关城,即是如今的城郭。从景帝时代开始不堪蒙古军队的袭扰。清太祖也觊觎此地,两次未果,到世祖时,乘着李自成反抗北京的时机,任命摄政睿亲王为大将军,借助于山海关总兵吴三桂的帮助,得以杀入关内,终于定都北京。之后的历代清朝皇帝行幸奉天的祖陵,必定驻跸此处,成为定例。①

(三) 关 城

关城创建于明太祖洪武十四年(1381),大将军徐达修筑长城建关设卫,始有关城。

城墙。关城系依附长城围以南、北、西三面城墙所构成,设东、西、南、北四座券门。经实测,全城周长 4612 米,其中东面墙(即长城)长 1325 米,建国后历年维修,到 1987 年,从东南角楼到北斗峰,内外墙全部修缮完整。西面墙长 1367 米:外墙坍毁两段,一在西门城台北约 25 米,一在西北水门约 30 米,其余外墙及西门城台、门洞等尚较完整;内墙则均已坍毁,惟余夯土。南面墙长 1141 米:外墙除部分风雨剥蚀脱离外,基本完整;内墙大部分墙皮已圮毁,只剩夯土。北面墙长 779 米,城高 10 米,除西北转角以东 200 米、北斗峰以西 190 米外墙以及北门城台及门洞较完整外,其余部分内外墙均已坍毁。

山海关四座券门之外,均有瓮城建筑。现仅存东门外的一座瓮城,周长 318 米,门南向,与第一关券门成直角形。瓮城西墙(即长城)长 85 米,东墙长 72.5 米,南墙长 76.5 米,北墙长 83 米。其余三座瓮城,南门瓮城毁于 1955 年,北门瓮城毁于 1956 年,西门瓮城毁于 1970 年。

城楼。镇东楼,即山海关城的东门楼——"天下第一关"城楼,建于明代洪武十四年(1381)。其建筑规格,上为歇山式重檐顶,顶背双吻对称,下为

---

① 《中国省别全志》卷十八,第 35 册,第 242~243 页。

砖木结构。四角飞檐饰以形态各异的脊兽,造型美观,栩栩如生。楼内外檐桁枋心,均有明式彩绘。楼上下两层,北、东、西三面,共有 68 个箭窗。经实测,城台高 12 米,城楼高 13.7 米,东西宽 10.1 米,南北长 19.7 米。楼分两层,第一层高 5.7 米,第二层高 8 米,建筑面积 198 平方米。迎恩楼,即西门楼,与镇东楼的规模相同,匾额题字"祥霭榑桑",系乾隆九年御笔。因年久失修,于 1954 年拆除城楼。匾额原藏第一关城楼内,"文化大革命"中被毁。望洋楼,即南门楼,制与东西二门同。明嘉靖八年建,匾额题字"吉星普照"。1933 年 1 月,日本侵略军进攻山海关时,城楼被炮火破坏,于 1953 年拆除。威远楼,即北门楼,明代天顺七年(1463)建,因建后城多火灾,故废而未修。靖边楼,通称"角楼",在山海关城东南角与长城衔接处,始建于明初,成化十五年(1479)重修。万历十五年(1587)改建为六角形奎光楼,清嘉庆十年(1805)重修。1933 年受日本侵略军炮火轰击,上层被破坏,底层也随之坍毁。1986 年按靖边楼原样修复,为九脊歇山式重檐,十字顶,呈 90 度直角,外缘每边长 25 米,宽为 11.99 米,建筑高度 13.45 米,分上下两层,共开箭窗 56 个,总建筑面积 658.41 平方米。威远堂,在关城东北角,明初大将军徐达建关城时欲于此建楼,与东南角楼并峙,后因归京师而中止。嘉靖四十四年(1565),兵部分司主事孙应元改建威远堂,后废,现柱础石尚存。临闾楼,位于第一关城楼北侧,接东罗城北隅,明万历十二年(1584)建,为防关屯兵之所,1986 年修复。楼南北长 11 米,东西宽 6.7 米,高 10 米,建筑面积 119.52 平方米。楼分三层,上为五脊歇山单檐顶,下为砖木结构,东、南、北三面共开箭窗 24 个,西面二层券门 3 个。牧营楼,位于第一关城楼南侧,接东罗城南隅,明万历十二年(1584)建。建筑规模与临闾楼同。1987 年修复。钟鼓楼,在城中央,高 2 丈 7 尺,方 5 丈,穿心四孔。上建文昌殿,背魁星,前左右钟鼓。明徐中山建于城中之北,成化七年(1471)修,万历十四年(1586)参将谷成功移建于城中央。钟鼓楼在建国前已破烂不堪,1952 年拆除。

护城河。史载:"环城为池,深二丈五尺,广五丈,周长千六百二十丈,外为夹池,深广半之,潆水四时不竭。四门各设吊桥以通往来。"因年久失修,大部淤塞,除西门、东门、北门外大部分保留外,南城外均已填平辟为马路。

西门外护城河于1986年改建为环城公园。①

三、昌黎县

(一)城池一

  罗城周四里,高二丈。旧惟土垣,明弘治中知县殷玘甃以砖,知县陈纲城门裹以铁,知县秦志仁建四城楼,知县李希洛毁近城房舍,浚城濠,知县胡溪厚筑城堞。隆庆元年,寇薄城,有司奏请,知县张存智重筑,依旧城为限,高三尺奇,增敌楼二十,浚濠,广四丈,深三丈五尺,建四城、铺二十四。知县孟秋筑重墙,添重门,建南北桥。知县吴应选修四城垛口,重筑女墙。知县胡科建四城护门。知县石之峰重修数处,约十余丈,四角楼各一座,又建东、南城楼各一座,东、西、南三城护门栈板。知县冯恩新添北门月城一座,周围砖包,铁门,铁护门栈栈房一间,东西城门外桥立碑记。知县王汉杰、洪霖陆续修葺。知县吴望岱各壕沟植柳树,惟东南二濠之柳十仅二三,知县杨于陛复督栽完备。

  清顺治八年,北城券门倾塌,知县刘彦明重修。康熙十一年,城垣多圮,南城敌楼一座,计高三丈五尺、阔五丈五尺,北城一处,各计高三丈五尺、阔十六丈,知县王日翼捐廉倡修,屹然坚固。康熙十八年,地震摇倒城垣,并先年倾颓,共计七十余丈,知县陈邦齐修葺。乾隆三十九年,知县蔡延斗重修。道光二十二年,四城楼并城垣坍塌,知县王应奎劝捐重修。城垣围长七百九十八丈。四门,东曰熙春,南曰迎薰,西曰宝成,北曰拱辰。池深一丈,上阔三丈,下阔一丈五尺,围长八百一十五丈。咸丰十年,知县萨炳阿奉宪谕捐廉重挖,今城高池深,视昔固已什伯矣。按,县城内多倾颓,外尚完整,四门惟西门外无石桥以当急流之冲。光绪末年,邑绅张炳麟等董其事,植树甚多,现已蔚然。咸丰十年,僧亲王率兵驻城外东山,饬萨知县监工令兵民修。四厢土郭,多年失修,现已坍塌,惟西南关外仅有基址数丈。迄民国十年后,

---

  ① 秦皇岛市山海关区地方志编纂委员会编纂:《山海关志》,天津人民出版社,1994年,第50~51页。

东南二面城根经居民报认,盖房居住为数不少焉。①

(二)城池二

昌黎县城高三丈,厚丈余,周围四里。旧惟土城,弘治中知县殷坯甃以砖,门四,上各有楼。弘治中知县陈纲,嘉靖中秦志仁、李希洛、胡溪、楚孔生,隆庆中张存智,万历间孟秋、吴应选、胡科、石之峰、冯恩、洪霖、吴望岱、王汉杰、杨于陛,天启中尚镰,国朝顺治中程量、刘彦明,康熙间王日翼、陈拜齐皆经修葺,同治十三年知县杨春华修补城垣三十八丈一尺。

池深三丈五尺,广四尺,东西门有栈板,南北门有弯桥。鼓楼在县治东北,万历间冯恩建,杨于陛修。国朝康熙间典史王懋修,乾隆三十五年知县林中麟重修。

钟楼在东城上,万历间杨于陛迁建,后废。国朝康熙间,王懋移钟于鼓楼上。

迎恩楼,一名永泰楼,在西门外,洪霖建,杨于陛重筑。台基下有温泉,修莲池,今废。②

(三)县城街市

分为城内及城外两个部分,城廓后背大山,虽然规模不甚大,但是街道比较整齐,拥有县署及警察署、邮政局、木税局、学校等官公衙。此外,东关之外建有宏大的耶稣教堂,临时设置由美国人经营的医院以及学校,致力于布教活动。城内外共计有1200多户、7000口人。③

(四)城 关

金大定二十九年(1189)更名昌黎县,昌黎城关为县治所在地。城池原

---

① 金良骥等修纂,张鹏翔等续纂:《民国昌黎县志》卷三,地理志,城池,《中国地方志集成·河北府县志辑》第20册,第222页。
② (清)游智开、(清)史梦兰纂:《光绪永平府志》(一)卷三十三,城池下,《中国地方志集成·河北府县志辑》第18册,第580~581页。
③ 《中国省别全志》卷十八,第35册,第233页。

为土城,明弘治八年(1495)改建为砖石结构,方形,各边长一华里,墙高三丈五尺。设四门,东为熙春门,南名迎薰门,西称宝成门,北曰拱辰门。城外有护城河;城内有鼓楼、奎星楼、文庙、城隍庙、观音阁、清圣祠、韩文公祠、源影寺塔等建筑(现仅存源影寺塔)。

城内以鼓楼为中心,分东街、西街、南街、北街;城外分东关、西关、南关、北关和东南庄等小区。1949年镇区划分:城内西半部为一街,东半部为二街,东关为三街,东南庄为四街,南关为五街,西关、北关为六街,外有杏树园村(1953年划归四区管辖)。1954年重新划分镇区:城内为一街,原六街变为二街,其余未动,镇区辖5个街和杏树园村(1956年6月并入)至今。到1985年镇区南北长7.5公里,东西宽5公里,总面积26平方公里。

建国前,城内有以鼓楼为中心的东、西、南、北街4条街道。此外还有南关的戏院街、东关大街(现民生街)和车站大街等大小街道、胡同90余条。这些道路都是泥土路,狭窄不平,风天尘沙弥漫,雨天泥泞难行。

建国后,县人民政府逐年拨款修建街道。50年代拆除了旧城墙和鼓楼,填平了护城河,使街道通畅。[①]

四、卢龙县

(一)城池一

永平府城高三丈有奇,厚二丈,周九里十三步,计一千六百二十六丈五尺。前代修建,年月无考。明洪武四年,指挥费愚等拓其东而筑之,砌以砖石。门四,东曰镇东,南曰德胜,西曰望京,北曰拱辰。其西北别有一门曰小水西。门各有台、有楼、有重门,曲而尽制。景泰中参将胡镛、知府张茂;弘治中知府吴杰;嘉靖中兵备副使温景葵;隆庆中知府刘庠;万历中知府张世杰、任铠、马崇谦、徐淮,推官沈之吟;天启中兵备副使张春皆经修葺。国朝康熙十二年,城西北倾塌六丈余,知府唐敬一公捐补筑。三十六年被水复倾,知府梁世勋、同知彭尔年修筑。乾隆十八年知县劳宗发、二十三年知县

---

① 陈雨时主编,昌黎县地方志编纂委员会编著:《昌黎县志》,中国国际广播出版社,1992年,第347页。

方立经皆请帑修补。光绪元年,各门谯楼俱已倾陨,而西北城垣坍毁尤甚,知府游智开捐资重修,一律坚整。

池深二丈,广五尺,有东西二堤,元大德中吏部员外同都水监官修,明弘治中知府吴杰、万历中副使叶梦熊、国朝顺治中副使宋琬重修,雍正五年郡人蔡总督珽捐修,乾隆二十六年知县顾光重修,三十八年知府李公奉翰修浚下水关一带,城壕加筑土坝二座。①

(二)城池二

今之治城即昔之永平府城也,城高三丈有奇,厚二丈,周九里十三步,计一千六百二十六丈五尺,前代修建,年月无考。明洪武四年,指挥费愚等拓其东而筑之,砌以砖石。门四,东曰镇东,南曰德胜,西曰望京,北曰拱辰,其西北别有一门曰小水西。门各有台、有楼、有重门,曲而尽制。景泰中参将胡镛、知府张茂;弘治中知府吴杰;嘉靖中兵备副使温景葵;隆庆中知府刘庠;万历中知府张世杰、任铠、马崇谦、徐准,推官沈之吟;天启中兵备副使张春,皆经修葺。清康熙十二年,城西北倾塌六丈余,知府唐敬一公捐补筑。三十六年被水复倾,知府梁世勋、同知彭尔年修筑。乾隆十八年知县劳宗发、二十三年知县方立经皆请帑修补。乾隆三十一年,奉帑重修,额东门为迎旭。光绪元年,各门谯楼俱已倾堕,而西北城垣坍毁尤甚,知府游智开捐资重修,一律坚整。光绪二十六年,东城楼为洋兵轰毁。民国十五年之战,以滦河为焦点,城垣被炮轰击致多损坏。十九年,城东北上水关城墙被雨灌塌外皮八丈,现经修补齐整,其余内外城墙及南西北各城楼各火药楼俱已残破,无款兴修。

池深二丈,广五尺,有东西二堤,元大德中吏部员外同都水监官修。明弘治中知府吴杰,万历中副使叶梦熊,清顺治中副使宋琬重修,雍正五年郡人蔡总督珽捐修,乾隆二十六年知县顾光重修,三十八年知府李公奉翰修浚下水关一带,城濠加筑土坝二座。迨清光绪年间,漆滦两河,连年涨水,西门

---

① (清)游智开、(清)史梦兰纂:《光绪永平府志》(一)卷三十二,城池,《中国地方志集成·河北府县志辑》第18册,第564页。

外堤石多被冲倒,淹没于池濠者甚多。

上水关,在城东北,清雍正间塞此关,迁河于城外。

下水关,在城东南奎楼下,旧在看花楼下。

钟楼,在县府东,旧在城之东偏城址上,明代费愚拓其东而月牙城之形状遂改旧观,今人以此楼适居中心也,故又名为中心台。楼之东额曰重镇,西额曰通衢,上有玄帝阁。清光绪庚子之役,台之楼阁为洋兵焚毁,嗣后钟楼复建,其庙遂废。

鼓楼,在县府大门东,内绘汉飞将军李广射虎图,前额曰明远,楼后额曰东渐于海,其下前有坊,额曰声教畿东。楼建自明代正统七年,据山川之形胜,为合郡之壮观。清道光十一年四月毁于火,经永平知府阮常生率属捐廉重修,今之楼为二层,旧为三层。

望高阁,在城东门之北,今其阁虽废,而址尚存,土人呼为望远台,邑中人士多登临游览。①

(三)县　城

清末民初,府城凋零。至1949年1月,县人民政府迁入时,已一片荒凉,毫无景气,到处断壁残垣,满街垃圾碎石。明清建筑,由于风残雨蚀、水渍圮崩和战争中破坏、人为拆毁它用,均已荡然无存。府县衙署1946年前拆除,城隍、隆教禅寺等庵观寺庙累年自圮塌废弃,钟楼、鼓楼70年代初拆毁,孔庙(圣人殿)拆建卢龙县中学。古建筑仅遗大佛顶尊陀罗尼经幢以及元建西城古码头残址。城垣自1945年夏末秋初不断圮塌,连续拆毁,只作为防洪堤功能残存,至是仅留菊花台至城西南隅段约长1.5公里的西城〔墙〕,以及大、小西门。②

---

① 董天华修,胡应麟纂:《民国卢龙县志》卷一,城池,《中国地方志集成·河北府县志辑》第20册,第459~460页。

② 卢龙县志编纂委员会编纂,彭勃主编:《卢龙县志》,天津人民出版社,1994年,第131页。

第十章　唐山市各县城城墙资料

一、丰润区

（一）城　池

《周礼·夏官》：掌固掌修城郭、沟池、树渠之固，颁其士、庶子及其众庶之守。唐考百司之长，以城隍修理为镇防之最。封守之固，由来旧已。冲要之区，四通六辟登障抚陴，社稷人民实式凭之。夫宁以司管钥严启闭，遂为无忝厥职哉。志城池。

县城，金大定六年始筑土为城，周围四里，高二丈有奇，为门四。

明正统十四年，巡抚邹来学檄令甃以砖石，未半而止。天顺六年总兵马荣，成化间巡抚阎本相继讫工，为门楼四。嘉靖二十八年，东北二楼圮，知县时凤修。隆庆二年，巡抚刘应节檄知县冯如圭增修，城益高。崇祯十三年，知县李重镇复增筑城。

本朝因之历经修补，至乾隆十七年，知县陈文言、真定府通判张人鉴领帑三万六千八百四十余两，撤旧增筑，城身连排墙垛口，共高二丈四尺五寸，周围长七百七十八丈三尺五寸，底宽二丈四尺五寸，顶宽一丈三尺五寸，女墙垛口一千零四十个。瓮城内外门四座，双层门楼四座，顶高一丈七尺，檐高八尺，面宽一丈一尺，进深一丈二尺。自乾隆十七年二月起工，讫八月完工。先是，隆庆二年增建城角楼四，东南曰羌伏，西南曰海润，东北曰定边，西北曰保极，今废。正统十四年，城门额：东来远，西拱宸，南观海，北镇朔，今东易迎旭，西易瞻天，南易朝宗，北易望化。城门楼额，东曰龙山春色，西曰浭水朝宗，南曰平台堆玉，北曰古冶流金。匾额久废。乾隆十九年，知县吴慎复大书榜之。①

(二) 县　城

丰润于金大定六年(1166)筑土为城。元至元七年(1270)始修县衙。明正统十四年(1449)至成化年间以砖石建城墙。到解放前夕,县城城区主要在今城东路以西、城西路以东、红旗路以北、城北路以南的范围内,面积0.34平方公里。居民500~600户,人口约3000人,其中大多数从事农业生产。沿十字街有各种店铺、作坊等30余家。其中较大店铺有福盛馆、三和栈、北顺店、祥顺斋、永茂局、东广盛、郁德兴、信利源、王胜轩、永胜和等。城区内有浭阳书院、文昌阁、魁星楼、石佛寺、常平仓、关帝庙等建筑物。这些建筑物早已在解放前或50、60年代被拆除。城区内除几条泥土路面的街巷外,没有其他市政设施。

…………

解放前,县城内有四街八巷,主街成十字形,为东大街、西大街、南大街、北大街,宽约5~6米。东西大街总长540米,南北大街总长633米。十字街将城区分割成四片,东北片称箭厅,西北片称后卫,东南片称官学,西南片称大仓。每片具有两条小巷呈十字型与相临的两条大街相通,街巷均为泥土路面。②

二、开平区

(一) 城　堡

开平堡,州西南九十里,明之开平中屯卫也。唐石城废,县卫原设口北大宁沙岭,洪武中,调真定府。永乐元年,移置于此,其地原有土城。成化二年间,巡抚焦总兵委永平通判段玑易以砖,为东西南三门,各有楼,今城圮,

---

① (清)郝增祜等纂修:《光绪丰润县志》第二卷,城池,《中国地方志集成·河北府县志辑》第25册,第200页。

② 王从政主编,丰润县地方志编纂委员会编:《丰润县志》,中国社会科学出版社,1993年,第529页。

遗迹尚存。绅商岁修其城楼焉。

明尚书姚夔《开平中屯卫新城碑记》云：

永平，禹贡冀州之域。秦汉为右北平郡，唐为平州，元置平滦路。我太宗文皇帝入正大统，迁都北京，而永平去京师五百里，遂为畿甸重地。又以滦负山带河，尤为要害。乃于义丰旧县置开平屯中卫，自大宁沙岭徙来，今去州九十里，旧有土城颓圮。成化改元之明年，都察院右都御史李公以其地密迩边境，宜有城，以备非常。奏准下有司讲修筑之政。于是巡抚右佥都御史阎公、镇守印绶监右监丞龚公、总兵官东宁伯焦公，相与协谋经画，而府卫咸听约束。择廉洁官，得永平府通判段玑、忠义中卫副千户陈昶董领厥事，计货食之出入，量工程之多寡，因旧增新，百堵既完。乃作南门以正面势，作东西门以通往来，浚沟隍、布桥梁、疏水道，是故甲兵有宿，室家有护，晨昏警严，钟鼓分明，民居帖安，诚可谓一劳永逸者也。周计尺九千二百七十有八，高为尺二十有三。始事于成化三年十月一日，讫工于明年五月十二日。通判以是役巨而不费，重而不劳，上卫乎国，下庇乎民。巡抚、镇守、总戎之功不可无记述以示后，乃次其颠末来请余文。余惟城郭沟池，有国者所当设也。然设必有时，我国家承平百年，于兹四方无患，而城郭沟池惟恐其不完固者，诚安不忘危之意也。况京东保障之地乎？虽然民非兵无以卫，兵非民无以守，城具矣，而守之非其人，与无城同；人得矣，而治之非其人，与无人同。故曰：地利不如人和，长斯卫者何？思有以和其人，而善所守哉。庸书此，俾刻之城隅，以告诸执事。

国朝滇西师范闻平《道中》诗云：

秫篱低护老农家，十里西风酒斾斜。秋水夕阳山数点，石桥疏柳路三义。黄登岁晚千仓粟，绿长霜前一架瓜。最是授衣人事亟，牵裙扱衽采棉花。

又《冒雨抵开平》诗云：

瘦马随饥仆，迢迢古北平。歧途回积水，寒雨入秋城。地僻炊烟少，年荒酒味更。客怀正无赖，愁见雁南横。[1]

---

[1] （清）游智开修，（清）史梦兰纂：《光绪永平府志》卷三十三，城池下，清光绪五年(1879)刻本。

（二）古城堡

开平土城始建于何时，因世远年湮，考之史书，记述约略。据当地老人介绍，秦汉时代开平就有城堡雏形，至今开平四街还有一条小街称古石城街。唐设置石城县，筑土城设工事，御敌防患。明永乐初年，开平中屯卫移置于此，开平由此得名。明成化年间，将土城改建为砖石结构的城堡。据《滦县志》《开平中屯卫新城碑记》载，工程自成化三年（1467）十月一日动工，至翌年五月十二日竣工。城堡周长九千二百七十八尺（约为2800米），高两丈三尺（约7.7米）。城池为方形，长宽各约700米，城墙底宽5米，上宽2米，有上下通道，可来往行人。城墙外侧有女儿墙，设有垛口，可藏身向外射击。城东、西、南三面设有城门（北面无门），故昔有三门庄之称。城门上建有城楼，可驻兵守卫。城堡外围四面开挖了两丈多宽、一丈多深的护城河，于城门外装置铁索吊桥。远远望去，城堡雄伟严峻，威武壮观，当时在京东大平原上是个数得着的城池。东西城门通过吊桥可以通行大车。东城门上建有魁星楼，瓮城内建有关帝庙。城门的墙上有两块石头，一块刻有一条蛇盘在龟的脖子上，称之为"蛇盘龟"；另一块刻有一个人被吊起来，一人用鞭抽打，称之为"吊打石人"。古人寓意何在，莫能言者。南门是正门，瓮城门向东开，护城河上架小桥，只能行人，不能通车。城堡无北门，于北城门的位置上建了一座狐三太爷庙，迷信传说不一而足。经考证，建城墙用的材料与明代长城所用材料很相似。城墙低洼地段地基，为了防止水冲，使用了长1.5米、宽1米、厚0.25米的粗岩石铺底，上砌青砖，每块长0.44米至0.42米、宽0.22米、厚0.1至0.08米不等，整个墙体都是用白石灰搅拌细沙浆砌而成。据行家认定，砌墙所用白灰为北灰，质地性能相当于当今300标号水泥。1979年，四街村民黄金标于地震后盖新房挖地基时，曾挖出一个很大的粉灰池子，池内残存粉好的石灰。该灰池位于距城墙30米处，据分析很可能是建城墙时所用灰池。

…………

斗转星移，时过境迁。进入19世纪以来，随着社会的不断进步、发展和现代化工业城市唐山的崛起，历史古城开平已退居次要地位，特别是1976年

7月28日的唐山大地震,使这座千年古城夷为废墟,历史风貌,荡然无存。今日复建后的开平已换新颜,原古城堡全部推平,东、西、北三面的护城河筑为环城公路,南面护城河上兴建了普光路商业一条街,一幢幢楼房拔地而起,古城正向着现代化城镇迈进。

……………

1971年,将西护城河填平,建成西环路,后改名城西路。①

三、滦州市

(一) 城　池

  崇墉浚隍,设险防守,古之所以卫国而保民也,后世承平日久,守土者或怠厥职事,关门无抱击之备,城池失修浚之功。甚有主持拆毁城郭以利交通者,谓近世战争非城池所能防御,然以之御敌固不足,以之防盗则有余,且巍然建筑足壮观瞻,即以古物论,亦当保存而修葺之,况其功用不止壮观也哉?

  县城,城周五里二百六十步半,(府志作四里二百步,兹据档案增之)高三丈五尺五寸。在昔殷时为黄洛旧址,周以后兴废无考,唐哀帝天祐四年,刘守光暴乱,为辽阿保机所攻陷,遂修筑城郭。传历金元,明景泰二年,巡抚邹来学檄同知杨雄,甃以砖,高二丈九尺,基厚二丈,上宽一丈五尺,环四里二百步,垛墙一千一百五十有八。门四,东曰御滦,南曰安岩,西曰迎恩,北曰靖远。东西月城,门俱北向,南北月城,门俱东向。嘉靖六年,知州张国维建重楼于东门,额曰保厘东郊;二十五年,知州陈士元修堞浚隍。隆庆二年,署州事府同知贺凑接城六尺余,增设敌楼四座;三年,知州崔柄建重楼于西门;四年、五年知州刘欲仁建重楼于南门北门。万历八年,知州郭琉建四城角楼;十二年,知州白应乾建护城垣;十五年,滦水横溢浸城,城垣颓圮,知州张元庆补葺;三十二年、三十三年,滦水复溢,西东两月城颓,知州何士炜重修;四十四年,知州周宇重新角楼,题东门楼曰迎晖、西曰丰城、南曰朝阳、北曰拱辰,补葺颓垣,一律修整。清乾隆十七年,知州孙昌鉴修理。道光十九

---

① 李述主编,唐山市开平区地方志编纂委员会编:《开平区志》,天津人民出版社,1998年,第663、666、303页。

年,知州喜禄补修。同治十一年,知州游智开补修西北隅。光绪十一年,知州郭奇中重建四城门楼;十三年,补修东月城;十七年,知州吴积钧添修东门外御水石闸,池深二丈,广三丈。嘉靖六年,知州张国维环城植柳,浚池建桥;二十五年,知州陈士元复修之。万历四十四年,知州周宇修桥竖坊,东为兴仁坊,西为遵义坊,南为循礼坊,北为广智坊,易植新柳,一时焕然改观。光绪十三年,滦水灌城,东门外冲露桥基,知州郭奇中因材重建石桥。

开平城,在州城西南九十里,明之中屯卫也,原设口北大宁沙岭。洪武中调真定府。永乐元年,移置于滦之义丰里。成化二年,阎巡抚焦总兵委永平通判段玑易土城以砖,为东西南三门,各有楼,环九千二百七十八步,高二丈三尺。嘉靖二十五年,大水坏北城七十丈,知州陈士元重筑之,今城圮,遗迹尚存,绅商岁修其城楼焉。

马城堡,州南二十里。

倴城堡,州西南六十里。①

(二)县　城

清光绪十一年(1885)重建四城门楼。十三年大水灌城,冲露东门外桥基,于当年重建石桥,并补修东月城。十七年曾修东门外御水石闸。民国十年(1921)县知事王梦鱼责吴赓云、薛兆霖二绅,筹款并变卖环城树木集款补垣,两月之后,全城焕然一新。日军侵华时,因军事需要曾有修补。1945年地震,城池遭破坏。1948年解放时,门楼、角楼、垛墙已破损。从1958年开始为在墙址建房和通行大型车辆将城墙逐渐拆除,今只有南门残存,西门旧址犹可见,护城河只留下城西一段。

旧县衙在老城东街,坐北朝南,明洪武年间初建,经明、清乃至民国二十多次重修,颇具规模。大门外有石狮二尊和东西辕门,往北是仪门、戒石坊,然后是大堂。大堂两侧各有库房三间,偏房14间,穿过大堂是内宅,宅门内有二堂、三堂、四堂、五堂、六堂,并有书房、花厅、厨房等,均系砖木结构尖顶

---

① 袁芬修,张凤翔、刘祖培纂:《民国滦县志》卷五,建置志,城池,《中国地方志集成·河北府县志辑》第24册,第137~138页。

瓦房，高大明亮，结构严谨，布局合理，为历代知州、知县、县长居住和办公之所。1948年解放后至1984年为县人民政府所在地。"文化大革命"期间，石狮、檐瓦、大型穿衣镜（置大堂前）均被视为"四旧"而毁。1976年地震，除大门楼外，院内建筑俱毁。滦县城迁新址前，仍为县政府所在地。迁址后，改成居民院。今只有大门楼残存。①

四、迁安市

（一）城　池

地利不如人和，子舆氏探本之论，然未尝不重筑凿也。安喜有故城，邑城之建当在金改县时，建昌之城或创于置镇之初，三屯之城于明始扩关隘，诸城由来殆久，要以地居塞下，故城池之建置为多，至于济困泽枯诸惠政，又爱人和众之一端，故亦附载于此。

县城高三丈五尺，周围一千二百三十丈，共计六里半有奇，城内大街五，中为四面，坊城外有南北关。旧本土垣高二丈一尺，周五里许。建筑莫知所始。明景泰二年，巡抚邹公来学奉勒（疑为"敕"）檄县，甃以砖石。学宫旧在城外，成化四年增筑东城以包之。旧止西南北三门，弘治十三年知县张济增筑东门，正德七年知县罗玉建北楼，嘉靖十二年知县许穑卿建南楼，二十六年知县韦文英建东楼，三十八年知县罗凤翔建西楼。城东北较卑，隆庆元年知县隋府增高一丈。有四隅，有角铺，四面有腰铺，门楼设闉闍，额东曰肃清海滨，南曰阜安岚甸，西曰夹辅神京，北曰镇静边陲。二十五年北门楼毁，二十七年知县钱吾德修瓮城，三十年知县张九三修北门楼。崇祯十四年，知县高承埏重修。

清顺治五年，南楼毁，知县张玉重修。康熙九年，知县王永命修城，建西门楼，额曰屹然西镇。十九年，知县张一谔修城东北隅三十余丈。五十七年，知县乔于瀛修城垣及北门楼。乾隆四十六年，知县乔钟吴于城陴楼堞之残缺者悉加修葺，改题东门曰丰乐，西曰阜安，南曰惠宁，北曰祺福。同治元

---

① 滦县志编纂委员会编：《滦县志》，河北人民出版社，1993年，第274~275页。

年,署理知县方汝翊修补北门瓮城,计三十余丈。同治七年,署知县胡如川修理四城马道以及门楼女墙,凡残缺处均修补完固。光绪十三年,滦水冲坍西城垣数十丈,知县牛昶煦修。二十四年西城垣南段坍,知县陈本修。民国十三年,北城垣倒塌数段,纵横约六十余丈,南北城楼亦皆残缺不堪,知事薛凤鸣均修理齐整。

环城为池,深一丈,广三丈,明及清初屡经疏浚,嗣皆颓圮,迄今水涸沙壅而池之旧迹泯矣。①

(二)县　城

1945年8月15日日本投降,伪县长缪继珊等拒不让八路军接收,八路军在军分区司令员李道之指挥下攻城。县武委会主任林子江组织民兵从南关商号谦益堂院内将地道挖至南门墙下,埋炸药400公斤,于10月17日凌晨,炸开南门城墙攻入。1947年,为防国民党军队重占,迁安县县长李焕章调动全县民工拆除四门及部分城墙。此后逐年拆除,1985年为拓宽北大街拆除北门残墙。至此,古县城城墙旧迹基本无存。②

五、遵化市

(一)城　池

州城唐时土筑,明洪武十一年指挥周宝拓城西北,外甃以甓。嘉靖元年巡抚孟春重修(刘志),增建文明楼于东南隅(熊相尊经阁碑),关厢各筑门坊。万历九年,总理戚继光用主客兵撤而更筑之,内外以甓,营方阙如幞头式,谓之幞城。(案,城池周广里数详"州城·图说"。)为门四,各有楼,外各环月城,置悬门其上,门左右蛾眉马道各二,东门之北为簪缨阁,四隅为角楼四。(刘志。案,角楼有三言四者,盖兼南东文明楼计之。)为戍铺五十有五,

---

① 滕绍周修,王维贤纂:《民国迁安县志》卷二,城池,《中国地方志集成·河北府县志辑》第20册,第15~16页。
② 田军民、肖波主编,迁安县地方志编纂委员会办公室编:《迁安县志》,中国社会出版社,1994年,第250页。

蛾眉马道八,门内为屋,以居守者,为水关三,树以石柱,塞以铁门,旋废,知县张杰重修。

国朝顺治九年,沙河水溢决坝,没城连年,坍圮过半,知县孙锡蕃、范荩相继捐修。康熙十八年地震,城圮殆尽,五十年诏发帑派员修复。案刘志,是冬遣部员料估发帑银三万六千两,派宗人府员外郎德霖、工部郎中黄文恒监督,永平府知府张朝琮、同知杨奕绾鸠工,五十一年八月兴工,五十三年十月告竣。乾隆十六年六月大雨,城圮九十余处,知州刘埥请帑修复。案刘志,估需工料银四万六千四百四十两零,十七年八月动工,拆修城楼如式,刊悬内外匾额,东外曰山海雄图,内曰春来旸谷,南外曰蓟辽重镇,内曰梨水潆清,西外曰拱卫神皋,内曰恩近日边,北外曰紫塞纡岚,内曰燕山叠翠。四十九年,知州王贻桂请帑继修。案傅志,估需工料银四万八千七百七十两零,五十年四月,知州李宪宜兴修,五十二年三月工竣。嘉庆十一年北楼毁于雷火。道光十一年改复东门月城北向。案史朴述略,四门月城本如卍字形,东门后改为南向,形势弗协,抑且出入未顺,朴偕绅民请之。州刺史奉天白公改复其旧,不数日告成,至今称便。咸丰三年知州梁宝书奉文捐修。案岁贡孙标述略,是时,粤匪扰畿南,津门戒严,奉文捐修设备,择太甚者修七处,共三十余丈。八年,知州何兰馨倡捐重修浚护城河,由乌龙泉分流合于响水桥,一律宽深并如旧式,沿堤种柳各四行。己未八月兴工,庚申六月工竣。同治十一年,知州何松泰倡捐修复北楼,四周楼橹垣堞并如旧式,计城十三段,凡二百丈有奇。城楼旧额多废,酌易西内曰祥拱神皋,外曰蓟辽重镇,南外曰运启文明,北外曰威资锁钥,余仍其旧,北楼上层额曰畿东第一楼,外曰关山一览。

光绪十四年,地震,东北角楼圮,东南隅城圮二十余丈。知州陈以培募旗民温漱玉捐资修复东北隅并角楼,计工料五百四十金有奇。十五年,倡捐重修簪缨阁,并浚东北城河,种荷补柳,亦盛于昔。

州人史朴撰《重修碑记》

遵化春秋无终子国也,其初僻处山陬,浑浑噩噩不闻有土木兴作事,即有之而国无史乘,不获与城防城郕俱书以征时,不时之义,宜后儒莫得引据也。其可取证者,长城当郡治北面延百数十里,则燕所筑自造阳至襄平,秦所筑自临洮至辽东者,皆所必经。实州境建置著于史传之始,汉晋以还,始分无终、俊靡二县,继并无终一县。以今治考古县,距县治皆不百里远,意只边鄙一村落耳。居其间者,或终其身不识城郭作何状者有之,矧望有崇墉峻阁之观哉？唐武德中以无终置玉田县,复于县东北置买马监,即今州治地也。旧志：州城唐时土筑,其即置监时乎。后唐始于监置遵化县,厥后辽以清安置军,宋以滦川名郡,而遵化之名迄明不改,然历此数百年卒未闻有易城制者,岂土筑能久而不敝欤？抑牧民者狃于简陋莫敢议举也。尝闻父老传述,初制甚隘,今之文明河即旧城河西面,今之鼓楼即旧北门券也,周径不敌今制之半。今制周六里有奇,高四寻有半,门四,楼亦以合簪缨阁而五矣,角楼三,合魁星楼而四矣,巍乎焕乎！畿东莫与比隆焉。佥曰此明少保戚公旧建之幞城也。夫少保岂创举哉？拓城西北,外甃以砖者,自指挥周宝始；增建东南一楼者,自巡抚孟春始；移文昌阁于上,名簪缨阁者,自知县李杜始。万历九年少保用主客兵撤而更筑,因亦不异于创耳,宜后人颂其德奉以主名也。

国朝以陵寝所在,升县为州,升州为直隶州地之关系重矣,故城之修葺亦较勤。顺治中没于河决而一修,康熙中颓于地震而一修,乾隆中圮于霖雨且一修而再修,此四役者动辄率以四万计。嘉道以还,国家承平日久,牧斯土者与民日优游于化宇,遂莫知为保卫计矣。故前令孙公锡蕃、范公荩之后,未闻谁复捐资焉。前牧刘公埥、王公贻桂之后,未闻谁复议修焉。咸丰三年癸丑,发逆窜扰畿南,远近戒严,矧距郡仅十舍,居人不能无恐,顾斯城半败堵也,俯斯池半平路也,设有不测,倾溃堪虞。前刺史临桂梁公奉橓择太甚者治之,计城七段,延三十余丈,费逾千金,富民孟某实任其半,复于士民捐输团饷中拨款足之,顾仓猝举办,弗暇为坚好计,且值隆冬地坼,更未遑谋及疏瀹矣。未几梁公去官,新息何公继至,知筑凿并重,偏举者非计,小补者尤难为功,乃与耆绅徐学博世坊等谋集商民而婉谕之,得乐输者万二千金,设局鸠工,筑城之圮者百余丈。城河故千五百二十丈,一律排决,深广各丈许,浚水源于乌龙泉,东西流周于隍,两岸种柳各四重,绿荫蔚然,何公在任多善政,后受代去,郡人思之,咸抚其树为甘棠之爱云,方何公之在官也,每欲并城楼而新之,竟赍志以去,乃以工料所余制钱千余缗发商取息,曰是异日城楼所需也,其属望于后君子者盖甚殷矣。

今上御极之初,海内渐就肃清,而思患预防之计,罔或以事平少辍。七年戊辰,阖郡士民以附畿尝有枭警,复以捐修请于前刺史蒙古瑞公,瑞公具牒上达。时爵相曾文正公为制军,判曰遵化地近陵寝,民多佃户,家鲜素封,兼之水旱连年,疮痍未复,应休息十数年,再议兴修。牒下,议遂罢。当时输资者,已积东蚨二万八千余缗,先以十之六赵〔退〕输者,余已备购灰甓,未易变价,姑缓其偿。此后暑雨连年,冲刷日甚,州人多忧之。越四年,辛未,今观察属赐何公以津防司马移牧吾郡,适有村民刘某将以异术谋变,公不动声色捕置之法,州人咸仰威德,若新息何公之复至焉。董事者复以前议请公念比年丰稔,民用渐裕于昔。以牒上爵相合肥李公允所请,檄蓟州李刺史会勘,计需工料二万八千余金。公倡捐千金,绅富集金二万五千有奇,所不足者复捐俸足之。兴作之勤,三越寒暑矣,垣堞楼橹胥复旧观,士民瞻仰,翕然满志。北楼一无凭藉,高坚轮奂,劳费倍多,额曰畿东第一楼,非虚语也。此外四楼由西而南而东而魁星楼并西南西北角楼以次修,举颓者,复敝者,新冬防夜警,恃以无恐,公以地方为重,不居己功,编氓寡识或视非所急,余虽老朽,喜睹厥成,适与修志之役,无取谀颂,然料十年百年而后,凭高守固,当益知归美我公者,不可不纪其实也,因数典而为之记。

朋县人张守道《遵化城成志喜诗》

万峰回合水潺潺,形胜功收指顾间。暖借春云开锦障,高悬秋色壮榆关。弦歌静听闾间合,烽燧全收雉堞间。十二阑干题不尽,何妨尊酒数跻攀。

曹家堡城,州西北十八里。罗文峪城,州北二十里。马蹄峪城,州北二十里。大安口城,州西北三十里。松棚营城,州东北三十里,鲇鱼石城,州西北五十里。

案,以上五城皆依边修筑。今居民附近建屋,别为村落,城内官基遂无居者。

北新城,州西四十八里,国朝康熙二十八年建,为裕陵兵部总管衙门,今称为旧营房。迤北又建定陵营房,又西建定东陵营房,又北建惠陵营房并设兵部总管衙门及员役官房,缭以周垣建四门若城堡然。南新城,州西五十里,国朝康熙二十八年建,内设昭西陵内关防衙门,礼部衙门在南门内,景陵礼部兵部衙门并永济库在北门内。马兰峪城,州西北五十里,守陵贝子公驻此,北有层楼,东西南为城门三,孝陵礼部衙门在东门内,孝陵兵部总管衙门在南门内,东陵承办事务衙门在东门外,另派员弁管理街道事宜。城南迤东里许又建圈墙,南北有二门,称为东圈,内建孝陵孝东陵内务府员役官房,与西沟圈房分驻。平安城,州西南五十里,唐贞观间土筑,今存址,镇民重修门坊。洪山口城,州东北五十里,三屯营属松棚汛分防于此。案,沿边各堡,惟此城有居人。

三屯营城,州东五十里,迁安县界,明万历三年总理戚继光重修。

鼓楼,在州治西,旧城北门券也。明洪武十一年,拓城西北,门券未撤,景泰间巡抚邹来学建为鼓楼。万历六年巡抚陈道基、四十五年巡抚刘日梧继修。国朝顺治元年,巡抚宋权重修,额曰鼎新楼。乾隆二十一年,知州刘靖改建。文昌阁,今阁圮,存址。光绪十六年,官绅议捐修复。[①]

(二)县　城

县城原为唐代土城,城区面积仅 0.3 平方公里。明洪武十一年(1378),遵化卫指挥使周宝主持将土城改筑为砖城,并由鼓楼(县政府西口)向北扩展 70 丈,由文明河(县医院西)向西扩展 120 丈,城区面积增至 0.85 平方公里。明万历年间,蓟镇总理戚继光主持又将城墙重新拆修,加高加固。城基宽 3 丈,用 3 层巨大条石为基础;条石以上,里外均砌大块城砖,城墙高 3.6 丈,全长 1351 丈。城墙上,里边为 0.3 丈高的矮墙,外边为 0.6 丈高的垛口墙。有垛口 1341 个,外观城墙似锯齿状,城墙东北、东西北、西南隅建有角楼,其中东南角楼为双层魁星楼,东门北城墙上建有簪缨阁,北门西城墙上建有真武大帝庙。全城有东、西、南、北 4 座城门,内连 4 条大街,外通 4 关,4 门上建有雄伟壮观的城楼。东、南、西 3 门上是两层城楼,唯北门上为 3 层城楼,高 7 丈,三楼内匾额为"畿东第一楼"。城门里,左右两边建有马道,通达

---

① (清)何崧泰等修,(清)史朴等纂:《光绪遵化通志》卷十六,建置志,城池,《中国地方志集成·河北府县志辑》第 22 册,第 294～296 页。

城上。门外边,建有月城(即瓮城),月城门与4条街连成"卍"字形。月城外为护城河,护城河上悬有4座木质吊桥,通连4关。城墙下建有东、北、西3个水关,城内雨水从水关流入护城河。

旧城区古建较大房屋,均为砖木结构的起脊房。规模较大的是官衙和寺庙:明代有总镇行署(清代改为游击署)、巡抚署(清末改为试院)、县衙(清代为州衙)、教谕署(清代为学正署)。清光绪年间,城区有大庙57座,其中有文庙(俗称圣人庙)、武庙、城隍庙、天齐庙、真武大帝庙、文昌宫、关帝庙、观音寺、广慧寺、娘娘庙、药王庙、龙王庙、火神庙、南极庙、北极庙、三义庙、白衣庵、甘露庵、地藏庵、公输庙、三官庙等。祭祀天地鬼神的坛址有南坛、社稷坛、先农坛、厉坛。宣扬封建礼教的有忠义祠、节孝祠、外贤祠。楼阁建筑物有大悲阁、魁星楼、鼓楼。民国年间有3处双层民用楼房。园林式建筑物有北关外的龙泉文社,民国年间曾改为龙泉公园。

新中国成立后,旧城墙失去存在的价值。50年代首先拆除各城门洞,随后,又逐渐拆除残存城墙,在旧城墙址建起大批公产房,并沿城墙外围修成长5000米、宽7米的环城公路。城区建设发展很快,面貌焕然一新。①

六、乐亭县

(一)城 池

汉制百里为县,不及百里者为乡为亭邑,以亭名所隶可知矣,然所以设险而卫民者,固屹然保障也。邑建于金,而筑城则自明始,人能无忘筑凿之典,而益思众志成城之为要,则金汤在人心,而有形之险且不足论,他如民堡铺舍,及一切惠政所关,皆有城守者所当知,兴废举坠尚其随时留意乎。

城高二丈八尺五寸,厚一丈五尺,周三里,凡九百九十七丈。门四,东曰寅宾,南曰镇海,西曰望宸,北曰控远,东西俱南向,南北俱东向,各悬铁栈。有月城,四门楼俱两层三间。角楼俱两层一间。敌台十,堞一千三百六十。土城之创建年代莫考,明成化元年巡抚阎本檄知县元宏甃以砖。十七年知

---

① 遵化县志编纂委员会编:《遵化县志》,河北人民出版社,1990年,第354~355页。

县李瀚增修。弘治十二年知县田登设堞。正德中县丞孙鸿,嘉靖中知县侯庶、相文祥,隆庆中知县李邦佐,万历中知县于永清,国朝康熙中知县金星瑞相继修。迄今已历多年,屡被水冲,圮坏已甚。

池周城,广三丈五尺,深一丈四尺。池外有堤,石桥四,当四门。水关二,一自镇海门西出,一自控远门东出,以泄城中积潦。明万历十九年知县潘敦复重浚久淤。国朝乾隆十六年知县陈金骏浚水关二道,仍由故道出。按乐城自前邑侯陈公详请修葺未准,后日就倾圮,迄今南北东三面砖石罕有存者,而土峰错峙望之,参差如锯齿,惟西面旧墙犹存十之一二,仅有败堞十余,然亦不可保矣。咸丰十年庚申,海口戒严,遂有掘壕筑围之事。

邑人李润霖《壕工纪略》

咸丰己未夏,夷船至大沽海口,为我军所击,船四散,间有驶至昌乐二境者,先至臭水沟泊五日,次至清河口,均以三板小舟上岸,盖河口水浅不任输舡故也。时余带勇随同营弁往视,夷四人上岸索供给,营弁乔某应对有方,毫无畏怯,夷见其势难诈索,立岸上两时许,遂上舡扬帆去。庚申春正月僧亲王为海防事宜,同恒制军及清河通永二观察,亲历沿海州县相度地势,筹置团防。因昌乐二县近海,谕令城外掘壕,令急如火。二月朔,制军由昌赴山海关。二观察会同署县任刺史出示晓谕,无论绅富商民出资出力,工竣时奏请奖励。城乡人等,罔敢不遵,竭蹶趋公,不数日捐款甚巨。十五日兴工,兼招邑绅数人立支应局,与督委各员弁在工在局协同监视,余亦滥厕其间。于是鸠雇民夫,日集数百人或千余人不等。各备钁畚蒉稇,自东关增福庙东起工。牌示:口宽三丈,底宽一丈,深一丈。土积壕里筑墙,高五尺,底厚八尺,顶宽一尺,沿排堞口迤北,由北外关掘至西城下,去城根三四五七丈不等,迤南由南关外至陈庄接至起工之处,立四门,树栅栏。嗣僧邸专派督办昌乐壕工团练候补道李于东南北三栅栏内各筑炮台一座,两阅月而工告竣。惟我乐城西北两面原滦河故道,城在沙滩中,南东两面亦沙土参半,非如大沽水卤土坚者可比。是年六七月雨集,所筑墙即淋塌数处。历冬及辛酉春风起,沙旋填淤过半,间有穿墙而过者矣。余身亲其事而惧事之久而无征也,爰掇其大略而记之。

明编修余有丁《重修乐亭县城碑记》

乐亭县,永平之下邑也,本古卢龙地,唐开元中割为马城县,在五代时契丹并入滦州,金又置县,始定今名焉。大明有天下,因县而城之。当是时,疮痍甫定,天子既重用民力,而海内方销锋锐,兴礼乐。北烽不燃,斩关走圹之盗蔑如也。范土为城,稍示关阑出入之计。成化壬寅,县令李君瀚者始更甓焉,继令田君登建楼橹,设雉堞,渐次除备,隐隐有御暴之险矣。自兹以来,民且狃于燕安,惮有所更作,虽时时补塞,不足胜其复隍之渐属。今丁卯秋,边围有警,城弗自保,御史少泉郝公曰:是非贤宰,莫能安之矣。计其部下,惟陈留李君可。而李君时为献县,乃由献县徙乐亭令。君乃哀其众力,虞其材植,经其赋役,筮日兴事。不几何,而墉崇于云,隍浚于川,告已事矣。邑大夫延尉西塘王公谓史余氏曰:若李侯者,岂不诚吾民保障哉?方边警,时乐亭去烽火尚远,人乃相顾自危,谁不欲挽强挺锐,为天子树奇勋?而顾平日不习于干戈之事。即又谁不欲凭高据险,收保清野,击敌人之惰归?而顾险不足恃,虑先为敌所得,于是求速化之术,悔桑土之晚矣。仅仅贼去,辄又偷安暇日,无有昔日激昂慷慨之气,深长安全之思,居安而讳危,若无有人间刁斗之警者。吁,见亦左矣!此李侯所以为民画至远,而不恤虑始之艰也。李侯他政皆卓卓,能纪纲其民,度民力可以筑,而于时又不得不筑,民争欢负锸,事不告勤,可以示来世。且城大事也,《春秋》必书。吾忝为史氏,因书之。

明给事中厉汝进《修城记略》

乐亭县在永平府为上为望,而邑城之规则旧垣为土,自成化乙酉元尹始易以砖。壬寅岁,李尹则建置四门,各设一铺。弘治乙未,田尹乃树楼设堞。斯固邑城增修之渐。若夫高坚壮丽,制犹未也。迨今百有余祀,惟卑狭而脧圮继之,尚弗可言蔽矣。岁甲申,晋泽西山侯君除宰是邑,忧时多事,有见于远者大者,遂不以修举为难,计财量工。脧而薄者,砌而厚之;卑而圮者,筑而崇之。工起于庚申四月十八日,成于五月之二十五日。君之政迹实大且久,溟人德君者议勒石以志,厥实属文于进。余谓:实墉实壑,燕师所以完韩;筑城凿池,孟氏所以示训。今之有司,凡欲言尽职者,必曰实政实迹。夫谓之实政实迹,孰有先于守土之为重者哉?乃值多事之时,避嫌者弗肯为,因循者弗能为,贪墨者不及为。西山君有见于远且大者,毕志于实政实迹,毅然为之,期年之间,城池、楼橹、工役毕举,所谓保厘东郊者非与?且措处得宜,不需民财,不费多储。上嘉其能,下感其功,名誉益彰,而庶务不废。盖颙印恺爽,君之高也,清休宏雅,君之美也,纤徐详审,君之深也。君以所养之预斯达之为实政实迹,故观垣墉之崇坚者,可以知君之高矣。仰丽谯之宏壮者,可以知君之美矣;睹池洫之环浚者,可以知君之深矣。西山之政迹信宜垂之永远,余因为之记云。

附:

东乡堡二,胡家坨堡离城二十里,黄瓜口堡离城二十五里。

西南乡堡二,新寨堡离城二十五里。岚泉堡离城二十一里,同治元年本堡人李润霖新筑。

南乡堡一,闫各庄堡离城十八里。

东南乡堡一,马城堡离城三十里。按其地当即汤家河南之马城廒,旧志作西南误,今西南无此地名。

西北乡堡一,连北店堡离城十六里。①

(二) 城 垣

清康熙二十四年(1685)重修水冲处城垣79丈,并月城一座。因历年已久,屡被大水冲淹,逐年颓圮。到民国二十七年(1938),除东南角奎光阁历经修建尚完好外,西南角一带城垣遗址及角楼地基尚存,西南及西北面城垣高处尚有2丈以上,东门洞尚存,其他部分已无迹可寻。日伪时期曾筑土围墙及四门炮台等。

中华人民共和国成立后,旧城垣基地遗址已无保存价值,随着经济建设的发展,将其逐步拆除、平整,改建成环城公路。到1986年,这一环城公路已全部改筑成柏油和混凝土路面。②

---

① (清)蔡志修等修,(清)史梦兰纂:《光绪乐亭县志》卷四,建置志上,城池,《中国地方志集成·河北府县志辑》第23册,第237~238页。
② 乐亭县地方志编纂委员会编:《乐亭县志》,中国大百科全书出版社,1994年,第276页。

七、玉田县

(一) 城 池

鲧堙洪水为城,城之设,古者所以御水也,后世因以为民卫,其利溥矣。邑城之重修已更百有余岁,节颓层坠,殆将半焉。而以地之瘠民之贫,未忍言大役,何时家给人足缮而完之哉?至恤穷民泽枯骨,文王发政施仁所必先者,附于篇末,有专城之责者其勿忽诸。

县本土城,创始莫考。明成化三年驻遵化巡抚阎本易以砖,周一千六十丈,高二丈七尺。为门三,东迎旭,西拱宸,南来薰,皆有楼橹。北门久塞,以其楼为真武阁。隆庆元年增修三尺,建郭楼六。崇祯八年,知县张启重修。

国朝乾隆十五年,知县高积厚领帑银二万二千四百余两,撤旧增筑,周四里二分零二十八步,高二丈,顶宽一丈四尺,底宽二丈五尺,外砖里石,垛口千三百三十。凡五年报竣。

明编修天台谢铎《玉田县新城记》

成化四年夏四月,顺天府蓟州玉田县新城成,明年,县之民从其长为计,吏曰乔氏瑾者来京师,以图纪成绩于其知曰:乡进士鲍君椿君以乡故见予,为道其事而言曰:玉田去京师不三百里,出山海关,通朝鲜,海道朝贡,络绎不绝,止宿委积,实所取藉,往常有土城,岁久颓圮,弗可用为御闲。瑾来是邑,适左都御史李公秉以朝命往辽左道玉田,时巡抚右佥都御史阎公本相与谋之民曰:国家设城守,凡所以为民,然非劳尔民于先,弗克享有成效尔,其何如哉?民曰:惟公之命。既乃询诸瑾。瑾曰:民足有为矣,敢不惟公命是图?既乃议诸其摄镇兹土者龚少监荣、焦总兵寿、刘参将辅,众具(俱)曰:兴作为民,民弗堪于役,乃已。民惟佚道之从吾与公,顾何为弗可哉?乃以请于上,以指挥使李迪为署都指挥佥事莅其事。越一年乃讫工。易垒以砖,上下足二丈五尺,四周计上下盖五十倍而有奇,上设楼橹,为观望以防寇。辟门通往来。其城外环以隍堑,阔称城之上,下深半之。又外置石桥,列群木以联映左右,规概比旧加宏,壮民终弗告劳,咸曰:厥惟休哉!昔视斯谓何?今视斯谓何?而谩无记述,是不振后人以不替其功也。乃以来请子再让弗获作新城记。其词曰：明明我皇，奄有万方，文德用彰，跻于平康。曰危不忘，以城以守，以济于文，以遏小丑。有城翼翼，蓟之东南，于远维迩，京师之瞻。维彼新城，民之所作，民之所依，民之所乐。室家之安，时维力役，孰亟而叹。我民子来，维天子德，我功告成，维天子绩。天子万年，我载之石，天子万年猗，我民之极。

明学士余姚商辂典州衙《新城记》

兴州左屯卫隶后军都督府在玉田县治东南，玉田县前属渔阳，后属幽州，今属蓟州。去京城二百八十里，当辽阳朝鲜孔道，为京师屏蔽，实重镇也。卫建于洪武庚辰，至是已七十年矣。旧惟有土城，日渐颓圮，居者弗宁。巡抚右佥都御史阎君本兴废举坠之余，意图修治，间谋之镇守大监龚君荣、总兵东宁伯焦君寿、参将都指挥刘君辅，议用克合。遂委提督守备开平中卫屯署指挥佥事李迪、蓟州卫把总千户缪荣督率军民分土筑砌，经始于成化三年四月，至五年五月事竣。其城周围一千六十丈，高二丈有七，垛口计一千有七百七十二，以便观望、防寇盗，东西南开三门，以便出入，往来门各有楼，有四角楼、北真武楼，城之外环以隍堑，其深一丈五尺，阔倍之。堑之上树群木，门之外置石桥，崇固完密，隐然一大保障。城之内衙邑有治，学校有制，仓库有所，军民错综，居室鳞次，夜犬勿惊，人用莫枕，厥功伟矣。于是掌印指挥卞义具始末求记，予惟为政莫先于保障，如尹铎晋阳之治，有可考者。《书》曰："申画郊圻，慎固封守，以康四海。"夫疆域障塞，岁久则易湮，世平则易玩，时缉而屡省之，乃所以尊王畿。王畿安，则天下安矣。况左屯为卫，实在畿内，有山海直其左，渔阳直其右，其险莫甚焉。而坚甲利兵之众，顾使之处颓垣遗堞之间，居者有桴鼓之惊，出者有室家之虑，岂所以和辑人心而尊严王畿者乎？今兹城筑一新，远近改观，夫然后京畿免东顾之忧，奸宄绝觊觎之望，巡抚镇守之功于斯著矣。所贵后之人不忘前功，嗣而葺之，斯经久之计也，用为之记以劝。①

---

① 夏子鎏修，李昌时纂，丁维续纂：《光绪玉田县志》卷八，建置志，城池，《中国地方志集成·河北府县志辑》第21册，第178~179页。

（二）县　城

自唐武德二年（619）建县起，县城即在玉田，县治即于今址。旧志载："县本土城，创始莫考。明成化二年，驻遵化巡抚阎本易以砖，周一千六十丈，高二丈七尺，为门三。东迎旭，西拱宸，南来薰，皆有楼橹。北门久塞，以其楼为真武阁。隆庆元年增修二尺，建郭楼六。崇祯八年，知县张荣重修。国朝乾隆十五年，知县高积厚领帑银二万二千四百余两，撤旧增筑。周四里二分零二十八步，高二丈，顶宽一丈四尺，底宽二丈五尺，外砖里石，垛口一千三百三十。"民国二十八年（1939），东西城门楼早已毁坏，仅存南门楼及北极阁。抗日战争和解放战争时期，屡遭炮火摧残，城墙几乎全损。县城解放前，主要建筑有城池、鼓楼、文庙、魁星阁、城隍庙等，其中有代表性的是城池、鼓楼、文庙。原城外环以护城河，深1.5丈，宽3丈，出入有石桥，后经多年冲淤，残留东、西、南3面护城河，宽约3～5米，深约2米。民国三十四年（1945）9月，河床已被泥沙淤塞，略低于平地。

民国三十五年（1946）后，城墙逐渐拆除，1980年已无残迹。

鼓楼。亦称文昌阁。明万历三十七年（1609）秋建。坐落在今新华书店、百货商场、百货大楼中间偏东南。时，东西街、南北街穿心而过，为京东唯一穿心鼓楼。

鼓楼分上下两部。上部重檐翼角翘起，古朴典雅；五脊四坡灰瓦顶檐下东、西、南、北4面分别为"景山观海""就日瞻云""文昌阁""文光射斗"匾。楼上正座面南塑有文昌帝君像。下部阁之基座，为无木砖砌拱券结构，高约8.5米，宽约16.8米；四面拱门洞高4.6米，宽4米。整个高度约18米。阁座北面门洞上中间刻有"摇光"两个大字。日伪统治时期，因拱内转角致汽车行动不便，曾錾去下边四面棱角。民国三十四年（1945），八路军攻打日伪据点时，顶部被炮火毁坏。民国三十六年，国民党军队在楼阁内设置过大型望远镜监视解放区军民活动。1953年展宽街道时拆除。

文庙。明万历六年（1578），在县署西筑层台，创大成殿（即文庙）、两庑、戟门；万历十年增棂星门；万历二十年，建名宦、乡贤二祠；万历四十七年凿泮池，建尊经阁。清乾隆二十一年（1756），修棂星门，易以石，四周围以砖墙,南面有影壁。民国时期,大成殿内供有孔子及其弟子牌位。日伪时期大成殿如故,两厢及其它房舍暂驻过日伪军。民国二十八年(1939)玉田城内高级小学曾设于此,占据两庑、乡贤、名宦等房。

1958年后,以上建筑逐步拆除,城区逐步扩大。①

---

① 夏庆明、吴尔亮主编,《玉田县志》编纂委员会编:《玉田县志》,中国大百科全书出版社,1993年,第5~6页。

第十一章　邢台市各县城城墙资料

一、南宫市

（一）城　池

明成化十四年,漳水泛滥,汉城倾圮,城中水深数尺。知府余瓒、知县李麟始自旧城议迁于飞凤岗,即今治。筑土城,在旧城东三里,城外为隍,隍外为堤,堤外为重堤,周围八里,高二丈,广三尺,邑人白钺有记。

十七年,知县刘镒始奠民居创建庙学、坛壝、公署、仓庾、沟渠、街道,百废俱举,邑绅白钺为之记。

正德七年,知县孙承祖以流寇猖獗增修之,缭以瓮城,崇为敌台。

十年,先是大尹李瑭因旧增筑东门城楼,十二年淫霖为害,楼墙倾覆,判簿王观等复修,邑人卢凤为之记。

嘉靖十八年,知县王用贤以京师戒严砖甃陴堞,较前壮丽。

三十六年,秋雨浃旬,重门倾败,知县叶恒嵩增修之。

隆庆三年,知县胡嘉谟以城垣卑薄议增高加厚,会迁任去,不果。

四年,知县周良臣仍胡前议,增城垣及女墙,又以四门直冲街衢,形势不善,改曲瓮。门四座,砌以砖、衣以铁,又增置垛口一千九百一十九、敌台十六座、腰铺十六座。高三丈七尺,后减并垛口一千二百二十二,敌台后亦增。

六年,知县乔严以城高无堤不能持久,浚筑护城堤池。护堤周围十里,高三丈,广二丈五尺,上广一丈,池深三尺,面广三丈。(旧志失载)

崇祯十四年,知县周而淳重修,邑绅王标极有碑记。

清康熙十一年,知县胡景铨见城工坍塌、坑穴以百计、陴垣崩卸、水路倾圮,捐俸募民,坍塌坑穴均砌补,崩裂者均为修整。垛口上施横木,木上叠砖三四层,城益耸峻。

同治四年,知县陈凤藻循板筑旧制,瓮城、门楼及城上水沟,皆砖甃整齐。

光绪廿六年,以拳匪之乱又重修。

按:道光志云,旧城明正统十四年建。光绪志亦袭录是语。检嘉靖、万历、康熙三志皆无此语。道光志所据何书,殊属臆说,且汉县下迄明成化未尝另建,正统时重修则可亦非创建也,今删其语,附辨于此。道光志又载,元景定元年春二月令修南宫城,亦重修汉县也。按,光绪志载,光绪二十三年清理县城街道云。先是,道光十年知县周栻因街道为列摊及商户侵占拥塞,乃于四隅立石碑,定街道为二丈四尺外,又立木桩,四街共立八桩,碑内桩外准其列摊,不准搭木架棚,桩内不准设摊,违禁惩治。光绪二十三年旧禁渐弛,知县戴世文重申周令旧规,清出石碑四隅,悉归旧制,商民便之。以市政攸关附志于此。①

(二)县　治

城垣建筑:南宫县城垣建筑于明成化十六年,外面用砖砌成,中实以土,周围八里,高三丈,宽一丈。四门均有城楼,西北东南两城角有魁星阁各一座,以历年雨水侵蚀,破坏不堪,城垣各处多有残破,现已修理完整。

县署建筑:县署建于明成化十六年,房屋颇为整齐,以年代久远,风雨摧残,多已倾圮。废清光绪三十一年,权知县事徐君树廷鸠工建筑,规模又复旧观,讵迄今又三十余年,房舍复倾圮渗漏,不能居住。刻已筹拨巨款,雇工兴修,并补修中山堂前厢房二十余间,县府房舍焕然一新。

市街建设:城内大街四条,均宽七丈二尺,且甚整齐,两旁栽植树木,风景颇有可观。四街马路,亦尚完整,并有沟渠,以资泄水。城东北隅有公共体育场一,北街有戏园一座,市内有澡塘(堂)两处,城内凿有洋井数眼,居民饮料不致缺乏。民国二十三年,前建设局联合城绅建修水簸箕四处,以便泄

---

① 黄容惠、贾恩绂纂修:《民国南宫县志》卷四,法制志,建置篇,《中国地方志集成·河北府县志辑》第68册,第26~27页。

水。县府有卫生队,随时洒扫街道,修垫马路,市容甚为整洁。①

(三)县　城

南宫县城迁建飞凤岗,屡经增筑,城固池深,街巷整齐,突出特点是一个规则的正方形,四角相等,每面长度均为1公里。城内建筑占地面积1平方公里。四条主街以十字街口为中心。正通东、西、南、北四门。各街长500米,宽广笔直。十字街口是县城中心,也是最高处,站在十字街观看四门,视线和城门楼在同一水平线上。街巷笔直整齐,疏密有致,相互对应。如鲍家街与花市街、胡家营街与木厂街、衙前街与文前街、玉带街与三皇庙街、西小街与东小街、仓胡同与学胡同,都是相互对称长宽相等,城内建筑构成一个方田形。流传谚语:"南京到北京,县城属南宫。"

抗日战争胜利后的1946年,在县城西南角沿城墙建立了占地25万平方米的"冀南烈士陵园"。

新中国成立后,为发展城乡物资交流,在西大街中段北侧开辟建设了3条市场街,作为贸易市场,并在市场街北建人民戏院,西侧建成兴业大礼堂。同时在文昌街东端改建简易师范为南宫师范学校,银行、邮政和一些工商企业单位陆续发展起来。

1958年11月20日,南宫、威县、清河三县合并为南宫县,在县城东南角,开辟新城区。拆除旧城墙,修建新街道。东西向为陵园街、新城街,南北向为育新路、贸易路,四条宽敞的街道组成新的十字街,形成新城区,占地面积为1.3平方公里。②

二、沙河市

(一)城　池

城周五里二十三步,高二丈七尺,广一丈有奇,(雍正《通志》)砖堞一千

---

① 《河北省南宫县地方实际情况调查报告》,《冀察调查统计丛刊》1937年第二卷第六期,第91页。

② 张春起主编,河北省南宫市地方志编纂委员会编:《南宫市志》,河北人民出版社,1995年,第306页。

四百一十有二,水道九十,炮台二十,城楼二座,四隅角楼四座,魁楼一座。南北二门曰迎薰,曰拱极。池深一丈有奇,阔二丈,无水。旧土城,五代晋开运间徙治时筑。明初屡罹水患,弘治四年,知县葛祯暂迁治于西山小屯,十八年仍还旧地。知县张瑾重加展筑。(雍正《通志》)崇祯十三年,知县崔钟英增修加高,改修北面砖城九十三丈七尺。(府志)清顺治十五年,知县冯源植柳城外,以固堤岸。(雍正《通志》)乾隆十五年,知县孙凤立请帑重修,广增五步,高节三尺(旧志),土城砖堞一律完整(《畿辅通志》)。

谨按,旧志谓前此沙城残缺,出入可不由阛阓,外则黄沙白碛,内则茅舍泥垣,两相掩映,苍凉特甚,自此番重加版筑,畿南大道气象赫然改观云云。查沙河自乾隆庚午知县孙凤立修城后迄今一百八十余年,城垣日益圮毁,东西北三面随处可通行人,其西南、东南两隅风飞沙积,高与城埒,非惟无险可守,田庐且逐渐覆没,日复一日,为害滋甚,长民者盍注意焉。①

(二)县　城

县城周环五里,共门二,车站在县东约一里,县以沙河得名。②

(三)调研纪事

该县城垣颓败,半没沙中,周围五里,只有南北二门。民风朴厚,土地多沙。考全境南北四十里,东西一百八十里。城西煤矿甚富,其东南北三区,地宜五谷。村庄约有二百七十余村。③

(四)县治一

城垣建筑:五代开运间,用土建城,周围五里二十三步,高二丈七尺,宽一丈,城门二,现在倒塌不堪。

县署建筑:中正堂三间,替政庭三间,东西吏曹二十间,皂吏房六间,仪

---

① 林清扬、王廷升纂修:《民国沙河县志》卷三,经政志上,建置,城池,《中国地方志集成·河北府县志辑》第70册,第25页。
② 张魁鹏:《京汉铁路旅行纪略》,《地学杂志》1922年第十三卷第三期。
③ 《调查征集员杨鹤翔报告》,《河北省国货陈列馆月刊》(天津)1929年第四期,第22页。

门三间,大门三间,内宅十余间。

市街建设:重要街市宽一丈二尺,平坦清洁,市房修建较为齐整。①

(五)县治二

处沙河北岸,西近京广公路,自沙河置县始,此地即为县治所在地。县署原位于城东南隅,后晋开运年间移至今址,并筑土城。明代因罹水患,于弘治四年(1491)将县治暂移至县西小屯(今新城),十八年复还此地。城池经多次修缮,到清朝中叶,周长五里有余,四隅有角楼,南、北建雄伟的迎薰、拱极二门,门外置南、北二关,惜自晚清至民国,一百多年久失修缮,致门楼倒塌,城垣颓废。抗日战争时,此城被日伪盘踞八年,1945 年 9 月 18 日为八路军解放。尔后,中共沙河县委、沙河县政府陆续移此。1969 年沙河县革命委员会由此迁至褡裢。此地作为沙河县城,先后历一千三百五十多年,旧房沿城内南北大街两侧分布,新建筑多位于城西。以东、西街为界,分建有南街、北街两个村民委员会,包括城南庄,共有 1166 户、4203 人,有 66 个姓氏,其中赵 93 户,李、张各 86 户,王 80 户,余为苑、胡、高、阎等姓。共有耕地 3895 亩。地区司法学校、市职业中学及镇政府、供销社、医院、邮电所等位于城内。城西公路旁有近年建设的桥头市场。农历逢三、八为集日,每年四月初八、六月初一、九月十八、十二月初一为庙会。大成殿及旧县署大致完好,东、南二面尚有部分城墙遗存。②

三、柏乡县

(一)城 池

柏邑有旧城二,其在今治西南者,相传尧时所筑,已荡然无存。

尧城怀古

尧城托今柏乡县南十七里小里村即南䜌也。《后汉书·光武帝纪》注:

---

① 《河北省沙河县地方实际情况调查报告》,《冀察调查统计丛刊》1937 年第二卷第二期,第 185 页。
② 张月民主编,河北省沙河市地方志编纂委员会编:《沙河市志》,生活·读书·新知三联书店,1994 年,第 125~126 页。

南䜌县名，属巨鹿郡。故城在柏人县东北。柏邑县南小里村犹存上世旧城门。

尧时建筑石难烂，汉代侯封迹已陈。处处平原生黍稷，年年古道走燕云。迄今历史差堪数，屈指四千三百春。一在今治北，春秋晋鄐地即今固城店，现在之县城为隋开皇十六年所设立。自是以后历代修葺莫可考者。惟中明以后嘉靖时县令李承节易堞以砖。杨恒于四门各建敌楼二。其筑台三十二，更四门名，东曰瞻岱，西曰仰华，南曰迎薰，北曰拱极者，隆庆时县令刘储也。增筑砖台十六以固藩篱者，崇正时县令丁茂桂也。惟向系土城易于崩坏，濠亦常涸。令斯土者，即有志保障，而资力不厚，不过饰补而已。

至前清乾隆三十一年，令直隶省城工次第估修。柏乡地当冲要，例先兴工，时发帑金四万七千余两，于是仲春相土勘修，统甃以砖，周围计一千一十七丈，底宽二丈九尺，顶宽一丈五尺。计台角四，炮台二十，有七门台四，南北瓮城城楼四，悉扩旧观翼以重檐。是役也，一年又数月，始告成功，为柏乡县令钟庚华承修。盖钟令为当时干员，一面稽文考献修县志，一面鸠工庀材修县城。观于旧志原序所云，从缩版筑堵之余亟亟为此者数语可知也。从乾隆三十年后百年间无事可纪。及咸丰三年秋雨滂沱，南北城墙各陷一缺口。时知县费懋德因循怠惰不急修补，适粤匪林凤翔率众至城下，不须攻打，一拥而进。任意杀戮，裹胁尤多。费懋德弃城早逃，发贼过去，临近流氓莠民接踵而至，将城厢富商大贾以及各住户抢掠一空。如此大劫，十余年不能恢复原状，谓非城池失修遗之祸哉。追后庄施全接任柏乡，鉴于以前惨状，亡羊补牢，急急修筑而垣墉又称完善。自此以至同治六七年，其间捻匪马贼往来如织，四外被蹂躏者不知凡几，而柏城屹立无恙。城内农商及避难来城之民俱庆安全。足见城池真堪恃为保障也。

同治末年，城北门西边从上年补修处崩坏一段。时柏乡县知县吴光鼎性喜营造，邑中文庙城隍庙等大工皆吴公所承修。城垣倾圮尤关紧要，赶修自不必问，并将四门城楼修理焕然一新，颇壮观瞻。自海禁大开，中外偶尔失和，醉欧风者鉴于炮战之剧烈，又见天津上海因交通不便，偶有拆城之举，遂唱高调谓坚城不足恃，反为敌人所利用，不必保存，曰此真不通之论，知其一不知其二也。盖近海口之城郭及通都大邑,时有国际战争,有城或不如无城。若吾柏为偏僻小县,所有惊耗无非跳梁小丑,或溃兵逃卒及本处愚民暴动,以完善之城,四门紧闭,安见不足抵御乎?况有县政府之长官坐镇城中,电线不断,电话可通,可以请外兵,可以调团丁,即有贼匪压境,城外之乡庄亦不至久受糜烂,盖居中足以制外势使然也。……牛县长知其然,尝将县城查阅一周,见城墙里面东门迤北塌落一段,于是筹有的款命公安局长即日开工。捄陾陾、度薨薨、筑登登、削冯冯,庶民攻之不日成之。是时县志正在续修,遂秉笔记之曰:民国二十年七月下旬,知柏乡县事牛宝善补修,是则与前县令钟公庚华从缩版筑堵之余兼修邑乘者,后先辉映,传为佳话,岂不懿欤,岂不懿欤!①

(二)县城街市

城墙略呈长方形,东西八町,南北约七町,东西南北各设有一道大门。城内人家所占据的面积约占总面积的三分之二,其他的都是田地。连接四门的十字路最为繁华,街道较窄,宽约一间半至两间。著名建筑物有各地的文庙、关帝庙,其他的还有如县署、警察署、高等小学校、邮局、商会等。南门外有有名的高楼。户数城内四百五十户、城外一百六十户,合计六百一十户,城内人口二千七百、城外八百,合计三千五百。②

(三)县　城

据史料记载,民国二十一年(1932)城内有东西、南北两条大街,呈十字形。以交叉点向四方——依次称为南大街、北大街、东大街、西大街。另有馆驿街、秀才营街、东马道、西马道。主要古建筑有:恒南第一桥(明正德九年易名)、济涉桥、通济桥、西便桥、东便桥、槐川别墅、昆林别墅、城隍庙以及槐阳书院、县学、官署等。

---

① 牛宝善、魏永弼纂修:《民国柏乡县志》卷一,城池,《中国地方志集成·河北府县志辑》第67册,第390页。

② 《中国省别全志》卷十八,第35册,第281页。

1945年11月柏乡解放后,县民拆除砖墙只留土围。近年来,由于城区建设,土围损失严重,1995年其遗址仍可辨认。①

四、广宗县

(一)城 堡

县城周四里九十八步,崇二丈三尺,阔二丈七尺,上阔一丈二尺。隍深丈余,阔二丈。明正统四年,知县王义筑。成化元年,知县刘俊建四门,各置楼。正德十五年,知县游伸重修。隆庆四年,知县张民范增高门楼,易土堞以砖。万历二十二年,知县马协培其倾圮,益堞浚隍,辟复马道,增四门,瓮城甃以砖石,捍以铁门,而层楼其上。有副使关西王学谟碑记。崇祯十二年知县韩文芮重修,顺德府同知范志懋董其事。清顺治十一年漳水淹没,坍塌颓坏,十存二三。厥后渐次修补如初,独里门重楼尽颓。同治二年,知县王宾补修。四年,知县陈渭川挑浚城濠,修筑土城,城上兼修女墙,各门建置门楼,焕然改观,工竣并详请奏奖有差。民国以来,城垣残破,门楼倾圮,虽迫于匪患屡加修补,然小有葺治,不及囊时之巩固矣。

关厢惟西关有居民数千户,其南北东则无居民,四关均无郭郛。

板台堡在城北二十五里,围二里一百一十步,高二丈一尺,广一丈二尺,濠深七尺,阔倍之,四门墩台各高三仞。孝路堡在城南二十里,围二里,高广与墩台皆视板台,濠深阔俱一丈,东西二门以上二堡俱明嘉靖十一年中丞吴公檄建(据旧志)。今孝路堡已颓废,仅存遗址,板台堡尚完好。

油堡在城南四十里,周三里余。清同治十一年建,今存。

按《畿辅通志》,县有陈家湾、永兴、北苏公村、斥漳诸堡,今俱废。乡村墙高八尺,厚三尺,濠称是,路口各安栅栏窝铺,保甲轮流坐防。清康熙十一年,直隶巡抚金世德通令设备,后渐废弛。同治七年,直隶总督刘长佑令各县乡村筑寨以御流寇。民国后土匪蜂起,各村多就旧日墙濠加高培厚,用资

---

① 柏乡县地方志编纂委员会编:《柏乡县志》,方志出版社,2000年,第70页。

防守,亦设险自卫之一策也。①

(二) 县　城

广宗老县城南北长和东西宽的比例为6比4,呈规划性矩形。与四门相对应的南大街和北大街相通,总长800米,东街长300多米,西街200多米,二者虽不相接,但与南北大街基本上交成两个"T"字形,其交点乃是老城中心,也是老城的最高点。站立此处,其视线正与四门楼顶平齐。城内尚有宅后街、大寺街、书院街、石佛寺街、牌坊街、关帝庙街、迎春街。11条街布局合理,整齐划一,具有古代城市格局的特有风格。

城内建筑以官署正堂最为雄伟,内设大堂、二堂、三堂,堂前为东西廊房等,堂后有大小花厅,内宅各院屋舍90多间。另有孔子庙、城隍庙、真武庙、崇圣祠、名宦祠、节孝祠等,共12处。1949年后绝大多数被毁。城内大街之坊表有关帝坊、崔恭坊和保障坊3处,至1957年全被毁废。城垣也已被平,现只有官署正堂保存完好。老城内的房屋多为土平房及平顶表砖房,间有极少瓦房。

广宗县城位于广宗县境中部,由老县城和新城区组成。县城总面积为227平方公里,共计2978户、14193人,其中非农业人口1458户、7643人。

自1945年9月至1956年5月,广宗城基本上保持了古风古貌,大街小巷则出现了商业、金融、文化、服务业等设施,另有县直单位如县社、粮局、邮局、农机局等,城市面貌大为改观。同时,还有东街、西街、南街、北街及西关5个行政村,习称"四街关",而西关外还是一片盐碱薄地。1956年后,西关外开始大规模的城镇建设,渐成新城区。70年代初,加紧新城区的建设,逐渐形成3条东西向和1条南北向的大街。②

---

① 姜榗荣、祁卓如修,韩敏修纂:《民国广宗县志》卷五,建置略,城堡,《中国地方志集成·河北府县志辑》第73册,第37~38页。

② 刘宝华主编,河北省广宗县地方志编纂委员会编:《广宗县志》,方志出版社,1999年,第71、73页。

五、巨鹿县（钜鹿县）

（一）城　池

旧城在今县北十有一里，唐垂拱元年，因漳水为患，遂徙于东南隅。周围七里十三步，高三丈，基阔三丈五尺，上阔一丈二尺。池附于城，深一丈五尺，阔二丈。初辟四门，南迎薰，北拱辰，东通阳，西安德。嘉靖七年，知县张光祖于东南增修一门，曰聚奎，俗呼为小东门。通旧为五，城上复建一楼曰桂籍，后废。三十年，知县王宫增修陴堞，砌以砖。知县孔学易又增修成楼，后废。万历五年，知县张东晓重修城垣。十二年，知县何文极于西门内创建砖屏一座，周围复修成楼、瞭墩、巡铺十三座，后俱废。去城里许，又营外郭，以御漳水。崇祯十二年，知县孙接武重修城垣，通砌以砖。顺治六年，知县刘洪进增修城门楼四座，城上窝铺百余所，后废。十七年，知县王鼐于西门外创修照壁一座，以固风气，后废。自是以后，历年久远，城垣门楼俱已坍塌。咸丰九年，知县石元善重修四门，各易其名，南曰来薰，东曰迎旭，西曰挹爽，惟北门仍旧，复修谯楼四座。同治六年，知县方汝翊重修城垣，复修聚奎门楼一座，城四围增修炮台十二座。

公署，县治在西大街，永乐间建。大堂三楹，曰忠爱堂。堂前为甬道，又前为戒石坊，为仪门。东西为甬门，堂两翼为六曹廊房。中一联堂，东为库楼，楼下有库舍，又东为銮舆库，凡五间，藏仪仗，今废。堂西南为武库，藏军器，今废。堂后为思补堂，左有书房，右有厨房，又后为知县宅。天顺间知县张纪、正德间知县陈宇、嘉靖二十二年知县王勋，相继重修。三十二年，知县阎光祖于宅后创建观风楼一座，今废。三十七年，知县何腾黄于仪门正南创建大门，上树谯楼一座。万历元年，知县孔学易于仪门东南创建寅宾馆一所，今废。自兹以后，诸厅舍渐就倾欹。十一年，知县何文极俱重修。顺治十七年，知县王鼐创修县门外榜棚一所，今废。二堂西书舍三楹，宅后角楼一座，今废。康熙四十六年八月，知县郎鉴到任，谯楼、仪门、牌坊倾圮已极，遂竭力措修。至次年二月始告竣，并六曹廊房亦撤而新之，二堂西书舍三楹复为修葺，加以丹艧颜曰：学制。其后余隙地一方，筑室三楹，为悬鱼处，今废。道光十年,知县王燕堂重修大堂。同治四年,知县方汝翊重修戒石坊。典史署在县署西,知县何腾黄建。万历十一年,知县何文极重修。把总署在水市街西,演武场在县治西南,南北长一百三十五步六小尺,东西阔三十六步一小尺,演武亭三楹,将台一座。知县何文极重修,今废。厫在县署东,十六间,顺治十七年知县王鼐创建。监狱在典史署南,旌善亭在谯楼西,今废。申明亭在谯楼正南,榜廊一联居其中,是为县制亭廊。知县何文极重修,今废。阴阳医学在县门东,设官训术、训科各一员,今废。僧会司在县治南三明寺,设官僧会一员,今废。察院在县治东大门外,东西行亭各一所,二门内正厅五楹,曰:风纪重地。钞案房在东,皂隶房在西,厅后川堂直接正寝五楹,颜曰:正己格物。寝堂东别为小院,中有亭三楹,颜曰路堂,岁久倾圮。万历十一年,知县何文极重修,今废。太仆寺在县治西,本为马政而设,后以点印不行,改为西察院,颜曰宪台,今废。[1]

(二)县　城

咸丰九年(1859),知县石元善重修四门,南称来薰,东曰迎旭,西名祛爽,只有北门仍称拱辰,并修四座谯楼。同治六年(1867),知县方汝翊重修城垣,复修一座聚奎门楼,城四周增修炮台12座。

巨鹿古城四面都是沙土,所以城易倾颓,池易填塞。虽屡次修葺挑浚,未获深固。至光绪年间,城内名阀巨族已大多凋零,列肆市廛也不够繁盛。之后,巨鹿城未再修葺,日渐倾颓,至民国末期,只剩断壁残垣。1958年拆毁四门,以后至今,面目全非。[2]

六、临城县

(一)城　池

唐天宝元年建土城,四门,约三里许,历唐宋金元,修筑年代无考。至明

---

[1] (清)凌燮修、(清)赫慎修,(清)夏应麟纂:《光绪钜鹿县志》卷二,建置志,城池、公署,清光绪十二年(1886)刻本。

[2] 巨鹿县地方志编纂委员会编:《巨鹿县志》,方志出版社,2013年,第470页。

正统十年,知县阮居仁修,成化二年知县张佐、十九年知县章忱增修,〔弘〕治十四年,泜水奔冲,城西面尽毁。知县潘铨徙修,自此遂无西门。今周围止二里二百六十步,高二丈五尺,广二丈。池广五丈,深二丈,淤浚不常,难以悉记。惟东池有水,常流不断,相传以为东北角下有源泉云。嘉靖十五年,知县党承美西面筑堤植柳以御水患。三十二年秋,雨大作,城复倾圮,知县王永兴重修。隆庆三年,秋雨连旬,水大涨,冲崩西南一角,毁南门,知县高常修之,徙南门向东八十余步,从此南北门遂不相对。知县邓之松继之,建议筑城南八蜡庙一面石堤,寻复被冲。万历七年,知县余启元将城西南一带通筑石堤,赖为保障。万〔历〕二十五年,暴雨漫堤,几不为卫。知县程鹏搏重加穿浚潴水,植莲其中,如遇秋雨连绵,河水暴发,南城亦甚可患。万历二十八年,知县盛治徵易南面为石城。崇祯二年,知县邓绍禹因西城太窄,难于巡守,加广一倍。崇祯十七年,知县王继祖奉巡城给事中命,加高雉台。崇祯末年,久旱池涸,莲不复生。国朝顺治二年,知县渠淙进任,池莲忽生,人以为瑞,未几又涸。康熙十二年,知县崔廷瑜重加挑浚。二十九年知县杨宽重修,凡城门三座,雉台十一座,角铺四座,虽弹丸之区,亦足备一邑之险守也。[①]

(二)县　治

　　城垣建筑:城垣建筑时期,无从稽考,其建筑材料除南墙系石砌外,其余东西北三面均系土质,以年久失修,倾圮殆尽。周围四百三十八丈,共有东南北城门三处,并无角楼。现正征用民夫,分段修筑,限令高度三丈,宽度七尺,业于本年四月八日兴工,不久即次第竣事。

　　县署建筑:本县县署旧有瓦房三进,东西院平房二十余间,均已年久失修,几不堪用。现经将各办公室及周围墙垣,大加补修,现已竣工,无坍塌之虞矣。

　　市街建筑:商民房屋瓦房占十分之三四,其余系属平房,且均系旧式,不甚庄严。街道宽度均为四公尺至六公尺,近年迭经修治,路面均作覆瓦形,

---

① (清)杨宽修,(清)乔已百纂:《临城县志》卷一,舆地,清乾隆道光间刻本。

两旁业已栽植树株,其沿街突出之障碍物,均行改建,尚称整洁。城内有民众公共娱乐场一处,其各路路灯拉(垃)圾箱等,亦均设置完备。①

(三)县　城

临城,位于临城县东部,坐落在泜河北岸。临城作为县城,始建于唐朝天宝元年(742)八月。当时,唐玄宗李隆基为炫耀其"开平盛世",于七月诏谕全国,调整地方政区,把房子县改名临城县,并将县治所从古临邑城迁于今址。在泜水河北岸一公里处筑土城,设四门,城围三里许。历唐、宋、金、元多次增建修筑,至明朝已规模宏大。城内设置察院、府馆、儒学、文庙、社学、书院、射圃、养济院、预备仓、监狱等,城外有僧会司、急递铺等。城内外还有寺庙、亭、坛、祠、坊等古建筑 30 余处。

……清康熙二十九年(1690),知县杨宽重修城门 3 座,雉台 11 座,角馆 4 座。民国初期,在县城内增设了医院、图书馆、高级小学、简易师范学校等文化教育设施。1937 年卢沟桥事变后,10 月日本侵略军进驻临城县城,组建伪政权,蹂躏临城县人民达 8 年之久。1945 年 8 月,日本侵略军宣布无条件投降后,盘踞在临城县城内的伪军拒不交械。9 月初,临城抗日军民在太行第一军分区司令员秦基伟的率领下,于 8 日夜解放了临城。从此临城回到了临城人民手中,拆除了县城城墙和一些封建迷信设施。建国后,县城建设步伐日益加快。60 年代,先后建起了百货大楼、影剧院、汽车站、招待所、人民医院等公共建筑设施。并在西城外植树造林,林间溪水潺潺,环境幽静,一度成为临城居民散步、垂钓、读书、娱乐的自然公园。从 70 年代开始,县城建筑逐渐向北、东、西北延伸,先后建成北关街、通镇路、大通街等新型油面街道。县直机关也由旧城区移向新城区。②

---

① 《河北省临城县地方实际情况调查报告》,《冀察调查统计丛刊》1936 年第一卷第三期,第 82 页。

② 杨生林主编,临城县地方志编纂委员会编:《临城县志》,团结出版社,1996 年,第 64~65 页。

七、隆尧县［隆平县、尧（唐）山县］

（一）城　池

隆邑县治迁于宋宣和年间,其时迫于水患,张皇措置,大抵粗就耳。历宋元明以至我朝,官斯土者,次第增治,时加缮葺,今则崇墉屹立,楼橹焕然,凡所以兴养立教,治民事神,济人利物之举,规制大备,此皆顺民志以宣闾泽,而政事通焉,至若地方兴废之故,视其事亦因其时,不必尽存今昔之感也。

隆平旧城在东十二里。宋宣和间旧城水没,始改创于此。元末复毁于兵。至明洪武初,知县罗敏中重建。正统间知县黄友、成化间知县柳绅相继修拓。城广袤六里三百一十二步,高三丈,阔一丈五尺,基阔三丈三尺。东西南北门上楼橹三间,门外有桥。筑堤护城,阔三丈,深一丈三尺。

正德间知县黄钟修葺,始作瓮城,设戍楼,浚池植柳,渐次壮伟。嘉靖二十四年,知县杨自效起镇安楼于北城垣之西,今改玉皇阁。嘉靖三十一年,知县王德盛起文奎楼于城垣之东,今改文昌阁。先城辟三门,隆庆五年知县苏伟创开北门。万历三年,知县李应麟议建重门城铺十二座、吊桥三座、垛口二千一百三十二个、敌楼三十五座。万历四年,知县黄荣构成匾额,东门曰近圣,南曰南薰,西曰宝成,北曰拱极。万历十三年,知县林天秩葺。天启七年,知县陈所学重修。崇祯六年,知县关燫倡捐助修,加增千余丈,高厚改观。[1]

（二）衙　署

县署在城西大街北,明洪武间知县罗敏中修葺。嘉禾楼一座,在县署头门,旧为樵（谯）楼,明嘉靖十四年,知县王冕创建。雍正六七年间,隆邑籍田,叠产嘉禾,知县郑远欲记其瑞,遂以名楼。仪门三间,戒石亭一座。[2]

---

[1] （清）袁文焕修,（清）岳生夔等纂:《隆平县志》卷二,建置志,城池,民国二十五年(1936)石印本。

[2] （清）袁文焕修,（清）岳生夔等纂:《隆平县志》卷二,建置志,衙署,民国二十五年(1936)石印本。

（三）尧山县城池

　　堂上鸣琴，庭前罗雀，官舍所以临民也。临民者，先思卫民，则防御有城池焉。唐虽有山水，而城在平夷，无险可恃。自金元建土城，周围凿池，相继缮补，恃陋无讥，廨舍厅事亦因之而固。若庙丽于城，坛附于郭，春秋朔望，隆祀典以顺民情，义之修、礼之藏也。

　　城周围三里许，池称是，前无考，惟金闸八里。元至正间，县令齐光祖以红巾乱，民寡难守，就东南隅城焉，即金城也。

　　明成化中，知县祈司葺之，厚八尺，高三丈余。后知县贡珊和承芳各加修葺。嘉靖间，知县张天禄始建南北城楼及四角楼，制始完备。至庚戌，知县冀国又增修之，虽基域未拓，而加高加广，甃内墙，益重门，增所未有，屹然永赖矣。万历壬午，南城楼圮，知县李应奎重建。丁未，知县杨于国修葺。崇祯六年，知县刘经理以正北门文星不辉，改置乾向，修北城楼。崇祯七年，知县谢汝明修南城，皆高旧楼一倍。皇清顺治戊子，泜水冲城。康熙八九年间，知县孙缵修葺城之南隅，接有附城，广如县城之制，而袤倍之。崇仅杀半，辟立三门，启闭一如内城。盖嘉靖初知县盛鼎所创建。戊子泜河泛溢，周围墙垣十坏八九。康熙十年，知县孙缵重修，复立三门，亦如旧制焉。

　　咸丰年间，因贼氛北窜，屡加修葺。至同治癸亥、丁卯，贼匪屡窜边界，民不安堵，计唯重修，濠墙庶可救急。目前当修城之余，家喻户晓，计日兴工，而插（锸）畚云合，捄度雷动，不旬日厥功告成。复立三门，墙外树柳。现城池墙垣屹立，附城俱圮，惟土垒基址尚存，柳树亦为樵夫窃伐殆尽。

　　按，唐山城，尧山之保障也。前无所考，惟金围八里，元至正间，县令齐光祖以红巾乱，民寡难守，就东南隅城焉，即今城也。自元至明，几经修葺。县志所载备矣。周围三里，设立两门，南曰迎薰，北曰拱辰。子午相衡，水火既济，北望古山巍巍以彰其势，南临泜水荡荡以表其威，诚佳局也。崇祯六年，知县刘经理以正北门文星不耀，改置乾向，修北城楼，题其名曰乾元资始，以为山与门对峙而势益壮也，与门环抱而气愈雄。此北门所由改作也，惟是斯城也。提封古冀，受采陶唐。通齐晋之捷径，当真广之冲途，东至隆平县界十里，南至任县界二十五里，西至内邱县界二十里，北至柏乡县界十八里,绝长补短,广袤仅四十余里,崛起五山,雄踞其半,涺河如带,缭绕荒村。附城三四里许,地多浮沙,难耕者石田,易漏者沙碛,地薄粮重,家无盖藏,良有以也。邑人贾天球识。

县治,在十字街西,创始于宋。元知县齐光祖增拓之。至正末,毁于兵。明初,县丞左仲祥重建。成化间,知县孔彦雍重修。嘉靖初,王友忠重修大门、仪门各三间。戒石亭在仪门内甬道正中。万历四十三年,知县尚存义重修。皇清康熙七年,知县孙缵重修。道光二十三年,知县许本铨重修。二十七年,知县邱赞重修。咸丰三年,知县周鸣凤重修。九年,知县王鸣彝重修。同治年间,知县陈元禄、周乃大各重修。至光绪元年,堂舍残缺,隘陋塌坍殆半,知县倪昌燮由官箴坊以及科房、班房次第修补,焕然一新。由大堂以及内宅、书房一并修葺,且于大堂石路两边多植槐树,衙署顿为改观。(按,康熙七年至道光末年,百余年来,其间之补葺修整不知几次。但咸丰三年,科房被大雨淋塌,将以前重修卷件尽行污毁,兹就现存之卷查出增补。)正堂三楹。幕厅三间,在大堂西。库楼一座,在大堂东。銮驾库一间,旧在库楼,前水冲,康熙十年,知县孙缵移建于寅宾馆东。六曹房,东西各十二间。中堂三间,在大堂后。内书房三间,在中堂西。知县宅在中堂后。康熙七年,知县孙缵运朝建飞来居一所,楼三间,配房各三间。又楼一间,书房各二间,使役耳房并内马肆共拾五间。按,现存房舍规模仍旧,但楼二座久圮,改平房。

公廨,在县宅后,久废。土地祠,在仪门外东隅,康熙三年,知县单继重修。寅宾馆,在仪门外西隅,康熙十一年,知县孙缵重修。旌善、申明二亭,在县门外东西,久废。太仆寺一所,在县治略西路南,久废。察院一所,在县门西。典史宅,在大堂东,典史王文忠捐俸增修,房前后一十八间。儒学宅,前厅房三间,康熙元年,训导刘光谟重建。康熙八年,训导孟振兆重修。

按,教谕宅现在文庙东,地基宽旷,庭宇狭隘。同治十年,教谕程凤书劝捐重修。内宅北房三间改为五间,添设东西厢房各两间,门楼一间。至外书房三间、门斗房两间,仍旧修补。训导宅在文庙西,咸丰三年被雨水淋塌,内外房舍一概倾圮,惟旧址尚存。

阴阳学,在县门西。按,《周礼》眂祲掌十辉之法,以观妖祥、辨吉凶、掌安宅。叙大祝掌六祝之词,以事鬼神、祈福祥、求永贞。小祝掌候禳祷祀之祝,号邑之阴阳犹是也。凡邑之婚丧、营建、占卜、祈禳莫不咨之,必择一精通者以为训术。今其学久废。

医学,在宾馆前。按,医师掌医之政令,聚药以供医事。凡邦之有疾病者、疕疡者造焉,则使医分而治之,岁终稽其医事以制其食。盖欲登斯民于仁寿之域也,必择一十全者以为训科,今其学久废。

预备仓,在城隍庙西,明万历三十八年,知县郑宗周建。廒房五十楹,四壁并地皆石。戊子泒水漂没无存,今止重修数间,聊备积储。草场,附预备仓内。按,王制耕三余一,耕九余三,以三十年之通,虽有旱干水溢,民无菜色。丘氏曰:周礼十二荒政,是遇凶荒之时,救济之法也。遗人所掌,是常时收诸委积,以待凶荒施惠之法也。廪人所掌,是计其丰凶,以为嗣岁之法也。然则岁之丰歉不可必,唯有备,斯无患耳。故魏李悝之平籴、汉寿昌之常平、隋长孙之义仓、朱子之社仓皆所以预备之也。今仓廒皆为波臣所没,而重整旧址,不能不望之丰稔之余也。

演武场,在城北,厅房三间,旗台一座,俱被泒水冲没,掩成沙压。今操演随地搭(搭)棚而已。

养济院,在县西预备仓前。鳏寡孤独,王政所先。旧制,按院视城后,即至养济院察验,恐胥吏为奸茕茕,不沾实惠也。今房舍漂没,唯按月支给口粮而已。

漏泽园,一在城北教场前,知县李应奎创置;一在城南三里铺东,知县钱禧征创置。

乡约所,按旧立乡约所在,城一,东西朔南,共五处,年久废堕。今讲读法律,劝民兴行,亦唯择公便宜行之而已。①

(四)县 治

城垣建筑:城垣筑于宋宣和年间,土筑,周围六里又一百五十六丈,城垣高三丈,宽一丈五尺。城门四座,现尚完整。

---

① (清)苏玉修,(清)杜霭、(清)李飞鸣纂:《光绪唐山县志》卷之二,建置志,城池公署官舍,清光绪七年(1881)刻本。

县署建筑：明洪武间修筑。

市街建设：城内重要街道，宽二丈，两旁各有泄水沟。县政府前设有运动场所。市场在中山街及南大寺，尚属整洁。①

（五）县　城

隆平，为宋代以来的隆平县治所。该地原名太平庄，是一个户不足百的小村。宋徽宗大观二年（1108），旧治遇水西迁于此。时张慌措置，大抵粗就。元末毁于兵。明洪武初知县罗敏中重建。此后，"朝官斯土者，次第增治，时加修葺"。明永乐间知县黄友、成化间知县柳绅相继修拓。"城墙广袤六里三百一十二步，高三丈，阔一丈五尺，基阔三丈三尺。东、西、北门上楼亭三间，门外有桥，筑堤护城，阔三丈，深一丈三尺。"万历四年（1576），知县黄荣构成匾额，东门曰近圣，南曰南薰，西曰宝成，北曰拱极。至清代，改东门匾额为滏水观澜，西门为尧山叠翠。

该县城因始建仓促，城廓内中间高，四周低，每遇大雨，沥水屯（囤）积。缘此，明时在四周城墙脚下开有泄水口。康熙七年（1668）大水，外水由东城水口溢入城内，人们方把水口堵塞。数十年渐泯其迹。乾隆二十六年（1761），秋雨如注，城内水涨漫衍，学宫、民房倒塌。知县袁文涣大召绅庶，寻得水口，"水顺流而出，经昼夜始息，民乃安"。

旧县衙在城内西大街北，即今新华街北县招待所处。旧城古建筑甚多，有文庙、旌善亭、申明亭、榜亭、镇安亭、鳌山楼、察院行署、僧会司、演武亭、漏泽园、坛庙、先农坛、城隍庙、关帝庙、魁星楼、三贤祠等，经千百年来的风雷水火，已荡然无存。

尧城镇，尧山（唐山）县旧治，位于今县城西偏南6公里，唐天宝元年（742）柏仁县城遇水徙此（一说北魏时县治即徙此）。时城周围三里，金代扩为八里。元至正间将城缩至东南隅（周三里）。明成化中又加修，时城墙厚八尺，高三丈余。嘉靖间始建南北城楼及四角楼，南门额曰迎薰，北曰拱辰，

---

① 《河北省隆平县地方实际情况调查报告》，《冀察调查统计丛刊》1936年第一卷第一期，第122页。

制始完备。崇祯六年(1633)将正北门改置乾向,曰乾元资治,并加修瓮城。清康熙十年知县孙缵重修,复立三门。1938年,尧山县县长王子耀改西北门为正北门。

尧城镇系唐、宋、元、明、清、民国历代尧山县治所(一说北魏、隋时即为县级治所)。民国二十四年(1935),国民党曾于此设尧山专员公署,辖九县。1947年秋,隆平、尧山合并后始名尧城镇。今为尧山乡政府驻地。

今县城是在宋大观二年以来原隆平县旧治基础上发展而来的。县城内主要大街有新华街(旧城中心东西大街),向阳街(旧城中心南北街),裕华街、文明路、富民路、康庄路(原南城墙址)。原西城墙处的南北大街建成兴隆市场。①

八、南和县

(一)城 池

旧城不详其创始,元至正间县令尹泰始修筑土城,周四里。明正统十四年,知县王渊重修四门,东曰东寅,西曰西饯,南曰南薰,北曰北拱。成化二十二年,知县尹祯重修,周城浚隍堑、创砌石桥。弘治三年,知县门宁于四门建城楼。正德九年,知县李希夔重修,城高三丈,添角楼四,隍深阔各二丈有奇,于西北引百泉水注之。嘉靖二十二年知县屈作城垛口易以砖,大名道陈某开正明门以对文庙。崇祯十一年城楼毁于火,止留东楼。崇祯十二年知县谢继迁修为砖城。国朝顺治年知县胡以泓、周缵祖各加修补。②

(二)调研纪事

南和城垣颓败,与鸡泽同,城内街市居民瓦屋平房参半,唯多旧敝,民之不富概可想见。全县境界,东西约四十里,南北约六十里。城东有沣河、干

---

① 董树仁主编,隆尧县地方志编纂委员会编:《隆尧县志》,生活·读书·新知三联书店,1998年,第68~69页。
② (清)王立勋修,(清)李清芝等纂:《光绪南和县志》卷二,地理上,城池,《中国地方志集成·河北府县志辑》第73册,第356~357页。

河、流垒河,时常枯竭;西北有百泉河,西南有溜子河,可资灌溉。村庄有一百五十余村云。①

(三)县 治

城垣建筑:县城创建于元至正年间,初为土城,周围四里。东面、西面、北面各一门,南面二门,共五门。明成化二十二年重修一次,并浚城河,砌石桥。至正德九年,重修一次,增高为三丈,四角设角楼,城外护城河深阔各二丈有奇,于西北隅引百泉水注之。嘉靖二十二年筑城,垛口易之以砖。崇祯十二年,改修为砖城,今已残缺泰半。

县署建筑:位于东西大街,门南向,明洪武初创建,成化十八年重修一次,正德十六年改建。大堂五间,以后屡有修筑,房舍已多破漏,大堂尤残破不堪。

市街建筑:县治市街,计分为四。县府以东为东大街,通东关。县府以西为西大街,通西关。十字街以北,为北大街,通北关。十字街以南为南大街,通南关。所有街道,二十四年冬修筑,平坦,宽约三丈。以地方瘠苦僻陋,尚无娱乐卫生等建设,市房市容亦以商务萧条,不甚整齐。②

(四)城 关

明洪武元年(1368)以来,〔城关〕一直为南和县治。1958 年 2 月为巨鹿县南和公社驻地。1961 年 7 月 9 日划归任县后,为南和工委及公社驻地。1962 年 3 月恢复南和县后,一直为南和县人民政府驻地。

民国时期,南和城有东门里、西门里、南门里、北门里、东大街、西大街、北马道、南马道、辛街、三官庙街、布市街、谢街、城隍庙街、杨拐弯、刘街、鱼市街、仓街、财神庙街、甘水桥街、东关街、西关街、豆弯、后车路、前台街、后台街、东关街、北关街、东头街、赵街、黄场街等三十余条。商业多集中于东、

---

① 《调查征集员杨鹤翔报告》,《河北省国货陈列馆月刊》(天津)1929 年第四期,第 19 页。
② 《河北省南和县地方实际情况调查报告》,《冀察调查统计丛刊》1937 年第二卷第五期,第 112~113 页。

西大街。解放后,在党和政府领导下,城关迅速向东、北、西三个方向发展,形成东西向长方形块状聚落。由原来以东、西大街为中心的街市,转向以商品街为轴心的商品贸易市场。新建的街道有商品街,中兴路,文明路,农林路,西关北路,新兴路,北关新1、2、3、4街等,面貌有了很大改观。

过去民谣有"顺德府好城墙,南和县好牌坊"之说。城内原有牌坊三十多座,即宣化坊、儒林坊、钟秀坊、进士坊、司练坊、文光坊、鹗荐坊、四科十俊坊等,直到1958年保存完好的仍有7座:天恩覃敷坊,在县治东,为兵部员外郎朱家卿立;金吾世胄坊,在十字街西,为锦衣卫世袭实授百户朱时万立;三世宫保坊,在县治西,为太子太保户部尚书李起元立;恩光三世坊,在县治西,为刑部左侍郎李□立;掖垣都谏坊,在十字街南,为礼科都给侍中李若珪立;节制三省坊,在南门里,为郧阳巡府右佥都御史李若珪立;平定边疆坊,在县治东,为右副都御史朱正色立。①

九、内丘县(内邱县)

(一)城 池

据《山海经》《史记》,县之设盖远矣,莫详其始。唐文宗太和九年河龀西北隅乃东迁焉,今城之西垣即旧城之东垣也,北城古迹犹存。正德六年,知县王玥重修,周围四里三十步,增副城,围七里。(训导池鳞有记)嘉靖二十二年,知县杜璁重修,高三丈,根阔二丈,顶阔八尺,垛口一千一百七十,弩台十六,门楼四。自为记,刻石于北门。崇祯八年流寇逼扰,知县王世泰以守垛人寡,并为六百二十垛。十年知县张文昺浚池及泉,门增三层,东曰迎旭,西曰固域,南曰威远,北曰清啸。桀然峨然,可恃以无恐,十一年变后,知县高翔汉增高浚深,底巅彻七丈。

堡,金堤堡围三里,南北二门。官庄堡围三里余,南北西三门。尹村堡围一里,东西二门,今废。清修堡围二里,西一门。四堡皆嘉靖二十年知县

---

① 杨一明、任书香主编,河北省南和县地方志编纂委员会编:《南和县志》,方志出版社,1996年,第56页。

杜世爵筑,二十一年知县杜璁增修。①

(二)县 治

城垣建筑:本县城垣建筑时期不详,明正德六年为重修时期。建筑材料,外面系砖石砌成,内面系三合土筑成。周围四里三十步,城垣高三丈,根宽二丈,顶宽八尺。四面均有城门,城厢东南隅筑有奎星楼一座,城垣外面尚整齐,内面稍有残破。

县署建筑:县署前大堂六间,二堂、三堂、后堂各三间,县署后筑有楼房三间,各科股办公室共计二十余间。

市街建设:本县城内重要街道,宽度一丈五尺,中间鱼脊形,左右沟道深度一尺。每日由公安局督饬商民轮流洒扫,以重卫生。惟城市房舍建筑以平房居多,瓦房楼房较少,其他物质建设阙如。②

(三)调研纪事

该县城池整齐,居民稠密,商肆亦夥,城东二里许临汉平铁路。该县境所辖,北东南各十里,西九十里至太行山麓,地多平原,亦有河流,民情朴厚,多务农业。③

(四)县 城

清雍正四年(1726),因避孔子"丘"之名讳,将"丘"改为"邱",古城亦随之称内邱城。

内邱古城为长方形,南北长1000米,东西宽800米。南垣东端在今朝阳街菜市场南头西侧,西端在今礼堂广场中西部;西垣南端与南垣西端相接,北端在今鑫磊路南100米与中兴街东侧交点处;北垣与南垣等宽,北垣西端与西垣北端相接,东端在今鑫磊路南100米与朝阳街西侧交点处;东垣与西

---

① (清)汪匡鼎修,(清)和羹纂:《内丘县志》卷一,康熙年间刻本。
② 《河北省内丘县地方实际情况调查报告》,《冀察调查统计丛刊》1937年第三卷第一期,第120页。
③ 《调查征集员杨鹤翔报告》,《河北省国货陈列馆月刊》(天津)1929年第四期,第7页。

垣等长,北端与北垣东端相接,南端与南垣东端相接。城区面积约0.8平方千米。

城内主要居民区域分布在东街、南街、西街、北街。内邱古城,民间谓之鸽子城。一传为县城格局似落地觅食的鸽子;二传为东城墙鸽子多,风吹时城墙发出鸽鸣声。二者皆取内邱县城祥和瑞气之意也。①

清乾隆三十年(1765),县令杨泌改建土城为砖墙,外系砖石砌成,内为三合土夯筑。道光十二年(1832),县令施彦士再次重修城池。咸丰八年(1858),县令倪人炯劝捐兴工,再固城垣。

1946年11月,为防国民党军队打通平汉铁路,人民政府动员万余人,毁铁道、破公路、拆城墙、填沟壕。南、北、西垣均拆,唯余东垣。1956年扩建县城,东垣亦予拆除,仅残存西垣北段遗址,为县保护文物,后亦被拆除。②

十、宁晋县

(一)城 池

城土筑,周围六里,计一千九百九十步,春秋本杨国故墟。魏名曰杨城,旧址周围十有余里,今半为县城。唐天宝元年始改今治。明成化九年知县陆愉增建城,高二丈,阔一丈,池深一丈,阔二丈。成化二十年知县徐以贞再重修。弘治十八年知县吴仪增筑。城高三丈,阔二丈五尺,池深二丈五尺,垛口九百六十六,环城窝铺十座。门三,无西门,北门曰通赵,南门曰宁昌,东门曰环秀。嘉靖三年知县阿其麟增筑三子城,以翼三门,北曰迎恩,南曰迎薰,东曰迎晖。嘉靖二十六年知县王宝创建东门外月城,高二丈五尺,垛口四百四十一个,窝铺三座。门曰永壮,桥曰接瀛,北门桥旧曰安泽,南门桥旧曰澄洨。月城楼并旧城四楼及垛口皆重新增修,高厚倍昔。有大学士郭

---

① 韩秋长、张进斌主编,河北省内丘县地方志编纂委员会编:《内丘县志》,方志出版社,2006年,第70页。
② 韩秋长、张进斌主编,河北省内丘县地方志编纂委员会编:《内丘县志》,方志出版社,2006年,第219页。

朴碑记。天启四年知县曹拴衡重修筑。崇祯十一年知县胡应瑞再筑城楼瓮城。清咸丰元年，城墙倒塌，仅存基址，知县丁学易修筑东南二面、南北东城楼三座并瓮城，仍旧故址，亦一律鼎新，较旧规益宏壮。咸丰五年知县钟秀接修西北二面，两次修葺，周围计六里余，计费三万金。①

（二）县　治

城垣建筑：唐天宝元年，就杨城旧址之半，建筑土城，周围六里，高三丈，宽二丈五尺，砖筑东南北城门楼三座，土垛口九百六十六个，环城窝铺十座。现在城垣倾圮，垛口窝铺均坍塌无存。刻已奉令预备兴修，已成立修城委员会，从事勘估中。

县署建筑：唐天宝间建筑，元明清至民国迭经重修，现有头门瓦房三间、大堂瓦房五间、二堂瓦房三间、东西配房各二间、三堂平房三间、四堂瓦房六间、东西厢房各二间、办公厅五间、东花厅四间、西旁院北屋六间、旧帐（账）房三间、厨房二间、茶房二间、东旁院北屋四间、东屋三间、南屋六间、花园草亭一座、大仙堂三间。

市街建设：主要街道宽二丈，一律修成覆瓦式，添筑公共厕所，并备拉（垃）圾箱，每日派卫生警拉运秽土，建筑戏院一处，订定门牌按（安）设路灯与指路牌，取缔摊贩，禁倒秽物。②

（三）县　城

清康熙十八年《宁晋县志》载，北魏时城址周回十余里，有土筑城墙六里许。明清两代，多次修建城垣。弘治十八年（1505），增筑城墙高三丈，宽二丈五尺，城壕深二丈五尺。城墙筑垛口九百六十六个，环城窝铺数十座。修建东、南、北三座城门（无西门），东门名环秀，南门名宁昌，北门名通赵。

嘉靖三年（1524），在三座城门外添筑三个子城，东为迎晖，南为迎薰，北

---

① 苏毓琦、伊承熙等纂修：《民国宁晋县志》卷二，建置志，城池，《中国地方志集成·河北府县志辑》第66册，第374页。
② 《河北省宁晋县地方实际情况调查报告》，《冀察调查统计丛刊》1936年第一卷第四期，第104页。

为迎恩。嘉靖二十六年(1547),建东门外月城(因形似半个月亮而得名),门名永壮。同时,东、南、北三城门处,各建桥一座,东门桥名接瀛,南门桥名澄洨,北门桥名安泽。

中华人民共和国建立后,三城门废,拆桥建路。1970年,县城东、南、西残垣犹存。1978年后,城墙遂被拆除,建为民宅,古城泯迹。

民国十八年《宁晋县志》载:"宁晋县治,自唐始。"旧址在鼓楼西街,今政府招待所处。宋、元、明、清历朝多次修葺。县衙坐北朝南。迎门为仪门,后依次为大堂(忠爱堂)、二堂、三堂(俗称后堂)。三堂均为知县用房,大堂审案,二堂议事,三堂寝居。仪门东为迎宾馆,西为监狱。大堂、二堂两侧为科房,属协理知县掌理县政之处所。民国十二年(1923),县公署在迎宾馆(仪门右)处,建警察所。民国十四年,在大堂两侧建南屋10间,为工作人员办公用房。

民国二十七年,日军侵占县城,日伪政府占据旧址县衙。

民国三十四年8月,日本投降,国民党政府占据旧县衙。

1949年10月,新中国建立,宁晋县人民政府进驻旧县衙办公。

1968年,县衙旧址改为县革委招待所。县革委(政府)迁至西关街北60号至今。①

十一、平乡县

(一)城　池

平乡,古南䜌城,周考王时,赵置也。齐伐晋,取䜌,即此其后南徙,故加"南"字。汉桓帝时,改名瘿陶,今县东十五里艾村,传其故址,然无可考。汉建兴十五年,大水城坏,徙置,改名平乡。相传旧址在今县西六里大老营。宋太祖建隆元年,漳河决,城坏。真宗大中祥符间,徙置县城,即今治。明正统六年,知县邱陵增修,筑护城堤。成化元年,知县王浚重修。周围三里二十三步,高三丈,广二丈。池深一丈,阔二丈。正德五年,知县马思聪改建,

---

① 张枫林总编,宁晋县地方志编纂委员会编:《宁晋县志》,中华书局,1999年,第48~49页。

六城门,南曰来薰,北曰拱极,东南曰迎旭,东北曰捧日,西南曰寅饯,西北曰眺霞。七年,知县丁惩重修。隆庆六年,知县何允升设城内夜巡十铺,曰县前、镇东、定西、绥南、抚北、竭忠、馨诚、忠靖、务本、节用。增修城垣,脚阔二丈二尺,高二丈一尺。建角铺十二座,瓮城六座,砖垛一千六百九十五个。十年,知县王应重修葺城门敌楼。怀宗八年,知县江衍汶重修,浚城河,增筑郭城七里有奇。九年,易六城门以铁,建郭门敌楼。国朝康熙元年,知县张应麟浚城河。六年,修六城门吊桥。自是以后七十余年,雉堞尽废。乾隆九年,周连登略为补葺,然而仅存土墙,随多坍塌,不足以资防御。按旧志内载,十四社分段管修,用民力也。乾隆十三年,知县杨乔以工巨费繁,民力难支,估计造册,详请发帑兴修,不报。道光二十八年,知县张光第以工代赈,挑浚城河,但因二百余年未经修缮,其城垣门楼早已塌废无存。而颓垣散土,随雨倾泻,城河亦旋淤浅,所遗基址,先成平地,或为民房侵占,或因取土成坑。同治元年十二月,教匪阑入,由无城也。二年,知县苏性查照康熙初年借用民力旧章,议派亩捐重筑,七月兴工,四年六月工竣。城垣周围五里,基厚二丈二尺,顶收一丈二尺,高二丈一尺,垛墙高五尺,计高二丈六尺。炮台十三座,全用版筑。城门敌楼各六,俱砌以砖,门包以铁,每门建窝铺一座。添浚城河,广三丈,深一丈二三尺不等。增建六吊桥。

县署在城西南隅,始建于宋真宗大中祥符年间。元祐七年,立县令题名碑于仪门内。明洪武七年,知县王藻重建。正统二年,知县邱陵重修。天顺八年,立戒石于仪门内。弘治十五年知县唐泽、正德五年知县马思聪、七年知县丁惩、万历五年知县何允升、八年知县王应、本朝顺治四年知县陈一新、康熙二十八年知县张碧、五十三年知县张机俱重修。雍正八年地震后,日就倾圮。至乾隆十二年知县陈文言、十三年知县杨乔相继增修,始得完固。

大堂三楹,知县王藻建。卷棚三间,知县杨乔修,知县韩涛重修。嘉庆六年知县江淑矩、十四年知县李景岱、道光十七年知县周昌奇俱重修。同治三年,知县苏性续修。戒石铭系牌坊一座,在甬道上。同治三年,知县苏性重修。仪门三楹,东、西、角门各一楹。大门三楹,知县杨乔修。咸丰七年,知县冯襄重修。大堂后宅门一座,门外东西小房各一楹,门里东房二楹,又东房后北房二间、东房二间。同治三年,知县苏性增建宅门里西房三间。

二堂三楹,知县张碧、张机、陈文言俱重修。嘉庆二十四年知县翟慎行、道光十七年知县周昌奇俱续修。同治三年,知县苏性补葺。二堂东小房二间,旧有亭一座,今废。稍后有退厅三间,厅前东西小房各二间,知县陈文言建,旧名水藻堂。嘉庆十四年,李景岱重修,改名知非堂。道光三十年,知县孔庆锉增修。同治元年,贼入全毁。三年,知县苏性重建厅屋、卷棚各五楹,东房三间,西房三间。

三堂三楹,东房二座,各三间,西房二座,各三间。知县杨乔增造三堂东墙外旁房三楹,小房二间。同治三年,知县苏性新建三堂西旁房五楹,又小房三间。住宅,门一座,内正中三楹,东边一楹。楼一座,又东房二座,各三间。西厢房三间,又二间。知县陈文言增造,今全废。同治四年,知县苏性于宅地偏东新造东屋三间,小房一间。偏西北修造北屋三间,西房二间。

署西马厩,土房三间,槽道五间。知县杨乔重修。同治四年,知县苏性重修。大堂东库二间,架阁库楼一座,稍后库书房二间。堂西东房三间,俱知县杨乔重修。同治七年,知县苏性重修。大堂东吏户礼仓、承发科房十间,西兵刑工、招粮科房十间。甬道东西旧有皂隶班房各三间,今废。皂隶房二间,移建西角门侧。监狱在仪门外西首,监墙二重,内重犯房三间、轻犯房二间,养病房一间,火夫房二间。另院女犯房二间。墙外禁卒房二间。俱系知县杨乔新修。乾隆五十一年知县韩涛、嘉庆五年知县江淑矩、道光元年知县蔡元禧、十五年知县沈如潮,咸丰六年知县冯襄俱重修。民壮班房三间,旧在大门外西首,久废。快手班房三间,旧在大门内东首,久废。临街照墙一座,知县杨乔于大门外增建一座。道光年间,知县蔡元禧撤临街照墙,移建大门外。同治五年,知县苏性重修。县丞署,今无。主簿署,今无。捕衙署,在县堂东外,门一座,厅三楹。厅西皂隶班房一间,退厅三楹。典史鲁秉乾建东西土房六间,马房一间。内宅正房五间,东西房各三间,日久圮废。咸丰二年,典史赵元章借助民力重修,改置大门一间,正厅三楹,后厅三楹,旁屋四间,退厅三楹。内宅正房五间,耳房二间,东西房各三间。察院行署,旧志:洪武八年知县李健建,在小东门内,久废。今造常平仓。太仆寺行署,旧志:洪武年间知县袁宝建,在县治西,今县署西。相传有营房地三亩,东邻陈建公,西邻李尔荣,北至坑,南至街,疑即其故址也。但除现建节孝祠外,俱属民居，相沿已久。阴阳、医学，旧志：洪武年间知县袁宝建，万历年间知县何允升又建，在县前左右。今俱无。常平仓，向在仪门外东首，久废。今在小东门内。康熙四十五年知县梁世锦、雍正十二年知县李时宪、乾隆十四年知县杨乔俱有建置。道光三十年，知县孔庆铿重修。现有北廒七间，东廒十一间（内有四间坍塌），西廒十一间，门房三间，仓神庙三间。义仓在夏庄桥、高阜镇、节固店三处。旌善申明亭，旧志：洪武年间知县王藻建，在县前东西。今无。养济院，旧志：洪武年间，知县李健设，在城隍庙戏楼。万历年，知县王应设，在戏楼。后乾隆四年，知县李时宪改置大街道西北瓦房八间，外门一座，今圮。置地四十亩，坐落谢家庄。演武场，在大西门外道北，洪武年间知县李健置，地二十一亩零。社仓，旧志：洪武年间知县王藻建，在四镇并柴口村五处。今无。铺舍、墩台，明洪武年间置县前总铺、城西十里柴村铺，在南和境内城东十里下庄铺，又东十里魏家铺，以上俱本县铺司。又东十里田禾铺，系广宗铺司，今改归本县。[1]

（二）县　城

平乡旧城自宋代始建以来，历代多次修建。宋大中祥符年间建县署、文庙儒学。明洪武九年（1376）建行署察院。正统六年（1441）修筑护城堤。成化三年（1467）重修四城门，城墙周长 3 里 25 步，高 3 丈，广 2 丈，濠沟深 1 丈，宽 2 丈。正德五年（1510），知县马思聪改建六城门：南曰来薰、北曰拱极、东南曰迎旭、东北曰捧日、西南曰寅饯、西北曰眺霞。隆庆六年（1572），设城内夜巡十铺，增修城垣，脚阔 2 丈 2 尺，高 2 丈 1 尺。建角铺 12 座，瓮城 6 座，砖垛 1695 个。崇祯八年（1635）筑郭城 7 里有余。清同治二年（1863），重修城垣，周长 5 里，其厚 2 丈 2 尺，顶收 1 丈 2 尺，高 2 丈 1 尺，垛墙 5 尺，计高 2 丈 6 尺。修筑炮台 13 座，砖砌 6 城门，城门包以铁皮。

县署在城西南角。大堂 3 间，置左右角门，东设吏、户、礼、仓、承发科房 10 间，西建兵、刑、工、招粮科房 10 间，堂前东西有皂隶班房各 3 间，堂后东

---

[1]　（清）苏性纂修，（清）吴沂续纂修：《平乡县志》卷二，地理上，建置沿革，民国三十一年（1942）铅印本。

侧建库楼。二堂3间,西房3间为书房,东房退厅3间。在大堂直前甬道上建戒石牌坊,前为仪门,仪门东为土地祠,又东为典史署,西为监狱及禁卒班房。最前边是大门,东有旌善亭和民壮坊,西有申明亭和快手坊。

旧城自始建至迁走930多年间,修建甚多。主要建筑有社稷坛、山川坛、风云坛、雷雨坛、先农坛、邑厉坛、文庙、武庙、演武场、城隍庙、文昌阁、尊经阁、明伦堂、忠义祠、崇圣祠、乡贤祠、八蜡祠、察院、养济院、太仆寺、福胜寺、清凉寺、常平仓、学校、戏楼等。由于年久失修,特别是民国以来战争的破坏,其城及建筑多已不存。

民国三十四年(1945)8月22日,平乡全境解放。同年,为便于工作,将县城迁至乞村(今丰州镇)。①

十二、清河县

(一)城池一

城周三里,高二丈,广一丈五尺。门三,东曰拱极(旧志作望日),西曰晚翠(旧志作美利),南曰迎薰。无北门。(县志)池深一丈,广二丈。(旧志)旧土城周九里,宋元祐六年监官赵荐之筑,后圮。明正德七年同知何宗伊、知县张一鹏于旧城东南隅重筑,即今制。(雍正《通志》)嘉靖二十年推官王尧日修垣浚池。二十九年知县孟仲遴,万历五年知县向日红,各有增修。十一年知县张民纲改修砖垛。十八年知县王守礼,崇祯十一年知县曹亭,国朝康熙十一年知县夏琮,十四年知县庐士杰先后重修。②

(二)城池二

清河自汉迄宋历为郡国,当日地方繁荣,城池高阔。乡老犹因袭传说,但陵谷迁移,旧址莫考,史册虽略载故城,半多揣测,未能肯定其故址及其高阔度数。例如清志载,信成(城)故城在县西北,汉置属清河郡,又载清阳故

---

① 夏存为主编,平乡县地方志编纂委员会编:《平乡县志》,方志出版社,1999年,第62页。
② (清)胡景桂、(清)吴中彦纂修:《光绪广平府志》(一)卷二十一,经政略,建置一,城池,《中国地方志集成·河北府县志辑》第55册,第353页。

城在县东,汉置县属清河郡治;《括地志》:清阳故城在清河县东北八里;又《寰宇记》:古清阳城在清阳县东南三十五里。后魏孝昌三年,葛荣以城内有甘陵高大,据陵为堡,贼平,遂置清阳县。唐永昌元年,缘地久积咸卤,遂西移于永济渠之东孔桥,此城遂废。开元二十二年又移于今州城东永济渠之西,即今邑也。《寰宇记》又载,清河故城在县东南,本周之甘泉市地,秦为厝县,汉安帝改甘陵。高齐天保七年又移清河县于故信城。隋开皇六年,又移于州郭,即今县也。

《寰宇记》:故厝城在县东南三十里,其先出甘草,土人号为鹊城。旧志:宋祖昱《登古城》诗:欹斜雉堞暮云升,步屧攀跻仅百层。夕照自开秦钜鹿,春风不度汉甘陵。山川战后销金镞,隧道荒时见漆灯。独有城鸟栖复起,白头相对怨难胜。据此,清河自汉而来。故城见诸史册者固班班可考也,但旧址湮没,无从证实,且清《一统志》《寰宇记》《地理风俗记》等书,互相纷异,出入颇多。《水经注》载,清河故城又不一地,不得不遵关文旧例以资信史,且以凡宋以前故址无考。史册略而不详者,谨略述梗概;宋元祐六年后,信而有征者详录之。

据旧志载,宋元祐六年,监官赵荐之修土城,周九里,高二丈,阔二丈,濠池平浅,此即清河俗称之老城也。

今西北老城基旧址依稀犹存,距今城不足一里,因地多斥卤,修补不坚,每易倾颓。至明正德七年,同知何宋伊知县张一鹏奉命改建,于旧城东南隅重筑,今城周三里,高二丈,阔一丈五尺,濠池深阔,水沟六十有二,面积较旧城小三分之二,仅占旧城东南之一偏。濠池,惜旧志仅载深阔,不详记尺数,殊属太略。水沟六十有二,俾过剩雨水由沟入濠,城内无积潦患,濠池无干涸,虑制甚善也。奈日久沟淤,查旧志,除嘉靖二十年推官王尧日督民修城浚池,得古印六颗(详《金石志》),二十九年孟令仲遴令邑绅输砖十万补筑水沟外,自是以后,由嘉靖迄清一代近四百余年,并无浚池筑沟之记载。无怪渐就湮没,一遇秋霖,城内积水成潭,而池反涸,如平地城垣。万历五年,知县向日红增设吊桥、瓮垣及坊额。十一年知县张民纲以土垛易塌,申请两院道府改砖垛。十八年知县王守礼重修城垣三门,竖牌坊。题东城楼曰望日,西曰美利,南曰迎薰。崇祯十一年知县曹亭重修城垛。清康熙十一年城垣坍塌渐窄,守城人役夜间常有坠下者,知县夏琮内外重修,宽平坚固。详绎旧志"城坍渐窄"数语。自明末清初四十余年间,城垣颓废可想也。十四年知县庐士杰重修砖垛,俟后虽有修补,但工作无足述价值,惟光绪二十四五年间知县王德舆修南城垣约三丈余,系较大工程。至于城楼久颓圮,考上述,王令守礼题城楼门额系万历十八年,当日城楼固巍然在也,究毁于何时,旧志未之载。

民国十九年冬,知县张福谦因清邑匪患猖獗,一面严剿,一面防守。念团警彻夜戍守,暴露雪地水天之城上,甚非宜,筑东西南三城门楼,俾团警更番休息,聊避风雨,无形中增加兵士防守之精神,虽高不过一丈三尺,宽不过八尺,局势狭隘,然所裨实多,亦民国二十年间有纪述价值之建筑也。城门三,今所遗模糊依稀石刻之门额,东门曰带河,西门曰阜成,南曰迎薰,无北门,因城北即南宫界也。然所疑者,清河旧志,一系清同治九年王知事铺修,一系光绪十一年知事黄汝香太史修。当时三门石刻门额固巍然尚存,王黄二志均未题(提)及,只载明正德七年,同知何宋伊三门题额,东曰拱极,西曰晚翠,南曰迎薰。岂王、黄二志遗漏欤?抑因门额无关重要,删而不录欤?档册散佚?旧志无存,难臆断也。

按:王、黄二志,绘有城池图一帧,城圆形,非正圆,微带椭形。城内街衢一纵一横,宛如十字。据全城言又如龟形,南北距离稍远,东西稍近。南北街小资本饭馆、茶铺及他小商店,列肆栉比,杂以居民。西街多住户,东街虽无多富商,而鱼次林立,门面整洁,比较的观察,较他街尚属繁盛。居民在前清时代半多执务公署,养成惰侈习俗,入民国后已自动悟依赖公署之非计,从事于农商工界及警界者逐年增加,家资稍裕或遣子弟求学于平津各校,谋知识深造者亦时有所闻。四街住户多建筑完好,虽茅屋柴扉而整齐刷新,各有正业,无复前清颓垣败户之景像也。惟城四隅地皆斥卤,秋来如霜雪平铺,白色无垠,固地质使然亦因六十二水沟湮没后水无发泄,积久成濠,渐变咸碱。且东北一隅,药王庙、察院、马厂诸故址多年倾圮,遍地蓬蒿,更形荒凉。倘因废址而整理之,辟为操练场、球场、学校体育场等,若洼地则种植柳、蒲、洋槐等适宜之树木,荒秽变为清洁易易也,是在主持建设者之力行耳。或有以地卤不毛为虑者,曰是不难近,今改良咸地亦已有完善之方法,且有见诸实行者,倘聘土质专家,一面凿井,一面用科学方法改良土质,瘠地变为沃土不难也。当此二十世纪物质发达之时代,岂可为天然所限不力求人力之发展欤?

附:谢炉集、廉冢集二堡城

谢炉集堡城在城东南十二里,城周一里有奇,高二丈,阔一丈五尺,外有濠池,居民殷盛,商贾辐辏,今城废。廉冢集堡城在城东北二十五里,城周一里,高二丈,阔一丈五尺,今城废。(旧志)

按:二堡城,据同治十一年重修之王志、光绪九年之黄志均未详建自何代、废于何时,旧日案卷及康熙年庐令士杰重修之志书,又因咸丰十年匪陷县城散佚殆尽,且王、黄二志不但词意过简,且语多含糊,例如谢镇堡城仅载周围一里有奇,今城废云云,俾后人对于当年建废情状苦于文献之无征,则县志几等赘疣,何贵乎此叙事模棱之志书耶?抑良可概已。

……

按:清河建城由来已久,前文曾论及之。惟考王、黄二志载,明正德七年建今城,后除嘉靖二十年推官王尧日修城浚濠。二十九年孟令仲遴补助水沟外,以后并无浚濠之记载,除万历十一年张令民纲改筑砖垛,清康熙十一年知县夏琮内外重修,宽平坚固,康熙十四年知县庐士杰重修砖垛外,以后又并无修城之登录。当是时,军火器具尚未精进,金城汤池为设险固防之要素,犹听其圮涸,况二十世纪枪炮生面别开,空军天工巧夺,城池虽坚,似无防敌之价值,圮涸又何关轻重耶?抑知城池虽不足以御大敌,尚可以防土匪。清河自民国来,匪祸年年,肆扰乡村,富户藉城以保其生命财产者不可胜述,则城池有益于人民,固昭昭然也。宜乎民国二十年行政院二十一会次规定保存各地城垣办法五条之训令,有垣濠如有破坏责成地方政府修理云云也。清河濠已涸矣,垣多圮矣,当此土匪蜂扰,惟此颓垣,尚可为人民仓猝避乱之保障,地方人士及职建设者岂可忽乎哉?①

---

① 张福谦修,赵鼎铭纂:《民国清河县志》卷二,舆地志,建置,城池,《中国地方志集成·河北府县志辑》第72册,第43~45页。

(三)县　城

城池曾于明嘉靖二十年(1541)、二十九年,明万历五年(1577)、十一年、十八年,民国十八年(1929),几经修葺。

按清同治十一年(1872)和光绪九年(1883)《清河县志》城池图判断,城圆而略带椭圆形,城内街衢一纵一横,宛如十字,南北距离稍远,东西稍近。南北街饭馆、茶铺、小商店杂以居民,西街多住户,门面整洁,较他街尚属繁盛。

1938年城墙拆除,仅留3门。今城基及东、南两门尚存,但亦残破不堪。现为城关乡政府驻地。

1945年4月26日,侵华日军撤出县境,清河解放。同年7月定县治所于葛仙庄。①

十三、任　县

(一)城　池

邑城周五里五步,高三丈,基阔四丈,顶阔二丈,外皮基甃以石、上砌以砖,内皮筑以三合土。门三,东曰巩固,西曰金汤,北曰锁钥,各建楼其上。城隅建炮台,内依各门之右铺马道设门栏,而城之制备。周城浚隍,阔三丈,深半之,引达活水注其中,水绕三门,桥跨其上。而隍之制备,虽雄阔壮丽不及郡城,而在顺德属邑则诸城之冠也。城旧系土垣,创自元至大间,明景泰五年知县刘誉、成化中知县熊宗德、弘治中知县韩濂俱重修。嘉靖二十一年知县曾守成更葺之,高广倍昔。万历元年知县袁(失名)辟南门。四十四年署县事通判凌子任复塞之。崇祯十三年知县卢时昇以土垣难资守御,尽易以砖,建敌楼三、炮台二十四,逻铺称是。国朝顺治四年知县杜天成重修,计三百八十丈。康熙七年大水坏西城八十五丈,八年知县季芷重修。自是迄同治初元,阅百八十余年,无修城之役,楼堞倾毁,砖土崩溃,几复成土垣之旧。二年知县张光藻普事重修,工坚料实,后因款绌,惟女墙尚用土坯。光

---

① 河北省清河县地方志编纂委员会编纂:《清河县志》,中国城市出版社,1993年,第52、54页。

绪二十六年知县江南金悉易女墙以砖,复修坏补缺,遂成今日之观。今惟内皮灰土为霖雨所冲,稍有剥蚀,余皆坚实如故。(附修城碑记)

知县张光藻撰《同治二年修城记》

语云：民保于城。使不可守,将何以保?大河以北原野平旷,无险可扼。民所恃惟城,则修城非守土之要务哉?同治元年秋八月,予奉檄莅任邑,受篆后循例阅城,见雉堞无存,城门斁朽,外而砖墙剥落,内而土垣崩颓,登陴有颠踬之危,缺口成出入之路。盖斯城自明季以来,颓废不修,迄今二百余年矣。时东省教匪甫经平定,直东边界伏莽犹存,予虑其窃发也,乃觅工匠造火器,募勇操练,预为之防。顾终以修城为要,方集绅士筹商、周巡。估计所费乃需三万缗,以是屡议不能成。无何,降匪张锡珠等纠众复叛,窜扰直境,势甚鸱张。予急堵筑城缺,购土环列为城垛。嗣与孝廉徐龙云定议,择要兴工,为目前守御计,先就城内殷富商贾分别劝捐,得钱数千缗。遂于二年正月设局兴工,即以孝廉为总理,并邀贡生魏永顺等绅民数十人分司其事。时劝捐犹未及乡也。是年二月十六日,骑贼万余由鸡泽窜至东县南村,其前锋直趋东关,城上炮发,贼大惊坠马,遂率众绕道北去。先是咸丰三年,粤匪渡河北犯,仓猝入县城,居民率以被害,至是,乡民惩前事,无敢避入城者。继而乡间遭贼蹂躏,衣粮骡马尽失,男妇伤亡及被掳者数百名口,而城内安然无恙。自是贼屡犯境,乡民皆以入城为安矣。前此议及修城,咸以为无与乡间事,至是不复言,予因是遂邀集四乡绅士,劝令捐修。众议以邑无巨富,除殷户书(输)捐外,请照差徭例,按亩多寡捐资。予从其请,于是随捐随修,陆续兴工。外砌砖,内筑土,添造城楼,更制门扉。女墙仍用土坯(坏),未能易砖,以捐数仅得原估之半也。大工粗就,复集四乡丁壮挑挖城濠,至三年十一月而城工始竣。是役也,费资巨万之多,历时二年之久,不请帑于国,不请奖于朝,出力者自备资斧,毫无渔利之心,捐资者共乐输将,俱见急公之谊,洵可谓众志成城矣。工既竣,任民皆以是为予功,夫余何功之有?向非徐孝廉暨在局绅董为予主其事而任其劳,兼得合邑商民捐助,则城之能修与否?殆未可知。尤可念者,予居此三年,适当军务之际,所行事类皆劳民伤财,乃任民不怨予而德予,此以见任邑民情之厚,而予所为恋恋于任而不忍去者也。今予量移邢台,行将卸篆,所有在局绅董及捐户姓名自应勒之贞珉以垂永久,用特叙其事之始末而为之记。

教谕王润撰《光绪二十六年修城记》

任邑旧有土城,明季始易以砖。同治二年,张公翰泉复修之。三十余年风雨剥蚀,土垣尽圮,女墙全无,不足以资捍卫。时海宇承平,无过问者。庚子拳教构难,中外失和,戎马纵横,人心浮动,绅民汹惧,佥议修城以备守御。邑侯聘三江公赞其议,即据情上禀,遴选绅民之公正耐劳者董其事。里墙仍筑以土,女墙悉易以砖。自庚子六月肇工,至辛丑七月蒇事,计重修城垣八百余丈,新添女墙九百余堵。复于城隅增建炮台,资守望也。马道悉闲(闭)以门,防奸宄也。其余楼橹、闸坝咸修补完善,备不虞也。城既成,民身有卫,而民心遂安。故当京畿戒严,警报日至,到处工商辍业,行旅戒途,任邑独耕织依然,盗贼不作,商贾辐辏,转加于前,实得修城之力为多。从此保障有资,百年可食其福,想当然也。独是兴大工于师旅饥馑之时,宜费用难筹,怨咨易起。乃修城之议甫定,而物料坌集,工匠争来,需灰砖及土功百余万,初未役编户一马、调闾里一夫,用钱至万四千有奇,而商贾乐输,争先恐后;兴役至期年之久,绅耆皆枵腹从事,财用务涓滴归公,始与终如一,非任人之好义乌能若此哉!不佞监(滥)竽其间,因详记其颠末于右。[①]

(二)调研纪事

任县城垣尚整齐,城内街市居民瓦屋平房参半,亦多旧敝,与南和同。盖任县南和相埒,较为富裕。近年迭经兵匪之乱,百业凋敝,生意萧条。考该县全境,南北东西相距各五十里,村庄有一百五十余村,城北四十里邢家湾滏阳河码头可达天津,颇形热闹。[②]

(三)县 城

唐至德二年(757),县治始建今县城。旧筑土城,周五里五步,高三丈,

[①] (清)谢炅麟等纂修,王亿年续修,刘书旗等续纂:《任县志》卷二,建置、城池、公署,民国四年(1915)铅印本。

[②] 《调查征集员杨鹤翔报告》,《河北省国货陈列馆月刊》(天津)1929年第四期,第20页。

基阔四丈,上广二丈。三合土门,东曰巩固,西曰金汤,北曰锁钥。上建楼橹,门外皆设吊桥。明景泰五年(1454),知县刘誉等重修。嘉靖二十一年(1542)知县曾守成建角楼,四女墙易以砖。万历元年(1573)知县袁某辟南门,四十四年(1616)塞之。崇祯十三年(1640)知县庐时升以砖筑建敌楼、炮台二十四、女墙、窝铺,周城浚隍阔深三丈,引达活水绕三门,桥跨其上。清顺治四年(1647)知县杜天成重修,周长三百八十丈一尺。顺治八年(1651)知县赵祥星植树于城河两岸。康熙七年(1668)大水环城,知县季芷增葺西城八十五丈。郡城雄阔壮丽,属顺德府各邑城之冠。城内四条大街建有仁育、儒林、拔萃等20来个坊表。明、清两代先后建有文庙、大成殿、文昌阁、乡贤祠、明伦堂、敬一亭、城隍庙、八蜡庙、关帝庙、邑历坛等,并多次修缮。因历代战乱,毁坏殆尽。①

十四、威　县

(一)城池一

城周六里六十四步,高三丈二尺,广三丈。门四,东曰迎和,西曰迎成,南曰迎薰,北曰迎恩。(县志)池深一丈二尺,阔二丈五尺。(旧志)旧城高一丈三尺,厚九尺。明成化间知县李圆、王政相继增修。弘治间知县刘镒补葺。正德间知县姜文魁、崔节重修增高如今制,建城楼、角楼、瓮城、敌台。嘉靖四年知县钱术增修外郭,高一丈,广如之。二十六年知县胡容浚池。隆庆三年知县焦冕易垛以砖。万历二十一年知县史学迁,国朝顺治三年知县袁天秋、康熙十一年知县李之栋各有修葺。②

(二)城池二

城周六里六十四步,高三丈二尺,阔三丈,上阔一丈五尺。门四,东曰迎和,西曰岳秀,南曰向治,北曰迎恩。旧城高一丈三尺,厚九尺。明成化中知

---

① 陈振斌主编,任县地方志编纂委员会编:《任县志》,中华书局,2000年,第71页。
② 胡景桂、吴中彦纂修:《光绪广平府志》(一)卷二十一,经政略,建置一,城池,《中国地方志集成·河北府县志辑》第55册,第352~353页。

县李圆、王政,弘治中知县刘镒相继增修,高厚稍加。正德间知县姜文魁、崔节奉兵备副使檄修,高厚如今制,建城楼、角楼、瓮城各四,敌台二十四所。每台上盖腰铺三间,垛口一千四百一十一个。嘉靖四年知县钱术增修外郭,高一丈,阔称之。绕栽树木以阻固。二十六年知县胡容修城浚池。隆庆三年知县焦冕易垛以砖。万历二十一年知县史学迁、清顺治三年知县袁天秩、康熙十一年知县李之栋各有修葺。咸丰间沈溶、同治间知县方荫樾、张延绪、溥福相继大加修治。此后遂无大役。宣统三年,西墙及北墙坍塌,知县居贤举补修。民国九年知县蔡济襄因防匪乱,垛口之不完者,补之以坯,又于四城角各起更铺一间。民国十三年冬知县周辉远补修北城东面一段,西城南面一段,环城为池,其里数视城有加。明隆庆间知县胡容、清咸丰十一年知县沈溶、同治间知县溥福各有浚治。光绪间知县张联恩于东北二面皆种莲蒲,并绕池树杨柳两行,未几水涸,莲蒲不生,而所栽之树以经纪无人,盗伐殆尽。

近年来农会为提倡林业计,复于池畔遍栽杨柳,培植保护,倍极周至。池因日久失浚,积淤渐平。民国十四年知县崔正春惩治烟赌,各犯罚作苦工,浚掘池隍,看将竣工也。按县城自正德间重修,而后迄今仅数百年,陵谷变迁。城上之角楼、敌台、腰铺,以及嘉靖间增修之外郭,均已倾圮无存,而城垣门楼亦多坍塌穿透之处见在,工大费烦,民生凋敝,尚未敢遽议修治也。又按旧志,垛口之数为一千四百一十一个,今则为一千六百六十二个,意者隆庆间易砖时将垛口面积缩小,故增多耳。[①]

(三) 县 城

威县县城于元宪宗二年(1252)始为威州治所。明洪武二年(1369)降州为县,始为县城。据民国十四年《威县志》载:"城周六里六十四步,高三丈二尺,阔三丈,上阔一丈五尺。门四:东曰迎和,西曰岳秀(明志为迎城,改称时间不详),南曰向治(明志为迎薰),北曰迎恩。"城门外均建池桥:东曰旭日

---

① 崔正春、尚希宝纂修:《民国威县志》卷二,建置,城池,《中国地方志集成·河北府县志辑》第70册,第187页。

桥,南曰迎薰桥,西曰永济桥,北曰拱长桥。旧城原来"高一丈三尺,厚九尺",明成化中知县李园、王政,弘治年间刘镒相继增修,城墙"高一丈八尺,厚一丈五尺",并挖深城池。正德年间,"知县姜文魁、崔节奉兵备副使檄修,高厚如今制。建城楼、角楼、瓮城各四,敌台二十四所,每台上建腰铺三间,垛口一千四百一十一个"。隆庆三年(1569),"知县焦冕易垛以砖,垛口增为一千六百六十二个"。清同治、宣统年间均有补修。民国九年(1920)知县蔡济襄因防匪乱,垛口不完备的,补之以坯,又于四城角各建更铺一间。自明正德年间至民国初,数百年陵谷变迁,城上设施多倾圮无存,城垣、门楼多坍塌无修。

抗日战争时期,日本侵略军于民国二十六年11月6日侵占威县城,城墙上日军加修了工事。民国二十七年5月,八路军一一五师六八九团攻打威县县城,日伪军弃城而逃,八路军进城后将城墙拆除。威县解放后,东、北、西三面城墙旧址均修建土公路。1968年铺沥青公路,自此,成为京大、邢临公路的一部分。

城内古建筑设置见于明清时期《威县志》:县公署设在城内西大街北(今公安局处),明嘉靖中知县钱术、胡容修。元初为州治,明洪武二年降州为县,遂为县治。县城设察院(县治东,明洪武八年建)、府馆(察院东)、僧会司(县治东文殊寺)、演武厅(北郊外、明万历年间建)、阴阳、医学(县治东)、养济院(县治北,明嘉靖年间建)、儒学(县城东南隅,金正隆元年由邵固徙于城)、洺阳书院(县治西南,明嘉靖元年建)、社学二(一在北大街,一在南大街,后改县立高级小学)。四街共有牌坊20余座,各种祠、坛、亭、寺30余处。至清末多处设置已废。[①]

十五、新河县

(一)城 池

今之城垣,非复往昔之古治矣。古城之见诸籍载者凡三,一在武邑县西

---

① 张桂菊主编,威县地方志编纂委员会编:《威县志》,方志出版社,1998年,第193、195页。

六十五里(《畿辅通志》"金石"门),一在今南宫县西南二十里(光绪元年旧志"建置中"),一在今县治西三十里,其详不可得闻已。兹将今城沿革一言之。旧城在县西三十里,元太宗四年建,至元间废于水,至元二年邑尹刘大雷始迁县城于今治,至元二十七年县尹阎思齐继修之,规模粗定。至正间王完始筑城池,周七里有奇,工广未就。今城外官堤,其遗址也。明洪武年初重建。景泰元年(据《古今图书集成》)县丞冉通添筑垛堞,周二里有奇,门三,濠外有堤(旧《通志》谓周四里),池深一丈,阔如之。成化三年知县萧智增修。城西街亦在成化间辟于萧智之手。弘治元年知县郝安增修。正德六年巡抚萧翀遣正定府通判李志学来修,城基如旧,而加崇四门,四隅皆建层楼(此时盖有四门),周城为六铺,城内为马道,外浚濠,深宽加于旧制,更置吊桥,砣(屹)然可恃矣。正德九年知县赵玥应巡抚修城之檄,委教谕糜瑄任其事,募民劝议从事,修建门之楼,增以四楹,覆雷重檐,城隅之楼易以砖石,基址巩固,城之上列八铺,以资戒备,门之外设三桥,以备缓急,桥之下浚深池,城之下置签木,城之北起中心台,建钟楼,县之东修圈门作谯楼,保障捍御之具,至是大备。其后嘉靖五年知县穆形增修。二十一年知县周宝更增设敌台十二座。三十二年知县裴六德又将垛堞悉砌以砖,制坚而规亦拓矣。四十二年知县蔡懋昭加筑城外旧堤。(护城堤)万历十一年知县王文炜因城垣圮坏,捐俸修筑,改建砖楼四座,各三间,女墙内尽砌以砖。二十一年知县徐治民于三门外复建砖门三座,东曰迎旭,西曰养晦,南曰薰蒸。城墙周围三里三十八步,根阔二丈,顶阔一丈,连垛口高三丈二尺。砖垛口一千二百四十有二。角楼四座,东南角楼改建魁星楼,即钟楼旧基也(据《艺文》,则初建于林士芳时)。敌台八座,腰楼八座,上覆以四明瓦房各一间。城门俱铁叶包裹,吊桥三,城楼四,巍然改观矣。

  城旧无北门。城外濠一道,深一丈二尺,宽二丈。濠外有土堤一道,根阔一丈,顶阔五尺,高七尺,遂益臻完备矣。清顺治间知县李世连、程度增建。康熙七年知县张从元重修。十四年土寇刘可达之乱,楼堞焚毁,知县王汝翰捐俸修葺。道光间知县卫绪涣捐俸,于城周植柳,景致幽雅。六十年知县张从元又修。(见雍正《通志》)至咸丰间知县石光荣又修。同治二年知县邓明善劝民重修,改东门曰望瀛,西门曰瞻岳,南门曰迎薰,垛口桥楼欲修未果。三年知县褚缙修垛口并三楼,建文昌祠于北城上(后移县立高小学校内),三门外皆修吊桥。七年知县陈子端浚濠筑堤。九年知县赵鸿钧重浚濠筑城,典史胡逢春又栽莲于濠,每莲开时清香满郭,气象一新,其后废圮不治。民国十七年夏,县长宋立鳌以县款数千元重修,更改南门曰中山,西门曰自由,东曰平等。①

(二)县 城

新河县城,坐落在县境偏北部的中心地带,始建于元代,至今已有700多年的历史。元至元二十年(1283)因旧城(今城西10余公里之埝城附近)毁于洪水,县尹刘大雷迁县城于今址。至元二十七年(1290)县尹阎思齐加修城垣,规模初具。至正年间王完开始修筑城墙和护城河,周长7里有余,但因工程宏大而未完成。今城外官堤即为其遗址。明正德六年(1511)加修四门四角,设置了城楼,外面疏通护城河,增设了吊桥,使县城有了屏障。万历二十一年(1593)复建砖门三座(时已无北门),东门叫迎旭,西门称养晦,南门为薰蒸,并加修城墙砖垛口1242个,还建有角楼、魁星楼、敌台、腰楼等设施。至此,城墙周围长3里又38步,基宽2丈,顶宽1丈,高3丈2尺,具备了保护县城抵御外敌的规模,气势十分壮观。清同治二年(1863)又鸠资重修,并改三门名为望瀛、瞻岳、迎薰。民国十七年(1928)三门又改名为平等、自由、中山。

自元朝到民国,城池不断修葺,规模较大的就有20多次。城内主要有东街、西街和南街三条主干街道,呈丁字形布局。建筑主要有县衙、坛祠和庙宇。县衙,位于今南大街北侧城关粮站和粮食局招待所驻地,建于元代至元年间,后历代加修,到清末民初时,建有大堂、二堂、三堂和官宅;大堂前东西厢为各科房,前为仪门和县衙大门,衙门口迎面有照壁一堵。衙署东侧房为衙神庙、关帝庙、教育局(原捕厅署)和马号、马王庙等;西侧房为监狱、仓房和花厅、大仙楼等。在城内和关厢,建有社稷坛、风云雷雨山川坛、先农坛、

---

① 傅传伦纂修:《民国新河县志》,经政考(考之二),营缮门,城池,《中国地方志集成·河北府县志辑》第71册,第352~353页。

神祇坛、邑厉坛,文昌阁、魁星阁,名宦祠、乡贤祠、忠义孝悌祠、节孝祠和城隍庙、文庙、药王庙、花神庙及保宁寺等 30 多座。旧时商业不够发达,店铺、商号不过数十家,多小本经营,唯祥宁、福利兴、盐店等数家,营业日臻茂盛。民国二十八年(1939)2月9日,日本侵略军占领新河之后,因修工事,建岗楼、筑碉堡,城内建筑被毁坏殆尽。①

由于历史上新河县废置无常,辖区日削,故县城规模不大。元至正年间,始筑城池,周7里,因工程浩大,未能完工。今城外官堤,即为其遗址,后建为城墙,1945年后逐渐平毁。今东西两条城墙街即原东西城墙,南北城基已建房舍。②

十六、邢台县

(一)城 池

邑自后周置襄国郡始为郡治,县遂倚郭,隋《图经》谓此城为石勒所筑,号建平城。沈存中又谓郭进守西山时所筑,厚六尺,上可卧牛,俗呼卧牛城,则当日之壮丽巩固可知也。明万历以前土城围九里三十步,厚二丈,似非旧制,然无可考。隍深丈余,阔五尺,引达活泉水入城,周流街市,有板石桥二,今水久不通,桥亦湮废。城门旧止二重。天顺四年郡守杨浩各增瓮城二重。上起层楼,东曰朝阳,西曰阜安,南曰通达,北曰拱辰。成化二十二年郡守林恭筑堞,四隅起箭楼,建逻铺,东南北门外复建三石桥。改题东门曰宏济,南曰来薰,西曰挹秀,北曰承恩。万历十年郡守王守诚始易以砖石。围十三里二十丈,石基高一丈,砖三复入七进,高三丈五尺,厚五尺有奇。又于四隅四门增马道五。改题东门曰望齐,西曰归安,南曰率宾,北曰国士。浚隍视昔加深阔,嗣后连年亢旱,隍水枯涸,万历十八年知府张延廷、知县朱诰复加浚治,水复盈隍,沿河树柳数千株,堤墙亦加修筑,旋为霖雨冲蚀。至雍正十一年知府陈法、知县郭美申请修葺,动用库帑千二百两有奇,一律完固。乾隆

---

① 安志辉主编,新河县地方志编纂委员会编:《新河县志》,方志出版社,2000年,第67~68页。
② 安志辉主编,新河县地方志编纂委员会编:《新河县志》,方志出版社,2000年,第185页。

三年知府朱鸿绪、知县徐时作盈河种运(莲),今已无存,斯时周城砖石雉堞海漫如故,惟内皮灰土多剥蚀,门楼有倾坏处及时修补,费少功多,但岁屡不登,未敢动用民力也。(旧志)至同治六年知府任道镕,知县赵映春、陶雪锦始集金二万有奇,重修如旧制。

南郭,咸丰年间,旧有土墙低隘不足资守御。同治二年前郡守王榕吉捐金三百倡议筑寨,知府李朝仪,知县荣诰、夏人杰各捐金数百为绅民率,于时乐输之数都二万缗(缗)。乃于五月兴工,次年三月工竣,周七里,堞高二丈二尺,基厚二丈二尺,顶宽一丈二尺。六年知府任道镕以修城余款增建二石桥于寨外。

隍水源自沙底河,旧有磴槽,年久淹塞,同治十年知府任道镕、知县陈金式重修,故道复通,河流始畅。光绪二十六年知县周世铭、王锡光先后督率典史孙德基及绅董等以工代赈,用仓谷千石有奇,挑浚城壕并修筑桥堤,嗣以匪乱,工停。二十八年知府窦以筠,因工未就,复加修治,并发环城租钱一百三十三缗及义仓存款交知县戚朝卿,督绅重修磴槽,疏浚引河,而隍水之流复通。

其街巷自清风楼前通东门者曰东大街,西曰西大街,南曰南大街,偏东达北门曰北长街,此四正街也。东大街之北出者为驴夫营,南出而西折者为探花街,俗名糖房街。西大街之夹县署而北出者,东为东仓巷,西为西仓巷,又西为太平街。南大街之西出者为崇礼街,东出者为南学街。北大街之东出者为东寺口,西出者为卫衙街,其北出者为书班营,次为学道街,次为大珠市,次为庙道街,直达西寺庙之间北出者曰铁冈,曰周道街、学道街,迤西偏南曰孝子街、李工街、院前街,又西为县城隍庙街,此四街之支巷也。南门之外为桥口。由丁字街东行为靛市街,西折南行为北街。至十字口东出为东街,西出为西街,十字口南为花市街,再南为马市街,又再南为驴市街,花市街之东出者为牛市街、马市街,之西出者为羊市街,此南郭之途径也。其集市旧以初二、初七、十二在南关,十七、二十二、二十七在城内。今于南关合为一。

民国六年旧历六月初六日,大雨七日,城墙坍塌。最大者东城十丈余,西城六丈余。西城第三门洞亦于当时倒塌。县长夏仁沂观此情景急应修补以固城防。委绅董杨庚辰、白振纲、张启运督工修理,数月竣工,西门垛口略加修葺。嗣因城上屡经挖掘,风雨摧残,损毁多处,今虽填补,然不及昔日之坚固矣。城门石额东曰望齐,南曰来薰,西曰国安,北曰拱辰。旧志仍是望齐、率宾、归安、国士。想系当时遗漏更正之误。南郭土寨屡为大雨所冲毁。民国六年八月成立寨工局。将城之西南隅外面土寨改为砖墙,并增添寨门一道,曰新寨门,题门上石额曰襄城绾毂。城壕原不甚深。民国九年大旱,壕水枯涸,曾发仓谷以工代赈修浚一次。民国二十年修浚,加宽数尺。

近年交通方便,商业发达。将南门外桥口迤西至新寨门,新辟一街曰马路街。商会东西住户日增,亦成一街,曰河北岸。当光绪二十二年商会成立,公举瞿钊为会长,热心任事,嗣后杨庚辰、赵玉堂、光其仁先后接充会长,均有碑可稽(碑在商场及商会门口)。马路以南于民国四年开辟商场。今商贾云集,日形繁华。商场西有水火会,于民国二十一年六月七日成立,迤西曰西街,北后由土地庙至羊市阁为羊市道,中间迤东为羊市街,北后迤西为西大街后。此近年来新开街道之情形也。①

(二)府 城

邢台府城周环十三里,共四门,外有宽濠。②

(三)县城街市

县城街市由城内及城外构成。城内以城墙环绕,周长约九里多,设有四门。长街、东大街、南大街等是主要街道。城外南门外最大,面积相当于城内的五分之三,以高一丈许的土墙环卫,看起来恰如外城一般。商业主要集中于此地,大商贾的商号鳞次栉比。③

---

① 张栋、薛椿龄纂修:《民国邢台县志》卷二,建置志,城池,《中国地方志集成·河北府县志辑》第66册,第171页。
② 张魁鹏:《京汉铁路旅行纪略》,《地学杂志》1922年第十三卷第三期。
③ 《中国省别全志》卷十八,第35册,第290页。

（四）调研纪事

邢台本顺德府城，城垣雄壮完整，市街整齐，居民亦夥，其最繁盛市街，为城内南街及南关一带，皆商业荟萃之地，南关有戏园一处，城西二里许汉平铁道，东九十里邢家湾（属任县管），为水运码头，交通便利。①

（五）县　治

县治城垣建筑：城垣建筑时期，考《邢台县志》所载，自后周置襄国郡，始为郡治县。此城为石勒所筑，原系土城，周围九里三十步。明万历十年郡守王守诚始易以砖石，周围十三里二十丈，城垣高度三丈五尺，宽度五丈有奇。城门均系四重，东西南北四隅角楼各一，自民国二十年石军守城九昼夜，中央军炮轰，飞机掷炸弹，将四隅角楼悉数毁坏。现在城垣内外墙及垛口，亦多有破碎不堪。

县署建筑：大门，二门，三圈大门，收发传达室，办公厅，县长办公室，秘书室，第一二三四五六科办公室，经征处，电话处，政务警察室，保安队室等房屋，共计一百四十六间。

市街建设：县治市街，城内中山大街，中山西街，中山东街，肠街，南关北大街，西大街，东大街，花市街，马市街，羊市街，各重要街道宽度均为六公尺，修筑土路，无沟渠。卫生设有清道夫，每日清洁街道。无娱乐场建设。城外县路两旁栽植柳树，市房修建整齐，多以新式门面建筑。②

（六）城　垣

同治三十年（1872），知府任道溶、知县陈金式将湮塞的城隍疏浚修整。此后，虽有光绪二十六年（1901）知县周世铭、王锡光曾欲修整，因匪乱未就。到民国六年（1917）旧历六月初六，暴雨大作，七日，城墙多处倒塌（东城墙倒

---

① 《调查征集员杨鹤翔报告》，《河北省国货陈列馆月刊》（天津）1929年第四期，第9页。
② 《河北省邢台县地方实际情况调查报告》，《冀察调查统计丛刊》1937年第二卷第四期，第124页。

塌十多丈,西城墙倒塌六丈有余,西城门洞亦在此时倒塌)。县长夏仁沂委绅士杨庚辰、白振纲、张启运督工,用数月时间进行应急修补,并对西门垛略加修葺。但因屡经挖掘,风雨摧残,城池多处受损,远不及当年坚固。再后,多因战乱,城池再无整修,坍损年甚一年。

1945年,日军投降,邢台城解放,当时国民党军队正在沿平汉线北犯,企图打通平汉线,北上平津。为了战备,政府动员三万余众,将城墙拆平。[1]

---

[1] 邢台县地方志编纂委员会编:《邢台县志》,新华出版社,1993年,第62页。

第十二章 张家口市各县城城墙资料

一、万全区

(一)城池一

县城高三丈五尺,方六里三十步。城楼四,角楼四,城铺三十二,门二,南曰迎恩,北曰德胜。南一关,今倾圮无存,本万全右卫城,明洪武二十六年筑。正统三年砖包,万历三十七年重修。张家口下堡城,县东南三十里,高三丈二尺,方四里有奇,城铺十,东南二门。宣德四年,指挥张文筑,成化十六年展筑,关箱(厢)高二丈,方五里,嘉靖八年指挥张珍筑,万历二年砖包。膳房堡城,县北二十里,高二丈八尺,方一里三十步。西南二门,成化十五年都御史殷谦筑,嘉靖十二年操守指挥丁璋展筑,共二里有奇。三十二年守备王汉重修,万历元年砖包。新河口堡城,县西北三十五里,高三丈三尺,方二里二百二十步。南一门曰迎恩,宣德十年筑,嘉靖六年,守备周堂增筑南关。隆庆五年,砖包。新开口堡城,县西北三十里,高三丈三尺,方一里三百四十步。门楼二,角楼四,戍楼四,宣德十年筑。嘉靖七年,守备丁璋展修,隆庆四年砖包。洗马林堡城,县西北七十里,高三丈三尺,方四里五十三步,城楼二,城铺六,门二,南曰承恩,西曰观澜,宣德十年筑。隆庆五年增修、砖包,乾隆六年,知县左承业详请重修。①

(二)城池二

万全旧治城在省垣西三十里,县境西北部。高三丈五尺,方六里十三

---

① (清)左承业纂修:《万全县志》卷二,建置志,清乾隆十年(1745)刻本。

步。门二,南曰迎恩,北曰德胜。本万全右卫城,明洪武二十六年筑,正统三年砖包,万历三十七年重修。南一关,崇祯十七年为李自成部将某所毁。咸丰三年,各路修筑城防,北城破碎,知县吴川、邑绅马晋熙重修。光绪二十八年,南瓮城三星楼毁于火,知县王锡光重修。民国十一年夏,风雹雷雨,西城垛口倾颓数十丈,公议社补修。十二年,东南城角砖溃将圮,东城土陧亦塌陷数段,邑绅霍馨南独输巨款,马增琳督工兴修,现尚完整。周围城濠无水,最宽处四丈余,窄处亦有两丈,深不过七八尺,现为苗圃林场。现县政府已移于张家口,故此称曰旧城。①

（三）县　治

城垣建筑:旧治城方六里十三步,高三丈六尺,宽可丈余,门二,南曰迎恩,北曰德胜,除门楼不计外,东南有角楼一。该城系明洪武二十六年筑,正统三年包砖,厥后代有修葺,现极完整。至张家口下堡,城方四里有奇,高三丈二尺,宽约八尺,东南二门,东曰永镇,南曰承恩,东南有角楼一。该城系明宣德四年筑,嘉靖八年指挥张珍改筑北一小门,万历二年包砖,现尚完整。

县署建筑:县署在张家口下堡内,前清都阃府署旧址。民国九年,前县长张国竣呈请拨款建筑正院三、偏院四,房舍共计七十九间。至县城旧署,于民国十年改建,现为公安局所占。

市街建设:旧治城东西大街及南北大街,各道宽度均在三丈以上,各巷路面亦达二丈有奇,两侧低下,泄水甚便。至张家口系省会所在,商贾辐辏,市容整饬,兹将各项建设分陈如次:

街道情况:各街巷道路,自民国十三年水灾以后,大抵沙土堆积,行路困难。迨十四年,市政筹备处尽力整顿,各街市道路即渐臻平坦。厥后,宋公主持察政,对各街道修整,更有可观,如明德南街马路,在东侧筑以夹沟,导水入河,平时由道夫就近泼水,庶晴不扬尘、雨不泥泞。旁植树株,盛夏之际,清溪绿树,行人称快。至武城、怡安各街,市里林立,在昔街道均系平面,泄水不便,今则均铺以碎砂,路面高起,两侧较低,虽大雨滂沱,泥水亦可顺

---

① 宋哲元修,梁建章纂:《察哈尔省通志》卷二,疆域编之二,民国二十四年(1935)铅印本。

流而去。其余长清、上东营、明德北街各处马路,亦均如法修治,并予展宽。以上各路宽度均在二丈以上,行人车马来往称便。

沟渠建设:张家口四面环山,水流急湍,每届夏季,山洪暴发,西山一带之水,经街市而入清水河,市面受害,无所底止。地方士绅有见及此,遂集议开凿西渠,自民国十二年起延至十八年十月,渠工始告完成。其间需款之巨,经营之苦,笔难尽述。统计该渠共筑八坝:曰西沙河平顺坝,第一滚水坝,第二滚水坝,白家沟坝,第一美人沟坝,第二美人沟坝,黑达子沟坝,上瓦盆窑顺水坝。自西渠落成,各坝完工后,西北之水即顺流而入清水河,市面可告无淹没之虞。

卫生设施:市面各商号均备有太平水桶以备泼水,并均置秽土箱,由道夫逐日将垃圾运往郊外。各街道僻静处所,更筑有公厕,以便行人,而重卫生。

娱乐场所:除上堡中山公园及公共体育场外,下堡有戏园三处、影院一处(停演影片时即续演新旧戏),其余茶馆落子馆等约十处。

市街行道林:本市除武城、怡安各街道因商贾辐辏、路面较狭未植行道林外,其余明德、长清各路两旁,均绿荫蔽日,雅整可观。

市房修建:本市通衢商号房舍,在昔多系旧式,参差不齐,殊不雅观。近年经政府之督促以及商号之竞争,多加修葺,于是门面一新,市容整饬。①

(四)万全卫城

万全卫城(今万全城),建于明洪武二十六年(1393),距张家口市15公里,地处古德胜口南,北靠翠屏山。当时筑有土城,明长城蜿蜒其上。永乐二年(1404)移万全右卫治于此。正统三年(1438)砖包城墙。整个城址为菱形,城方园(圆)六里三十步。城墙高三丈五尺(约12米),有南北二门。南曰迎恩门,北曰得(德)胜门。南北门上建有城楼。城内建有城楼4个,角楼4个,牌楼4个,谯楼、牌坊、玉皇阁、文庙、龙王庙、武庙、关帝庙、马神庙、昭

---

① 《察哈尔省万全县地方实际情况调查报告》,《冀察调查统计丛刊》1936年第一卷第五期,第87~88页。

化寺、弥陀寺、东大寺、西大寺等庙宇 50 余座(这些古建筑群都毁于"文化大革命"之中)。明成化十年(1474)设守备驻守。明万历三十年(1609)重修并增筑南关。清康熙三十二年(1693)废制卫所改置县制,万全县名一直沿用至今。1914 年将县治所移至张家口市,因此,万全城又称旧治城。清咸丰三年(1853)北城破碎,知县吴川如、邑绅马晋熙重修。光绪二十八年(1902)南瓮城三星楼毁于火,知县王锡光募款重修。1922 年夏,县城遭到风、雹、雷袭击,西城城垣垛口倾倒数十丈。1924 年城东南墙倾塌,城东土隍也相继塌陷数段,邑绅霍馨南捐巨款,动员大批劳力补修。

解放前夕,城内建筑因多年失修大部分倒塌。"文革"时期城楼、钟楼均被拆毁。"文革"后逐年又对城墙进行了补修。现在这座古城的城墙垛口基本完好。对于万全卫城的保护利用,省、市县领导十分重视。1981 年,万全县人民政府将万全卫城列为万全县重点文物保护单位。1993 年 7 月被河北省人民政府列为河北省重点文物保护单位。自万全卫城列入省级文物保护单位以来,共拨专项资金 12 万元,先后于 1990 年和 1995 年两次对万全卫城进行了维修加固。[①]

二、宣化区

(一) 城 堡

元时宣德府城,明洪武二十七年展筑,方二十四里有奇,南一关四里。(《畿辅通志》:谷王命所司展筑,高二丈四尺,广如之,门四。)城门有七,东曰安定,西曰泰新,南曰昌平、曰宣德、曰承安,北曰广灵、曰高远。永乐时止留四门,宣德、永安、高远三门并塞。建城楼、角楼各四座,铺宇百七十二间。(《通志》:宣德初,永宁伯谭广来镇,增建。)正统五年砖甃。(《两镇三关志》:都御史罗亨信奏请。)城厚四丈五尺,址甃石三层,高二丈八尺,雉堞高七尺,通高三丈五尺,面阔减基之一丈七尺。四门外各环瓮城,瓮城外又筑墙作门,设钓(吊)桥,外又有隍堑。隆庆二年,加修。崇祯六年筑城外四围

---

① 孙学慧:《历史上县域内的古城》,万全市政协文史资料研究委员会:《万全文史资料》第六辑,2002 年,第 147~148 页。

土垣，七年修四瓮城楼，制四面垛口。

清康熙十五年，直隶巡抚金世德疏请重修，三十六年知事周德荣补修，四十六年知县陈垣详请重修。雍正十二年，知府吕守曾详请拨藩库银两，修建四城门楼，添建四角楼、四面垛口海墁，又续修东西北三面坍塌城垣土牛、西门外月城石坝。雍正十三年七月，知县冯宗洙兴工。乾隆元年春，知县张秉恪接修，于六月二十日完工。乾隆七年，直隶总督高斌题准，拨司库银两修西门瓮城一段。乾隆十九年，直隶总督方观承以地当冲要，亟宜修理，委员估勘请于朝，发帑兴工。以知县黄可润董其役，始于乾隆二十年二月，竣于二十二年三月。大城、瓮城、月城、关厢城，内外俱修。大城顶宽二丈，底宽三丈六七尺，高三丈。关厢城顶一丈二尺，底二丈。外垣砖甃，内垣灰合土以固之，共享十一万两有奇。先是，城西一带年久积沙，高与城平行，人乘墉出，原议以沙积日久，厚而且坚，去之难为，力议于下筑土墙，以杜民人逾越。后经知县黄可润详请总督方核准，划去上截之沙，仍筑土牛、铺海墁、立女墙，四面城墉逐俱臻完整。西城外购地十余顷，种树数万株，筑长堤障沙，疏濠凿井，树得水皆成活，一望蔚然，沙患渐少。有记，见《艺文》。

光绪六年，总兵王可升倡捐重修。宣城西南隅沙土壅积，高与城齐，久为盗匪往来捷径，近虽有挑沙之举，而绌于经费，不过将就。目前春冬狂风大作，而填塞如故。惟光绪间总兵王可升任宣最久，督率兵丁，派捐商贾，岁岁行之，视为常例，故积沙距城垣稍远，不至有匪人越城之虑，然不从根本上着手，终非善策。读方总督奏折及黄县令禀文，西城外筑堤栽柳，皆为御沙计，所以筹之者至矣。今则坝工尚须修理，枯柳急待补栽，姑记前规，以资后法。

鸡鸣驿堡。（《宣府镇志》）明永乐十八年建，成化十七年都御史秦纮会同镇守官筑堡卫之。（旧县志）成化八年创建土垣，嘉靖四十二年秋为寇攻毁。隆庆四年春，防守指挥王懋赏督役砖修，次年完工，周六百九十九丈，高三丈五尺，重建东西城门，并越（月）楼越（月）城各二座、更铺一十二间。清乾隆三年，奉文修理四面城墙、土牛、垛口、女墙、东西两门城楼、券洞，并筑护城石坝一道，共请领藩库银二万一千余两，于本年三月兴工，四年七月完工。

深井堡。（《宣府镇志》）正德五年操守指挥余宣筑。嘉靖己未操守指挥王汉修。（《宣镇图说》）万历七年砖甃，城高三丈五尺，方三里六十四步，门楼三,角楼四。

宁远站堡。(《宣镇图说》)永乐年建。嘉靖四十一年毁于寇。万历六年砖包,周三里二十六步,高三丈五尺。①

(二) 城　池

宣化县城位于全境之西北部。元时宣德府城。明洪武二十七年展筑,方二十四里有奇,南一关四里。正统五年砖甃,高二丈八尺,雉堞高七尺,通高三丈五尺,厚四丈五尺,址甃石三层,面阔减基之一丈七尺,四门外各环瓮城,瓮城外又筑墙、作门、设吊桥,又有隍堑。隆庆二年加修,崇祯六年筑城外四围土垣。七年修四瓮城楼,制四面垛口。城门有七,东曰定安,西曰泰新,南曰昌平、曰宣德、曰承安,北曰广灵、曰高远。永乐时只留四门,宣德、永安、高远皆窒塞。建城楼、角楼各四。清康熙十五年,直隶巡抚金世德疏请重修。三十六年,知县周德荣补修。四十六年,知县陈垣详请重修。雍正十二年,知府吕守曾详请拨藩库银两,修建四城门楼,添建四角楼、四面垛口,又续修东、西、北三面坍塌城垣,西门外月城、石坝。雍正十三年七月,知县冯宗洙兴工。乾隆元年,知县张秉恪接修,阅一岁完工。乾隆七年,直隶总督高斌题准拨司库银两,修西门瓮城一段。乾隆十九年,直隶总督方观承以地当冲要,亟宜修理,委员估勘,请于朝发帑兴工。以知县黄可润董其役,始于乾隆二十年二月,竣于二十二年三月,大城、瓮城、月城、关厢,城内外俱修。大城顶宽二丈,底宽三丈六七尺,高三丈。关厢城顶一丈二尺,底二丈。外垣砖甃,内垣灰合土以固之,共用银十一万两有奇。先是,城西一带年久积沙,高与城平,行人乘埠出入。知县黄可润详请总督,方核准划去上截之沙,仍筑土牛,铺海漫,立女墙,四面城堞遂俱臻完整。城外购地十余顷,种柳数万株,筑长堤障沙,疏濠凿井,树得水皆成活,一望蔚然,沙患渐少。②

---

① 陈继曾、陈时隽修,郭维城纂:《民国宣化县新志》卷二,建置志,城堡,《中国地方志集成·河北府县志辑》第10册,第291~293页。

② 宋哲元修,梁建章纂:《察哈尔省通志》卷二,疆域编之二,民国二十四年(1935)铅印本。

(三)县城街市

由城内及南关(南门外)两区构成,环绕城内的城墙高四丈,南北长十町,东西长十二町,东西南北各开有一门,东门称作安定门,西门称作泰新门,南门称作昌平门,北门称作广灵门。南关也有城墙环绕,商铺林立,非常发达。停车场附近是商人出入的门户。北门外也有少量人家,大部分从事农耕业,几乎没有从事商业的。市内连接四门的十字路是主要街道,靠近十字的地点形成商业地带。道路比房屋地面低三尺左右,屋檐下有下水道。建筑物主要有停车场、县衙门、鼓楼、天主堂等,其他的普通房屋大部分是土建的,屋顶是高粱秆上覆盖以泥土。①

(四)县治一

城垣建筑:建筑材料用砖石灰土方,门楼及角楼用木瓦、砖石、土坯等。周围二十四里有奇,高三丈五尺,基宽四丈五尺,面宽一丈七尺。城门有四:东曰安定,西曰泰新,南曰昌平,北曰广灵。角楼四座。自清光绪六年总兵王可升重修后,至今数十年,因筹款不易,终未修葺,西门城垣细砂壅积,几与城平。

县署建筑:明成化十九年建筑,清康熙三十二年重修。原为府署,民国二年裁府,改为县署。面积约七八十亩,房屋六十余间,均系旧式瓦屋。

市街建设:重要街道为南大街,建有土马路,宽一丈五尺,建筑时挖基二尺,填以碎石及三合土,成为弧形,尚称坚实。惜无暗沟,排水稍差。至沟渠建设,县城北利用保家庄水泉之水,引而入城,浇灌葡萄,所筑沟渠,宽二尺,深二尺,惜无坡度,时常塌刷。民户院内排水,均筑水道,尚称顺流。次卫生设施,设有官厕所二十余座,不时扫除。次娱乐场所建设,于民国十九年建筑公共体育场一所,面积八十余亩,设备完善;南街有戏园一座,地址甚窄狭。至市容整理,以本县商业中心在南大街,马路平坦,街道林补植齐备,尚为美观,房屋多旧式瓦屋,近亦多有改作洋式者,夜间设有路灯,行旅便利,

---

① 《中国省别全志》卷十八,第35册,第315~316页。

每日清道夫洒扫,尚称清洁。①

(五)县治二

清康熙三十二年(1693),废宣府卫所,置宣化府、宣化县。宣化由此得名。府衙在户部巷一带,县衙在今和平街宣化四中地方。

乾隆二十年(1755),宣化城关厢俱修。大城顶宽两丈,底宽三丈六尺,高三丈;关厢城顶宽一丈二尺,底宽二丈;外垣包砖,内填灰合土。历时两载。耗银11万余两。

民国二年(1913),废府置道,称直隶省口北道,宣化县属北道。县公署设在牌楼西街今宣钢招待所附近。民国十七年(1928),宣化县改属于察哈尔省,县公署设在天泰寺街。民国二十六年(1937)八月二十八日,日本侵略军占领宣化,建立伪宣化县公署,伪县公署设在今和平街。日本投降后,国民党占宣化,县公署仍设在和平街今宣化四中院内,宣化城区改为宣化镇,镇公所设在牌楼西街。

1945年9月8日,中国共产党领导的人民军队第一次解放宣化。9日,成立宣化县人民政府,县政府设在天主教堂内。1946年1月,宣化县、市分设,县管农村。县政府迁至马家花园。同年5月,县政府又迁至沙岭子。1946年10月,国民党进攻解放区,县政府撤退,处于游击状态,有政府机构,无固定的驻地。

1948年12月7日,第二次解放宣化。城区建宣化市,宣化县仍辖宣化农村。县政府始置于深井,后迁屈家庄,再迁至沙岭子。

1952年11月,中央决定撤销察哈尔省建制,张家口地区归属河北省。地区决定,县治迁入宣化城,县政府驻原察南专员公署院内,即今宣化城内东马道县人民政府驻地。②

---

① 《察哈尔省宣化县地方实际情况调查报告》,《冀察调查统计丛刊》1936年第一卷第六期,第107~108页。

② 宣化县地方志编纂委员会编:《宣化县志》,河北人民出版社,1993年,第434~435页。

（六）宣化·张家口纪实

二十三年七月八日

宣化距丰台168.97公里,高度591.617公尺。

晨八时左右,坐人力车入宣化南门,即昌平门。城系明洪武廿七年（1394）所筑,历代都经重修。城门两旁有石刻门神,城门上的铁钉悉作覆钟形,城墙上还有石刻的厌胜小儿和顶着石盘的小猴,为他处所未见。我们穿城经过钟楼鼓楼和最繁盛的大街,径出北门。一路最使我感到有趣的,是大道两旁的行人道上,有石沟,沟中有小泉流,经过家家门前,小孩子在沟中濯足,小女儿在沟中洗衣,既方便,又清雅,亦是他处所无。宣化城内男女在盛暑中均着"腰褡",和南方人所着的"兜肚"正相反,"腰褡"是保护后背,"兜肚"保护前胸,大约是塞外风劲的缘故。

出北门,登城头之威远楼、药王阁,均系明代建筑。相对有镇虏台,高四丈,穿洞而上,四顾苍茫。台上有匾,书"眺远"二字,此台为明嘉靖甲寅年（1554）所建,有明代碑记。楼名"威远",台名"镇虏",可见明代的胡人已逼近宣化了。

再向西北便抵龙烟铁矿。矿废置已久,办事处仅有守门人,门外堆积着未敷设已生锈的铁轨。此矿在民国十年本为官商发起合办,炼砂处在石景山。矿质甚佳,每日可出铁砂数百吨,以时局不靖,停顿有年,极为可惜。今夏在张家口开的"开发西北协会"提议的建设事业之中,即有开发龙烟铁矿一项,希望不久可见诸实行。

自此而北,经过瓜田和小林,涉过小小的浑泉,便到北山脚下。山下有天主教的修道院一所,清雅宜人。有阍者带领参观,据云院长姓吴,本院修道者有六十人,都是西北各省来的。大堂中有神座,四壁挂着十四幅中国画的耶稣圣迹,并附以诗,系北平辅仁大学陈君所作。

出修道院,踏着乱石上了北山。山顶有恒山寺,系明代建筑,已颓废,墙壁都无,仅有前殿—安天殿—后殿—子孙娘娘庙尚可进入。下望宣化全景,历历在目。山前葡萄园极多,葡萄是宣化的名产之一。

回车上午餐,餐后三时许又进城,上了城中央的镇朔楼。本是鼓楼,明正统庚申（1440）御史罗亨信建，今改为民众教育馆，图书尚多，秩序亦好。对面是清远楼，明成化壬寅（1482）御史秦弦所建，楼高三层，本是钟楼，颇见颓敝，正在修理中，不能上去。

次到北门一清真寺，寺中有初级小学校，由教员领导参观，据云城中回教徒有数千人，学生都是教徒子弟。瞻仰大殿时大家脱履入内，洁无纤尘，殿中红柱整立，挂着玻璃灯，极为美观。

又到甘霖桥东的朝玄观，清因避康熙讳改称朝天观。观内驻着军队，外殿已改为习艺厂，内殿楼下亦成为存储处，楼上规模尚具，殿旁有明代碑记。

自此又到城西北的玉家花园，又称介春园，系清守备玉焕功之别业，今已荒芜，而轩阁墙上尚有石刻、假山、鱼池、石坊、小桥，布置楚楚，具见当时匠心。芍药栏中所余已无可观，小桥边匠人正砍伐着一株古柏，旁有小儿女围观嬉笑，似不生盛衰之感！

出介春园至虎溪桥第二师范，即古之弥陀寺，所谓之"先有弥陀后有宣化"者，即系此地。按弥陀寺本建于元代，历代均曾重修，今殿宇已荡然无存，只在操场北边仄小的茅亭之下，尚矗立着一座高伟的铜佛，高约两丈，重四千余斤，为明宣德间造。据第二师范校长张君说，铜佛腹中本有些珍宝和元代纸钞，均遭兵劫，所余纸钞少许，在民初曹锟时代运到保定陈列，迄未运回，今已不知去向了。

校园中有葡萄数株，结实累累，古者已有六十余年。葡萄架的结法，如倒置的雨伞，伞柄向上。这样一枝一叶，悉受阳光，是园艺家所当效法的。

晚七时廿分离宣化，八时半到张家口。

二十三年七月九日

张家口距丰台站 201.20 公里，高度 742.198 公尺。

晨八时许乘省政府汽车离站出大境门至元宝山。大境门上有高维岳写的"大好河山"四大字。出门至西沟，山岭峰峦，重叠围抱，西北门户的元宝山已横在眼前，两峰夹峙，气象雄伟，牛车在山下穿行，远视小仅如蚁！此路为到库伦孔道，山下有小泉回绕，许多驱车人在那里卸牛饮马。立此四顾，处处看出当年边塞交易之繁盛旧迹，店招都用的是汉蒙藏三种文字，路旁关闭着许多安寓塞外客商的大店，所谓之口外馆者。按张家口本属直隶万全县,与独石口、古北口有塞外三关之称。自民国十七年改省,遂成省会。此地东连辽碣,西接归绥,南通津沽,北达库伦,为内地入边之大枢纽。其交易以皮毛、牲畜、茶、布匹为大宗。……

我们见到用牛驾车时,觉得很诧异,想象中总以为塞外交通是全借骆驼的。牛车之制亦极古拙,双十字形的最原始式的轮轴,徐徐辗行,漫漫长道,人畜都极可怜!

大雨之后,不能到门外的孤石儿去,远望泛滥的河水之中,立着一块人形石,因遥遥的为摄一影。

自此又上赐儿山,汽车路系新筑,极平坦。曲折而上,张家口全景平展眼前。赐儿山巅有云泉寺,祀子孙娘娘,匾联甚多,正在修理中,金碧焕然。各殿依山曲折,层阶曲槛,栏柱头均系石刻之各种供果,极有佳致。正殿下有水冰二洞,冰洞无冰,水洞亦涸。按此二洞本为"喷玉""汎珠"二泉,不知重修后泉水能重流否。

下山,由陈其田先生做东,在城内鼎丰楼午饭。菜中有蘑菇,系本处名产,味极清美。

回车稍息,热甚,下午三时许又出游,此回分道扬镳,张宣泽先生、陈其田先生、文国鼐女士、雷洁琼女士和文藻参观经营中蒙贸易之德华洋行及瑞士教堂,顾颉刚先生、郑振铎先生、赵澄先生和我则经清河桥至公园。公园有水池,有树木,还有些鸟兽的栅笼和格言及民族故事图画的木牌,一切尚整洁。

出门即到大境门内西高崖上之朝阳洞,亦称地藏寺。外观很小,历层阶而上,先到正殿。和尚出迎,盛暑中穿着棉裤,我们正在疑讶,殿门一启,冷气侵人,热汗顿消。殿顶层崖上遍刻着《西游记》故事,人物极细小可爱。殿柱上的盘龙,也和云泉寺的一般,盘空攫拿,鳞甲生动。旁边尚有仓神殿等,都作了请仙扶乩之所,并有吕仙等的现形摄影多幅,想见当时此风之盛。

出寺夕阳已落,凉风四起,黄沙飞扬,迷茫中又乘车到上堡,即新堡,亦称来远堡之市圈。系明代马市,万历四十一年(1613)所筑,为汉蒙交易之所。圈之大小,如长方形之小城,面北有戏台,两旁有小房,本为市场,现在驻着军队。历层阶而上,有关岳二庙,关帝像骑赤兔马,仪观甚伟。戏台以娱商贾,关岳庙宇以威慑远人,具见前人苦心。堡中有万历四十四年(1616)沈万亨"新城来远堡题石记"。

出上堡,经旧城门,入下堡即旧堡,亦称张家口堡,为明宣德四年(1429)所筑。城墙上有玉皇阁,登之正望见汉城灯火,满山烽碟,我们以为祀神是假借,而瞭望敌情,是当初建阁的本意。

归来经过怡安市场,大似北平之隆福寺护国寺庙会,无可纪者。

张家口新建的马路,及横驾上下堡之清河桥,均甚整齐壮观,街市繁盛处竟有上海风味,为当初想象所不及。旧房子门口有额"活泼地""雨金处"者,大约如关内影壁上之"凝祥"等字样,后来在大同绥远亦常见同样额字。

回车晚餐,夜中大雨。①

三、赤城县 附龙关县

(一)城堡一

赤城,一足东目西县。空山腹而路焉,谓宜制置蔑如。乃雉堞相望,官府相望,仓廒人之司相望。其义不尽系之乎量地居民也,盖门户之盘维至矣。若夫释奠有宫,群祀有举,与夫一切恤民处所,细大虽悬,皆有关于菰茨垣墉之义。唐孙樵曰:今州县皆驿也。方当与来者共戡斯箴。

县城。《宣化府志》:宣德五年创筑。(《明史》:宣德五年四月,命薛禄、李贤率师筑赤城诸城堡。)周三里一百八十四步,高三丈五尺。城楼四,角楼四,城铺十四。门二,东曰崇宁,南曰大定。景泰年,砖甃。(《畿辅通志》:景泰初,都督杨洪重修。万历二十四年增修。)天启元年,开东南隅内墙。案,《畿辅通志》云:赤城县城,古炎帝榆冈氏时诸侯蚩尤所都也。《广舆记》亦云:赤城堡即蚩尤所居。考赤城古在北山,后移平地创筑、甃砖之岁月可稽,其蚩尤立都遗址茫无可考。故沿革载自夏以来,而附其说于此。

独石城。《北中三路志》:城筑于宣德五年。万历十年,始砖包之。墙周六里一十三步,城楼四,角楼四,铺八。门三,东曰常胜,西曰常宁,南曰永

---

① 《平绥沿线旅行记》,1935年2月,平绥铁路管理局初版,署名谢冰心。北新书局1935年3月出版时改名为《冰心游记》,此处摘自该书第12~23页。

安。《宣化府志》:《明史·兵志》:宣德中,开平徙独石,宣府遂称要地。《列传》:遂安伯陈瑛永乐中出镇蓟州城、云州、独石。宣德五年,阳武侯薛禄建言永宁卫,团山及雕鹗、赤城、云州、独石无城堡不可守,筑之便。于是发卒二万六千赴役,精骑五百护之。禄与丰城侯董斌筑之。《总督郑洛修独石城碑》:周围一千三十一丈七尺,高三丈七尺,展修五十八丈三尺,增建东南角敌台一座。起工于万历十年四月,讫工于十二年十月。本朝乾隆七年,直督孙嘉淦以独石城岁久坍塌,定为边口急工,题准兴修。乾隆八年,知县孟思谊领银办料。于乾隆九年三月起工,十一年九月讫工,共补砌砖墙五百四十三丈,筑土牛九百三十三丈四尺八寸,砌海墁折方丈一千九百十二丈三尺七寸,排墙一千五十一丈,垛口一千一百九十九个,女墙一千二十丈,水沟八十三道。发南门内外券二座、西门内外券二座。建城楼四座,角楼四座,炮房八座,西南角石坝一百二十八丈九尺,东南角虎皮石坝一百四十三丈八尺,东北土堤八十八丈二尺,其请销银九万两零。

青泉堡。《北中三路志》:景泰四年筑,隆庆五年加修,万历十五年砖包,周二里六十五步,高三丈五尺。堡楼二,角楼四,铺一,门二座。

半壁店堡。《宣镇图说》:嘉靖三十七年,因民堡改筑。隆庆元年加修,万历十一年砖包,周一里三十四步,高三丈五尺。《北中三路志》:堡楼一,角楼四,门一座。

猫儿峪堡。《宣镇图说》:创筑加修,与半壁店堡同高,亦同周一里二百二十七步。《北中三路志》:堡楼二,角楼四,门一座。

云州所城。《宣府镇志》:宣德五年,阳武侯薛禄筑,正统十四年陷,景泰二年都督孙安复守,五年参政叶盛奏设守御所治,委指挥沈礼甃以砖石,高三丈五尺,周三里百五十八步。城楼三,角楼四,城铺十七,门二,东曰镇清,南曰景和。又关厢南北门二。《宣镇图说》:旧在金莲川,元改筑于此,宣德间重筑。《续镇志》:隆庆二年,甃砖。

马营堡城。《北中三路志》:旧名震州,又名西猫儿峪。筑于宣德年间,周六里五十步,高三丈五尺。堡楼四,角楼四,铺二十四。堡门四,东曰宣文,西曰昭武,南曰广义,北曰恒仁。

君子堡。《北中三路志》:在马营西北二十余里,旧堡残毁。嘉靖二十五年复筑之,万历八年砖包,周一里三百五十步,高三丈五尺。楼二,铺一,门一座。

松树堡。《北中三路志》:当马营正西,筑于嘉靖二十五年。万历元年砖包,周二里,高三丈五尺。堡楼二,角楼五,门一座。

羊房堡。《宣化府志》:天启元年筑,东西长二百六十八丈,南北长二百七十二丈,顶宽九尺,底宽一丈八尺,高三丈。门一座。

仓上堡。《宣化府志》:万历十六年筑,周一百五十九丈二尺,高三丈五尺,门一座。

镇安堡。《宣镇图说》:成化八年筑,正德六年加修,万历十五年砖甃,周二里六十六步三尺,高三丈五尺。《北中三路志》:城楼三,角楼四,铺一,门一座。

镇宁堡。《宣镇图说》:弘治十一年筑,万历十五年砖甃,周二里五十七步,高三丈五尺。《北中三路志》:堡角楼共六,门一座。

龙门所城。《宣府镇志》:高二丈六尺,方四里九十步。城楼七,角楼三,敌台楼八,城铺十五。门二,南曰敷化,北曰统政。南一关,高二丈,方一里三十步。《宣镇图说》:原名李家庄,又名东庄,宣德六年建,隆庆四年重修。

牧马堡。《宣镇图说》:弘治十年筑,万历十五年砖甃。《北中三路志》:周一里二百四十四步,高三丈五尺。楼四,铺二,南门一座。

样田堡。《北中三路志》:原民堡,嘉靖三十七年改为官堡。万历十六年砖包,周二里六十步,高三丈五尺。角楼四,门一座。

滴水崖堡。《北中三路志》:旧名大屯,在河之南,弘治八年移此。《宣府镇志》:弘治九年筑,嘉靖二十九年奏拨。

真堡。府民重筑,高二丈七尺,方三里百二十步。门楼二,角楼四,门二,南曰望京,西曰翊镇。《宣镇图说》:隆庆三年砖砌。

长伸地堡。《北中三路志》:旧名外十三家。嘉靖中,为史车二酋盘踞。隆庆四年,内徙二酋。万历七年,始开复疆土,修筑堡墙,周一里八步,高三丈五尺,皆砖砌。楼二座,南北门二座。

宁远堡。《北中三路志》:嘉靖二十八年筑,四十五年砖砌,周二里一十三步,高三丈五尺。敌楼三,角楼四,门一座。①

(二)城堡二

县城。《宣化府志》:宣德五年创筑。《明史》:宣德五年四月,命薛禄、李贤帅师筑赤城诸城。堡周三里一百八十四步,高三丈,顶宽一丈五尺,底宽三丈。天启元年,开东南隅内墙,因前东为外城,周二里余,高宽与内墙等,添设小门一。

猫儿峪堡。嘉靖三十七年筑,隆庆元年加修,万历十一年砖包。

半壁店堡。创筑加修与猫儿峪堡同。

案,赤城八堡均前明修筑,并设弁防守,连前清泉、云州等九堡,皆为官堡,历年既久,未奉饬修,大半倾废,基址间有存者。吕和堡、旧站堡、头堡子、中堡、永镇堡、蒋家堡、小堡子、尚家堡、宁疆堡、河西堡、左所堡、中所堡、右所堡、塘坊堡、小营堡、巡检司堡、兴仁堡、三山堡,按,以上十八堡,黄志以非官堡,散见乡都中,创建年份无从稽考,今俱圮废。②

(三)龙关县城堡

县境开发最早,兴废无常。明代疆臣于关山要隘,建设砖城墩台,屯兵防守,坛庙衙署应时建修。有清而后,兵戈永息,二百余年生齿日蕃,堡寨渐增,建置诸端,愈臻完善。民国以来,设机关、立学校,革故鼎新,力求振作,现在精神虽尚幼稚,而形式率皆可观,邦人君子孰非惨淡经营,为国利民福谋哉?不仅徒饰观瞻已也。

县城,明宣德六年建。隆庆二年砖包,周四里五十六步,高三丈五尺,厚如之。址甃石条五层。南关厢一,城楼二,角楼四,城铺二十六,城关门五。城门东曰广武,南曰迎恩,南关东曰东谨神京,西曰西迎爽气,南曰薰时,属城三。崇祯九年,从举人窦维辂条议浚城濠。前清一代,由历任知事随时修葺城垣。民国四年,知事张昭芹补修东城。民国十七年春,知事吴无为、民

---

① (清)孟思谊修,(清)张曾炳纂:《乾隆赤城县志》卷之二,建置志,清乾隆十三年(1748)刻本。
② (清)林牟贻等纂修:《赤城县续志》卷之二,建置志,城堡,清光绪七年(1881)刻本。

团团总朱正为防匪患,召集城内绅民,决议设城工会,修整城垣雉堞。城头筑垒,并开南关南城下马道。

三岔口堡,明嘉靖三十五年设立,万历十七年砖包,周一里二百五十四步,高三丈三尺。楼二,铺四,东西二门。

金家庄,明成化二年筑,万历四年砖包,周二里三十六步,高三丈三尺。堡楼四,角楼三。

龙门关堡,俗称关底堡,宣德三年筑,嘉靖四十三年加修,万历十三年砖包,周二里三十六步,高三丈五尺。楼四,铺四,东西二门。

第二区即奋东区雕鹗堡,明宣德庚戌年筑,成化八年砖甃,隆庆四年加修,周二里一百八十步,高三丈五尺。堡楼四,角楼四,铺六。门二,西曰清远,南曰扬武。西关据传清初为山洪暴涨冲没,今昔有沧桑之感云。

第三区即奋南区长安岭堡,明永乐九年建,正统年砖包,周五里一十三步,高三丈五尺。堡楼四,铺楼十三。门二,南曰迎恩,北曰拱辰。城在山凹而绕于两山之上,明代复于山凸之间添筑二垣城,故名凤凰城,因遂有压折凤翅之谚。

第四区即奋西区赵川堡,明宣德三年筑,隆庆五年砖包,周四里,高三丈五尺。楼二,铺四,东南二门,东曰平定,南曰永安,属城稍大者二。小白阳堡,明宣德五年筑,嘉靖四十三年加修,万历十三年砖包,周二里三百步,高三丈五尺,楼一,铺四,南门一,曰朝阳。大白阳堡,即大白羊,明宣德五年筑,景泰五年增修,万历十三年砖包,楼一,铺四。南门一,曰大白阳。

第五区即旧北区葛峪堡,即唐武川,明正统间葛峪人穴地得遗碣,载称武川城。筑于明宣德五年,万历六年砖包,周四里二百九十三步,高三丈五尺。堡楼三,角楼四,铺四,门二,南曰永安,西曰永宁,属城三。

常峪口堡,明宣德五年筑,成化五年加修,万历十三年砖包,周三里三百一十步,高三丈五尺。堡楼六,角楼三,铺二,西南门二,俱曰常峪。

青边口堡,明宣德五年筑,万历九年砖包,周三里十一步,高三丈五尺,楼四,铺四,南门一,曰平安。

羊房堡,明成化元年筑,弘治二年加修,嘉靖四十三年重修,万历十三年甃石,周二里一百一十三步,高三丈五尺,南门一,曰羊房堡。①

(四)城　池

赤城县城居县境之中部。明宣德五年,命薛禄、李贤率师建筑。景泰年,砖甃。周三里一百八十四步,高三丈,顶宽一丈五尺,底宽三丈。城楼四,角楼四,今已圮。城铺十四,门二,东曰崇宁,南曰大定。天启元年,开东南隅内墙,因前东为外城,周二里余,高宽与内城等,添小门一。嗣后时有修葺,尚完整。城北倚松树岭,阳泉水经其南,沽水经其东,二水会流于城之东南。②

(五)县　治

城垣建筑:明宣德五年创筑,周三里一百八十四步,高三丈五尺,根宽二丈,顶宽一丈。城楼四,城门四。本县城垣系用砖砌,屡年补修,现在尚称坚实。

县署建筑:在本城南门内,旧分巡道署。嘉靖三十八年建,康熙三十二年改县署,计大门三间,大堂五间,宅门一间,二堂五间,东西耳房各三间,后堂上房五间,厨房三间,电话局保卫团看守所及各科处均在县署院内。

市街建设:县城内各街道如东南大街,宽度约计二丈四尺,均经修筑马路,又两旁修筑引水沟渠。每日由各商号洒扫整洁,并于路旁栽植树株,街市房屋大致尚属整齐。③

四、沽源县(独石县)

(一)城　池

沽源县城在县境中央迤西北平原地方,民国十四年用石筑成。墙之上端加土墙二尺许,高一丈三尺,厚五尺,成正方形。东西南北各有门,其名则

---

① 刘德宽修,何耀慧纂:《民国龙关县新志》卷二,建置志,城堡,民国二十三年(1934)铅印本。
② 宋哲元修,梁建章纂:《察哈尔省通志》卷四,疆域编之四,民国二十四年(1935)铅印本。
③ 《察哈尔省赤城县地方实际情况调查报告》,《冀察调查统计丛刊》1936年第一卷第六期,第123页。

以所在方向称之。各门洞用砖砌筑,颇称巩固。周围五里有半,城外均系平原,未有围城河。①

(二)县　城

沽源县自有建置开始,治年三易其地。

民国三年(1914)沽源始置,设治于独石口。民国七年(1918)迁治小河子。民国三十五年(1946)设治于平定堡。

独石口城

独石口城,在赤城西北45公里处,距今县城平定堡48公里。

明宣德五年(1430),阳武侯薛禄谏言筑城,薛禄与丰城侯董斌带民夫2.6万人、护卫兵500骑筑修。万历十年(1582)四月起工,万历十二年(1584)九月竣工。城周长1317丈7尺,高1丈有余,皆为砖包。城楼4,角楼4,铺8。门3:东曰常胜,西曰常宁,南曰永安。

清乾隆七年(1742),直隶总督孙嘉淦以独石城岁久坍塌,定为边口急工,题准兴工重建。乾隆八年(1743),知县孟思谊领银办料。乾隆九年(1744)三月起工,于乾隆十一年(1746)九月竣工。共补砖墙543丈,筑土牛933丈4尺8寸,砌海墁折方丈1912丈3尺7寸,排墙1510丈,垛口1199个,女墙1210丈,水沟83道。发南门内外券2座,西门内外券2座。建筑楼4座,炮楼8座。西南角石坝128丈9尺,东南虎皮坝143丈8尺。东北土堤88丈2尺。共耗银9万两。

民国二十四年(1935)角楼、炮房均已塌毁。城楼残破,城恒坍塌,东城几为平地。

民国三至七年(1914~1918)沽源治所居该城。现为赤城县独石口乡政府驻地。

小河子城

小河子城,位于沽源县境中央。在今县城平定堡西南12.5公里处。民国五年(1916)筹划,民国七年(1918)始备料施工,民国十四年(1925)竣工。

---

① 宋哲元修,梁建章纂:《察哈尔省通志》卷四,疆域编之四,民国二十四年(1935)铅印本。

占地 1500 亩。四周城墙皆为片石垒筑。墙之上端,加土墙二尺。高 1 丈 3 尺,厚 7 尺,呈正方形。东西南北各有门,其名则以所在方向称之为东门、西门、南门、北门。街面成(呈)棋盘格局,大小街巷,整齐划一,井然有序。以县公署为建设群主体,按照习俗,文东武西。县公署东为第一高等学堂,校舍 50 间,依次为教育局、建设局、财政局、电报局。西为公安局、监狱、保卫团、第一区公所、镇公所、商务会。城东北为关帝庙、戏楼广场,南门外为驻军营盘,北门外为树园。凡一、三区大户、富户以及工商业者十之八九皆迁居城内,商业店铺、手工作坊排列城内南北大街两侧。

城四门上面,各镶嵌白粉石横额一方,中间用魏碑书写门名。上款刻"中华民国十四年",下款刻"山左李平林"字样。该城随岁月流逝,历经风雨,城垣现已无迹可辨。现为小河子乡人民政府驻地。

今县城

平定堡始成村于清光绪二十九年(1903)。因其西南平地上有一凸起脑包(蒙古语,土丘之意)取名平地脑包。民国十四年(1924)建堡,因堡得名。民国初年,天主教在此建堂传教,一些天主教徒、工商富户云集于此,附近民户亦相继迁入。数年后,俨然成市,为沽源县商业中心。民国二十四年(1935)前为沽源县一区,是平定堡镇公所驻地。民国二十四年(1935)沽源沦陷后,为日伪宝源县平定堡镇公所,同义乡所在地(平定堡镇公所驻东围子,同义乡驻西围子)。民国三十四年(1945),第一次解放。民国三十五年(1946),国民党设沽源县,平定堡始为沽源县城。民国三十七年(1948)秋,第二次解放。1950 年宝昌与沽源分治,成为中共沽源县委、沽源县人民政府驻地。①

五、怀安县

(一)城池一

城郭不完,为国之灾,故"士芳筑屈不慎,献公让之""渠丘恃陋不备,君

---

① 贾富海、高世福主编,沽源县地方志编纂委员会编:《沽源县志》,中国三峡出版社,2003 年,第 50~51 页。

子讯之",是城池之关系綦重,在昔已视为必要之工程矣。洎后科学昌明,而战争利器愈研愈精,如枪炮战争、飞机战争、化学战争,演进不休,以致刀枪弓矢,顿失其攻守效用。同时并将维护生命、保障安全之城郭,亦成明日黄花,无复重视矣。虽然,城池本为历代最大建筑,吾人居今稽古,则可想见当年之形势若何,国家之防预策略何在,则于历史考据上,实有莫大之资助焉。况当边烽不靖,盗贼充斥之秋,而故有城池又为当今需要,讵可以失效战争,而竟忽视之哉? 故本县对兹城池视之尤重,虽无巨款大兴建筑,然仍继续分段修葺,迄今收效实匪浅矣。爰将本县城池分列于后,以供考察云。

怀安县城位置在全境中部平原之上,城周九里十三步,高三丈五尺,顶阔二丈,底厚三丈。城楼四,角城四,铺五十三。门四,东曰迎恩,南曰永安,西曰思惠,北曰怀远(原名宁朔)。明洪武二十五年筑,隆庆二年巡检都御史王遴疏请重修,现已残破不堪。正德年间,曾筑北关,今关虽废,遗址尚存。城外居民稀少,城内共八十间,计二千户。商有一百余家。民国十五年前,颇形繁盛,现亦衰落不振,凡昔所谓殷实铺户者,今皆宣告歇业,只有集股营业,与摊贩等,尚能维持。城之四周,有围城河一,其水发源于天镇,自城南水沟口下流,东西分为二道,一经过城东,一经过城西,合柳河水,顺依城北与东河汇合,至左卫并入洋河矣。城之四周,临河方面皆筑石堤,平时水涸,遇雨则山洪暴发,势若建瓴,河身虽宽有百步,仍常有汛滥之虞。

左卫城,旧制方十里,高三丈五尺,顶宽二丈,底厚三丈。城楼四,铺四十。门二,东曰迎恩,南曰永安。明洪武二十五年筑,正统元年增砖,嘉庆四十二年堕其西北,崇祯八年复修,周围缩为方五里二百步,门仍旧。民国六年间,红塘沟水暴涨决口,汹涌而下,直冲该镇,南门被冲塌,损失甚巨。嗣经请准县政府每年于牙捐项下拨给大洋三百三十元,另立伏波社经管,同时在决口处修筑石坝五十余丈,历年水患始得平息。城内居民共十八间,计四百五十余户。大小商店共十余家,近因连年战争,而其营业均已日见衰落矣。

柴沟堡城,方六里一百八步,高三丈六尺,顶阔一丈五尺,底厚二丈五尺。城楼二,角楼四,戍楼一十六。门三:东曰拱日,南曰耀德,西曰靖远。明正统二年筑,景泰成化间展之,嘉靖二十四年重修,万历二年甃以砖。在昔城西南有崛仑屯浑河一道,引南洋河水下流,日久沙淤,水由西沙河横决入城为患。乾隆五年,经知县杨大昆捐俸疏浚,通南河,仍由故道,复于河西建石堤一百五十丈,至是堤防永固,水患始平。嗣于光绪五年,西洋河水暴涨,复将城东北角冲没,当时用土筑成,然亦不坚。幸自民元平绥铁路通过后,是路围抱斯城,洵有不恃筑凿,而自固于金汤者矣!且城内外商业亦因是骤形活跃,至十五年后渐入衰落。现时居民计有二千一百五十三户,商号二百余家,但以全县而论,仍居商业之中心云。

西阳河堡城,方四里一百十三步,高三丈六尺,顶阔一丈五尺,底厚二丈三尺二寸。城楼二,角楼四。旧制门二,今增为四:东曰宾旸,南曰观澜,西曰远驭,北曰永靖。明正统五年,都指挥文弘广因旧修筑,工未竟,继由都指挥李徽成之。成化十年,兵部尚书余子俊展筑。万历三年包以砖,现亦残破。堡城北门外有庙山沟、大沙沟,旱河,无雨则涸,雨则山水冲注,往往浸及城堡,经知县杨大昆于乾隆五年捐俸募民挑挖,并于河旁坚筑土垠二百七十五丈,水患乃息。城内居民计二百余户,商号无。

李信屯堡城,方二里八十步,高三丈五尺,城楼一,角楼四,门一。明嘉靖十三年,都御使韩邦奇委指挥刘辅筑,现尚完整。居民计有二百余户,无商号。①

(二)城池二

怀安县城在县境中部平原之上。周九里十三步,高三丈五尺,顶阔二丈,底厚三丈。城楼四。角楼四,今存一。铺五十三。门四,东曰迎恩,南曰永安,西曰思惠,北曰怀远。明洪武二十五年筑,隆庆二年巡检都御史王遴疏请重修。正德年间,曾筑北关,今关虽废,遗址尚存。城之四周有围城河一,其水发源于天镇,自城南水沟口下流,东西分为二道,一经过城东,一经过城西,合柳河水顺依城北与东河汇合,至左卫并入洋河。城四周临河方面皆筑石堤,平时水涸,遇雨则山洪暴发,势若建瓴,河身虽宽有百步,仍常有

---

① 景左纲修,张镜渊纂:《民国怀安县志》卷四,建置志,城池,《中国地方志集成·河北府县志辑》第14册,第366~367页。

泛滥之虞。①

（三）县城街市

城墙略呈正方形,建有四门。现在大半已经毁坏,城内面积约四平方公里,城中央有一大鼓楼,称作玉皇阁。以此为中心,分为东、西、南、北四条街,其中西街最繁华,道路宽五间左右,其他街道大体上宽三四间。西街以及东街两侧并排铺有铺路石作为行人道路,中央是车道。由于道路没有排水设备,故此晴天的时候沙尘万丈,一旦下雨就泥泞不堪,车马难以通行。②

（四）县　治

城垣建筑:本县治城城垣建于明洪武二十五年,建筑材料以土沙石灰（俗名三合泥）,城垣外加以砖皮。周围九里十三步,高三丈六尺,顶阔二丈,底厚三丈,城门四,城楼角城各四。除隆庆二年重修外,积年坍塌颇甚。民国以来经二次修补,刻已整齐。

县署建筑:本县县署建于明万历丙午年间,计大门三间,东西坊二座,照壁一座,仪门三间,东西角门二,东法警房三间,西行政警房三间,大堂五间,东西厦房各五间,东西厢房各三间,宅门一间,正住房五间,东西厢房六间,西院小书房三间,大仙堂三间,东院马棚五间,厨房三间,西花园院正房三间等。

市街建设:本县县治重要街道有东西南北四道大街,各街宽度均在三丈以上。至民国二十三年征集县城居民,按每户人数轮流摊派出工修筑马路。道旁两面筑有沟渠,以资泄水。每年农隙之际,重行整理两次,以便交通,并禁止随意倾倒垃圾,令各街商号,每户门前置一水桶,常盛清水,于尘埃飞扬之时,或酷暑炎热之日,泼洒街道,道旁栽植杨柳等树。市街房屋,鳞次栉比,尚属整齐。③

---

① 宋哲元修,梁建章纂:《察哈尔省通志》卷三,疆域编之三,民国二十四年(1935)铅印本。
② 《中国省别全志》卷十八,第35册,第321～322页。
③ 《察哈尔省怀安县地方实际情况调查报告》,《冀察调查统计丛刊》1937年第二卷第三期,第104页。

（五）县　　城

怀安古城,始建于明洪武二十五年(1392),隆庆二年(1568)甃砖。长宽各1公里(旧制方九里三十步),城高11.7米(旧制三丈五尺),顶宽6.6米(旧制二丈),底宽10米(旧制三丈)。设东南西北四门,东为迎恩门,南为永安门,西为思惠门,北为宁朔门。各门均建有门楼,城四角各建有角楼,后毁于战争。

镇内西大街有昭化寺,明洪武三十年(1397)初建,正统十年(1445)改建,英宗赐匾。寺庙宏伟,砖木结构,琉璃瓦顶,殿内的仿唐壁画,是我国明代杰出的艺术珍品。寺内高近4米的透灵碑是书法艺术珍品。1953年列为河北省重点文物保护单位。①

明洪武二十五年(1392)筑城,到1951年一直为县府驻地。1951年变为县辖镇。明洪武三十年(1397)城内兴建永庆禅寺,正统十年(1445)改建为大型古刹,英宗赐匾额为"昭化寺",1953年列为河北省文物保护单位。至民国二十三年(1934),该镇有明清遗留城楼4座,寺观庙宇35座,其中有明代17座。

民国二十六年(1937),被日本侵占。拆寺庙筑碉堡。县衙后大厅、玉皇阁、文昌阁、魁星阁被焚,古物被毁。②

（六）城　　堡

柴沟堡

唐开元二十七年(739)置边防营垒要寨"砦(寨)沟",并围筑土垣,奠堡城雏形。除官兵屯田驻戍,有随军家属落户。唐穆宗长庆二年(822)在中东街兴建宏伟的天宁寺(今东街柴沟堡镇中学),唐末毁于战火。

---

①　李全玉主编,河北省怀安县志地方志编纂委员会编:《怀安县志》,中国社会出版社,1994年,第55~56页。

②　李全玉主编,河北省怀安县志地方志编纂委员会编:《怀安县志》,中国社会出版社,1994年,第358页。

辽代将"砦沟"改称"柴沟",因盛长灌木丛林足资柴用而命名。

辽保大二年(1122)金太祖克西京(大同)占怀安,"柴沟"为金所省,置基层行政机构"柴沟村(社)"。居汉民百余户,属西京路宣德州宣平县(今万全县宣平堡)。

公元1211年,元太祖成吉思汗率军南下攻金,败金人于会河堡(今南忻屯一带),金全军覆没。柴沟村随即归元,更名"柴沟营",汉蒙居民达二百余户,戍军近千人,军政并兴。元英宗至治二年(1322)大兴土木,在堡北兴建道教寺观真武庙(今胜利小学);元末至正初年,在唐代天宁寺的废墟(墟)上营筑令人瞩目的佛教寺院静禅寺。

洪武二年(1369)曹国公李文忠在此大败元兵,尽迁堡民入居内地。洪武二十三年(1392)和永乐十二年(1414)两次从内地迁民来堡定居。明正统二年(1437)筑城,工竣,随命名为"柴沟堡"。初建规制很小。城围仅四百余米左右,故址在今县医院东。随边疆形势变化,设防加多,军民猛增。从景泰至成化的三十七年内,都指挥胡观、张顺3次由东向西展拓堡城。第一次将堡城东垣里缩,并南北延伸至五百米,将堡城西垣以东垣南北长为准,展至现在的东街兴隆巷。堡呈南北向长方形。第二次继将西垣推移到现在西街的西沙坡巷。最后一次,将西城垣展至现在的西城址呈东西向长方形,成如今规模。堡城展后,兴筑庙观寺庵30座,至民国二十三年(1934)还有11座保存完好。明正德六年(1511)蒙古大军入侵,副总兵官白宗率军力战,小王子溃败而走。为感其功德,堡民在碑儿街建其生祠"白将军庙"以祀。明隆庆二年(1567)元兵又进犯该堡,守备韩尚忠奋勇战殁。为昭其忠烈,堡民兴庙以慰其灵并按时恭祭。

明嘉靖二十四年(1545)整修城堡,本堡人力不足,借河南备御军两千名补充,经4月苦战而告成。明万历二年(1574)又兴工加高包砖砌石。

清初,八旗兵驻扎该堡。顺治时固伦公主在北街碑房巷营造府第住二载而去。绿营兵常驻不断,参将、守备和都司署均设在明代参将署旧址,称之为大衙门。西北街置巡检署,谓之后衙门。柴沟堡把总廨设于东南街,称小衙门。清康熙三十二年(1693)划入怀安县,设守备,属直隶保定布政司宣化府。道光二十八年(1847)崛仑屯沙河水患,冲毁堡东北角10米余。同治八年(1869)在本堡义学馆址创建文昌书院。光绪四年(1878)秋,西洋河水暴涨泛滥,冲塌玉皇阁至堡东垣约400米,民舍60余户,以及绿营兵米仓,著名古刹千佛寺、三官庙等荡然不存。宣统二年(1910)平绥铁路在柴沟堡建车站。交通便利,集市繁华,商号店栈达230余家。西门外积成、合顺等粮栈筑有自用铁路叉道和货位,整车装载粮食,来往于京津、大同、集宁和张宣等地。

民国二年(1913)裁宣化府,属直隶口北道。民国十八年(1929)改属察哈尔省。民国十五(1926)至十七年(1928),冯(玉祥)、阎(锡山)、张(作霖)3年拉锯之战,师旅来,征粮索饷,全堡各种征发负担达50万银元以上,铺店歇业,民穷财尽。民国十七年(1928)升堡为镇。民国二十六年(1937)7月13日,日本侵略者轰炸、占领柴沟堡,后属伪察南自治政府。民国三十年(1941)怀安、万全二县合,称万安县,治本堡。日军长达8年的残酷统治,经济凋敝,百业衰退。民国三十四年(1945)8月31日,中共冀察十三分区二十团解放柴沟堡,9月,恢复原制,为察哈尔省第六专区(察南专区)驻地。国民党发动内战后,民国三十五年(1946)10月国民党飞机来堡狂轰滥炸,毁民房三百余间,68人死于非命,人民再遭灾难。民国三十七年(1948)中共再次解放县境,柴沟堡镇为第七区人民政府驻地。

中华人民共和国成立后,1951年怀安县政府由怀安城迁至柴沟堡,1952年建镇。1958年10月,怀安、万全两县合并,称怀安县,县政府驻本镇。1961年12月两县分制,本镇仍为怀安县治所。①

六、怀来县

(一)城池一

城池之建,在腹内为犹缓,而在边疆则最急。当万马奔驰之际,雷轰电掣,非有高城深池以限其冲突,又何所不至哉?明正统土木之役,苟有一城斗大足以自守,虽败衄不至已甚,此固怀邑之故实也。志城池。

---

① 李全玉主编,河北省怀安县志地方志编纂委员会编:《怀安县志》,中国社会出版社,1994年,第57~58页。

县城东北二面跨山,西南平地。元旧有城。明永乐二年展筑,正德初游击将军杨洪以石甃其北。景泰五年参将夏忠尽甃以砖,周围七里二百二十步,高三丈四尺,城楼三座,角楼三座,铺舍二十八座,敌楼二十六座,垛口九百八十五,瓮城三座。开三门,东北隅有小北门,宣德前久闭。城外浚濠深一丈,阔如之。北城石坡亦浚濠。万历四十七年,兵备胡公思伸重浚,添筑围墙。西关另设一城,开南北西三门,周围三百二十丈,高二丈七尺,外濠深阔各一丈。先土筑,万历二十五年砖甃。四十五年,兵宪胡公思伸砖包东瓮城里外墙及南关东门外迎墙,并圈(券)门一座,计补修包甃城共一千余丈,挖濠六百三十余丈,今俱废。乾隆十年,知县徐守基领帑重修。二十年,西关门左砖墙复坍,知县吴文正捐修。同治六年,知县陈宗庆补修。

沙城堡城。《宣镇图说》:明景泰二年筑,隆庆三年砖修。周围二里四十二步,高二丈九尺,厚六尺五寸,东西街长一里五十一步,南北阔一百二十步。共三堡,东二堡相连,西另为一堡,中有老龙潭水出其间。堡人建石桥一洞,中堡有关庙,为怀保分界处,东属怀来,西属保安州。

新保安城。明景泰辛未筑,周围一千二百四十丈,高三丈二尺,基厚一丈六尺,城楼二,角楼二,城铺七,门三,池深五尺,阔一丈五尺。万历间兵宪胡公思伸补修砖墙五百四十六丈余,围墙濠堑一千一百二十丈,大砖墙八丈余。旧有南关,雍正二年地震圮,今遗迹犹存。按《宣府镇志》,景泰二年,副总兵纪广筑,高三丈,厚一丈二尺,方七里十三步,误。

攀山堡城。《通志》:明初筑堡,土城,南向,周围二百四十五丈,高三丈,厚一丈五尺。

土木堡城。《宣镇图说》:隆庆三年砖甃,高三丈五尺,厚一丈,周围三百五十七丈,池深七尺,阔一丈八尺。《通志》:嘉靖四十五年修筑。旧志:明景泰五年筑。按,城南向,开南北二门,瓮城一座,有关城,周东西南三面开三门。明万历四十五年兵备胡公思伸增筑墙垣。

榆林堡城。《宣镇图说》:正统己巳年筑,隆庆己巳年砖甃,周二里,高二丈五尺。旧志:周三百七十九丈五尺,高三丈五尺,厚一丈五尺,池深八尺,阔二丈。景泰五年建,万历四十五年兵备胡公思伸重修,周三百六十五丈,内外砖砌，城楼六座，八字墙十二丈。①

（二）城池二

怀来县城位于全境之北部，东北二面跨山，西南平地。本元代旧有城，明永乐二年展筑。正德初，游击将军杨洪以石甃其北。景泰五年，参将夏忠尽甃以砖。周围七里二十二步，高三丈四尺，城楼三，角楼三，瓮城三。门三，东曰明靖，南曰迎恩，西曰永安。东北隅有小北门，宣德前久闭。城外浚濠，深一丈，阔如之，今堙。北城石坡亦浚濠，万历四十七年，兵备胡公思伸重浚，添筑围墙，旧迹犹存。西关另设一城，开南、北、西三门，周围三百二十丈，高二丈七尺，外濠深阔各一丈。先土筑，万历二十五年砖甃，四十五年兵宪胡公思伸砖包东瓮城里外墙及南关东门外迎墙，并圈（券）门一座，计补修、包甃共一千余丈，挖濠六百三十余丈，今俱废。乾隆十年，知县徐守基领帑重修。二十年西关门左砖墙复坍，知县吴文正捐修。同治六年，知县陈宗庆补修。②

（三）县　治

城垣建筑：本县元时旧有城垣，明永乐二年展筑，内外砌砖，高三丈四尺，城楼三，角楼四，瓮城三。门三，东曰明靖，南曰迎恩，西曰永安。东北隅有小北门，宣德前久闭。西关另设一城，开东西南三门，周围三百二十丈，高二丈七尺，现城垣及城楼均倒塌不堪。

县署建筑：县署建筑在县城东南角，名曰县署街，占地约二十亩。原有屋一百二十余间，大部均为砖筑，式制古老。现仅存五六十间，其年久失修，倒塌无存。于民国二十年经前杜县长元良新建旧式办公厅五间，以资办公。

市街建设：本县城内四角空地甚多，仅东西、南北两道大街，其通衢交点曰十字街。每方建筑旧式木牌楼一个，至市房均系旧式，多半瓦房，其余各

---

① （清）朱乃恭修，（清）席之瓒纂：《光绪怀来县志》卷五，城池，《中国地方志集成·河北府县志辑》第12册，第486~487页。
② 宋哲元修，梁建章纂：《察哈尔省通志》卷三，疆域编之三，民国二十四年（1935）铅印本。

街巷之住宅系四合房。建筑材料,房基用石,四壁以砖砌面,内付以碎砖石等。屋顶覆瓦,则曰瓦房,瓦有甬瓦板瓦两种。不用瓦者,则以石灰或碱土和泥封顶,则曰灰土房。①

(四)怀来纪实

二十三年七月七日

…………

十二时许过怀来站。城墙跨在山半,状颇别致。一时许到土木堡站(距丰台站111.78公里,高度533.955公尺),系明正统十四年(1449)也先入寇,英宗被俘之处。景泰初侍臣死难者受祀城内之显忠祠,有文臣王佐以下、武臣张辅以下共六十六人。这是民族的古迹。车上除了我以外,都下车步行进城而去。

我们的专车卸入岔道,我自己下来,坐在车下阴凉处一块大石上,蝉声聒耳,远望车站墙下,有些人在那里吃瓜乘凉。

三时前后,去的人陆续归来,满口嚷热,开了几个罐头,他们一边吃菠萝蜜,一边报告我以城内及显忠祠的状况。

五时五分自土木堡又挂上列车出发。过沙城——此地出青梅酒,据说是曹操和刘备煮酒论英雄时所饮者,闻其名甚觉可喜,归途中曾带了一瓶。——新保安下花园各站,一路与洋河并行,水势浩荡。隔河有鸡鸣、玉带两山,山间隐约地露着寺观。这一带远水遥岑,极引人入胜,如看山水横幅。六时余过辛庄子,在车上用着晚餐,餐桌正对后窗,两旁一望,尽是整齐的稻田,田畦间种着密密的杨柳,柔条摇曳,竟是江南风味。从后窗中,看着车后一线轨道,两行垂柳,不尽的宛转牵来,顾颉刚先生因为诵俞平伯先生"一路牵愁出蓟门"之句,大家均叹其写景之工!

洋河两旁的山上,时时露着沙碛,似乎是一阵极大的旋风卷成这许岗峦,远望极其平滑细腻。此时童心忽生,心中暗想能到那无际的细沙上,翻

---

① 《察哈尔省怀来县地方实际情况调查报告》,《冀察调查统计丛刊》1937年第二卷第三期,第117页。

身一滚,才有意思。

在青紫的远山,绯红的晚霞之中,七时五分,我们到了唐末李克用"英雄立马起沙陀"的宣化!①

(五)县　城

怀来城位于怀来县境东部,北托卧牛山,南临妫水河,依山傍水,风光绮丽。京包铁路、京张大道纵贯城区南北。中华人民共和国成立初,县人民政府机关驻城内,有近两千户、一万多人口,汉回满族占多数,是全县政治、经济、文化的中心。1951 年为建设官厅水库,这座美丽的古城被迫拆迁,从而淹没于官厅水库中。

怀来城历史悠久。据《中国历史地图册》载:怀来城始建于唐代,垂拱二年(686),为加强对北方的防御,在清夷水(今名妫水河)下游西岸,接近与漯水(今洋河)会合处,选址筑城,置为清夷军治所,为边塞重镇,屯兵扼守。辽会同元年(938)属可汗州怀来县,为州县治地。元、明、清、民国和中华人民共和国建立初,一直为怀来县县城,在中国历史上经历了 1300 多年。

怀来城内街衢井然,屋舍整齐,具有古代建筑艺术特色。东南西北四条大街呈十字分布。中心有四个木结构牌坊,雕梁画柱,气宇轩昂。连接主街的巷道有田家巷、武庙巷、三元街、小新街、东岳庙巷、城隍庙街、四眼井巷、两眼井巷、草场街、观音堂巷、旧守府巷、西关大街等,传统的小胡同和四合院交相辉映,浮现在葱翳郁闭(碧)的树海之中。

怀来城内南大街建有雄伟壮观的县衙建筑群,是按照明代县衙的规制修造的。县衙占地约 20 多亩,为明永乐十五年(1417)修建。县衙大门方位朝南,呈八字形。主体建筑由南而北依次排列在中轴线上,有大门、仪门、二门、圣宅。中轴线两侧各分布四进院落,内有土地祠、二堂、书房、厨房、马房、操场等建筑,房屋 120 多间。县衙的整个院落布局多路,厅堂轩敞,室内外均为青砖铺地,各组建筑高低错落,廊道相接,浑然一体,具有封建衙门特

---

① 《平绥沿线旅行记》,1935 年 2 月,平绥铁路管理局初版,署名谢冰心。北新书局 1935 年 3 月出版时改名为《冰心游记》,此处摘自该书第 10~12 页。

有的威严豪华的官府气派。怀来城衙门从始建,历经了明、清、民国三代,屡毁屡修。1931年院内又新建旧式办公厅5间,到1936年,各类房屋仅留下60多间。中华人民共和国成立后,县衙成为县人民政府机关办公场所。
……

沙 城

沙城在历史上仅是一个古城堡,民国年间置为县辖镇。1951年因修官厅水库设为县人民政府驻地。……

沙城原名沙堡子,始建于明景泰二年(1451),明隆庆三年(1569)砖甃城墙,改名沙城。其城池周长2里40步,墙高2丈2尺,分东、中、西三个城堡。东、中两堡相连,中间以城门隔开,城门上方筑钟楼。西堡与中堡之间有一小溪隔开,老龙潭泉水由北向南淌流,溪流上建有石桥,沟通西、中两堡交通。明清时,城内先后修建有普安寺(东大寺)、城隍庙、真武庙、西大寺、三官庙、关帝庙、五道庙、龙王庙等,各寺庙的殿堂楼阁建筑辉煌,风格别致。沿城内三堡及东西顺城街,大小店铺作坊云集,日用杂货、风味小吃争相叫卖。每逢农历一、六为集市日,外乡商贾涌入城内,热闹非凡。沙城自元朝以来以酿酒闻名,明开(天)顺年间,以当地优质高粱和老龙潭泉水酿造的"沙酒"醇香味美。清康熙年间,城内私人酒坊已发展到五十多家。康熙十一年(1672)玄烨出巡塞外,经沙城,见到处皆酒作坊,贾之曰,真乃"烧酒流珠,酒香四溢",酒兴顿生,命取尝之,赞"酒最佳",赐名"沙酒"。1909年京绥铁路通火车,设沙城车站,从此城内货栈扩增,邮政开通,外乡商贾涌入,商业进一步繁荣。到七七事变前,城内居民达2501户,12043人,居民中农商者各半。日军和国民党统治时,只筑炮楼,不兴事业,致使这座古城千疮百孔,破旧不堪。到解放前夕,沙城人口不足8000人,仅有的两条街道狭窄难行,雨天一街泥,风天满城沙。①

---

① 李建华主编,河北省怀来县地方志编纂委员会编:《怀来县志》,中国对外翻译出版公司,2001年,第82~83页。

七、康保县

（一）城　池

康保县城位于县境之东北，民国十一年创建。系用土筑，东西宽一百四十八丈，南北长一百五十六丈，周围二万三千零八十方丈，高一丈六尺，基三尺，厚二尺。门二，东曰紫气，南曰迎薰。围城池宽一丈，深五尺，夏季遇雨积水，至冬即干。①

（二）县　城

康保县城创建于民国11年（1922），皆以土筑。……1935年，城墙有损坏，做了修补，又辟西、北二门，以土坯镶砌。至1987年仅存残垣一段紧依县政府西院墙，长约20米左右。

建国后，在古城的基础上逐年进行扩建。到1987年，县城南北宽1750米，东西长2600米，面积4.55平方公里。②

旧城关镇，城内狭小，地形三面高，南面低，形如簸箕侍立状态，占地面积337.48亩。以东西、南北为主要十字街头。东西长500米，宽7米。南北长450米，宽7米。城内四周为居民区，房屋建筑结构均以土房带脊为主。两侧门市临街。店铺频（颇）多，东关即东门外，为手工业厂家，商业的中心区。北门外即北关，游牧民交易牲畜，商号居多。南关有几家小铺为生。西门外均无人户。

旧城关。在建筑结构上，利用了自然地形和交通方便的结合手法。东邻小东山，西邻小西山，北有草原，南邻水淖，建筑依山旁（傍）水，以草为林。形成自然和谐的坝上草原城。解放前，由于战争的破坏，年久失修，古城内外，残墙断壁，街道泥泞，破烂不堪。③

---

① 宋哲元修，梁建章纂：《察哈尔省通志》卷四，疆域编之四，民国二十四年（1935）铅印本。
② 于伯良主编，河北省康保县志编纂委员会编纂：《康保县志》，新华出版社，1991年，第77页。
③ 于伯良主编，河北省康保县志编纂委员会编纂：《康保县志》，新华出版社，1991年，第413页。

八、阳原县（西宁县）

（一）城　堡

本县城堡之营建，其有可考价值者各得其二如后。

治城，本宏州①旧城，辽统和中建，金元因之，明洪武初废，天顺四年修复。每面长一里十三步，高二丈五尺，上设更铺十四，旧为门三，东曰定远，西曰镇远，南曰朝阳，各有楼及月城，北城别为镇朔楼。成化二十一年始穿门，筑北关城，周二里八十步，南属于城，东西各赢于城者三十七步。南关城本旧址，周一里二里〔百〕八十步，北属于城，东西各缩于城者二十七步。其东西月城外别为墙，直北与关城齐，谓之东关。西关亦旧址也，形如卧牛，故相传为宏州卧牛城。嘉靖二十四年重修，万历二年始甃以砖，而南北关土城如故。关各设东西便门，南关正南有门常封塞，旧志曰避火灾也。城历数十年未修，颓垣坏角，凄凉不堪。民国十五年春，晋军占据月余，挖凿战壕，除田野、畦园、坟墓毁坏不堪外，城上亦筑深壕，雨水既已淤塞，城砖复建炮台，经此毁拆，更难垂久。十七年秋，城之四门，仅获修理一新，城垣破碎，固依然也。

案，龙门寺金正隆三年石幢，有南关石工名，华严寺元至正十五年石幢，有西关路家院名，惟北关始设于明，其略见于真武庙正德十一年碑记，皆有时代可考者，故并及之。城北枕高原，东阻沙沟，西环浒水，南限河湾，既踞形胜之区，复罗重关之险，名为卧牛，殆非虚传。而自万历增修后且三百年，垣堞半颓，楼橹久圮，前令之谋兴筑者，非一日矣，卒以功浩费巨，无能为力。故民国十七年春，本县要家庄村民侯巡、侯常弼等，因讼愿输洋五百元，修葺县城四门，以结此案。县长刘清芬允之，即委张京辅等五人为城工委员会委员，拟具计划。四门包以铁甲，贯以铁钉，颇称坚固，是年八月竣工。二十二年，县长李荫春复令富民捐资，修治城垣。然未几，义勇军冯占海部，适由热察退至县境，因李县长拒其入城，遂与冯部冲突，城中落炮弹甚多，修理事亦

---

① 宏州，原名弘州，明时或因避讳改为宏州。

中辍。

东城,距治城六十里,明天顺四年筑,礼部尚书倪谦、镇朔将军总兵官武强伯杨能、工部主事孟淮等督理其事。城每面一里,高三丈二,基广二丈五,颠宽一丈八,城崇三丈二。城隍深一丈,广三丈五。城门三,南曰永盛,东曰锦云,西曰宝顺。为楼十,有二楹,城中建室庐五百楹。他如神祠、仓库及董牧厅事,靡不完善。万历四年砖甃,规模甚善,本为明代重镇,后久失修,光绪庚子复毁于洋兵,近亦颇破,然较治城,似稍完整也。

揣骨疃堡,距治城南二十五里,堡周一百八十丈。明崇祯初建,初有西南二门,现仅开南门,西门封闭已久,盖畏山水之来也。内设敌楼,高五重,与西庄之敌楼相犄角,地下有石道可通,均愚家李氏独资建筑。因明末边寇频仍,每有贼至,全族可避难楼中,据以守御也。是堡及楼屡经李氏修葺,今尚完整。但西庄之敌楼,因吾族居彼村人少,年久失修,楼已露天矣。

方城堡,距治城东八里,堡周二百四十丈,壕深一丈,门二。今堡分东西,中界沙沟,已非昔式矣。

按,此堡依杨笃《西宁新志》考之,谓为唐安边县故址。《云中志》所云天城南七十里有大古城,杨氏谓即此城,以此堡昔为山西天镇县入蔚州通途,故彼县志采入古迹,又列关隘,幸得借鉴焉。

曲长城,距治城正南三十里,堡较揣骨疃大三分之一,约周三百丈,有门二,一在西,一在北,为桑干河南最大之堡也。[①]

(二) 城 池

阳原县城位于全县之西北平原地,本弘州旧城,辽统和中建,金元因之。明洪武初废,天顺四年修复,嘉靖二十四年重修。万历二年,始甃以砖,南北长一里十三步,东西如之,高三丈五尺,基厚二丈五尺,顶阔一丈七尺,上设更铺十四。门三,东曰定远,西曰镇远,南曰朝阳。各有楼,北城楼曰镇朔。成化二十一年,始开门,并筑北关,城周二里八十步。南关城本旧址,周一里

---

① 刘志鸿修,李泰棻纂:《民国阳原县志》卷二,建置志,城堡,《中国地方志集成·河北府县志辑》第15册,第24~25页。

二百八十步。各设东西便门。城之全部俱已残缺不完,近经民国十五年及二十二年两次军事,在城墙上挖掘战濠(壕),益形残破。其围城河,城东由东北龙泉涌出之水经城东折而南,深不及尺,宽约三尺许,附近田园赖以灌溉。①

(三)西宁县城

县城。《西宁县志》:即顺圣西城。天顺四年建,城每面一里十三步,高二丈五尺。《畿辅通志》:广二丈,方四里十三步。城楼三,城铺十四。城门三,东曰定远,南曰朝阳,西曰镇远。形似卧牛,故相传为宏州卧牛城。嘉靖二十四年,参将杨钺重修。万历二年砖甃,增北门楼,南郭、北郭,东、西便门各一。南郭正南有门,设而常关,术者谓避火灾也。四门外各有池二道,深可三丈许。

县属,东城。《宣府镇志》:天顺四年筑,城四面各三百六十步,高三丈三尺,址厚二丈五尺,上一丈七尺。隍深一丈,阔三丈五尺。门三,南曰永盛,东曰锦云,西曰宝顺。楼三。万全都指挥李显鸠工、守备蔚州指挥佥事赵瑜、保安卫指挥佥事焦玘督役。《续宣镇志》:万历四年砖甃。《畿辅通志》:本辽顺圣县地,明初废。天顺四年,筑为戍守处。②

(四)县 治

城垣建筑:本县古称宏州,旧城系辽统和中建,明洪武初废,天顺四年修复,均以砖土修筑。城周围共四里五十二步,城高二丈五尺,宽约二丈余,设有东西南北四门。城北附有北关,周二里八十步,门有东西二处。城南有南关,周二里八十步,门亦有东西二处。城上旧设更铺十四处,民国以来改建为岗楼四处。现在城垣因年久失修,率多倾圮,俟民力稍舒或可集资修整。

县署建筑:查本县县署在治城内东北镇万寿街,明嘉靖三十六年建,共

---

① 宋哲元修,梁建章纂:《察哈尔省通志》卷三,疆域编之三,民国二十四年(1935)铅印本。
② (清)王者辅等修,(清)吴廷华纂,(清)张志奇续修,(清)黄可润续纂:《乾隆宣化府志》卷八,城堡,清乾隆二十二年(1757)刻本。

计房屋六十余间,均以砖瓦木石建筑,颇坚,面积周围约一百二十余丈。民国八年经知事胡绍铨重修,复于民国二十四年经范前县长庆煦修饰,现在尚称整洁。

市街建筑:查本县治城内共分东、西、南、北四大街,均为土面,宽约二丈余,狭处只丈余,并未修筑马路,亦无沟渠,因之一遇淫雨,则泥泞不堪。惟关于市街卫生,近年已设置清道夫四人,日司清扫街道,转运秽水垃圾,并将从前所有厕所督饬公安局分别去留,加以整饬,现在街市整洁。并无若何娱乐场所。道旁亦无树株,市容颇属萧条。四街均为商号及民房,普通均以砖瓦木石建筑,亦无其他设置。盖以边陲小邑,文化商业等,均不发达故也。①

(五)县　城

阳原县置于西汉景帝前元年间,东汉建武二十七年(51)撤销。县治阳原,在今东井集镇嘴儿图一带,设治约200年。

今阳原县城西城建于辽统和中。辽置弘州。金、元相沿不改。自辽统和中至元末,西城作为弘州和永宁县、襄阴县治所约380年。

阳原县一带古称桑干川,辽以后又称顺圣川。明天顺四年(1460),为了达到"高城深池,以设其险,敛兵归牧,以有其备,外无所虞,内有所恃,马盛兵强,疆圉严缉"之目的,废顺圣县城(旧东城),新筑顺圣川东城,同时修复顺圣川西城。一居川东,一居川西,故名顺圣川东城、顺圣川西城。后演变为东城、西城至今。明嘉靖二十四年(1545)重修西城,万历二年(1574)砌砖。南关、西关本弘州旧址。北关于明成化二十一年(1485)穿门、筑城。

清康熙三十二年(1693)后,西城为西宁县治。

民国二年(1913)后,为阳原县治。

西城自万历年间增修后300多年,垣堞半颓,楼橹久圮。民国十五年(1926)春,晋军占据月余,挖凿战壕,除田野、畦园、坟墓毁坏不堪外,城墙也筑深壕,雨水既已淤塞,城砖复建炮台。民国十七年春,要家庄村民侯巡、侯

---

① 《察哈尔省阳原县地方实际情况调查报告》,《冀察调查统计丛刊》1936年第一卷第五期,第126~127页。

常弼等人,因讼愿输洋 500 元,修葺县城四门。四门包以铁甲,贯以铁钉,颇称坚固。是年 8 月竣工。民国二十二年,县长李荫春复令富民捐资,修治城垣。不久,义勇军冯占海部由热、察退至县境。因李荫春拒其入城,遂与冯部冲突。城中落炮弹甚多,修理事宜中辍。

1945 年 10 月 1 日,西城第一次解放。县人民政府迁至西城。

1948 年 3 月 25 日,西城第二次解放。12 月 23 日,县人民政府由揣骨疃迁至西城至今。①

西城建于辽统和中。明天顺四年修复。城每侧边长 1 里 13 步,城高 2 丈 5 尺,上设更铺 14。旧有 3 门,东曰定远,西曰镇远,南曰朝阳,各有楼及月城。北门为镇朔楼,明成化二十一年(1485)穿门,筑北关城。周长 2 里 80 步,东、西各窄于城 27 步。其东、西月城外为墙,直北与关城齐。西关形如卧牛,相传为弘州卧牛城。明嘉靖二十四年(1545)重修,万历二年(1574)砌砖。

旧城东、南、西、北四条大街,宽 15.5 米,土路,七高八低。大街两边之商号、作坊、店铺等建筑,均砖瓦结构。构筑形式有门无窗。不论门面大小,全部安装木制门框,上下门框有槽,用以插置护板。营业时,摘除护板,整个门市向街敞开。门市一侧,建有帐房,方格窗户,形似豆腐,糊以麻纸。住房以四合院为主。多为正 5 间、南 5 间、东西各 3 间,亦有正 3 间、南 3 间、东西各 2 间的。大门在南房数内。少数富户把二院或三院连成一体,叫二进二出或三进三出。三进三出之院,将第一、二院之南房作为过厅,亦有廊子;最后之院,东西房与南房中隔一门,叫闪门。此种四合院,外附车房、草房、磨房、仓房、工房和井房,街门装饰华丽。四合院以砖瓦房为最多,亦有土瓦房。砖瓦房墙基石砌,墙体内坯外砖。椽檩多为松木。房顶板瓦坐底,通瓦复上,顶起五脊,装六兽头。如系府官以上之家,兽头张嘴并装铁角,称铁角张嘴兽。如系举人之家,门前多置旗杆二、上下马石二、拴马桩二。四合院均为富户居住,一般贫民多居土木结构陋舍。此外,建有小楼房 10 余栋 130 余间,除王、井、张家 3 栋为清时建筑外,余为明时建。小楼均二层,砖木结构,

---

① 阳原县地方志编纂委员会编:《阳原县志》,中国大百科全书出版社,1997 年,第 12 页。

有脊有兽,雕梁画栋,坚固崇宏,颇具名声。清时宣化、大同二府一带有"蔚州好城墙,西宁好楼房,大同好婆娘"之谣。1949年后,有的小楼被拆除,有的改头换面,还有数栋保存至今。①

九、蔚　县

(一)城池一

　　州城,后周大象二年建,明洪武五年德庆侯廖允中辟土为之,十年卫指挥周房因旧址重筑甃石,雄壮甲于诸边,号曰铁城。周七里十三步,下阔四丈,上阔二丈五尺,高三丈五尺。堞阔六尺。门楼三座,角楼四座,俱五间三级。敌楼二十四座,俱三间三级。更铺间楼一座。垛口一千一百有奇,今存七百有奇。东门曰安定、楼曰景阳,南门曰景仙、楼曰万山,西门曰清远、楼曰广运。北建玉皇阁与三楼并峙,门建月城,各有楼,俱一间二级。嘉靖十六年巡抚御史阎邻修,上谷杨百之有记。二十四年御史李天宠修,二十九年御史胡宗宪修,县人尹耕、邹森胥有记。崇祯七年八年,知州来临修。本朝咸丰三年,知州伊铿额重修。同治六年,知州李秉衡又修三门楼,刘淮年有记。城外濠亦廖允中凿,周房再加疏浚,深三丈三尺,阔七丈,每门各建石桥跨其上,与关厢接。东关城周二里二百一十步,西关城周一里三百三十四步,南关城周三里二百七十步,各四门(东关门,东曰东作,西曰永宁;西关门,东曰永安,北曰镇朔;南关门,东曰平安,南曰明庶,北曰永昌,各有楼一级)并土城,明建。

　　案,辽《地理志》:城为周宣帝时建,而旧志以为大象二年,则在静帝时矣,是不可考。惟《辽史》于蔚之沿革颇多舛误,方志又其疏者,皆未足为依据也。

　　桃花堡,原民堡,土筑者。明嘉靖四十四年设防守,隆庆六年设仓置驿,万历十二年砖甃,周五百九十五丈,高三丈七尺。

　　黑石岭堡,明正德二年建,万历元年甃石,周一百二十丈,高三丈,门楼

---

① 阳原县地方志编纂委员会编:《阳原县志》,中国大百科全书出版社,1997年,第386页。

二座。①

（二）城池二

  蔚县城位于境内偏西之平原地，后周大象二年建。明洪武五年，德庆侯廖允中辟土为之。十年，卫指挥周房因旧址重筑，甃石，雄壮甲于诸边，号曰铁城。周七里十三步，下阔四丈，上阔二丈五尺，高三丈五尺，堞阔六尺。门楼三，角楼四，俱五间、三级。敌楼二十四，俱三间、三级。更铺间楼一座。门三，东曰安定楼、曰景阳，南曰景仙楼、曰万山，西曰清远楼、曰广远。北建玉皇阁，与三楼并峙。门建月城，各角楼均一间、二级。嘉靖十六年，巡抚御史阎邻修。（上谷杨百之有记）二十四年，御史李天宠修。二十九年，御史胡宗宪修。（县人尹耕、邹森胥有记）崇祯八年，知州来临修。咸丰三年，知州伊铿额重修。同治六年，知州李秉衡又修三门楼。（刘湛年有记）宣统二年，知州高钦修城东北垛口。民国十六年，县长马景桂修东月城并城垣，易城门名曰蔚文门。（有碑记）城外池亦廖允中凿，周房再加疏浚，深三丈三尺，阔七尺。每门各建石桥跨其上，与关厢衔接。东关城周二里二百一十步，西关城周一里三百三十四步，南关城周三里二百七十步。门七，东关门东曰东作，西曰永宁；西关门东曰永安，北曰镇朔；南关门东曰平安，南曰明庶，北曰永昌。各有楼一级，三关均系土城，明代建。按，东月城门原名迎旭，民国十五年，因军事关系掘地道，实炸药，东月城被毁。并围攻城垣炮弹所至，多所毁伤，而东南端尤为炮火丛集之处。城堞毁者宽至二三丈，城不没者仅丈余，东南两面亦多为流弹中伤，悉成洞坎，东南两门楼及东南一角楼胥伤于炮火之下，栋折榱崩，几至倾圮。因是，翌年亟事修复，更名蔚文门。城垣之残缺者，亦大致补葺之。现在城池概称完整，惟东南两门楼及东南角楼均残缺不堪。②

---

  ① （清）庆之金修，（清）杨笃纂：《光绪蔚州志》卷六，城堡，《中国地方志集成·河北府县志辑》第13册，第76页。
  ② 宋哲元修，梁建章纂：《察哈尔省通志》卷二，疆域编之二，民国二十四年（1935）铅印本。

（三）县城街市

街市东西约十町，南北约八町多，呈长方形。城墙宏大，构造坚固，城外环以护城河，各城门外架有大的石桥，设有巡警办事处，盘查人马的来往。街市由城内及南关、东关、西关四部分构成，城内除四隅外人家稠密，以鼓楼为中心的南门大街以及东门大街是最繁华的地方，旅店、饭店、杂货铺等比肩而立，路宽约十间左右，城外南关最发达，商贾众多，东关次之。

房屋以砖瓦建成的居多，县署、蔚州学堂、高等小学、警察署、二等邮局、教会等是其主要建筑。

此地为附近物产的集散地，同时也是山西货物运往天津的一条要道，因此中转业很兴盛，客栈运输业也异常发达。羊毛商、杂货商、饭馆、棉布商、钱庄等大的商铺很多，附近富产豆类、荞麦类、麻、胡麻、药草等。并且，此地羊、山羊等的畜牧业很兴盛，出产羊毛、羊皮、生皮。此外，还出产煤炭、木炭。从其他地方输入玻璃器皿、锌板器具、棉制品（日本货），增添了市场的活力。①

（四）县　治

县治城垣建筑：城垣建于后周大象二年，以土为之，大象十年甃以砖。周围七里十三步，高三丈五尺，下宽四丈，上宽二丈五尺。门三座，上各有楼，门外有月城，北面无门，上建玉皇阁，与三楼并峙。现在城垣完整，惟东西楼稍破碎，南楼半塌毁，无力兴修。

县署建筑：大门一座三楹，二门一座三楹，以壁隔之，东一间为缮状室，西一间为外传达室；再进引路旁，有东西厦各三间，为法警及候审室；东后厦七间，为征粮室；西后厦十间，为政警室及保卫团部；引路接露台，原为大堂五间，今中为礼堂，东为民厅，西为刑厅；再进原为二堂，计三间，今为会议庭（厅）；东西厦房各三间；再进原为三堂，今正五间为县长办公及住室；东西厦房各三间，为秘书科长办公及住室；西有小院三，为各科人员办公及住室。

---

① 《中国省别全志》卷十八，第35册，第318～319页。

以上房舍多系明建,屡经修改,始成今观。

县治市街建设:县治东西南北四街,均系土筑马路。城内东南东北有渗水坑二,余俱会归西门阳沟,从门下出城,入濠。马路旁因下多瓦砾,栽种树株不易成活。两旁均为商号摊床,其房舍多系明清时所建平房。偏西北有公共体育场一处,系民国二十年以义仓院所修建也。①

(五)县 城

蔚县城历史悠久,是冀西北地域负有盛名的古城,北周静帝大象二年(580)始建,为历代郡、州治所。民国至今为县政府所在地,现在也是蔚州镇政府所在地。

蔚县城池建筑布局严整,工程浩大,雄伟坚固,筑有城墙、城门、关墙、关门、吊桥、城壕,号称铁城。

城墙:明洪武五年(1372),德庆侯廖允中辟土围之,洪武十年(1377),卫指挥周房在旧址土围上修筑城墙。城墙基础用石条筑起,墙体用大青砖砌成,下宽4丈,上宽2.5丈,高3.5丈,堞宽6尺,城周7华里13步。明万历九年(1581),蔚州发生地震,城墙东南角被震坏,以后由于战乱,城墙屡遭破坏,现在仅存北部一段,被列为县级重点文物保护单位。

城门:县城建有三个城门,城门上有城楼,东门名为安定门,城楼名为景阳楼;南门名为景仙门,城楼名为万山楼;西门名为清远门,城楼名为广远楼。无北门,而建有玉皇阁,与其他三楼并峙。还建有角楼4座,敌楼24座,更铺间楼3座,城门外建有月城和月楼。

吊桥:在东门、西门、南门外各建有石拱吊桥一座。吊桥为石板和大号青砖铺面,装有石雕兽头栏杆。吊桥是城与关的唯一通道,1986年市政处重新为东关吊桥装修白水泥雕花栏杆。

关门:东关土城周2华里210步。设东西两门,东门名东作门,西门名永宁门。西关土城周1华里334步,设东北两门,东门名永安门,北门名镇朔

---

① 《察哈尔省蔚县地方实际情况调查报告书》,《冀察调查统计丛刊》1937年第二卷第三期,第87~88页。

门。南关土城周 3 华里 270 步,设东南北三门,东门名平安门,南门名明庶门,北门名永昌门。民国三十五年(1946)11 月 3 日,国民党十六军占领蔚县城,东、西、南三座城楼及鼓楼毁于战火之中。解放后,由于城镇建设统一规划的需要和自然耗损,月城、三关土城及关门旧址销迹。西、东两座城门也于 1983 年拆除,成为沥青路。

城壕:护城河是城池防御的外围工程,廖允中始凿于明洪武五年(1372),周房疏浚于明洪武十年(1377)。城壕深 3 丈 5 尺,宽 7 丈,引水于城壕东南之泉水,沿城壕曾植河杨。民国二十六年(1937)日军在蔚县城设据点,树木被毁,河床堵塞。现在,城壕部分河段被镇(填)平盖上了房子,西城壕淤积堵塞,东城壕被垃圾、废水污染。

县城历代建筑颇多,风格迥异,现存的有玉皇阁(靖边楼)、文昌阁(鼓楼)、释迦寺、南安寺塔、常平仓等,大部分为省级文物保护单位。[①]

十、张北县

(一)城池一

自古城池堡寨为捍匪御敌之所,本县境界因与蒙疆接壤,土匪时起时灭,出没无常,若无土围炮台设备,一遇匪警,御无法御,逃无可逃,势必束手待毙,故各村近年建筑,土围炮台及深濠层见叠出,否则不能安居乐业,虽系地势所致,亦时势使然也。

张北县城建筑始于辽金元三朝,名为燕子城,并于东北城角内建筑皇城,内有行宫,均系砖石砌成,至明代废弃,倾圮坍塌,所余旧址不过高宽丈余而已。相传,明时弃城后,将砖石修筑万全城,亦有谓修筑膳房堡城者。该两城均系旧砖砌成,即系此城之砖,并云运砖时每步站一人,互相递接,不数日即将砖完全移尽矣。溯及民国纪元六十年前,复行开垦,城内始有居民,至民国初年,住户不过二三十户,商号不过一二家,形似乡村,甚为僻陋,仍属荒凉景况也。迨至民国十八年,由本县县长赵书麟提倡,饬令建设局长

[①] 蔚县地方志编纂委员会:《蔚县志》,中国三峡出版社,1995 年,第 395~396 页。

王进修建筑新城,在旧址遗迹地基上建筑土墙,高一丈,基宽五尺,顶宽三尺。东城长一里零二百六十六步,西城长一里零二百五十一步,南城长一里零一百三十八步,北城长一里零一百三十六步,周围共计六里零七十一步,并有四门。南北门由砖石砌成,南门曰建安,北门曰定远。东西门由纯砖垒成,东门曰迎旭,西门曰阜成。

外有护城河,宽约二丈,深约一丈,原有水池,而今已亡矣,经费由地方款设法筹措。又于民国二十三年由本县县长陈继淹提倡,建设委员会委员长张子元设计,郝延康等监工修筑瓮城二。南瓮城墙底宽一丈,顶宽七尺,高一丈五尺,南北长十一丈五尺,东西长十一丈,用土砌成。门楼垛口高二丈,宽二丈三尺五寸,用砖垒砌。北瓮城墙与南瓮城高宽相同,惟门楼高二丈,宽二丈六尺三寸,并有守卫炮台,南门曰明德,北门曰宁朔。于民国二十四年仍赓续建筑东西二瓮城,高宽与南北瓮城同等,均用砖砌成。东门建午炮台一座,高一丈,宽八尺。东门曰光华,西门曰仰崑。每瓮城内筑营坊十五楹以备守卫住所,南门外并建筑营房四十楹。城内商号约五百余家,居民约千余户。自民国六年移治以来,商民日增,建筑亦夥,及修城后尤日渐繁盛,真有一日千里之概,亦云盛矣。①

(二)城池二

张北县城位于全县之中心,建筑始于辽金元三朝,名为燕子城,并于东北城角内建筑皇城,内有行宫,均系砖石筑。至明代废弃倾圮坍塌,所余者不过高宽丈余旧址。清光绪中叶,办理开垦,城内始有居民,不过二三十户,形似村落,颇荒凉。迨民国十八年,县长赵书麟令建设局长王进修就旧址建新城,系土筑,高一丈,宽五尺,顶宽三尺,东城长一里零二百六十六步,西城长一里二百五十一步,南城长一里零一百三十八步,北城长一里零一百三十六步,周围共计六里零七十一步。有门四,南北门用砖石筑,南曰建安,北曰定远;东西门纯用砖,东曰迎旭,西曰阜成。外有护城河,宽约二丈,深约一

---

① 陈继淹修,许闻诗纂:《民国张北县志》卷三,建置志,城池围堡,《中国地方志集成·河北府县志辑》第13册,第333~334页。

丈。又于民国二十三年由县长陈继淹提倡、建设委员会长张子元设计、郝延康等督工,修筑瓮城二。南瓮城墙底宽一丈,顶宽七尺,高一丈五尺,南北长十一丈五尺,东西长十一丈,用土筑。门楼垛口高二丈,宽二丈三尺五寸,用砖筑。北瓮城墙与南瓮城高宽相等,惟门楼高二丈,宽二丈六尺三寸,并有守卫炮台。南门曰明德,北门曰宁朔,其东西二瓮城门亦在计画进行中,不日可告成也。[①]

(三)城池三

最晚在辽时就有城垣。蒙古中统三年(1262)前后在东北角内筑皇城,砖石结构,外城土筑,城郭完备。元至正十八年(1358)红巾军破头潘、关先生部克兴和城,城郭一定程度损坏。明永乐十年(1412)九月,"宣府总兵官武安侯郑亨督兵修筑兴和城垣",初步考察基本就外城而工。永乐十二年明放弃兴和,相传拆除皇城,将砖石运往万全、膳房堡,外城则受风雨剥蚀倾颓坍塌。至民国初,"四围土墙仅存痕迹,已与平地相同",或曰"残存不过高宽丈余"。民国十八年,居民捐款筑新城,就旧城基础沙土夯筑,高1丈,基宽5尺,顶宽3尺。东墙长1里266步,西墙1里251步,南墙1里138步,北墙1里136步,周围6里71步。四门,南、北门砖石结构,东、西门全砖砌成,东门曰迎旭,南门曰建安,西门曰阜成,北门曰定远。外绕护城河,宽约2丈,深1丈上下。二十三年,筑南、北瓮城,城墙夯土筑成,底宽1丈,顶宽7尺,高1.5丈,南北11.5丈,东西11丈。南瓮城门楼垛口高2丈,宽2.35丈,砖砌;北瓮城门楼高2丈,宽2.63丈,砖砌,并有守卫炮台。南瓮城门曰明德,北瓮城门曰宁朔。二十四年续建东、西瓮城,砖砌,规制同南北瓮城,东门名曰光华,西门叫作仰崑。又东门建午炮台一座,高1丈,宽8尺。4瓮城内筑营坊15楹,南门外又建营坊40楹,以备守卫住所。抗日及解放战争中,城池严重损坏。中华人民共和国成立以后,扩建街道,建造民房,不断拆除,加以人工取土,风雨剥蚀,现已面目全非,仅西、北、东墙残存数段,高不过数尺。

街道。民国初,"形似村落"。迁治议决后,县知事高某带员警到兴和

[①] 宋哲元修,梁建章纂:《察哈尔省通志》卷二,疆域编之二,民国二十四年(1935)铅印本。

城,指定建筑县公署及监狱地点,规划大小街道并学、警等项公共设施及文武庙宇,插立木橛,放卖街基。是时,以四门为起点辟东、西、南、北4条正街,宽各2丈,交于城中心,呈十字形;又有县署大街,宽3丈;又有侧街数条。以后,尤其筑新城后,商贾居民日聚,侧街、后街、胡同、小巷纵横交错,蔚然井市。至二十三年,计有正街4,侧街10,后街12,胡同、小巷13。伪蒙疆时期,后街、胡同稍有增加。①

十一、涿鹿县(保安县)

(一)城池一

州城周围七百九十四丈,连女墙高三丈五尺,濠深二丈五尺。明永乐十三年,指挥王礼因旧补筑,《府志》:礼部尚书赵羾督建。嘉靖四十四年,知州贺溱备、周应岐重修。崇祯十三年,知州李振珽增开东门一座。国朝康熙五年,知州宁完福用堪舆家言不利,塞东门,筑垣以示永闭。康熙三十七年,知州易枚重开东门。乾隆四十一年,知州陶淑请帑重修,周围高广俱如旧制,惟城上水道,向系归入城内,由地沟从东门墙下入护城河,经此次修理,将城水道改向外流,旧规顿失,乡老咸曰,将来如遇再修,宜仍旧制。嘉庆六年,东城甲方陷十一丈,南丁方坍塌九丈。道光十五年,知州杨桂森倡劝捐输补筑之。南关土堡一座,周围四百九十丈,砖砌女墙,高三丈五尺,濠深二丈五尺。东门二座,南西门各一座。东关土堡一座,旧无此关,明万历四十七年知州李垣茂筑。

城内,鼓楼大街、仓门大街、三皇庙大街、衙门大街、城隍庙巷、火神庙巷、马神庙巷、白家巷、老君庙巷、东大寺巷、小巷(今名文昌巷)。南关,石桥大街、侍郎街、尚书街、三官庙巷、司家巷、乔家巷、辘轳巷、泰山巷、保宁寺巷、大南巷、小南巷。东关,拦马站街、盐店街、吕祖庙街(即南十字街)、葛家厂街、路家巷、绳家巷、花园巷、果家巷、关帝庙前巷、关帝庙后巷、夏家巷、孟家巷、驾房巷、范家巷、顺城大街、东岳庙街。北关,龙王庙街、大坑堰街、柳

---

① 张北县地方志编纂委员会编:《张北县志》,中国社会科学出版社,1994年,第44~45页。

巷街、卜家巷、朱家楼街、西城角街、北岳庙前巷、北岳庙后巷。西关,西关大街、香房巷、侯家园、大南巷、小南巷、九天庙街、驾房巷。①

(二)城池二

乾隆四十一年知州陶淑请帑重修。至道光十五年知州杨桂森筹捐补修。同治二年知州李恩黼倡捐重修,计修城南迤西砖墙长三十五丈,高三丈五尺,城东瓮城东面砖墙长十一丈五尺、高三丈五尺,城上北东南三面女墙共长二百八十二丈,城外面各处补筑砖墙共长三百一十二丈,里面补筑土墙共长七百三十一丈。城东上面坑陷聚水,一律补筑。城楼四座,瓮城门楼三座,一并修建。自同治二年四月初一日开工,至三年六月初四日工竣,造具各清册,申详请奖,叠蒙府宪督宪委员查勘,俱属工坚料实,咨部题请奖叙有差。

城壕,知州韩印于同治九年率同教佐劝捐绅民,将城内外濠沟一体挑挖,并将城关街道一律修垫,工竣请奖,凡出力人员顶翎功牌,赏给有差。②

(三)城池三

涿鹿县城居全县北部桑干北岸,系正方形,每面长一里三十七步,周围四里一百四十八步,高三丈五尺,底厚三丈五尺,顶厚三丈。外砖砌,内土筑。门三,东曰迎旭,北曰景恒,南曰来薰。东、西、北三面有濠,深二丈五尺,筑自明代。永乐十三年,礼部尚书赵羾督建,指挥王礼继续补筑。嘉靖四十七年,知州贺溱备、周应岐重修。崇祯十三年,知州李振珽增开东门。清康熙五年,知州宁完福因堪舆家言不利,遂塞门筑垣,以示永闭。康熙三十七年,知州易枚重开。乾隆四十一年,知州陶淑请帑重修。至道光十五年,知州杨桂森筹捐补筑。同治二年知州李思黼、光绪二十九年知州江开泰各曾重修一次。至今城之内面颓塌处甚多,外面尚属完整。正南及东南有

---

① (清)杨桂森纂修:《道光保安州志》卷二,地部卷一,城池,清光绪三年(1877)刻本。
② (清)寻銮晋、(清)张毓生纂修:《光绪保安州续志》卷一,城池,《中国地方志集成·河北府县志辑》第14册,第199~200页。

土堡二座相连,高三丈,底厚三丈,顶厚二丈,倾圮处多。南关土堡,东、西、南三面共二里二百六十步。堡外有濠,深二丈五尺。辟东门二,南门、西门各一。东关土堡,明万历四十七年知州李垣茂筑。南、北、东三面共二里二百步,堡外有濠,深二丈五尺。辟有东门一,北门一。①

（四）调研纪事

涿鹿地势平坦,土地肥沃,适于耕种,且有白沟河蜿蜒灌注于东北两方,惟西北境地势稍形凸凹,因近山之故也。居民多务农业,城内居民稠密,商店辐辏,惟商家自去年围城后损失甚巨,至今尚未复元。城内民房亦多轰坏,已补修者仅十之一二,闻全城损失不下数百万云。②

（五）县城街市

城内略呈正方形,周长约三十二町,城墙古色苍然,破损之处很多,东关（东门外）西关（西门外）反而比城内要繁荣,人家稠密,商贾旅店很多。城内以东西街为大路,虽然钱铺、当铺、杂货店等大的商铺接踵相连,但是其他环绕城墙的却大部分是住宅,市内很是寂寥,县署、劝学所、县议会、鼓楼等是其主要建筑。③

今之县城,原分内外两城。据康熙五十年（1711）版《保安州志》载:"砖城一座,周围七百九十四丈,连女墙高三丈五尺,濠一道深二丈五尺。明永乐十三年（1426）指挥王礼因旧补筑。""南关土堡一座,周围四百九十丈,砖砌女墙高三丈五尺,濠一道深二丈五尺,车（东）门二座,南西门各一座。""东关土堡一座,旧无此关,明万历四十七年（1619）知州李垣茂筑。"内城无西门,三座主门都有名称刻于其上。北门为拱极门、南门为来薰门、东门为迎旭门。三门均有城楼。内城中衢建有钟鼓楼和文昌阁。墩台四侧上方分别

---

① 宋哲元修,梁建章纂:《察哈尔省通志》卷三,疆域编之三,民国二十四年（1935）铅印本。
② 《调查员王毓骢报告》,《河北省国货陈列馆月刊》（天津）1929 年第一期,第 33～34 页。
③ 《中国省别全志》卷十八,第 35 册,第 324 页。

刻有"文明""捧日""拱斗""步蟾"八个大字,墩台下有四洞,为行人车马必经之路。旧内城有:鼓楼大街、仓门大街、三皇庙大街、衙门大街四街。

南关:阁北、南、东、西四街中衢交合处,有玉皇阁。墩台下有四洞,人马车辆可以通行。西洞上楣刻有"侍郎巷",东洞上楣刻有"尚书街"字样。南关有石桥大街、侍郎街、尚书街三街。

东关:拦马站街、盐店街、吕祖庙街、葛家场街四街。

北关:龙王庙街、大坑堰街、柳巷街三街。

西关:观音殿街。

内外城街巷,建筑也较规范。官署、寺庙、戏楼、商号、少数富户宅院等建筑,均为砖瓦结构,其余多为土木结构。居民住宅多为四合院。街巷狭窄,小巷多堵头。路面黄土,人马混流。晴天尘土飞扬,雨天路面泥泞难行。整个县城没有什么公共设施。

…………

昔日之城墙(包括土城堡墙),除内城西部尚有遗迹(现看守所处),余皆被建筑物取代,城与关无明显分界。县城庙废楼拆,现只剩下城里鼓楼和东城门楼及东关清真寺尚存,1983年被列为县文物保护单位。[①]

(六)县 治

城垣建筑:筑自明代永乐十三年,礼部尚书赵羾督建,指挥王礼继续补筑。嘉靖四十四年,知州贺湊(溱)备、周应歧(岐)重修。崇祯十三年,知州李振珽增开东门一座。清康熙五年,知州宁完福用堪舆家言,塞东门,筑垣以示永闭。康熙三十七年,知州易枚又重开之。乾隆四十一年,知州陶淑请帑重修。道光十五年知州杨桂森,同治二年知州李恩黼,光绪二十九年知州江开泰,均捐款补修。外面砖砌,内面土筑,城上地面铺砖。城为正方形,每面长一里三十七步,周围四里一百四十八步,连女墙高三丈五尺,底厚三丈五尺,顶宽三丈。辟城门三座,东曰迎旭,南曰来熏,北曰景恒。各门上正面筑两层楼三间,非角楼。现时城之里面塌处甚多,外面尚属完整。

---

① 涿鹿县志编纂委员会编:《涿鹿县志》,河北人民出版社,1994年,第321~322页。

县署建筑：县政府在城里东南隅，纯为旧式瓦房，明永乐十三年建。嘉靖二十六年，知州刘知之增修。四十四年，知州贺凑（溱）备增修。万历十一年，知州刘必绍重修。崇祯七年，火于兵，通判署州事宋之弩重修。清顺治十六年，知州李学礼重修。康熙二年，知州颜尧揆重修。四年，知州宁完福重修。二十五年，知州徐天时增修。四十一年，知州杨汝楫增修。四十八年，知州梁永祚重修。嘉庆二十二年，知州姬均重修。道光十五年，知州杨桂森重修。二十一年，知州姚淦重修。同治三年，知州李恩黼重修。光绪二十九年，知州江开泰重修。民国七年，知事周如锁重修。十九年，县长张馥荄重修。计现有瓦房灰房一百余间，均尚完整，面积六百方丈。

市街建设：本县重要街道北自北关观音寺起，至南关土南门止，为南北通衢大街。又，城里鼓楼东西、城外吊桥东、及玉皇阁东西通衢大街；行人络绎，商贾云集，街之宽度，将足六公尺，亦有不足六尺者。无马路，街旁筑有泄水明沟。择选较宽之街道，两旁栽植树株。常设清道夫十人，逐日洒扫修垫，浇灌树株。每年春秋两季，派员会同镇公所公安局督工修整街道，补栽树株。各商号门前均设太平水缸，逐日洒扫街道。更于街道僻静之处，择要建有厕所，由公安局负责召附近农民逐日清除，泼洒石灰屑。又玉皇阁东街有私建戏园一处，规模极小，营业不畅，时常关闭，此外别无娱乐场所。市面房屋，建筑纯系旧式瓦房，市容尚称整齐可观。[①]

---

① 《察哈尔省涿鹿县地方实际情况调查报告》，《冀察调查统计丛刊》1936年第一卷第五期，第110~111页。

拆　城（代后记）

关于辑录这本小书，说起来话就长了。从最初着手至今，已有十几年的时间了，时续时断。十几年甚至几十前，旧城和地区发展发生冲突时，可能是城墙消失，而现在，一定是城墙当"钉子户"。如今，正定的城墙已经成为石家庄重要的景点，晚上更是灯火辉煌。白云苍狗，十几年前人们无论如何也想不到城墙也会有今天。

今日辑成城墙史料，不唯有存史之意，亦望为城墙保护、重修提供些许依据。若除此事功高义不论，这部史料集至少可以作为献给曾经巍然耸立的古城墙的一份纪念，同时也了却了编者十几年来的一个心愿。

河北县城城墙现在几乎无存，主要原因是抗战、解放战争时的轰炸和拆除。由此想起前几年和刘红霞一起写的关于抗日战争期间河北拆城的文章，现移录于此以就教读者诸君：

抗战时期冀中地区"拆城运动"研究

冀中抗日根据地是中国共产党在华北敌后创建的最早的平原抗日根据地，是晋察冀边区的重要组成部分，地处河北省中部，位于北京、天津、石家庄、德州四个大中城市和平汉铁路、北宁铁路、津浦铁路、石德铁路包围的平原地区，战略位置十分重要，历来是兵家必争之地。日本发动侵华战争之后，冀中人民在中国共产党的领导下，开展了拆城破路、挖地道、填封锁沟等工作，大规模改造平原地形，抗击日本侵略者。其中，拆除城墙运动是改造平原地形的一个重要方面，为冀中地区顺利开展敌后抗日斗争提供了有利条件。

一、"拆城运动"缘由

日本发动侵华战争之后,京津地区很快沦陷,日军沿着铁路大举南侵。1937年,红军团长孟庆山和原国民党东北军第五十三军六九一团团长吕正操先后来到冀中,组建抗日武装,建立抗日政权,发动群众抗日,创立了冀中平原抗日根据地。冀中抗日根据地初期分为四个专区,包括35个县,具体如下表:

表一 冀中抗日根据地初期行政划分

第七专署 (六分区)	深(县)南、束(鹿)北、束(鹿)冀(县)、宁晋、赵(县)藁(城)栾(城)、藁(城)正(定)获(鹿)、藁城、晋县,共8个县
第八专署 (七分区)	深(县)北、安平、安国、深(泽)无(极)、晋(县)北、藁(城)无(极)、新乐、定县,共8个县
第九专署 (八分区)	饶阳、武强、交河、献(县)交(河)、献县、建国、河间、任(丘)河(间)、文(安)新(镇)、大城、青县,共11个县
第十专署 (九分区)	肃宁、博野、蠡县、高阳、清苑、之光(现已撤销)、安新、任丘,共8个县

资料来源:魏宏运、左志远主编:《华北抗日根据地史》,档案出版社,1990年,第336页。

冀中平原抗日根据地位于华北大平原地带,地势平坦,一望无际,土地肥沃,物产丰富,人口众多,为华北平原的心脏。这里靠近北京、天津、石家庄各大城市,周围又有津浦、平汉、北宁三条铁路和沧石公路,交通十分便利。

冀中抗日根据地如同一把利剑插入日军心脏,威胁着日军在华北地区的战略要点,成为日军的心腹大患。"为确保华北,必须先确保冀中",所以冀中地区一直处于日军的严密包围、封锁之下。日军在广阔的平原上修公路,筑碉堡,挖封锁沟,从而达到以点控面的战略目的。而冀中为古燕赵之地,历代都十分重视对各个县城的修筑,大部分县城建有十分坚固和完整的城墙。古老的城池本为保护一方居民的安全,使之不为外敌侵入,这时却成为日军盘踞的堡垒,造成"不利于我、有利于敌"的战略形势。

平原地带,地形有利于现代装备之日军,而不利于装备较差的抗日队伍。日军装备精良,武器先进,有飞机、装甲车、汽车、骑兵等快速部队,拥有重型火器。当时冀中地区驻守的国民党正规部队很快溃退,唯吕正操司令员领导的人民自卫军以及冀中地区各县在共产党领导下建立的人民自卫团、县大队等地方抗日武装仍坚持进行敌后抗日游击斗争,逐渐成为冀中抗战的主力。但冀中抗日队伍装备落后,严重缺乏攻城的重火力装备。冀中地区的城池差不多都是方形或长方形,虽构筑坚固,修造整齐,可以抵抗一般野炮及榴弹的散布射击,但构造形式简单,侧防不足,凸出地面,目标易暴露。如果抗日队伍据守城池,对于附有多数炮兵且有重炮及飞机的日军来说,只要集中多数炮兵向一点射击,外加以飞机大肆轰炸,冀中抗日队伍很难支持较长时间的抵抗,更不能做到久守不破。"当敌人有计划、有决心、势在必得某一个城镇的时候,游击队虽尽其最大努力,付出若干代价,支持若干时间,而最后仍不免为敌所得。游击队所得的是损兵失城,挫伤士气。现代化的敌人,具备了攻城的能力与技术,游击队没有什么力量可以与之抗衡。"①一旦日军对冀中抗日队伍进行反扑,后者很容易失败。相反,日军攻陷县城之后,可在县城原有的城墙、围寨基础上加以修补添筑,使坚固厚重的城墙为日军提供有利的屏障,易守难攻。日军以此为控制点,周围设置封锁线,对外环形、放射形地扩展,从而达到以点控线制面的战略目的,给冀中地区抗日队伍开展抗日游击活动带来极大的困难。如此,城墙就成了平原抗日活动的一块病瘤。

因为抗战之初城墙还具有一定的防护能力,到"1937年冬天的时候,我们对于拆城破路还没有去考虑"②,1938年初,抗日游击军司令员孟庆山经过屡次县城保卫战后,觉察到上述情况,总结出战斗经验:"在我们占领县城,敌人向我们进攻时,我们不能进行阵地据守,城墙对我们作用不大;一旦敌人占领之后,我们向敌人进攻时,城墙却变成敌人的坚固工事,成为我进攻

---

① 吕正操:《论平原游击战争》,解放军出版社,1987年,第50页。
② 中国人民解放军河北军区政治部编:《冀中抗日战争简史》,河北人民出版社,1958年,第33页。

敌人的障碍。"①冀中军区司令员吕正操在回忆录中也曾讲道:"平原地形,有利于敌,不利于我。敌人占了城池,凭坚固的城墙据守,不利于我军攻夺"②,"城垒拆毁以后,虽然敌人进攻更为容易,但敌人是具备着克服城堡的技术的,而在我则是难以克服的困难,结果还是给我们袭击敌人得到许多便宜,其结果是利于敌者少,利于我者多"③。为了长期坚持平原游击战争,取敌之短,避敌之长,在冀中省委、河北游击军统一领导下,冀中军民遂发起了破路拆城运动,拆毁县城城墙,改造平原地形。冀中军委向各县指挥部下达了工作指示:"为了应付将要到来之战争情况,必须迅速完成以下几件工作……各县有可能被敌利用之沟墙、围□、工事、高楼,应很快动员群众拆毁。……以上工作应即专门研究布置,指定专人负责批行。"④随着平原抗日游击战争的进行,"拆城运动"逐渐成为民运工作的重要内容,首先从肃宁开始,之后是河间、蠡县,涉及范围越来越广,参与军民逐渐增多。

二、拆城阻力及准备工作

拆除县城城墙的决议下发之后,在执行的过程中遇到了阻力,阻力主要为两种:

一是自然阻力。冀中地区原为古燕赵之地,拥有战国、秦、汉、北朝、唐、金、清等不同时期的城墙,几乎所有的县城都筑有城池,其中大部分由砖砌而成,其间多次修葺,逐渐加固加高,虽久经风雨侵蚀,但仍坚固无比。如隶属保定的蠡县城墙,该城墙历经十二年修筑,城墙内外砌特制大砖,中间灌米汤与石灰,县城建筑高大雄伟,十分完整坚固,素以"固若金汤"闻名,至抗战前夕,仍整齐坚固。对于当时仅用镐锹作业的冀中人民来说,拆墙困难重重,而要将冀中所有可能被敌利用之城墙在短时间内全部拆除,更是一项艰巨而浩大的工程。

---

① 黄山:《永久的怀念——纪念父亲孟庆山诞辰一百周年》,《天津日报》2006 年 4 月 27 日。
② 吕正操:《冀中回忆录》,解放军出版社,1984 年,第 58 页。
③ 吕正操:《论平原游击战争》,解放军出版社,1987 年,第 51 页。
④ 《关于应付战争需划出有关地图拆毁城墙保护粮食工作给各县指挥部的指示》,河北省档案馆藏,革命历史档案号:561 - 1 - 1 - 20。

二是人为阻力。拆毁城墙的决议开始并未完全得到人民群众的理解。城墙作为冀中各个县城的重要历史遗存,在历史上曾用它坚固的身躯抵御外侵之敌,给一方居民带来安定。世世代代的城内居民早已将城墙视为安全的屏障,对其有着深厚的依赖感情,一时间要将祖先留下的几十座城墙彻底毁掉,民众感情上确有不舍。所以,当时的拆城行动引起了社会各个阶层的关注,尤其是乡绅阶层,曾经极力反对,阻止拆城行动的进行,比较典型的当属蠡县城墙的拆除工作。据有关资料的详细描述,拆除蠡县城墙的时候,群众非常不舍得,尤其是当地几位绅士,将领导和组织拆城工作的路一同志以及县政府的干部团团围住,反对拆城,请求收回拆城的命令,他们认为:"古来争战,非攻即守,我们的武器既然不如日本,自然是防守第一,从县志上说,我县城修于宋朝,高厚雄固,实在是一方之屏障,你们不率领军民固守,反倒下令拆城,请问居心何在?"党在冀中地区杰出的活动家和领导者路一同志解释要进行主动的游击战,不是被动的防御战。绅士们仍不理解,坚持认为可以进行野战,没听说过历史上有拆城。路一反驳:"抗日战争,是历史上从来没有过的艰难困苦的战争,关系我们民族的生死存亡,中国共产党领导全体人民浴血奋战,定然要创造很多新的制胜敌人的战法。"绅士们在听完路一同志的劝说后,以城内居民舍不下房屋财产和无处可去为理由,仍纠缠不休。最终是蠡县的群众深明大义,立即投入城墙的拆除工作。① 类似于这样的事件在其他县城的拆城工作中屡有发生。

正是考虑到上述阻力的存在,为了快速有效地开展拆城工作,冀中党委事先曾指出:"仅仅有了具体办法还是不够的,必须有广大的组织工作。这种组织工作首先包括政治教育与说服工作,政权机关与群众团体全体动员,克服散漫习惯和保守观念,使群众了解,只有在集体的行动中才能保全个人的利益。"②拆城工作开展之前,基层干部和领导组织者们一定要做好宣传动员工作,使群众明白这其中的战略意义,能够支持理解并尽快投入"拆城运

---

① 冉淮舟、刘绳:《留给后世的故事——冀中抗战史话》,天津人民出版社,1987年,第123~126页。

② 陆定一:《晋察冀边区粉碎敌人进攻中的几个重要经验》(续),《新华日报》(华北版)1939年2月7日。

动"中去。另外五区行政会针对日寇进攻制定的具体工作方案中也讲到"进行普遍的破路、拆城、屯粮工作,以备制止敌人进攻……城墙发动民众拆毁,城根土地,有计划地分配给抗日家属"①。除具体工作方案外,为落实行动,尽早完成上级指示,各县领导机构从各村抽取群众,五村为一队,成立破坏队,帮助人民自卫队破坏交通,毁除有利于日军而不利于游击队的工事。

三、冀中地区"拆城运动"的概况

继1937年12月冀中党政军民拆除肃宁、河间县城城墙之后,1938年春末两个月内,包括蠡县在内的24座县城的城墙相继被拆除,约30万群众参加了这一运动。1939年之后,有的县又将一些重要市镇的围墙拆除。冀中军民在抗战时期拆除的城墙具体数量不详,但据河北省地方志相关记载,我们可以看出拆除的县城城墙主要集中在目前的保定、沧州、廊坊与石家庄地区,明确记载本地区拆城活动的有17个地方,现以地市为单元,简要介绍这些被拆毁的城墙如下表:

表二 冀中地区"拆城运动"中所拆城墙概况

地区	县城	始建时间	城垣规模	拆除情况	现存情况
保定地区	蠡县	汉朝	周1220丈,高2丈5尺,底宽2丈7尺,顶宽1丈9尺。	1938年春末,县委动员军民拆毁城墙。	城墙多被拆毁。
	高阳	明天顺五年(1461)	周长约2000米,高8.3米,宽3.2米,砖城。	1938年4月,八路军1000多人发动群众,高阳城墙全部被拆毁。②	今城池无存。

---

① 《五区行政会针对敌人进攻制定具体方案》,《新华日报》(华北版)1939年2月5日。
② 高阳县党史办编《高阳县人民抗日武装的建立与发展》(《高阳烽火》1987年版,第36页)记载:1938年秋季,我县武装带领全县青壮年将高阳城墙全部拆毁。笔者结合高阳县革命发展情况以及战斗形势,认为1938年4月拆毁城墙的说法更符合实际斗争情况。

续表

地区	县城	始建时间	城垣规模	拆除情况	现存情况
保定地区	安国	明朝	高5丈,下宽2丈,上宽1丈。	1938年7月,县抗日救国会发动当地群众拆毁城墙。	现存一段旧城墙基:南北向190米,东西向880米,高1.8米。
	满城	明成化十一年(1475)	周4里250步,高2丈5尺,宽1丈3尺。	1938年下半年,孟阁臣部七路军将被日军利用的城墙全部拆除。	今已无存。
	安新	新安城:战国遗址,金朝筑城;安州城:宋代始建	新安城:周9里,高2丈,阔9丈;安州城:周5里13步,高2丈5尺,厚1丈,深1丈5尺,阔丈余。	1938年8月,安新、新安两县抗日民主政府发动群众拆除两城四门,城墙降低1丈。	今政府以旧城墙基为基础,向北扩展,修成环城柏油路。
	博野	明朝	周4里19步,高2丈8尺,宽2丈。	1940年夏,县委组织万余民兵将城墙挖倒。	今状无考。
沧州地区	肃宁	宋景德二年(1005)	周6.5里,高3丈4尺,底宽4丈5尺,顶宽2丈5尺。	1937年底孟庆山成立拆城指挥部,组织军民拆除城墙。	今已无存。
	河间	战国时代	周长2362丈,高3丈2尺,宽2丈5尺。	1937年秋冬,河间民主政府组织民众将城墙全部拆除。	今已无存。
	任丘	西汉元始二年(2)	周5里95步,高2丈7尺。	抗战时期,任丘县抗日军民将县城墙拆毁。	今唯护城河在。
	献县	金天会八年(1130)	周长3050米,高8.33米,顶阔5米,底阔8.33米。	1939年秋,抗日民主政府发动群众拆除围墙。	政府对城墙初步修复,今东城墙1200米,西城墙1090米,南城墙650米,北城墙700米。

续表

地区	县城	始建时间	城垣规模	拆除情况	现存情况
衡水地区	深县	明成化年间（重建）	周长1143丈，下宽2丈9尺，上宽2丈7尺，高2丈5尺。	1938年6月，县抗日民主政府组织军民拆毁县城城墙。	今只存土墙基。
衡水地区	安平	东汉	周长5里120步，高2丈8尺。	1938年，县抗日政府发动群众拆毁县城城墙。	今状无考。
衡水地区	饶阳	明正德八年（1513）	周长4里，高4丈，宽3丈6尺，三城门。	1938年9月抗日军民将城墙全部拆除。	今仅剩护城河堤。
石家庄地区	晋州	元朝	周4里，共682丈8尺，阔2丈3尺。	1938年6月，县委及抗日政府领导全县人民拆除东西南三面城墙。	新中国成立后逐渐拆城填池，今状无考。
石家庄地区	深泽	不详	周长4里167步，高2丈5尺，上宽1丈，下宽2丈1尺。	1939年，抗日民主政府发动群众拆毁城墙。	今已无存。
廊坊地区	霸县	五代后周显德六年（959）	城高3丈5尺。	1938年8月，县抗日政府组织拆城委员会发动群众将城墙拆除。	今状无考。
廊坊地区	文安	不详	周1275丈5尺，高2丈5尺，厚度大于高度。	1938年，群众将城墙上部拆除近半。	残破不堪，墙基仍在。

资料来源：(1)《蠡县志》，1999年，第18页。(2)《高阳县志》，1999年，第407页。(3)《安国县志》，1996年，第78页。(4)《满城县志》，1997年，第444页。(5)《安新县志》，2000年，第79页。(6)《博野县志》，1996年，第21页。(7)《肃宁县志》，1999年，第19页。(8)《河间县志》，2003年，第241页。(9)《任丘市志》，1993年，第62页；《任丘文史资料》第1辑，1988年，第70页。(10)《献县志》，1995年，第32页。(11)《深县志》，1999年，第24页。(12)《安平县志》，1996年，第253页。(13)《饶阳县志》，1998年，第25页；《饶阳文史资料》，1994年，第59页。(14)《晋县志》，1995年，第17页。(15)《深泽县志》，1997年，第22页。(16)《霸州市志》，2006年，第26页。(17)《文安县志》，1994年，第65页。

由上表中，可以看出拆城工作主要集中在1938年进行，原因主要有两个：

首先，1937至1938年期间，日军主力沿铁路大举南侵，暂时无暇顾及冀中腹地。当时冀中大多数县城还掌握在共产党领导的抗日政权手里，中共冀中地下组织利用这一有利时机，在冀中各地组建抗日武装，为拆城工作提供了有利的前提条件。为防止日军的反扑，党组织决定尽快完成拆城任务，所以加紧了拆除城墙的步伐。

其次，1937年底拆除肃宁、河间县城时，冀中军委及地方领导向民众详细解释拆城的战略意义，消除了人民心中的疑惑与不解，从而得到了广大群众的支持，充分激发了冀中人民的抗日热情，大量群众参与到"拆城行动"中来，到1938年掀起了"拆城运动"的高潮。

另外，我们可以看出"拆城运动"的主力为冀中地区的抗日武装和广大民众。人为拆毁城墙是一项极为艰巨的工作，为顺利完成任务，冀中军区主力部队人民自卫军以及河北游击军各路部队接到上级指示后积极投入到"拆城运动"之中，在人民群众未充分理解拆城意义之前，他们一直是拆城的骨干力量，起着先锋模范作用。除此之外，各县民主政府成立了县基干自卫队、破坏队等地方组织，实行具体拆城工作。但是，日军对冀中地区不断进行进攻与反扑，人民自卫军等武装部队的主要精力还是用于开展抗日斗争，而且需要拆除的城墙数量众多，大多雄厚坚固，短时间内仅凭军队拆除实属困难，所以，拆城主力很快转变为冀中地区广大的人民群众。在制订冀中区工作计划之时，聂荣臻司令发表意见："开展敌后游击战争，首先要靠人民群众，只要有了人民群众的支持，不论是山地，还是平原，我们都可以牢牢地站住脚。"①能够顺利完成拆城工作的最主要保障是冀中区人民群众的热情参与和无限力量。拆城伊始，冀中抗日根据地的领导人便认识到人民群众的重要性，充分调动群众的积极性，以人民群众为"拆城运动"的主力，发挥其基础力量。燕赵自古多慷慨悲歌之士，这里的人民有着悠久的革命传统，思想比较开通，加之之前的高蠡暴动以及博野、蒿无等地的农民起义斗争都增

---

① 《晋察冀抗日根据地》史料丛书编审委员会、中央档案馆编：《晋察冀抗日根据地》第二册，中共党史出版社，1992年，第329页。

强了人民对共产党的信任,为共产党领导抗日斗争奠定了深厚的群众基础。

那么,群众在"拆城运动"中的表现是怎样的呢?"拆城运动"开展之后,经过党组织的广泛发动,仅1938年拆除冀中腹地24座县城参与的群众就达到30万人之多,冀中人民识大体、顾大局,提出"拆城为的是抗日"的口号,积极投身"拆城运动"的任务中。当时群众中流传着这样的劳动号子:"男女老幼齐上阵吆!挥动锄头与锹镐吆!大家动手拆城墙吆!拆城为的是抗日吆!抗日为的是保家乡吆!加油干吆!"① 通过这样一段群众在拆除城墙的劳动中吆喝的劳动号子,我们可以看出广大劳动人民在"拆城运动"中表现出来的高涨热情和崇高觉悟。拆城工作越是困难,越显现出人民群众的力量,"镐铲舞动,尘土飞扬,县政府动员了全县的劳动力,日夜猛干……城墙上下都是人群,有的打钎,有的运土,抬的抬,拉的拉,劳动的号子声、打钎的铁锤声,响彻全城",为能在短时间内完成任务,晚上灯火通明,人民依然如白昼时一样干劲十足,这是当时冀中人民拆城墙的真实写照。正是有这样的支持力量,无论是拆城破路,还是挖地道填封锁沟,冀中改造平原地形的工作才能顺利完成,敌后抗日游击战争才能长久,这是人力制胜最好的实践证明,是党领导的人民革命战争的伟大胜利。

除冀中地区大规模的拆城之外,冀西、冀南等地区也积极响应上级政策,动员军民拆除县城城墙,在此简单介绍冀西地区曲阳县以及冀南地区枣强县的拆城情况。

曲阳因地处北岳恒山之阳而得名,历史悠久。其"城墙始修年代不详,唐、金、明、清诸代重修,增建角楼,改建砖堞,加固根基,增设炮台,加宽护城池等。城周长2.5公里余,高10米,宽5米,护城河宽5米,深4米,城有6门。民国二十五年(1936)城墙维修,顶部加宽"②。抗日战争爆发后,曲阳县作为晋察冀边区腹地——阜平的门户,成为敌我必争的战略要地,1937年,一一五师政治处统战部长潘振武率部解放曲阳县城,创建了华北敌后较早

---

① 李健:《气壮山河的交通战》,冀中人民抗日斗争史资料研究会编:《冀中平原抗日烽火》,河北人民出版社,1987年,第348页。
② 《曲阳县志》编纂委员会编纂:《曲阳县志》,新华出版社,1998年,第744页。

的抗日民主政权——曲阳抗日民主政府,属路西区冀西专区(三军分区)。1938年9月18日,曲阳县县直机关及所辖各区分别召开纪念"九一八"七周年大会,"会上决定拆除曲阳县城城墙,后干部群众将部分城墙拆除。1945年,因战事需要,县民主政府再次发动民众将城墙拆除"。① 至今城墙已无存。

枣强县位于河北省东南部,东隔清凉江与景县、故城相望,西临冀州,南靠邢台地区,北接桃城区、武邑县。枣强今县治城垣为清同治年间重建,城门为砖质,其余为土质。城周围4里,城高2丈,基础宽2丈,城头宽9尺。有三城门,但北面只有门楼而无门洞。至抗战之前,虽有诸多坍塌,但稍加修缮,仍可成为坚固的防御工事。抗日战争初期,枣强县于1938年8月建立由中国共产党领导的抗日民主政府,隶属冀南行政主任公署第三专员公署。同年10月,为防止日伪军占领县城后借其构筑坚固工事,达到易守难攻的目的,从而妨碍抗日游击战争的开展,"战委会动员数千名群众,历时月余,拆毁了县城城墙"。②

四、从"拆城运动"看平原游击战争的特点

由于抗战初期敌我力量对比悬殊,再考虑到平原作战的特点,冀中抗日根据地领导预见性地提出拆除冀中城墙的决议,领导冀中人民开展"拆城运动"。在这里,笔者有必要解释一下这并不是鼓吹"唯武器观"的片面说法,因为历史实践已经证明:城墙拆毁以后,虽然日军进攻冀中抗日游击队伍更为容易,但是仍要认识到日军是具备攻克城堡技术的,而这对于冀中抗日队伍则是难以克服的困难,日军攻占之后盘踞时间要比冀中抗日队伍据守时间长。城墙拆毁,便于游击队进入县城内部,结果是给冀中抗日队伍袭击日军带来很多便利,终究利于日军少,利于冀中抗日队伍多,这就是人力足以制胜的证明。与一般游击战争相比,开展拆城、破路、挖交通沟等改造平原地形工作的平原游击战具有自己独特的特点:

---

① 《曲阳县志》编纂委员会编纂:《曲阳县志》,新华出版社,1998年,第744页。
② 枣强县地方志编纂委员会编:《枣强县志》,文化艺术出版社,1994年,第14页。

一是地形条件更为不利。一般的游击战争是利用复杂的地形如山岳、湖沼、森林等建造防御工事，建立根据地，将游击队安插在四周日军据点的险要地方或交通线附近，以袭击日军，摧毁伪政权，开展游击战争。与之相比，平原地带更利于现代装备的日军，而不利于低级装备的冀中抗日队伍，因为在平原地区开展游击战争，必须有强大优良的武装部队，才可以建立可靠的根据地，并且要时常移动。从军事方面来衡量，山地游击战可充分利用地形优势，据险固守，易守难攻，往往事半功倍，困难少而收效较大；而平原游击战因不利地形条件，一般事倍功半，困难较多，而收效较小。鉴于此，要想在平原地区更好地开展游击战争，就要改造不利的地形条件。"拆城运动"正是在此前提下开展的，动用大量人力人为改造平原地形，将"有利于敌而不利于我"的客观因素变为"有利于我而不利于敌"。

二是战略形势更为不利。日本侵略者发动侵华战争，远离本土作战，人力物力的供给比较有限，这是侵略战争的致命伤，因此日军制定"以战养战"的战略方针。相比起地形复杂、给养匮乏的山地森林地带，平原地带人力物力资源相对优厚，并且又有健全的商品市场。正因如此，日寇对平原地区的争夺便更加迫切。冀中平原是华北平原的一部分，是粮食、棉花的重要产地，若放任日军予取予夺，使其日渐肥壮，而冀中抗日队伍日渐疲弱，这是非常不利的。为解决这个严重的问题，在地形条件不利的平原地带普遍发展游击战争，与日军争夺人力物力，有重大的意义。为能够顺利开展游击战争，改造平原地形迫在眉睫，拆除城墙堡垒，让日军失去可以长期据守的工事，便于抗日队伍来去自如地袭击敌人，这正是"拆城运动"的必要性所在。

三是人力物力条件优越。在山岳、湖沼、森林等地形条件复杂地区开展的一般游击战争，人力物力往往都很贫乏，抗日游击队扩大有生力量以及物资供给补充是有困难的。但在平原地区情形则相反，平原地区一般人口稠密，物资丰厚，比较容易解决游击队有生力量和物资的供给与补充。冀中平原"拆城运动"之所以能够成功开展，就是依仗平原上丰厚的人力资源——广大的人民群众。从拆除蠡县城墙开始，在不到两个月的时间里，冀中腹地24座县城的城墙被全部拆完，大约30万群众参与其中，充分显示了平原游击战具备的丰厚人力资源优势，是一般游击战争所不能比的。

五、关于"拆城运动"的一些思考

首先,冀中地区的"拆城运动"有着重要的战略意义。"拆城运动"同"破路"工作相互配合进行,能抓紧日军主力南下未及回师敌后的有利时机一举完成,是很有预见性的正确决策。拆城与破路同广泛性的挖地道结合,改变了冀中平原地区地理的面貌,将"不利于我而有利于敌"的客观环境变为"有利于我而不利于敌",使冀中平原成为广泛开展抗日游击战争克敌制胜的战场。战争实践证明,拆城这一行动破坏了日军"靠城据守"的战略计划,它对阻止武器优于游击军的日寇坚守城池、以点控线,及冀中游击军以后解放县城减少伤亡,起了很大作用,从某种程度上说,也改变了平原上双方力量的对战形势,对抵抗日军、巩固和发展冀中抗日根据地,起到了不可低估的作用。

其次,拆城运动彰显了人民群众的无限力量。冀中地区拆城如此浩大的工程,组织之广泛,完成之迅速,彰显了中国共产党领导智慧的同时,也展示了人民群众巨大的抗日力量。他们用自己的双手、血汗以及简陋的工具创造了史无前例的人间奇迹,固若金汤的蠡县城墙能在一个月内就顺利拆除,没有群众的参与,是不可能完成的。"拆城运动"同其他改造平原地形的工作共同创造了战争史上的奇迹,是冀中人民进行的史无前例的平原战场建设的伟大创举。

再次,"拆城运动"为之后的城市建设提供了便利。新中国成立以来,随着社会经济的发展,城市人口不断增加,城市规模不断扩大,城市结构日趋完善,城墙渐渐成为限制城市扩大和发展的障碍,它的存在成为旧城改造的绊脚石。"拆城运动"使冀中很多县市的城墙被拆除,为今天城市的扩建、公路的修筑清除了障碍,例如安新县就以旧城墙基为基础,修成了环城柏油马路,人们在两侧栽上花草,也是不错的景致。拆除城墙、填平护城河,为城市扩展了平坦的土地空间,在此之上,人们盖房建厂,向外延展,打破了封闭式的生存空间模式。

最后,"拆城运动"在历史文化遗产保护方面留下了遗憾。"拆城运动"是为取得民族胜利,抗击外来侵略不得已而为之的战略行动,在拆除城墙时，群众也是万分不舍，毕竟是老祖宗遗留下来的珍贵的历史文化遗产。此次运动中，河北尤其是冀中地区大部分城墙被拆除殆尽，数量之多、毁坏程度之深实在令我们备感惋惜。如今，虽然政府有意修复，加以保护，但大多数的古城墙已无存，留下的也已残破不堪，失却往日风采，现状堪忧。

是为记。

2020 年 5 月疫情中